deutsch*Wissen*

Schreiblexikon
für die Oberstufe

Texte schreiben von A bis Z

Von Hilda Steinkamp und Egon Werlich
Herausgegeben von Johannes Diekhans

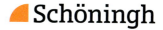

Bildnachweis:

Umschlag: © Emanuel Bloedt – S. 38: © AKG, Berlin – S. 45, 46, 47: Franz Josef Domke – S. 56, 228: Bildmaschine.de/© Robert Kneschke – S. 61, 62: bpk/Hermann Buresch/© VG Bild-Kunst, Bonn 2008 – S. 89, 275: Matthias Berghahn – S. 90: Coverillustration von Sabine Wilharm © Carlsen Verlag GmbH, Hamburg, 2003, aus: J. K. Rowling, Harry Potter und der Orden des Phönix – S. 97: © Ullstein Bild – S. 156: © Clemens Eulig/ Junges Theater Göttingen –S. 208: Skott/CCC, www.c5.net – S. 244: © Agentur Focus, Barcelona – S. 254: © face to face – S. 279: © Ernst Wrba, Wiesbaden – S. 321: Wagenbach Verlag, Berlin

© 2009 Bildungshaus Schulbuchverlage
Westermann Schroedel Diesterweg Schöningh Winklers GmbH
Braunschweig, Paderborn, Darmstadt

www.schoeningh-schulbuch.de
Schöningh Verlag, Jühenplatz 1– 3, 33098 Paderborn

Das Werk und seine Teile sind urheberrechtlich geschützt.
Jede Nutzung in anderen als den gesetzlich zugelassenen Fällen bedarf der
vorherigen schriftlichen Einwilligung des Verlages.
Hinweis zu § 52a UrhG: Weder das Werk noch seine Teile dürfen ohne eine
solche Einwilligung gescannt und in ein Netzwerk gestellt werden.
Das gilt auch für Intranets von Schulen und sonstigen Bildungseinrichtungen.

Auf verschiedenen Seiten dieses Buches befinden sich Verweise (Links) auf
Internet-Adressen. Haftungshinweis: Trotz sorgfältiger inhaltlicher Kontrolle wird
die Haftung für die Inhalte der externen Seiten ausgeschlossen. Für den Inhalt
dieser externen Seiten sind ausschließlich deren Betreiber verantwortlich. Sollten
Sie dabei auf kostenpflichtige, illegale oder anstößige Inhalte treffen, so bedauern
wir dies ausdrücklich und bitten Sie, uns umgehend per E-Mail davon in Kenntnis
zu setzen, damit beim Nachdruck der Verweis gelöscht wird.

Druck 5 4 3 / Jahr 2014 13 12
Die letzte Zahl bezeichnet das Jahr dieses Druckes.

Umschlaggestaltung: Franz-Josef Domke, Hannover
Druck und Bindung: westermann druck GmbH, Braunschweig

ISBN 978-3-14-022504-5

Vorwort

Schreiben zu können ist wichtig für die Kommunikation mit anderen: in der Schule, im privaten Leben wie auch in beruflichen und gesellschaftlichen Kreisen. Schreiben zu lernen braucht Zeit und Übung und vor allem Anleitung. Hierbei möchte das SCHREIBLEXIKON Schülerinnen und Schülern in der Klasse 10 und in der Oberstufe eine Hilfe sein.

Das **Schreiblexikon für die Oberstufe** vermittelt Schülerinnen und Schülern Textwissen und verschafft ihnen Grundlagen für eigene Textgestaltungsmöglichkeiten. Schreibende lernen zunächst Gestaltungselemente für einzelne Textformen kennen und sehen sie dann in Beispieltexten angewandt.

Daraus ergibt sich die **zweiteilige Anlage** für jede Textform im SCHREIBLEXIKON:

- *Auf einen Blick* (mit Kurzdefinition, Verwendungsbereichen und Gestaltungselementen)

- *So wird's gemacht* (mit Lesestrategie, Schreibplan, Beispieltext und Formulierungshilfen)

Schülerinnen und Schüler können sich im Selbststudium und unterrichtsbegleitend mit einzelnen Textformen beschäftigen und auf diese Weise größere Sicherheit im sachgerechten und adressatenbezogenen Schreiben erwerben. Sie lernen, gezielt textgestaltende Mittel auszuwählen, um ihre jeweiligen Schreibabsichten zu erreichen, etwa um Leser zu informieren, sie zu überzeugen, an sie zu appellieren, ihnen über Ereignisse und Sachverhalte zu berichten oder ihnen diese zu erklären und auch um strittige Themen darzustellen und aus ihrer persönlichen Sicht zu beurteilen.

Die **Lexikonbeiträge** bieten mit ihren authentischen **Beispieltexten** (aus Zeitungen, Zeitschriften, Sachbüchern, Biografien, literarischen Werken, Onlinequellen) schulisch wie gesellschaftlich verbreitete Textformen in alphabetischer Reihenfolge zum schnellen Auffinden, Nachlesen und Üben an:

- **Standardformen**, die **im Unterricht aller Fächer** und in späteren Ausbildungs- und beruflichen Zusammenhängen eingesetzt werden können (wie Protokoll, Referat, Facharbeit, Abstract),

- **Vorstufen des Schreibens**, die in allen Fächern gebraucht werden (Cluster, Mind Map, Gliederung, Sinnabschnitt),

- **Standardschreibformen im Deutschunterricht**, die vor allem als Aufgabenstellungen in schriftlichen Hausaufgaben und Aufgabenarten in Klausuren vorkommen (neben der Interpretation und Sachtextanalyse v. a. Erörterung, Kommentar, Inhaltsangabe, Zusammenfassung),

- **analytische Textformen** (Interpretation von Gedichten / Geschichten / Dramenszenen / Romanauszügen etc., Sachtextanalyse),

- **erzählende** und **berichtende Textformen** (wie Geschichte, Bericht, Reisebericht),

- **beschreibende** und **schildernde Textformen** (wie Bildbeschreibung, Beschreibung und Deutung einer Karikatur, Landschaftsschilderung),

- **kreative Schreibformen** (wie Geschichte, Anekdote, Rezension, Kritik, Porträt, Glosse),

- **standardisierte Textformate** für den gesellschaftlichen Schriftverkehr (wie Lebenslauf, Bewerbungsschreiben),

- **Textformen der gesellschaftlichen Öffentlichkeit** (wie die politische Rede),

- **journalistische Darstellungsformen** (wie Leitartikel, Kommentar, Reportage).

Autor und Autorin wünschen den Leserinnen und Lesern des SCHREIBLEXIKONS eine geschickte Hand und Freude beim Schreiben.

Dortmund, im Oktober 2008   Hilda Steinkamp / Egon Werlich

Abstract

Auf einen Blick

Ein **Abstract** (engl. 'æbstrækt; dt.: etwa „inhaltlicher Abriss", Zusammenfassung) gehört zu den **erklärenden Textformen**. Es ist eine knappe ↗ **Zusammenfassung** einer **wissenschaftlichen Arbeit** (in Artikel- oder Buchform). Hierzu zählt auch die ↗ **Facharbeit** als schulische Form einer **Forschungsarbeit**. Ein Abstract gibt Lesern einen sehr kurzen Überblick über die Ausgangsfragestellung und Forschungsmethoden, über die Ergebnisse und Schlussfolgerungen der Untersuchung. In der Regel steht ein Abstract zu Beginn eines Manuskripts, damit Leser wissen, was sie erwartet.

Anders als in einer ↗ **Inhaltsangabe** geht man in einem Abstract großschrittiger vor, d. h., man fasst von einem wissenschaftlichen Aufsatz ganze Gliederungspunkte, von einer Buchveröffentlichung sogar mehrere Kapitel stark raffend zusammen. Trotz seiner Kürze soll ein Abstract noch verständlich sein.

Wenn man einen **wissenschaftlichen Artikel** für eine Fachzeitschrift schreibt, stellt man seinem Text ein Abstract voran. Bei einer wissenschaftlichen **Buchveröffentlichung** (z. B. einer Dissertation) schreibt man einen inhaltlichen Abriss für ein Jahresheft, das getrennt publiziert wird. Darin werden Abstracts von wissenschaftlichen Neuerscheinungen in verschiedenen Fachgebieten gesammelt veröffentlicht. Häufig wird das Abstract in deutscher und in englischer Sprache geschrieben, damit das Originalwerk eine internationale Verbreitung findet; in Arbeiten für eine internationale Leserschaft nur in englischer Sprache.

Ein **Abstract** schreibt man
- in der Schule: wahlweise zu Beginn einer ↗ **Facharbeit**, wenn man Sachbereich, Thema, Ziele und Ergebnisse seiner Untersuchungen kurz im Überblick vorstellt,
- im Studium/im Universitätsbetrieb: in wissenschaftlichen Seminararbeiten, in Artikeln, Abhandlungen und Dissertationen zu einem Gegenstand oder Problem der Forschung.

Ein **Abstract** wird
- im **Präsens** verfasst,
- aus einer weitgehend **objektiven Perspektive** und in einem **sachlichen, neutralen Stil** geschrieben, wobei man **fachsprachliche** Begriffe verwendet,
- **begrifflich angepasst** an die Sprache des Ausgangstextes, einer wissenschaftlichen Abhandlung, d. h., man verwendet Vokabular für **argumentative** und **erklärende** Textformen,
- an **wissenschaftlich** arbeitende oder interessierte Leser/innen gerichtet.

Der **Aufbau** eines Abstract
- richtet sich nach der **Gliederung** des Ausgangstextes,
- umfasst nur wenige Sätze, die wie in einem ↗ **Sinnabschnitt** eng aufeinander bezogen sind,

A Abstract

- kann dem Aufbaumuster einer ↗ **Argumentation** folgen, d.h., der Verfasser
  - stellt am Anfang seine **These** zu einem **Sachverhalt** einer abweichenden Forschungsmeinung (**Antithese**) kurz gegenüber,
  - nennt im Mittelteil zusammenfassend wesentliche **Begründungen** (mit nur wenigen **Beispielen**) für seine Position und
  - stellt zum Schluss knapp sein **Ergebnis** als neue, vorläufig gültige Annahme (**Hypothese**) zum Sachverhalt vor.

Um ein Abstract zu schreiben, bieten sich zwei **Schritte** an:
- die **Vorbereitung**: Der wissenschaftliche Ausgangstext wird unter einem bestimmten Blickwinkel gelesen und markiert, und zwar im Wissen um die erforderlichen knappen Sachinformationen für Anfang, Mitte und Schluss eines Abstract.
- die **Ausformulierung** auf dieser Grundlage, in Form eines geschlossenen ↗ **Sinnabschnitts**.

So wird's gemacht

Lesestrategie: Schritte bei der Vorbereitung

Als wichtige Vorbereitung für ein Abstract liest man seinen Ausgangstext (z.B. eine ↗ **Facharbeit**, einen wissenschaftlichen Aufsatz oder eine Doktorarbeit) und macht sich Notizen zu den folgenden Punkten (Beispiele aus dem Ausgangstext unten):
- ➤ zum **Sachbereich** seiner Forschungsarbeit: nonverbale Kommunikation,
- ➤ zur **Fragestellung** oder zum **Problem** (als **Thema**): Probleme der nonverbalen Kommunikation in der interaktiven Verständigung,
- ➤ zur herrschenden **Forschungsmeinung** (als Antithese): Nonverbale Kommunikation hat ein festes Regelsystem und ist daher eindeutig zu verstehen,
- ➤ zu meiner abweichenden **Position** (als These): Nonverbale Kommunikation ist vieldeutig,
- ➤ zu den **Ergebnissen** meiner Untersuchungen: Missverständnisse in der nonverbalen Kommunikation können entstehen, weil Männer und Frauen, Erwachsene und Jugendliche sowie Angehörige unterschiedlicher Kulturen jeweils in verschiedenen Gruppen sozialisiert worden sind und dazu neigen, nonverbale Zeichen nur gruppenbezogen zu verstehen.

Ausgangstext

Um den Zusammenhang zu verdeutlichen, wie mit den vorbereitenden Schritten ein Abstract zu einem längeren wissenschaftlichen Artikel geschrieben werden kann, werden in dem folgenden Ausgangstext (Facharbeit) wie auch im Beispieltext (Abstract) markiert:

Sachverhalt, der in der Forschung als umstritten gilt
These und Argumente der Verfasserin/der bevorzugten Forschungsmeinung
Antithese der angefochtenen Forschungsmeinung

sprachliche Wendungen für **argumentative** Texte

sprachliche Wendungen für **erklärende** Texte

In der Kommentarspalte werden im Ausgangstext wie im Beispieltext **Gliederungsabschnitte** aufgeführt und **Schreibstrategien** erläutert.

Ausgangstext: Inhaltsverzeichnis einer Facharbeit „Probleme der nonverbalen Kommunikation in der gesellschaftlichen Verständigung"

Die Verfasserin hat ihre ↗ **Facharbeit** im Fach Deutsch geschrieben, und zwar in einem Sachgebiet (nonverbale Kommunikation), das sie zwar im Unterricht kennengelernt, bisher aber nicht als kontrovers eingeschätzt hat. Im Rahmen ihrer schulischen Forschungsarbeit ist sie der Streitfrage nachgegangen, ob eine Verständigung mit nichtsprachlichen Zeichen wie Mimik, Gestik, Körpersprache eindeutig ist.

Um zu verdeutlichen, wie das Abstract einer Facharbeit auf der Grundlage einer ↗ **Gliederung** geschrieben werden kann, wird an dieser Stelle das Inhaltsverzeichnis der Arbeit vorgestellt.

Inhaltsverzeichnis

Vorwort

Joseph Ackermanns[1] missverständliches V-Zeichen	2		**Einstimmung** in die Problematik mit einem **zeitaktuellen Beispiel**
■			■ **Anfang**
1. Einleitung Nonverbale Kommunikation im **kontroversen Meinungsbild** der Forschung	3 4		ERKLÄRUNG des Sachverhalts im Meinungsbild der Forschung: Antithese und These
1.1 Chance oder Konfliktpunkt?	4		
1.2 Regelsystem oder Vieldeutigkeit?	5		
◉			◉ **Mitte**
2. Probleme in der geschlechtspezifischen nonverbalen Kommunikation	6		BEWEISFÜHRUNG für die These in drei Untersuchungsgebieten (vgl. die drei Hauptkapitel „Probleme in ...")
2.1 Rollenbilder für geschlechtspezifisches Sozial- und nonverbales Verhalten	6		
2.2 Negative Auswirkungen nicht geschlechtspezifischen Verhaltens	7		
3. Probleme in der nonverbalen Kommunikation zwischen den Generationen			**Argumente** in den Überschriften der Unterkapitel
3.1 Individuelle Selbstinszenierung Jugendlicher als Kulturbruch	8		
3.2 Sitten- und Wertewandel als Konfliktstoff	8		

---

[1] **Joseph Ackermann** Chef der Deutschen Bank, der 2004 nach einem Freispruch vom Vorwurf der Veruntreuung aus Mangel an Beweisen grinsend und mit dem V(ictory)-Zeichen vor die Kameras trat.

A Abstract

4.	Probleme in der interkulturellen nonverbalen Kommunikation	9
4.1	Einflüsse kulturspezifischer Normen auf nonverbale Ausdrucksweisen	9
4.2	Bedeutungsdifferenzen zwischen ritualisierten Gesten einzelner Kulturen	10

▲

5.	Fazit	11
	Sozialisierung und Subjektivität als Grundprobleme	

▲ **Schluss**
Ergebnis:
ERWEITERUNG der These

6.	Problemlösung	12
	InterkulturelleErziehung als Brücke in der nonverbalen Kommunikation?	

Hinweis auf weiteren
FORSCHUNGSBEDARF

7.	Literaturverzeichnis
8.	Selbstständigkeitserklärung
9.	Anhang

Schreibplan: Schritte bei der Ausformulierung

Als wichtige Vorbereitung für ein Abstract stellt man einen **Schreibplan** auf. Hierzu gehören im Beispieltext Überlegungen

➤ zur **Leser-/Adressatengruppe** bei einer Facharbeit: für eine am Thema interessierte Leserschaft in der Schule, z. B. meine Kursgruppe,
➤ zur **Sprache**, die zur Lern- bzw. Forschungssituation meiner Leserschaft passen soll: Fachbegriffe werden knapp definiert, allgemein gebräuchliche Fremdwörter können zugemutet werden,
➤ zum **Textaufbau**

- ■ Anfang: – **Sachgebiet** und **Fragestellung** (als **Thema**)
  – bisher gültige Forschungsmeinung (als **Antithese**)
  – eine eigene (in Facharbeiten: eine andere) Auffassung (als **These**)
- ⊙ Mitte: – knappe Erläuterung der **These**
  – Zusammenfassung der **Hauptargumente**, ggf. der **Beispiele**
- ▲ Schluss: **Ergebnis** der Untersuchungen als Bestätigung der These und damit als neue, vorläufig gültige Annahme (Hypothese)

Beispieltext: Abstract einer Facharbeit
„Probleme der nonverbalen Kommunikation in der gesellschaftlichen Verständigung"

Das folgende Beispiel stellt den inhaltlichen Abriss der oben genannten Facharbeit über Probleme in der nonverbalen Kommunikation dar. Ein Abstract hilft Schülerinnen und Schülern, ihre Arbeit kurz

Abstract | **A** 9

in ihrer Kursgruppe vorzustellen und in einer Diskussionsrunde auf Fragen ihrer Mitschüler/innen als Experten Auskunft zu geben.

Abstract

■ In meiner Facharbeit *beschäftige* ich *mich mit* der Frage, ob nonverbale Kommunikation genauso eindeutig ist wie eine Verständigung mit Sprache. Vielfach **wird behauptet, dass** nonverbale Kommunikation nach einem festen Regelsystem verläuft und **deshalb** ebenso klare Bot-
5 schaften sendet wie sprachliche Zeichen. Ich schließe mich **dagegen** der These an, dass nonverbale Zeichen, also Mimik, Gestik und Körpersprache, eher zu Missverständnissen als zu einer geglückten Verständigung führen. ⊙ Um meine **Annahme zu beweisen**, untersuche ich nonverbales Kommunikationsverhalten näher *in drei Personengruppen. In der*
10 *ersten Gruppe*, bei Männern und Frauen, **liegt der Grund für** eine gescheiterte nonverbale Kommunikation im Wesentlichen **darin, dass** die Geschlechter in ihrer nonverbalen Ausdrucksweise meist bestimmten Rollenbildern folgen und so Signale senden können, die von anderen missverstanden werden. *Eine zweite Gruppe betrifft* die verschiedenen
15 Generationen. Die jüngere Generation neigt dazu, mit eigener Kleidung und Frisur und neuen Benimmregeln bewusst einen Kulturbruch zu suchen, und kann **daher** auf Unverständnis und Ablehnung bei den älteren Generationen stoßen. *Und in einer letzten Gruppe*, den Vertretern unterschiedlicher Kulturen, scheitert eine interkulturelle Verständi
20 gung oft, **weil** nonverbale Ausdrucksweisen in den einzelnen Kulturen auf unterschiedlichen Normen beruhen. ▲ **Damit** sehe ich meine **These** **bestätigt**. In der nonverbalen Verständigung werden bewusst oder unbewusst Botschaften gesendet, die nicht eindeutig sind bzw. vom Gesprächspartner aufgrund seiner grundverschiedenen Sozialisierung nicht ver
25 standen oder subjektiv aufgefasst und missverstanden werden.

■ **Anfang**
ERKLÄRUNG des Sachverhalts im Meinungsbild der Forschung
Antithese
These mit näherer ERKLÄRUNG

⊙ **Mitte**
BEWEISFÜHRUNG für die These

ORIENTIERUNG an den 3 Hauptkapiteln der Facharbeit

ZUSAMMENFASSUNG der Argumente

▲ **Schluss**
Ergebnis
BESTÄTIGUNG und ERWEITERUNG der These

Formulierungshilfen für Abstracts

Vgl. die sprachlichen Hilfen für *argumentative* Textpassagen unter ↗ **Kommentar** (S. 221) und ↗ **Argumentation** (S. 32 ff.), für *erklärende* Passagen unter ↗ **Erklärung** (S. 72 f.).

Anekdote

Auf einen Blick

Eine **Anekdote** gehört zu den **erzählenden Textformen**. Ursprünglich ist die Anekdote (gr. *anekdoton*: „das nicht Herausgegebene", also schriftlich Verbreitete) eine **mündlich** verbreitete Erzählung einer Episode aus dem Leben einer bekannten historischen Persönlichkeit. Das besondere Merkmal einer Anekdote besteht darin, an einem scheinbar zufälligen Einzelfall, z. B. einer Äußerung, einer Handlungsweise oder einem Verhalten, in einem kurzen Augenblick die charakteristische Eigenart einer Person, einer Begebenheit oder einer Zeit treffend und **pointiert** zu verdeutlichen. Man kann die Anekdote auch als repräsentative Momentaufnahme eines Menschen oder einer Zeit bezeichnen.

Anekdoten können **tatsachenorientierte** (nichtfiktionale) oder **literarische** (fiktionale) **Geschichten** sein.

Anekdoten als **tatsachenorientierte** (nichtfiktionale) **Geschichten** werden geschrieben oder mündlich erzählt

- in der Schule: im Deutschunterricht in **kreativen Schreibformen** wie biografischem Schreiben (über Schriftsteller, Mitschüler/innen, Lehrer/innen),
- in Alltagssituationen: wenn Begebenheiten erzählt werden, die charakteristisch für gemeinsame Bekannte im Berufsleben oder in privaten Kreisen sind,
- in der Presse: als Baustein in ↗ **Porträts** und Kurzbiografien,
- in Sachbüchern: als Baustein in Biografien über historische oder zeitgenössische Persönlichkeiten (vgl. Beispieltext).

In der Literatur kommen Anekdoten als **fiktionale Geschichten** vor, häufig auch als eigenständige Kurzform des Erzählens (z. B. von Johann Peter Hebel, Heinrich von Kleist oder Bertolt Brecht). Als einer eigenständigen literarischen Gattung fehlt der Anekdote die Einbettung in einen umfassenderen Text oder Erzählzusammenhang, wie sie bei nichtfiktionalen Varianten vorkommt. Dort wird häufig in einem voran- oder nachgestellten Erzählerkommentar erläutert, welche Charaktereigenschaft die Geschichte herausstellen will. Die Deutung einer fiktionalen Anekdote soll dagegen der Leser selbstständig in seiner eigenen Lebenswelt vollziehen.

Eine **Anekdote** wird

- im Allgemeinen im **Präteritum** verfasst,
- an bestimmten Stellen, oder auch im gesamten Text, im **Präsens** geschrieben, um Leser unmittelbarer an Erlebnissen zu beteiligen,
- im Wechsel zwischen auktorialem, personalem und neutralem **Erzählverhalten** erzählt,
- häufig in **humorvoller** Absicht verbreitet, wobei auch in der nichtfiktionalen Variante erdachte Einzelheiten zur Veranschaulichung oder Ausschmückung, v. a. im mündlichen Weitererzählen, hinzugefügt werden können,

Anekdote **A**

11

- in einer **knappen Form** mit einer überraschenden oder witzigen **Pointe** formuliert; häufig gibt man (eröffnend oder abschließend) für Leser oder Hörer zusätzlich eine allgemeine Deutung der erzählten Begebenheit an; dieser **Erzählerkommentar** ist jedoch nicht Bestandteil der Anekdote (vgl. im Beispieltext die beiden eröffnenden Abschnitte).

Einer Anekdote liegt ein **Handlungsgerüst** zugrunde, mit knappen Angaben
- zum **zeitlichen** Verlauf der Handlung(en),
- zu den **räumlichen** Stationen der Handlung,
- zu den **handelnden Personen**.

Beim **Aufbau** einer Anekdote kann man
- **chronologisch** vorgehen: also dem zeitlichen Verlauf einer Begebenheit folgen, und zugleich
- **klimaktisch** verfahren: also die erzählte Begebenheit in einer **Spannungskurve** auf einen Höhepunkt hin anlegen, und zwar in Form einer witzigen **Pointe** oder eines letzten Handlungsschritts, der die Leseerwartung überraschend durchbricht.

Eine Anekdote ist eine **Kombination** aus verschiedenen Textformen. Man kann die folgenden TEXT-BAUSTEINE verwenden:
- ↗ GESCHICHTE: wenn über Ereignisse und Personen im Verlauf des Geschehens aus überwiegend subjektiver Perspektive berichtet wird;
- ↗ BERICHT: wenn aus weitgehend objektiver Perspektive faktische Angaben zum Schauplatz einer Handlung (Tageszeit-/Jahresangaben, lokale Einrichtungen, Besonderheiten etc.) gemacht und authentische Personennamen genannt werden,
- ↗ KOMMENTAR: wenn Ereignisse oder Verhaltensweisen von Menschen aus der persönlichen Sicht des Erzählers/Verfassers oder einzelner handelnder Personen beurteilt werden.

So wird's gemacht

Schreibplan: Schritte bei der Vorbereitung und Ausformulierung

Als wichtige Vorbereitung für eine Anekdote stellt man einen **Schreibplan** auf. Hierzu gehören im Beispieltext Überlegungen

- ➤ zum **Thema**: charakteristische Eigenschaft der Hauptperson – Thomas Manns „Nachsicht mit schwachen Talenten",
- ➤ zur **Leser-/Adressatengruppe** und zur **Publikationsform**: Leser mit fachlichem, v. a. aber menschlichem Interesse am privaten Leben einer Schriftstellerpersönlichkeit,
- ➤ zur **Sprache**: anschauliche Sprache, nahe der Alltagssprache der Leser, die dem erzählten Vorfall aus dem Privatleben des Schriftstellers entspricht,
- ➤ zu **Quellen** für faktische **Informationen**: eigene Recherchen als Biograf und Literaturwissenschaftler, Zeitzeuge Konrad Kellen, Manns Sekretär,
- ➤ zu **objektiven Daten**, die eine Anekdote wahrheitsgetreu machen: authentische Namen der han-

A Anekdote

delnden Personen, Berufsbezeichnungen bzw. Familienstand statt des bürgerlichen Namens für weitere beteiligte Personen; allgemeine Zeitangabe für eine konkrete Begebenheit („Einmal"),

➤ zum **Erzählverhalten** (➚ **Interpretation – Basiskapitel**, S. 144 ff.): **auktoriales** Erzählverhalten mit Ich-Erzähler als engem Vertrauten der Hauptperson, der deren Eigenarten genau kennt und glaubwürdig erscheint; **neutrales** Erzählverhalten mit dialogischen Passagen ohne Einmischung des Erzählers an wichtigen Stellen der Anekdote, z. B. in der Pointe, sodass Leser oder Zuhörer das Geschehen unmittelbar miterleben können,

➤ zu Mitteln der **Spannungserzeugung**, z. B. durch Wechsel des **Erzähltempos** (➚ **Interpretation – Basiskapitel**): **zeitraffendes** Erzählen, das die Handlungsschritte im Spannungsaufbau verkürzt, **zeitdeckendes** Erzählen, das die Handlungsschritte im weiteren Spannungsbogen so darstellt, dass Leser/Zuhörer unmittelbar beteiligt werden,

➤ zum **Textaufbau**: **Handlungsgerüst** mit vier Erzählabschnitten:

- ■ Anfang: (1) **Überblick** über die Ausgangssituation: mit Angaben zum Ort (hier aus der Rolle des Erzählers, eines Sekretärs, erschließbar in der Biografie: Arbeitszimmer Thomas Manns), zur Zeit, zu Personen und zu ersten Handlungen
- ◎ Mitte: (2) **Aufbau** und (3) **Fortführung** der **Spannungskurve**
- ▲ Schluss: (4) **Auflösung** der **Erzählspannung** mit einem unerwarteten letzten Handlungsschritt (**Pointe**)

Beispieltext
Roman Karst, „Er wollte niemanden kränken"

Der folgende Text stammt aus einer Biografie, die der polnische Literaturwissenschaftler Roman Karst über Thomas Mann geschrieben hat. Es ist eine tatsachenorientierte Anekdote, die der frühere Sekretär Manns, Konrad Kellen, aufgeschrieben hat und die den Schriftsteller in seiner nachsichtigen Haltung gegenüber „schwachen Talenten" charakterisiert.

Um den Zusammenhang zu verdeutlichen, wie aus den vorbereitenden Schritten eine Anekdote entstehen kann, werden in dem folgenden Beispieltext markiert:

charakteristische Eigenart der Persönlichkeit, die in der Anekdote zum Ausdruck kommen soll
Strukturwörter für den **zeitlichen** Verlauf der Handlung
// Erzählabschnitte im Spannungsaufbau

In der Kommentarspalte werden **Gliederungsabschnitte** im **Spannungsaufbau** der Anekdote aufgeführt sowie **Erzähltechniken** benannt.

Roman Karst, „Er wollte niemanden kränken"

Wenn wir bisher die Urteile von Leuten aus Manns näherer Umgebung anführten, dann nicht, um ihn als fehlerlos darzustellen. Er hatte seine kleinen Schwächen, Ambitionen, Launen. Man kann unmöglich seine Überempfindlichkeit gegen Kritik übersehen, seine Befriedigung über

ERZÄHLERBERICHT mit Kommentar

Anekdote **A**

5 jedes Lob und den Ärger, den ein abfälliges Urteil bei ihm hervorrief –
welcher Schriftsteller ist denn unempfindlich für das eine oder das
andere? Bei der Durchsicht seiner Briefe fällt auf, dass er die Werke mancher Autoren nachsichtig beurteilte und mit Komplimenten für Bücher
seiner Bekannten oder Freunde nicht sparte. Es ist wahr, dass er, obgleich
10 er ein ausgezeichnetes „literarisches Gehör" hatte, Nachsicht mit
schwachen Talenten zeigte – sein Urteil über manche Schriftsteller ist
problematisch.

Charakteristische Eigenart
Manns Nachsicht mit schwachen
Schriftstellertalenten

Diese gutmütige Nachsicht muss man auch darauf zurückführen, dass er
niemanden kränken wollte. Charakteristisch dafür ist eine kleine
15 Geschichte, die Kellen erzählt:

Überleitung zur Anekdote

■ **„Einmal** erhielt er von der Witwe eines Eisenbahnkönigs einen auf
Bütten gedruckten schmalen Gedichtband. Der millionenschwere Mann
war laut Angabe seiner Frau ein heimlicher Dichter und Verfasser von
Aphorismen[1] gewesen. Sie hatte den Pergamentband drucken lassen und
20 wollte nun die Meinung von Thomas Mann (schonungslos, bitte) erfahren. ‚He must be judged by his peers', schrieb die gute Seele, was soviel
heißt wie: er muss von seinesgleichen beurteilt werden! //

HANDLUNGSGERÜST mit vier
Erzählabschnitten
■ **Anfang**
(1) ÜBERBLICK über die
Ausgangssituation: Ort, Zeit,
Personen, erste Handlungen
Auktoriales ERZÄHLVERHALTEN

⊙ **Zunächst** antwortete Thomas Mann nicht. Er hatte sich geärgert, dass
die Witwe ein frankiertes Kuvert beigefügt und um Rücksendung des
25 Bändchens ersucht hatte. Das fand er schäbig! // **Als ich ihn einige
Wochen später** an die Beantwortung der schicksalsschweren Frage
mahnte, sagte er: ‚Na ja, gelesen habe ich es nicht, nur mal so hineingeguckt.' ‚Und wie fanden Sie es?' forschte ich. // ▲ ‚Ach wissen Sie', erwiderte er trocken, ‚ich glaube, ich hätte das auch gekonnt.' **Dann** lachte
30 er und trug mir auf, eine Antwort zu entwerfen. ‚I have read the little
volume[2] with interest and found it quite touching',[3] stand im Brief. ‚Das
wird wohl genügen', äußerte er **dann** streng."

⊙ **Mitte**
(2) Aufbau einer kurzen
SPANNUNGSKURVE: **raffendes
Erzählen**
(3) Fortführung der SPANNUNGS-
KURVE: **zeitdeckendes Erzählen**
mit direkter Rede
▲ **Schluss**
(4) Auflösung der
ERZÄHLSPANNUNG: **Pointe**
Neutrales ERZÄHLVERHALTEN

In: Roman Karst (2006): Thomas Mann. Eine Biographie. Aus dem Polnischen von Edda Werfel.
Heinrich Hugendubel Verlag (Focus Edition), Kreuzlingen/München, S. 217–218; Quelle für die
Anekdote: Konrad Kellen, Als Sekretär bei Thomas Mann, in: Neue Deutsche Hefte Nr. 81/1961,
S. 44

---

[1]**Aphorismus** Sinnspruch, kurz und treffend formulierter Gedanke – [2]**volume**
Band – [3]**touching** ergreifend, bewegend

Formulierungshilfen für Anekdoten

Vgl. Formulierungshilfen unter ↗ **Geschichte** (S. 100 f.), ↗ **Reisebericht** (S. 280 f.), **Reportage**
(S. 286).

Anweisung, gesetzliche

Auf einen Blick

Eine **gesetzliche Anweisung** gehört zu den **instruktiven** (anweisenden) **Textformen**. Gesetzliche Anweisungen werden von einer **öffentlichen Autorität** ausgesprochen, die unabhängig vom einzelnen Bürger in Staat und Gesellschaft Geltung hat. Hierzu gehören zum Beispiel gesetzgebende staatliche Institutionen (Parlamente) sowie Institutionen, die Rechte und Gesetze in der Gesellschaft schützen (Gerichte) oder für moralisches Verhalten eintreten (Kirchen).

Gesetzliche Anweisungen werden geschrieben
- in der Schule: wenn man z. B.
  - im Zusammenhang mit einer ↗ **Interpretation**, einem ↗ **Referat** oder einer ↗ **Facharbeit** gesetzliche Vorschriften als **Kontextwissen** einbaut, in einem **direkten Zitat** oder zusammenfassend in **indirekter Rede** (Beispieltext 3);
  - oder wenn man in einer ↗ **Argumentation** oder in einem ↗ **Kommentar** Gesetzesvorschriften als **normative Argumente** anführt (Beispieltext 4),
- in der Öffentlichkeit: wenn für eine Gemeinschaft von Personen im privaten wie öffentlichen Leben **Regeln** aufgestellt werden, z. B. in Hausordnungen, Schulordnungen oder Straßenverkehrsordnungen,
- in Veröffentlichungen: wenn in Ratgebern oder Handbüchern gesetzliche Anweisungen zusammengestellt werden (Beispieltext 2),
- in gesetzgebenden Gremien: wenn für lokale, nationale oder internationale Gemeinschaften **Gesetze** verbindlich erlassen werden, etwa
  - in behördlichen **Verordnungen** und **Vorschriften** in einer privaten (Wohn-)Gemeinschaft, z. B. für Abfallentsorgung, Winterdienst auf Bürgersteigen und Zugangswegen, Lärmschutz, Nachtruhe,
  - in staatlichen **Gesetzesbüchern**, z. B. im Grundgesetz (GG) für die Bundesrepublik Deutschland (Beispieltext 1), im Bürgerlichen Gesetzbuch, im Strafgesetzbuch, in Umweltschutzverordnungen,
  - in internationalen **Abkommen**, z. B. UN-Resolutionen, internationalen Klimaschutzabkommen.

Eine gesetzliche Anweisung wird in einem **sachlichen**, **neutralen Stil** mit **verbindlichen Wendungen** verfasst.

Eine gesetzliche Anweisung aus einer **Gesetzesquelle** wird
- in **Zitaten** mit Anführungszeichen und Quellenangabe angegeben (z. B. „*Die Würde des Menschen ist unantastbar*" [Art. 1 Abs. 1 GG]),
- in der **indirekten Rede** nicht – wie sonst üblich – im Konjunktiv, sondern unverändert im **Indikativ Präsens** wiedergegeben (z. B. *Dass die Würde des Menschen unantastbar ist, steht im Grundgesetz als eines der Grundrechte der Deutschen*).

Anweisung, gesetzliche **A**

15

Der **Aufbau** einer gesetzlichen Anweisung kann sein:

- **nummerisch**: einzelne Vorschriften werden (mit Ziffern) aufgelistet, auch in Verbindung mit Paragraphenzeichen (§ 1) oder Artikeln und Abschnitten einer Gesetzessammlung wie dem Grundgesetz (Art. 1 Abs. 2 GG) (vgl. Beispieltext 1),
- **(alphabetisch) auflistend**: einzelne rechtliche Bereiche, für die Regeln gelten, werden aufgeführt (vgl. Beispieltext 2).

So wird's gemacht

Schreibplan: Schritte bei der Vorbereitung und Ausformulierung

Als wichtige Vorbereitung für eine gesetzliche Anweisung stellt man einen **Schreibplan** auf. Hierzu gehören in den Beispieltexten Überlegungen

➤ zum **Sachbereich**: Würde von Frauen und Männern in der Gesellschaft,

➤ zur **Leser-/Adressatengruppe**: alle staatlichen Organe, alle Bürger/innen (Beispieltext 1), Bürger/innen, die im Alltag eine Rechtsauskunft brauchen (Beispieltext 2), Leser/innen, für die gesellschaftliche Probleme wie Diskriminierung und Embryonenforschung mit Verweis auf Grundrechte erklärt werden (Beispieltexte 3 und 4),

➤ zur **Sprache**: Rechtsterminologie für Experten, verbindlich anweisende Sprache (Beispieltext 1), authentischer Wortlaut von wichtigen Rechtsbestimmungen, erklärende Wendungen aus der Allgemeinsprache (Beispieltext 2), Rechtsprinzipien im Originalwortlaut, Erläuterungen in der Allgemeinsprache (Beispieltexte 3 und 4),

➤ zu **Quellen** für Rechtsfragen: Art. 1, 2 und 3 des Grundgesetzes (Beispieltexte 2 – 4),

➤ zum **Textaufbau**
Beispieltext 1: **Voranstellung** der Grundrechte „Würde des Menschen" und „Gleichstellung von Frauen und Männern" im Grundgesetz vor allen anderen Rechtsbestimmungen
Beispieltext 2: **alphabetische Anordnung** von Rechtsbegriffen in einem Lexikon
Beispieltexte 3 und 4: **im Textzusammenhang** (rechtliche Gleichstellung von Männern und Frauen als normatives Argument gegen Diskriminierung am Arbeitsplatz; Würde des Menschen als normatives Argument gegen Klonen von menschlichen Zellen)

Beispieltexte

Um den Zusammenhang zu verdeutlichen, wie aus den vorbereitenden Schritten eine gesetzliche Anweisung entstehen kann, werden in den folgenden vier Beispieltexten markiert:

Bereich, für den die Anweisung gelten soll
Aussagesätze mit dem Hilfsverb **sein**
anweisende Wendungen

Anweisung, gesetzliche

Adjektive mit anweisender Bedeutung
Fachbegriffe aus den Sachbereichen „Recht", „Verpflichtung", „Verantwortung"
Fachbegriffe für die Bereiche, auf die sich das gewünschte Verhalten bezieht

Die Kommentarspalte führt **Gliederungsabschnitte** und **Schreibstrategien** auf.

Beispieltext 1
Grundgesetz „I. Grundrechte, Artikel 1, 2 und 3"

Auszug aus dem Grundgesetz (GG), Abschnitt „I. Grundrechte":

Artikel 1

[Menschenwürde; Grundrechtsbindung der staatlichen Gewalt]

(1) Die Würde des Menschen ist unantastbar. Sie zu achten und zu schützen ist Verpflichtung aller staatlichen Gewalt.

5 (2) Das deutsche Volk bekennt sich darum zu unverletzlichen und unveräußerlichen Menschenrechten als Grundlage jeder menschlichen Gemeinschaft, des Friedens und der Gerechtigkeit in der Welt.

(3) Die nachfolgenden Grundrechte binden Gesetzgebung, Verwaltung und Rechtsprechung als unmittelbar geltendes Recht. […]

10 **Artikel 2**

[Allgemeine Handlungsfreiheit; Freiheit der Person; Recht auf Leben]

(1) Jeder hat das Recht auf die freie Entfaltung seiner Persönlichkeit, soweit er nicht die Rechte anderer verletzt und nicht gegen die verfassungsmäßige Ordnung oder das Sittengesetz verstößt.

(2) Jeder hat das Recht auf Leben und körperliche Unversehrtheit. Die
15 Freiheit der Person ist unverletzlich. In diese Rechte darf nur auf Grund eines Gesetzes eingegriffen werden.

Artikel 3

[Gleichheit vor dem Gesetz; Gleichberechtigung von Männern und
20 Frauen; Diskriminierungsverbote]

(1) Alle Menschen sind vor dem Gesetz gleich.

(2) Männer und Frauen sind gleichberechtigt. Der Staat fördert die tatsächliche Durchsetzung der Gleichberechtigung von Frauen und Männern und wirkt auf die Beseitigung bestehender Nachteile hin.

(3) Niemand darf wegen seines Geschlechtes, seiner Abstammung, sei-
25 ner Rasse, seiner Sprache, seiner Heimat und Herkunft, seines Glaubens, seiner religiösen oder politischen Anschauungen benachteiligt oder bevorzugt werden. Niemand darf wegen seiner Behinderung benachteiligt werden. […]

In: Grundgesetz für die Bundesrepublik Deutschland, 1949

Übersichtliches Layout

Nummerische Anordnung der einzelnen Abschnitte des Gesetzes: Gliederung in Artikel und Absätze (1), (2), …

Druckabsätze nach jeder Handlungsanweisung

Sprachliche Mittel
- **Aussagesätze** mit dem Hilfsverb „sein"

- anweisende **Hilfsverben** wie „nicht dürfen"/„Niemand darf"
- anweisende **Verben** wie „sich bekennen zu", „das Recht haben auf"

- **Fachbegriffe** aus den Sachbereichen „Recht", „Verpflichtung", „Verantwortung"

- **Adjektive** mit anweisender Bedeutung („unantastbar", „unverletzlich", „unveräußerlich", „gleich", „gleichberechtigt")

Anweisung, gesetzliche **A**

Beispieltext 2
„Menschenwürde"

Der folgende Textauszug stammt aus einem praktischen Nachschlagewerk für Rechte im Alltag, in dem über den oben zitierten Gesetzestext (Beispieltext 1) berichtet wird.

Menschenwürde

Artikel 1 des Grundgesetzes **bestimmt, dass** die **Würde des Menschen** unantastbar **ist**. Alle staatlichen Organe **sind verpflichtet**, sie zu **achten** und zu **schützen**. Dieses **Bekenntnis** steht am Beginn der Verfassung, da die Würde des Menschen der höchste vom Grundgesetz geschützte Wert
5 ist. […]

Verletzung der Menschenwürde

Die **Menschenwürde ist** verletzt, wenn der Einzelne zum bloßen Objekt staatlichen Handelns gemacht, insbesondere, wenn er zur Durchsetzung staatlicher Ziele als Mittel missbraucht wird, wie es etwa bei medizinischen
10 Menschenversuchen oder Zwangsverschleppungen der Fall sein kann.

Darüber hinaus **verbietet** der Schutz der **Menschenwürde** Demütigung, Bloßstellung oder Erniedrigung des Einzelnen und **gewährt** ihm umgekehrt einen privaten und persönlichen Bereich, in den der Staat ohne Zustimmung des Betroffenen **nicht eindringen darf**. Eine Zuwiderhand-
15 lung wäre z. B. die unzulässige Beschlagnahmung einer Patientenkarte beim Hausarzt.

Die **Würde des Menschen verpflichtet** den Staat jedoch nicht nur **zum** Unterlassen von Handlungen, sondern auch zum aktiven Schutz des Einzelnen. So **muss** der Staat das Leben, auch das ungeborene, **schützen**
20 und, etwa indem er Sozialhilfe bewilligt, **dafür Sorge tragen, dass** dem Einzelnen ein menschenwürdiges Leben ermöglicht wird.

In: Ihr gutes Recht von A bis Z. Das praktische Nachschlagewerk für alle Fälle. ADAC Verlag, München 2000, S. 280

Seitenrandnotizen:

Alphabetischer Eintrag in einem **Rechtsratgeber**
Zusammenfassung von Art. 1 GG:
- **indirekte Rede**
- Verben im **Indikativ Präsens**
- **Originalwortlaut** ohne Zitatzeichen (Würde des Menschen, unantastbar)

Erläuterung des Gesetzestextes:
- anweisende **Hilfsverben** („müssen", „nicht dürfen")
- **Verben des Vorschreibens** und *dass*-Satz („bestimmen", „dafür Sorge tragen")
- **Verben des Vorschreibens** („jdn. zu etw. verpflichten", „etw. verbieten", „verpflichtet sein, etw. zu tun")
- anweisende **Substantive** („Verletzung", „Zuwiderhandlung', „Unterlassen von …", „Schutz des …")

Beispieltext 3
„Ich bin eine durchsetzungsfähige Frau geworden"

Der folgende Textauszug stammt aus dem Mittelteil einer ↗ **Sachtextanalyse** (S. 299 – 304; 302 f.). Hier beziehen sich die Verfasser auf verschiedene Gesetze, um das unverständliche dominante Kommunikationsverhalten von Männern gegenüber Frauen zu **erklären**.

… Die Probleme im Umgang mit männlichen Mitarbeitern scheinen auf die unterschiedlichen Kommunikationsstile von Männern und Frauen zurückzuführen sein.

Textzusammenhang:
Genderprobleme am Arbeitsplatz

A Anweisung, gesetzliche

[Erklärungen und Beispiele aus dem Sachtext folgen.]

5 Erstaunlich ist, dass das dominante Kommunikationsverhalten von Männern auch gegenüber beruflich gleichgestellten Frauen demokratisches Denken vermissen lässt. Denn immerhin **sind nach dem** Grundgesetz von 1949 „[a]lle Menschen […] vor dem Gesetz gleich" und „Männer und Frauen […] gleichberechtigt" (Art. 1 Abs. 2 und 3 GG). Und **nach dem**
10 Gleichberechtigungsgesetz vom 1. Juli 1958 **sollen** Frauen auch tatsächlich **im Beruf** und **im öffentlichen** wie **privaten Leben** Männern gleichgestellt **sein**. Demnach darf in den 1990er-Jahren am Arbeitsplatz **keine** Diskriminierung von Frauen **auftreten**. …

Gesetzliche Anweisung formuliert
- als wörtliches **Zitat** aus dem Grundgesetz
- mit **Verweis auf die Quelle** („nach dem Grundgesetz"/ „Gleichberechtigungsgesetz")
- mit genauer **Angabe der Rechtsquelle** in Klammern, in der üblichen Abkürzung („Art. 1 Abs. 2 und 3 GG")
- mit anweisenden **Hilfsverben** („sind gleich", „sollen … sein")

Beispieltext 4
„Klonen – eine strittige Frage in der Humanmedizin"

Der folgende Textausschnitt stammt aus dem Mittelteil eines längeren ↗ **Kommentars** (S. 218 f.; 219), der sich mit dem Für und Wider des Klonens von menschlichen Zellen auseinandersetzt. Hier verweisen die Verfasser auf die Würde des Menschen, wie sie im Grundgesetz verbürgt ist, als **normatives Argument** für ihre ablehnende Haltung gegenüber der Klontechnologie.

■ … Und schließlich: **Dürfen** Stammzellen wirklich **ganz ohne ethische Bedenken** aus menschlichen Embryonen gewonnen werden, denen mit diesem Eingriff die weitere Entwicklung zu Individuen verwehrt bleibt? **Wird** hier **nicht** die **Würde des Menschen** verletzt? Denn dass die
5 Würde des Menschen unantastbar **ist**, ist ein Grundrecht in Art. 1 Abs. 1 des Grundgesetzes, das auch **für** ungeborenes menschliches Leben **gelten sollte**. Ethisch betrachtet, gibt es entscheidende Bedenken, wenn es um uneingeschränkte Embryonenforschung geht. …

Textzusammenhang: Klontechnologie
Gesetzliche Anweisung formuliert
- als **rhetorische Fragenkette** mit Appellen an das Rechtsbewusstsein der Leser („Würde des Menschen")
- als **Inhaltssatz** mit der genauen Gesetzesvorschrift („Denn dass …, ist …")
- mit genauer Quellenangabe
- mit anweisenden **Hilfsverben** („unantastbar ist", „dürfen …")

Formulierungshilfen für gesetzliche Anweisungen

➤ für **allgemein verbindliche gesetzliche Vorschriften**
- **typische Satzmuster** für Anweisungen:
  - **Verb *sein* + anweisendes Adjektiv**: *Die Würde des Menschen ist unantastbar. Alle Menschen sind vor dem Gesetz gleich. Männer und Frauen sind gleichberechtigt.*
  - **Verb *sein* + anweisendes Partizip Perfekt**: *X ist verboten/untersagt/gestattet*
  - **Verb *sein* + Infinitiv** mit ***zu***: *X ist zu achten/zu beachten/einzuhalten*
  - **Verben des Vorschreibens + *dass*-Satz**: *bestimmen, vorschreiben, fordern, verbieten, dass …*
- **anweisende Hilfsverben** *nicht dürfen, müssen, sollen: Niemand darf wegen … benachteiligt oder bevorzugt werden. Sie müssen die Vorfahrt achten*

Anweisung, gesetzliche

- **Verben des Vorschreibens**: *verpflichtet sein, etw. zu tun, jdn. zu etw. verpflichten, gelten für etw.*
- **anweisende verbale und substantivische Wendungen** aus den Sachbereichen „Recht", „Pflicht", „Verantwortung" usw.: *Jeder hat das Recht auf Leben. Niemand darf benachteiligt/ bevorzugt werden; sich zu Menschenrechten bekennen; (Schutz/Verletzung) von Rechten, Zuwiderhandlung, Diskriminierung von Frauen, Durchsetzung der Gleichberechtigung*
- **Adjektive** in der Bedeutung von „Schutz" oder „Verbot" (meist mit der Vorsilbe **un-**): *der höchste vom Grundgesetz geschützte Wert; unzulässige Beschlagnahmung, unverantwortliches Verhalten*

➤ für **verbindliche**, aber **weniger zwingend** formulierte **Regeln** in öffentlichen Bereichen
- **Aussagesätze** und **Verben im Indikativ**, die das geforderte Verhalten als regelhaftes Verhalten beschreiben und nicht direkt anordnen, etwa in der Hausordnung einer Schule: *Schülerinnen und Schüler betreten das Schulgebäude erst ab 7.30 Uhr/können … betreten* (statt: *Das Betreten des Schulgebäudes vor 7.30 Uhr ist verboten/nicht gestattet*). *Mit dem Klingeln am Ende der Pause gehen Schülerinnen und Schüler in ihre Klassen- oder Kursräume* (statt: … *müssen sich in ihren Klassenraum begeben*).

Vgl. zu weiteren Formulierungshilfen ↗ **Anweisung, persönliche** (S. 23), ↗ **Anweisung, praktische** (S. 27).

Anweisung, persönliche

Auf einen Blick

Eine **persönliche Anweisung** gehört zu den **instruktiven** (anweisenden) **Textformen**. Jemand gibt anderen eine Anweisung aufgrund seiner **persönlichen Autorität**. Er stützt sich dabei auf praktische Erfahrungen – auch Spezialwissen –, die er auf Grund seiner beruflichen, fachlichen oder gesellschaftlichen Stellung erworben hat. Damit will er andere zu einem bestimmten Verhalten in privaten wie öffentlichen Situationen des Alltags auffordern.

Persönliche Anweisungen werden mündlich oder schriftlich gegeben

- in der Schule: um Alltagsgeschäfte zu regeln, z. B. Hausaufgaben stellen, Verabredungen treffen, Termine absprechen, Versammlungen (Schüler-Komitees, Sitzungen der Schülerverwaltung etc.) einberufen, Aufgaben/Rollen in Arbeitsgruppen verteilen, Feste/Veranstaltungen organisieren,
- in privaten oder informellen Kommunikationssituationen: z. B. Regelungen treffen/Wünsche äußern in der Familie, im Freundeskreis,
- in öffentlichen oder formellen Kommunikationssituationen: z. B.
  - als Aufgabe/Auftrag/Anordnung/Befehl im Beruf,
  - als Ratschlag in Ratgebern zu Problemen des Alltags (Gartenpflege, Haustierhaltung, Gesundheit etc.), als Vorschrift in öffentlichen Gebäuden/Räumen/Plätzen,
  - als Bitte oder Aufforderung in **Briefen** (Geschäfts-, Beschwerde- oder Bittbriefen), als Appell in ↗ **Reden**, als Handlungsempfehlung in einem ↗ **Kommentar** oder ↗ **Leitartikel**, als Aufruf auf Wahl- oder Werbeplakaten,
- in moralischen Vorschriften: wie in den 10 Geboten der Bibel.

Persönliche Anweisungen werden geschrieben bzw. mündlich formuliert:

- in einem vorwiegend **neutralen, sachlichen Stil** mit **verbindlichen Wendungen**, v. a. in öffentlichen und schriftlichen Kommunikationssituationen,
- in einem vorwiegend **subjektiven Stil** mit **höflichen Wendungen**, die die Strenge oder Verbindlichkeit der Anweisung mildern, v. a. in privaten und mündlichen Kommunikationssituationen und in Ratgebern für den Alltag.

Der **Aufbau** einer persönlichen Anweisung kann sein:

- **auflistend** mit grafischen Symbolen (Punkten, Spiegelstrichen usw.),
- **nummerisch** (mit Zahlen) oder
- **formlos** (etwa in mündlichen und Ein-Satz-Anweisungen).

Anweisung, persönliche **A**

So wird's gemacht

Schreibplan: Schritte bei der Vorbereitung

Als wichtige Vorbereitung für eine persönliche Anweisung stellt man einen **Schreibplan** auf. Hierzu gehören im Beispieltext Überlegungen

➤ zur **Überschrift** als **Leseanreiz**: überraschende Übertragung eines bekannten gesellschaftlichen Begriffs („Umgangsformen") auf die „Elektronische Kommunikation",

➤ zur **Leser-/Adressatengruppe**: die (meist) jüngere Generation der Internetnutzer, die „elektronische Benimmregeln" lernen sollen; keine Fachleute,

➤ zur **Sprache**: sachliche Sprache mit informellen Wendungen aus der Alltagssprache, wenige Fachbegriffe, elektronische Kurzschrift und Du-Anrede für ein junges Publikum, direkte Anweisungen in Imperativen, auch höfliche Empfehlungen in umschreibenden Wendungen,

➤ zur Art der **Auflistung** für einzelne „elektronische Benimmregeln": verschiedene Layoutmittel (grafisches Symbol ◆, Absätze, wechselnde Schriftschnitte: Standard, **fett**, *kursiv*),

➤ zum **Textaufbau**

■ Anfang: Begründung für die Vorschriften

◉ Mitte: Auflistung einzelner „elektronischer Benimmregeln"

▲ Schluss: allgemeine Regel mit Merksatz

Beispieltext
John Levine u. a. „„Elektronische Umgangsformen"

Der folgende Text aus einem Anleitungsbuch für Internetnutzer enthält persönliche Anweisungen für den elektronischen Briefverkehr. Er richtet sich an ein durchschnittliches (meist jüngeres) Publikum, nicht an Fachleute (vgl. den humorvollen Serientitel … *for Dummies*, dt. „Dummköpfe").

Um den Zusammenhang zu verdeutlichen, wie aus den vorbereitenden Schritten eine persönliche Anweisung geschrieben werden kann, werden in dem Beispieltext markiert:

Bereich , für den die Anweisung gelten soll

anweisende Wendungen

Formeln eines höflichen Stils

Begriffe für „empfehlenswertes Verhalten"

Fachbegriffe für den Bereich, auf den sich das gewünschte Verhalten bezieht

In der Kommentarspalte werden **Gliederungsabschnitte** des anweisenden Textes und die verwendeten **Schreibstrategien** benannt.

John Levine u.a., „Elektronische Umgangsformen"

■ Elektronische Post hat ihre ganz eigene Etikette und ist grundverschieden von den Umgangsformen, die **für** normale gesprochene oder geschriebene Sprache **gelten**. Weil **E-Mail-Nachrichten** ausschließlich aus Text bestehen und normalerweise kurz sind, ist es hilfreich, wenn
5 man elektronische Benimmregeln beachtet, um Missverständnisse zu vermeiden. **Halte dich an** diese Empfehlungen:

◉

◆ **Korrekturlesen, Korrekturlesen und nochmal Korrekturlesen.** Der Empfänger sieht nur Wörter auf einer Seite; wenn diese Wörter fürchter-
10 lich falsch geschrieben sind, vermitteln sie einen bestimmten Eindruck von dir – wer du bist und was dir wichtig ist – und das könnte nicht der Eindruck sein, den du erwecken möchtest.
◆ **Schreibe nicht** alles in GROSSBUCHSTABEN. Großbuchstaben lassen deinen Text SO AUSSEHEN, ALS WÜRDEST DU SCHREIEN. Es ist in
15 Ordnung, wenn du ab und zu Großbuchstaben zur Betonung einsetzt, aber **geh' sparsam mit ihnen um**.
◆ **Deine Betreffzeile sollte** dem Empfänger so viel wie möglich über deine **E-Mail-Nachricht sagen**, ohne zu lang zu werden. „Baseballspiel heute Abend abgesagt" ist viel besser als „Wichtige Mitteilung". Aber
20 **versuche nicht**, deine vollständige **Nachricht** in der **Betreffzeile** unterzubringen.
◆ **Internet-Bürger** benutzen **Kurzschrift** und **Emoticons**[1] wie LOL[2] und ;)[3], um Bedeutung zu vermitteln. Obwohl diese Mittel ganz akzeptabel für **informelle E-Mails** sind, **vermeide** sie in **Geschäftsbriefen** (es sei
25 denn, du schreibst an einen Internet-Bürger).
◆ **Überprüfe** deinen Humor gründlich – Ironie und Sarkasmus kann man leicht überhören. Manchmal hilft es, wenn man ein **Smiley** hinzufügt, um seinen Leser an seinem Witz teilhaben zu lassen.
◆ **Gönne das letzte Wort deinem Gesprächspartner.** Wenn du in
30 einen hitzigen **E-Mail-Austausch** verwickelt wirst, im Netz auch als **Flame War**[4] bekannt, **lass'** die Diskussion langsam absterben, indem du der anderen Partei das letzte Wort überlässt.

🔺

◆ **Wenn du Zweifel hast, lass' dein Schreiben über Nacht liegen. Lies**
35 es und **überarbeite** am nächsten Morgen, bevor du es abschickst. *Versende nie ein E-Mail, wenn du wütend bist!*

In: John Levine u.a. (Hg. 2000). The Internet for Dummies. All in One Desk Reference. IDG Books Worldwide, Inc., Foster City, California, S. 49f. (Aus d. Amerikanischen v. H. Steinkamp)

---

[1]**Emoticon** Zusammensetzung aus *emotion* (Gefühl) und *icon* (Bild): grafisches Zeichen in der Internetkommunikation, um Gefühle auszudrücken – [2]**LOL** Kurzschrift in der Internetkommunikation für Gefühle: *Laughing out loud* – [3]**;)** Zeichen für Augenzwinkern – [4]**Flame War** unsachliche und beleidigende Diskussion in Internetforen und E-Mail-Kommunikation

---

Überschrift mit Leseanreiz

■ **Anfang**
Begründung für „elektronische Umgangsformen"

◉ **Mitte**
Übersichtliches Layout:
Auflistung einzelner Handlungsanweisungen mit Symbolen ◆

Zwischenüberschriften für jeden Bereich, für den eine Handlungsempfehlung ausgesprochen wird

Absätze nach jeder Handlungsanweisung

Wechselnde Schriftschnitte:
Fettdruck für Zwischenüberschriften
GROSSBUCHSTABEN für Veranschaulichungen
Kursivdruck z.B. für Merksatz, Wörter aus Fremdsprachen

🔺 **Schluss**
Allgemeine Regel für den elektronischen Schreibprozess
Merksatz in *Kursivdruck*

Anweisung, persönliche **A**

23

Formulierungshilfen für persönliche Anweisungen

➤ für **verbindliche Vorschriften**

- **anweisende Verben**: *beachten, achten auf, einhalten, befolgen, respektieren*
- **Verben des Verbietens** in Kurzform mit Infinitiven oder in ganzen Sätzen: *Rauchen/Betreten/ Plakate ankleben verboten. Das Betreten des Rasens ist verboten.*
- **Befehlsform** mit *sein* + **Infinitiv** mit *zu*: *Hunde sind an der Leine zu führen.*
- **Befehlsform** mit **Imperativen** in positiver wie negativer Form: *Schließen Sie vor Verlassen des Raums die Fenster.*
- **Kurzsätze** mit Infinitiven: *Vor Verlassen der Räume die Fenster schließen.*
- **Hilfsverben** *müssen, sollen* und *nicht dürfen*: *Hunde dürfen nicht mitgenommen werden/ müssen draußen warten.*
- **ausschließende Adverbien**: *nie, niemals* bzw. *immer, stets*
- **unpersönliches Pronomen** *man* : *… ist es hilfreich, wenn man Benimmregeln beachtet.*

➤ für **Empfehlungen** in einem **höflichen Stil**

- **Infinitive/Imperative mit** *bitte*: *Bitte nicht rauchen. Schließen Sie bitte die Fenster.*
- **Konjunktiv II** statt des Indikativs der **Hilfsverben** *sollen* und *müssen*, der die Strenge einer Anweisung mildert: *Du solltest/müsstest/Sie sollten/müssten jetzt deine/Ihre Klausur abgeben.*
- **umschreibende Wendungen**, die das geforderte Verhalten als wünschenswert darstellen: *Es ist sinnvoll/günstig/hilfreich/in Ordnung, wenn …; Es ist notwendig/nützlich/anzuraten, etw. zu tun;* auch in **Frageform:** *Wäre/Ist es Ihnen recht, wenn …? Macht es dir etwas aus, wenn …? Was haltet ihr davon, wenn …?*
- **imperativische Wendungen**, die dem gewünschten Verhalten **vorangestellt** werden: *Sei so nett und bringe mir …;* auch in **Frageform:** *Sind Sie so nett und bringen mir …?*
- **Frageformen**: mit dem **Konjunktiv II** von **Hilfsverben** (und **Adverbien** wie „wohl", „vielleicht", „möglicherweise", „eventuell"), womit eine Forderung abgeschwächt wird: *Würdest/ könntest/hättest/wärst du (vielleicht) …? Würden Sie (wohl) …?*
- **umschreibende Wendungen** in **Frageform**: *Wäre/Ist es Ihnen recht, wenn …? Macht es dir etwas aus, wenn …? Was haltet ihr davon, wenn …?*
- **Verben des Wünschens** aus der **Ich-Perspektive**: *Ich möchte/wünsche/schlage vor, dass wir/du/ihr/Sie …*
- **Aussagesätze** mit **Verben im Indikativ**, die das gewünschte Verhalten als Handlung oder Handlungsziel beschreiben, nicht direkt anordnen: *Du gehst jetzt ins Bett. Ihr seid spätestens um 23.00 Uhr wieder zu Hause;* auch indirekt als Andeutung: *Es zieht* (statt: *Schließe bitte das Fenster).*

Vgl. zu weiteren Formulierungshilfen ↗ **Anweisung, gesetzliche** (S. 18 f.), ↗ **Anweisung, praktische** (S. 27).

Anweisung, praktische

Auf einen Blick

Eine **praktische Anweisung** gehört zu den **instruktiven** (anweisenden) **Textformen**. Wer sie gibt, verfügt über eine **sachliche Kompetenz**, mit der er andere in Arbeitsprozessen zu bestimmten Handlungsschritten anleitet, die zu einem gewünschten Ziel führen.

Praktische Anweisungen werden geschrieben:
- in der Schule: bei der Aufzeichnung von Schritten eines **Versuchsaufbaus**, der von anderen nachvollzogen werden soll; in einem **Planungspapier** z. B. für ein Theaterprojekt, in dem Rollen verteilt werden, die Einsätze von Auftritten festgelegt werden usw.; in **Teilnehmerbedingungen** z. B. für einen Lese- oder Mathematikwettbewerb; in kreativen Schreibaufgaben wie **Spielanweisungen** z. B. für eine Rallye (auf einem Schulfest, bei einem Museumsbesuch/einer Stadtbesichtigung während einer Kursfahrt),
- in Ausbildung und Studium: in **Anleitungen** zur Abfassung von wissenschaftlichen Texten in einer schriftlichen Hausarbeit, einem ↗ **Referat**, einer Examensarbeit, einer Diplom- oder einer Magisterarbeit,
- in Veröffentlichungen:
  - in **Ratgebern**, die Anregungen z. B. für Krankheitsfälle oder Unfälle geben,
  - in **Handbüchern** z. B. zu technischen Gebieten wie Computerprogrammen (vgl. Beispieltext) oder Internetnutzung,
  - in **Anleitungen** zum Gebrauch bzw. zur Herstellung von Gegenständen (z. B. in Rezepten, Dosierungsanleitungen für Medikamente, Gebrauchsanweisungen, Bedienungs- oder Betriebsanleitungen für Haushaltsgeräte und andere technische Geräte, Montageanleitungen für Möbel etc.),
  - in festgelegten **Regeln** (für Sportarten, Spiele etc.),
- in der Öffentlichkeit: z. B. in **Warnhinweisen** zum Verhalten in Notsituationen, etwa bei Brandgefahr in einem öffentlichen Gebäude.

In einer **praktischen Anweisung**
- schreibt man in einem **sachlichen, neutralen Stil** mit **verbindlichen Wendungen**, die häufig auch **verkürzt** werden (*Hier öffnen* statt: *Öffnen Sie hier*),
- schreibt man in einem vorwiegend **subjektiven Stil** mit **höflichen Wendungen**, die die Strenge oder Verbindlichkeit der Anweisung mildern,
- stützt man sich auf genaues **Sachwissen**,
- bezieht man sich darauf, wie **Sachen funktionieren** oder **Handlungsabläufe** bzw. **Arbeitsprozesse** sinnvoll zu gestalten sind,
- zerlegt man diese Funktionen in **einzelne Elemente** oder Handlungsabläufe in **einzelne Schritte**,
- fügt man zur Veranschaulichung einzelner Schritte im Handlungsablauf/Arbeitsprozess **Zeichnungen** oder **Illustrationen** an.

Anweisung, praktische **A**

Der **Aufbau** einer praktischen Anweisung kann sein:

- **auflistend**: mit grafischen Symbolen (Punkten, Spiegelstrichen, anderen Zeichen),
- **nummerisch**: mit Zahlen für einzelne Arbeits- oder Handlungsschritte, z. B. mit arabischen Zahlen (1 …, 2 ….), Ordnungszahlen (1., 2. …), römischen Zahlen (I., II. …) oder Buchstaben des Alphabets (a., b. …),
- **chronologisch**: mit Zeitadverbien für die Reihenfolge der einzelnen Arbeitsschritte, z. B. *Zunächst … . Anschließend … . Dann … . Zuletzt … .*
- **analytisch**: man zerlegt (analysiert) den gesamten Arbeitsprozess in mehrere **Handlungsschritte**, die man einzeln nacheinander in einer sinnvollen Abfolge aufführt; diese Abfolge ist möglich ohne nummerische oder chronologische Signale, da sie an **Sachzusammenhängen** orientiert ist (z. B. in einem Kochrezept: *Den Ofen auf 180° vorheizen … Öl in die Pfanne gießen … Die Gewürze hacken …*)
- eine **Kombination** aus **Sachzusammenhang** und **nummerischer/chronologischer Auflistung**: z. B. in einer Bastel-, Bau- oder Spielanleitung bzw. in einem Kochrezept, wenn zunächst die Materialien bzw. die Zutaten im Überblick zusammengestellt und dann die einzelnen Arbeitsschritte in ihrer zeitlichen und/oder nummerischen Abfolge aufgeführt werden.

So wird's gemacht

Schreibplan: Schritte bei der Vorbereitung

Als wichtige Vorbereitung für eine praktische Anweisung stellt man einen **Schreibplan** auf. Hierzu gehören im Beispieltext Überlegungen

- zum **Überblickssatz**: Handlungsziel, Definition eines zentralen Fachbegriffs,
- zur **Leser-/Adressatengruppe**: verschiedene Generationen von Computernutzern, die bestimmte Funktionen ihres Computerprogramms anwenden wollen,
- zur **Sprache**: sachliche Sprache, Sie-Anrede für ein breites Publikum, direkte Anweisungen in Imperativen, aber auch höfliche Empfehlungen in umschreibenden Wendungen wie *… können Sie …; …, was ratsam ist*; Fachbegriffe, ggf. mit Kurzdefinition,
- zur Art der **Auflistung** für die einzelnen **Handlungsschritte**: arabische Zahlen und chronologische Signale,
- zum **Textaufbau**
  - ■ Anfang: das gewünschte **Handlungsziel** angeben
  - ⊙ Mitte: die empfohlenen Handlungsschritte **einzeln auflisten**
  - ▲ Schluss: mit einem temporalen **Schlusssignal** einen **letzten Schritt** im Handlungszusammenhang anführen

A Anweisung, praktische

Beispieltext
„Ein Image von einer CD auf der Festplatte speichern"

Der Text ist ein Auszug aus einem Handbuch für ein Computerprogramm.

Um den Zusammenhang zu verdeutlichen, wie aus den vorbereitenden Schritten eine praktische Anweisung entstehen kann, werden im folgenden Beispieltext markiert:

> der Arbeitsprozess, der in einzelne Handlungsschritte zerlegt wird
> temporale Signale für die Abfolge der einzelnen Schritte
> **anweisende** Wendungen
> Formeln eines höflichen Stils
> **Fachbegriffe** für den gewünschten Arbeitsprozess

In der Kommentarspalte werden **Gliederungsabschnitte** der praktischen Anweisung und die verwendeten **Schreibstrategien** benannt.

„Ein Image von einer CD auf der Festplatte speichern"

Als Image bezeichnet man eine einzelne Datei, welche die komplette Datei einer CD enthält, praktisch einen Schnappschuss einer CD.

1 **Klicken Sie** im **Hauptfenster von CloneCD auf** das Symbol mit dem
5 Pfeil von dem CD-R-Laufwerk hin zu der Diskette.

2 Im folgenden Fenster können Sie mittels Haken einige **Optionen** auswählen, die ihnen helfen, eine Vielzahl von Kopierschutzmechanismen zu umgehen.

3 Beispielsweise können Sie die sogenannten **SubChannels** von den
10 **Tracks**, also kleinere Untereinheiten lesen, oder gar absichtliche Lesefehler ignorieren oder defekte Sektoren gänzlich überspringen.

4 **Wählen Sie** nun noch das **Quellgerät** aus, in welchem die einzulesende CD liegt, und bei Bedarf auch die **Lesegeschwin-**
15 **digkeit**, was bei schwierigen Fällen ratsam ist, da langsamere Geschwindigkeiten durchaus bessere Resultate liefern.

■ **Anfang**
Überblickssatz mit dem gewünschten Arbeits- oder Handlungsergebnis
Definition eines Fachbegriffs

⊙ **Mitte**
Übersichtliches Layout
■ **Nummerische** Abfolge der Handlungsschritte
■ **Absätze** nach jeder Handlungsanweisung
■ **Illustration** für Arbeitsschritt 4

Sprachliche Mittel
■ **Formeln des höflichen Stils** („… können Sie … auswählen")
■ **Imperative** („Klicken Sie …")
■ **Fachbegriffe**
■ **temporale Signale** für die zeitliche Abfolge der einzelnen Arbeitsschritte („Im folgenden Fenster", „nun", „jetzt" etc.)

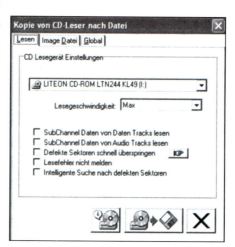

20 **5** Über die **Registerkarte** *Image Datei* können Sie den **Pfad** auswählen bzw. den **Ordner**, in dem Ihre Imagedatei gespeichert werden soll.

6 Jetzt brauchen Sie nur noch auf das **Symbol** unten von CD zur Diskette zu klicken und schon startet der Kopiervorgang.

▲ **Schluss**
Letzte Anweisung für den letzten Schritt im Arbeitsprozess

In: Jürgen Hossner u. a. (Hgg. 2001): Das große Buch Windows XP Home, Data Becker, Düsseldorf, S. 128

Formulierungshilfen für praktische Anweisungen

➤ für **gezielte Handlungsanweisungen**
- **Imperative**: *Klicken Sie im Hauptfenster auf …*
- **Kurzsätze mit Verben im Infinitiv**: *Hier öffnen. Die Schrauben fest anziehen. Dreimal täglich einnehmen. Bei Alarm keinen Aufzug, sondern die Treppe nehmen.*
- **Kurzsätze ohne Verben**: *Erst zur Kasse, dann zum Auto.*
- **Hilfsverben *können* und *brauchen*** als Formen eines **höflichen Stils**: *Im folgenden Fenster können Sie einige Optionen auswählen. Jetzt brauchen Sie nur noch auf das Symbol X zu klicken.*

Vgl. zu weiteren Formulierungshilfen ↗ **Anweisung, gesetzliche** (S. 18 f.), ↗ **Anweisung, persönliche** (S. 23).

Argumentation, wissenschaftliche

Auf einen Blick

Eine **Argumentation** ist neben dem ↗ **Kommentar** (aus weitgehend subjektiver Perspektive) eine Grundform der **argumentativen Textformen**. In einer **wissenschaftlichen Argumentation** setzt man sich mit Sachverhalten und Problemen auseinander. Sie erfordert eine systematische und forschende gedankliche Beschäftigung mit unterschiedlichen Meinungen zu einem Sachverhalt, der als umstritten gilt. Im kontroversen Meinungsfeld entdeckt man weiteren **Forschungsbedarf**. Die Argumente und Beispiele, die man anführt, um seinen eigenen Standpunkt zu stützen bzw. eine fremde Meinung zu widerlegen, müssen für Leser überprüfbar sein, sodass sie diese als wahr oder falsch einschätzen können. Dafür gibt man **Quellen** aus der **Fachliteratur** an, die auch Dritten zugänglich sind. Hieraus bezieht man seine Sachkenntnisse, und auf dieser Grundlage begründet man seine abweichende Meinung. Man schreibt eine Argumentation also überwiegend aus einer **objektiven Perspektive**.

Eine **wissenschaftliche Argumentation** wird geschrieben
- in der Schule: in einer ↗ **Erörterung**, einem ↗ **Referat** oder einer ↗ **Facharbeit**, wenn man ein kontroverses Meinungsbild zu einem Sachverhalt wiedergibt; in einer ↗ **Interpretation**, in der man die Bedeutung von sprachlichen oder kompositorischen Mitteln in einem Drama, einer Erzählung oder einem Gedicht argumentativ darlegt und mit Textbelegen stützt,
- in der Ausbildung/im Studium: in **wissenschaftlichen Abhandlungen**, z. B. in einer Seminararbeit, schriftlichen Hausarbeit oder Dissertation (Doktorarbeit),
- in Veröffentlichungen: in **wissenschaftlichen Zeitschriften** oder **Fachbüchern**,
- in der Presse: als wissenschaftliche Argumentation: z. B. in den Zeitungsrubriken „Wissenschaft" und „Forschung"; als meinungsorientierte journalistische Darstellungsform: z. B. in ↗ **Kommentaren** und ↗ **Leitartikeln**, jedoch aus überwiegend **subjektiver Perspektive**.

In einer **Argumentation**
- schreibt man im **Präsens**; es sei denn, man bezieht sich in seiner Beweisführung auf historische Fakten, die im **Präteritum** wiedergegeben werden,
- strebt man ein Urteil mit einer Entscheidung über einen **umstrittenen Sachverhalt** an,
- wählt man ein **methodisches Vorgehen**, das den allgemein anerkannten Grundsätzen für Objektivität in einer Wissenschaft folgt:
  - mit **wortgetreuen Zitaten** aus Quellen oder
  - mit **sinngemäßer Wiedergabe** von Quellen als **Paraphrase**,
  - mit genauen **Quellenangaben: Kurzverweisen** im Text oder in Fußnoten und
  - mit **ausführlichen Quellenangaben** in einem **Literaturverzeichnis**,
- setzt man sich mit einer abgelehnten Position (**These**) und deren **Argumenten** und **Beispielen** auseinander und setzt ihr seine eigene Position (**Antithese**) mit **Gegenargumenten** und **Beispielen** entgegen.

Der **Aufbau** einer wissenschaftlichen Argumentation ist im Allgemeinen
- **dialektisch** (oder antithetisch), da gegnerische Positionen vorgestellt und der eigenen abweichenden Auffassung gegenübergestellt werden,
- **einsträngig**, da nach einer zusammenfassenden Darstellung der gegnerischen Meinungen zu Beginn der Argumentation diese i. A. nicht mehr zur Sprache kommen und der eigentliche Argumentationsgang sich auf die Beweisführung für den eigenen Standpunkt konzentriert.

- Anfang: **Antithetische Einleitung:** Man stellt zu einem **Sachverhalt** die Meinung(en) oder **These(n)** dar, die wissenschaftlich verbreitet sind und allgemein als gültig angenommen werden. Man formuliert seine eigene Position als **Gegenmeinung (Antithese)** und lehnt damit die gültige Lehrmeinung ab bzw. bezweifelt sie.
- Mitte: Man führt eigene **Gegenargumente** mit **Beispielen** an, um seinen Standpunkt ausführlich zu beweisen.
- Schluss: Man kommt zu einem abschließenden **Urteil**, in dem man seine eigene Meinung (Antithese) als die gültige Forschungsmeinung bestätigt. Diese **Synthese** geht als **Hypothese** in die Forschung ein und kann zukünftig – nach neuer Sachlage – durch eine neue Antithese modifiziert oder widerlegt werden.

In einer **einsträngigen dialektischen Argumentation** verfährt man im Allgemeinen so:
- In einer **blockbildenden** Anordnung werden zunächst die **Hauptargumente** der (gegnerischen) Position A geschlossen und knapp vorgetragen (vgl. BLOCK 1).
- Danach entwickelt man ausführlich mit **Gegenargumenten** und **Gegenbeispielen** (vgl. BLOCK 2) die eigene Position B.

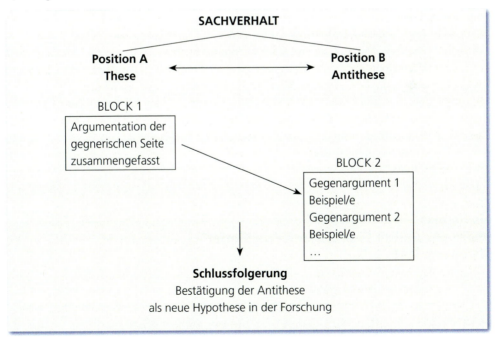

Vgl. weitere argumentative Aufbaumuster unter ↗ **Kommentar** (S. 214 ff.) und ↗ **Erörterung** (S. 75).

A
Argumentation, wissenschaftliche

So wird's gemacht

Schreibplan: Schritte bei der Vorbereitung und Ausformulierung

Als wichtige Vorbereitung für eine Argumentation stellt man einen **Schreibplan** auf. Hierzu gehören im Beispieltext Überlegungen

➤ zum **Sachverhalt** oder **Thema**, in dem man **Forschungsbedarf** entdeckt hat: die Entstehungszeit von Bertolt Brechts Stück *Mutter Courage und ihre Kinder,*

➤ zum **Problem**, das in der Forschung angesprochen wird: die Frage, ob Brecht das Stück wirklich in wenigen Monaten geschrieben hat, wie die verbreitete Forschermeinung besagt,

➤ zur **Position**, die man **als wissenschaftlich Forschender** in dieser strittigen Frage einnimmt: eine Gegenposition zur gängigen wissenschaftlichen Auffassung, dass Brechts Stück im Jahr 1939 entstanden sei,

➤ zur **Leser-/Adressatengruppe**: wissenschaftlich vorgebildete Leser, z. B. Studierende, Lehrende an Schulen und Hochschulen,

➤ zur **Sprache**: Fachsprache, wissenschaftlicher Stil mit nachvollziehbarer Argumentation und Offenlegung der Quellen,

➤ zu den **Argumenttypen**: Faktenargumente, Autoritätsargumente (↗ **Kommentar**, ↗ **Leitartikel**),

➤ zum **Argumentationsziel**: eine wissenschaftlich interessierte Leserschaft davon zu überzeugen, dass die eigenen Untersuchungen zu neuen Erkenntnissen geführt haben, die den bisherigen Stand der Forschung nicht mehr als gültig erscheinen lassen,

➤ zum **Textaufbau**

- ■ Anfang: **Antithetische Einleitung:** Zusammenfassung der bezweifelten/abgelehnten Position A als **These**, **Zitat** und **Quellenangabe** als Beleg
  Überleitung: Gegenüberstellung der eigenen Position B als **Antithese**, Einschränkung der gängigen Forschungsmeinung
- ⊙ Mitte: **Gegenargumente** für die Position B in einer steigernden Anordnung (vom Einfachen zum Wichtigen)
- ▲ Schluss: **Schlussfolgerung** aus der Argumentation, **Lösung** als neue, vorläufig gültige Annahme (**Hypothese**)

Beispieltext
Jan Knopf, „Mutter Courage und ihre Kinder"
Entstehung, Texte

Der folgende Text ist ein geschlossener Auszug aus einem wissenschaftlichen Werk des Brecht-Forschers Jan Knopf. Die Rechtschreibung des Textauszugs wie der zitierten Quellen wurde original übernommen.

Um den Zusammenhang zu verdeutlichen, wie aus den vorbereitenden Schritten eine Argumentation entstehen kann, werden im folgenden Beispieltext markiert:

der Sachverhalt
These und Argumente
Antithese und **Gegenargumente**
Synthese oder neue, revidierte (überprüfte und abgeänderte) Erkenntnis
sprachliche Wendungen für **argumentative** Texte
Strukturwörter für die Verknüpfung von einzelnen Sätzen

In der Kommentarspalte werden **Gliederungsabschnitte** der Argumentation aufgeführt und **Argumentationsstrategien** erläutert.

Jan Knopf, „Mutter Courage und ihre Kinder"

Entstehung, Texte

■ Die inzwischen allgemein verbreitete Version über die Entstehung des vielleicht bekanntesten Brechttexts ist die folgende: auf Lidingö, im schwedischen Exil, liest im Sommer 1939 die schwedische Schauspiele-
5 rin Naima Wifstrand Brecht „die Geschichte der nordischen Marketenderin Lotta Svärd aus ‚Fähnrich Stahls Erzählungen' von Johan Ludvig Runeberg vor. Brecht wird dadurch zu ‚Mutter Courage' angeregt" (*Materialien*, 165). Brecht schreibe dann, am 27.–29.9.1939 beginnend, innerhalb von „knapp fünf Wochen" das ganze Stück nieder: vom 29.10. bis
10 3.11. erfolge die Fertigstellung der Urfassung. Diese Angaben folgen dem Notizkalender von Margarete Steffin[1] (ebd.)[2].

Wenn auch an den Angaben **nicht zu zweifeln ist**, so macht doch ihre isolierte Wiedergabe den **Eindruck**, als habe Brecht in der Tat **lediglich** etwa von Juli bis Anfang November am Stück gearbeitet.

15 ⊙ **Dem widerspricht** einmal, **dass** Brecht an mehreren Stellen betont hat, das Stück sei „vor dem Ausbruch des zweiten Weltkrieges" in „Skandinavien" (so *Versuche*, Heft 9, Berlin 1949, S. 5) bzw. **bereits 1938** geschrieben worden: „Das Stück ist 1938 geschrieben, als der Stückeschreiber einen großen Krieg voraussah" (*Materialien*, 90); **dem wider-**
20 **spricht** weiterhin, **dass** Brecht im Sommer 1939 vor allem **mit dem Sezuan-Stück beschäftigt** gewesen ist, eine Arbeit, die im September 1939 ins Stocken gerät und erst nach der Fertigstellung der *Courage* wieder aufgenommen wird; **und dem widerspricht** ebenfalls **der politische Ausgangspunkt des Stücks**, der vor allem dem ersten skandinavischen
25 Gastland, nämlich **Dänemark**, verpflichtet ist. **Harald Engberg hat wahrscheinlich machen können, dass** die Entstehung des Stücks mit der **Haltung von Brechts erstem Gastland** eng zusammenhängt, das glaubte, in aller Ruhe auf den großen Krieg und das große Geschäft durch ihn warten zu können, ohne selbst davon betroffen zu werden (vgl. auch

---

[1]**Margarete Steffin** (1908–1941) Lebensgefährtin von Brecht, dem sie 1933 ins Exil nach Dänemark folgt, später auch nach Schweden und Finnland; enge Mitarbeiterin an allen Brecht-Dramen, die bis zu ihrem Tod entstehen – [2]**ebd.** Abkürzung für ebenda, Verweis auf die zuvor genannte Quelle

---

■ **Anfang**
Einführung des Sachverhaltes
Position A als **These**
Argumente aus
■ **Primärquellen:** Runeberg-Geschichte, Notizkalender
■ **Sekundärquellen** der Brecht-Forschung
Wiedergabe von **Quellen**
■ wörtlich, als **Zitat**
■ sinngemäß, in **indirekter Rede**: Verben im Konjunktiv
Quellenangaben verkürzt im Text, vollständig im Literaturverzeichnis
Überleitung
Einführung der eigenen **Position B** als **Antithese** durch Zweifel an der Gültigkeit der These

⊙ **Mitte**
Einsträngige, BLOCKBILDENDE Argumentation für die eigene **Position B**

Gegenargumente und **Beispiele** aus eigenen Nachforschungen in
■ **Primärquellen**: Brechts Aussagen und Werke, Modellbuch
■ **Sekundärquellen** der Brecht-Forschung

A
Argumentation, wissenschaftliche

30 die beiden Einakter von 1939: *Dansen* und *Was kostet das Eisen?*): die Rück-
versicherung geschah durch den **Nichtangriffspakt von Ende Mai 1939**
zwischen Dänemark und Nazideutschland, ohne dass Hitler der „Fetzen
Papier" beeindruckt hätte. Die erste Reaktion Brechts auf diese Haltung
Dänemarks verlegt **Hans Bunge** sogar ins **Jahr 1934**, in dem „vermutlich
35 die idee zu ‚Mutter Courage und ihre Kinder' geboren [wurde], abgesehen
davon, dass sie erst 1939 verwirklicht wurde"; damals soll Brechts „grund-
anschauung vom krieg als ‚eine Fortführung der Geschäfte mit anderen
Mitteln'" bei seiner „begegnung mit dem schweineproduzierenden bau-
ernland frühzeitig nahrung gefunden haben" (Engberg, 226). Dass Brecht
40 bei der Abfassung des Stücks an die Skandinavier dachte, **wird von ihm**
rückblickend **bestätigt**: „Ich habe **mein stück ganz bewusst für Skandinavien geschrieben** […]. Beim schreiben stellte ich mir vor, dass die warnung des stückeschreibers von den bühnen einiger großer städte gehört
werden könnte, die warnung, dass einen langen Löffel haben muss, wer
45 mit dem teufel frühstücken will [vgl. 4, 1414] […]. Ich bin in dieser hinsicht vielleicht naiv gewesen, aber ich betrachte es nicht als eine schande,
naiv zu sein. – Aus den vorgestellten aufführungen wurde nichts. Die
schriftsteller können nicht so schnell schreiben, wie die regierungen einen
krieg vom zaume brechen. Schreiben erfordert nämlich denkvermögen.
50 Allzufrüh fielen die teater in die hand des großen räubers. ‚Mutter Courage
und ihre Kinder' kam also zu spät" (bei Engberg, 237; vom 7.10.1953).

⏶ Daraus **wird wahrscheinlich, dass** die kurze Entstehungszeit des
Stücks im Herbst 1939 **sich lediglich auf** die Niederschrift der ersten
vollständigen Fassung **bezieht, dass aber** Entwürfe, Studien, Anregungen
55 viel eher liegen, als es die Lesung der Runeberg-Gedichte suggeriert.

In: Jan Knopf (1996): Brecht-Handbuch: Theater. Eine Ästhetik der Widersprüche. J.B. Metzler,
Stuttgart, Weimar, S. 181 f.

Die Zahlen in eckigen Klammern beziehen sich auf die Werkausgabe Bertolt Brechts:
Gesammelte Werke in 20 Bänden. Hg. Suhrkamp Verlag in Zusammenarbeit mit Eli-
sabeth Hauptmann. Frankfurt a. M., Suhrkamp, 1967. Die Angaben folgen dem wissenschaftlichen Standard: Bandzahl, Seitenzahl, z. B.: 4, 1414.

(Randspalte:)

Faktenargumente: geschichtliche und biografische Daten, Angaben Brechts
Autoritätsargumente: Ergebnisse anderer Forscher, Aussagen Brechts

Autoritätsargumente: Ergebnisse anderer Forscher, Aussagen Brechts
Wiedergabe von **Quellen**
■ wörtlich, als **Zitat**
■ sinngemäß, im **Indikativ** (historische Angaben)

Quellenangaben: Kurzverweise

⏶ **Schluss**
Schlussfolgerung
Rückkehr zur abgelehnten **Position A**, deren Gültigkeit eingeschränkt wird
revidierte Erkenntnis als **Synthese** und neue Forschungsmeinung (**Hypothese**)

Formulierungshilfen für wissenschaftliche Argumentationen

➤ für **unterschiedliche Positionen** in der Forschung
   ■ **Sammelbegriffe**: *Die vorherrschende/allgemein verbreitete Meinung zu X ist die folgende:
   …/lautet: …/besagt, dass …; Generell gilt in der Forschung (der Standpunkt/die Auffassung/
   die Annahme), dass …; Nach aktuellem/heutigem Forschungsstand gilt, dass …; Es gibt
   Ansichten/Meinungen, die besagen/davon ausgehen, dass …; Es gibt Positionen, die von …
   sprechen/Gegenpositionen, die dagegenhalten, dass …; Es gibt/es mehren sich die Stimmen/
   Gegenstimmen, die behaupten/einwenden, dass …;
   Eine Forschungsrichtung beschäftigt sich mit X; Eine andere Forschungsrichtung konzentriert*

sich auf Y; Es zeichnen sich zwei/mehrere Forschungsrichtungen/Forschungsmeinungen ab: …;

Die einen behaupten/versichern, dass …; Die anderen erklären/betonen, dass …

- **neutrale** und **metaphorische Personenbezeichnungen**: *ein (überzeugter) Vertreter/Anhänger, ein (glühender) Verfechter/Verteidiger/(entschiedener) Gegner*

➤ für eine **sachliche, neutrale** Wiedergabe von Meinungen/Redebeiträgen Dritter: vgl. ↗ **Erörterung** (S. 84), ↗ **Bericht** (S. 41).

➤ für die **Einschränkung** einer Forschungsmeinung
- **wertende Adjektive**: *X ist nicht unbestritten/widerspruchsfrei*
- **einschränkende Adverbien** und **Adverbiale**: *nur, zum Teil, in Grenzen*
- **einschränkende (konzessive) Haupt-** und **Nebensätze** mit den Konjunktionen *zwar, trotzdem* (+ Hauptsatz); *obwohl, obgleich, selbst wenn, wenn auch* (+ Nebensatz; Hauptsatz mit *doch*): *Wenn auch an den Angaben nicht zu zweifeln ist, so macht X doch den Eindruck …*

➤ für **Widerspruch** gegen eine Position
- **typische Satzmuster** für Argumentationen: **Verb *sein* + wertendes Adjektiv/Substantiv**: *X ist nicht haltbar/nicht widerspruchsfrei/unzureichend/unbegründet/eine unhaltbare Auffassung/Meinung/Ansicht*
  Verben des Widersprechens: *etw. trifft nicht zu/berücksichtigt nicht, dass … In diesem Punkt/An dieser entscheidenden Stelle irrt X/hat X Unrecht.*
  X kritisiert/widerspricht Y/hält Y entgegen, dass …; X lehnt eine (gegenteilige/gegensätzliche) Auffassung/Meinung ab/widerlegt diese mit dem Argument, dass …; X bestreitet die Richtigkeit von …
  Dieser Annahme kann man entgegenhalten, dass …; Diese Auffassung lässt sich widerlegen; Der verbreiteten Meinung X.s kann die These entgegenstellt werden, dass …; Dem widerspricht einmal/weiterhin/ebenfalls, dass …
- **Passivkonstruktionen** und **Ersatzformen des Passivs**: *Wie vielfach zu Unrecht/fälschlicherweise angenommen/behauptet wird; Wie man zu Unrecht annimmt; Eine Auffassung/These/Behauptung lässt sich nicht bestätigen/nicht aufrechterhalten/leicht widerlegen.*

➤ für **Zugeständnisse** an/**Zustimmung** für einen Gegner
- **einräumende/zustimmende Verben**
  X gesteht Y zu/räumt ein, dass …
  X stimmt Y zu/teilt Y.s Meinung/Auffassung (teilweise/uneingeschränkt/in allen Punkten)
- **einräumende Konjunktionen**
  gewiss, sicherlich, zwar (+ Hauptsatz), *wenn X auch* (+ Nebensatz), *so ist X doch nicht …*

➤ für die **Entwicklung** einer **eigenen These/eines Forschungsziels**
- **Fragesätze**: *Könnte es nicht möglich sein, dass …? Gibt es nicht auch/doch …?*
  *Wendungen des **Fragens/Behauptens/Beweisens**: die These aufstellen/entwickeln, dass …; der Ansicht sein/von der Annahme ausgehen, dass …*
  Es ist/wäre (eher/vielmehr) zu fragen, …; Zu fragen ist/Es stellt sich die Frage, ob nicht doch …; die weiterführende Frage stellen/aufgreifen, ob …; der Frage nachgehen, ob/wie …;

Argumentation, wissenschaftliche

Es ist zu klären, ...; Es kann/soll gezeigt/dargelegt werden, dass ...; Es soll ermittelt/geklärt/ untersucht/nachgewiesen werden, ob/dass/wie/...
Die vorliegende Untersuchung setzt sich zur Aufgabe/zum Ziel, ...; Der Versuch soll unternommen werden, herauszufinden, ob/wie/inwiefern ...

- **einschränkende/negierende** (verneinende) **Wendungen**: *Noch nie/selten ist bisher untersucht worden, ...; Noch wenig ergiebig/intensiv erforscht ist ...*

▶ für **Begründungen**
- **Verben des Begründens** und **Beweisens**: *X begründet seine Auffassung mit .../führt als Grund/Begründung/Beweis für seine Position an, dass ...; X kann (überzeugend) nachweisen/ einsichtig machen, dass ...; X legt (überzeugend/einsichtig/schlüssig) dar, dass ...; X bestätigt, dass ...*
- **kausale** (begründende) **Haupt-** und **Nebensätze** mit den Konjunktionen *denn, nämlich, ja, doch* (+ Hauptsatz); *da, weil, zumal* (+ Nebensatz): *Die angeführte These erscheint nicht überzeugend, weil ...*
- **konditionale** (Bedingungen nennende) **Haupt-** und **Nebensätze** mit den Konjunktionen *sonst, andernfalls* (+ Hauptsatz), *wenn, falls, sofern* (+ Nebensatz)
- **adversative** (entgegensetzende) **Haupt-** und **Nebensätze** mit den Konjunktionen *aber, doch, jedoch, dennoch, dagegen, hingegen, vielmehr, nichtsdestoweniger* (+ Hauptsatz); *während* (+ Nebensatz), *sondern* (+ Wort/gruppe): *..., so macht doch ihre isolierte Wiedergabe den Eindruck, ...*

▶ für **Schlussfolgerungen**
- **rückverweisende Wendungen**: *So wird deutlich, dass ...; Aus den Untersuchungen ergibt sich, dass ...; Es konnte bewiesen/der Nachweis erbracht werden, dass ...; Es kann als sicher angenommen werden, dass ...; Daraus wird wahrscheinlich, dass ...*
- **konsekutive** (Folgen angebende) **Haupt-** und **Nebensätze** mit den Konjunktionen *(al)so, folglich, infolgedessen, somit, demnach, daher, deshalb, darum, deswegen, deshalb* (+ Hauptsatz); *dass, sodass* (+ Nebensatz)
- **Adverbien** und **Adverbiale**, die Sicherheit ausdrücken: *(ganz) ohne (jeden) Zweifel, zweifellos; sicher(lich), mit Sicherheit*

Vgl. zu weiteren Formulierungshilfen ↗ **Kommentar** (S. 221), ↗ **Leitartikel** (S. 239 f.).

Bericht

Auf einen Blick

Ein **Bericht** gehört zu den **erzählenden Textformen**. Anders als eine ↗ **Geschichte**, in der man eher aus subjektiver Perspektive erzählt, **informiert** ein Bericht Leser weitgehend aus **objektiver** Perspektive. In einem Bericht legt man dar, was sich nachprüfbar als Handlung, Vorfall oder Geschehnis in der Vergangenheit ereignet hat. Man berichtet sachlich und wahrheitsgemäß über Handlungen, Ereignisse und Sachverhalte mit korrekten **Zeit-, Orts-** und **Personenangaben**.

Berichte werden geschrieben bzw. mündlich vorgetragen
- in der Schule:
  - im Literaturunterricht als **biografische Notiz** (vgl. Beispieltext 1) oder **Lebensbericht** (vgl. Beispieltext 3) zu einem Schriftsteller, als **historischer Bericht** zu einer Stadt (vgl. Beispieltext 2), etwa in Zusammenhang mit einer ↗ **Textinterpretation**, einem ↗ **Unterrichtsprotokoll**, Klausuren, einem ↗ **Referat** oder einer ↗ **Facharbeit**,
  - als **Praktikumsbericht**, auch in einem ↗ **Lebenslauf** zur Information des Adressaten eines Bewerbungsschreibens über den schulischen und beruflichen Werdegang des Bewerbers,
  - als **Fahrtenbericht** in **Schülerzeitungen** oder als **Jahresbericht** über Ereignisse im abgelaufenen Schuljahr,
- in der Presse: als **Untersuchungs-, Forschungs-** oder **Hintergrundbericht** (zu Ereignissen in Politik, Wirtschaft, Wissenschaft oder Kultur, vgl. Beispieltext 3), auch als Textbaustein in einer ↗ **Reportage**,
- in den Medien: als **Live**[laiv]-**Berichterstattung** (Sportbericht, Kriegsbericht) oder als recherchierter **Hintergrundbericht** vom Schauplatz eines Geschehens,
- im Online-Journalismus: als **Live-Ticker** oder **Newsticker**, meist als 1-Satz-Meldung (z. B. automatischer 24-Stunden-Newsfeed mit dpa-Kurzmeldungen),
- in öffentlichen Alltagssituationen: als Unfallbericht, Polizeibericht etc.,
- in Sachbüchern: z. B.
  - in **Geschichtsbüchern** als **historischer Bericht** zu geschichtlichen Ereignissen und Entwicklungen,
  - in **Reiseführern** als **Länderbericht** mit Informationen z. B. zur Geschichte, Geografie, Wirtschaft, Bevölkerung etc. von Städten und Ländern,
  - in kurzen **biografischen Notizen** eines **Lexikons** und als Teil umfangreicher **Biografien**,
- in Fach- oder Untersuchungsausschüssen: z. B. als nationaler Bildungsbericht, als Bericht zur technologischen oder wirtschaftlichen Leistungsfähigkeit oder zu gesellschaftlichen Entwicklungen eines Landes, als Bericht zum Stand einer Kampagne, eines Projekts etc.

Ein **Bericht** wird
- in einem **sachlichen, neutralen Stil** geschrieben, mit **Fachbegriffen** aus dem jeweils berichteten Sachbereich,

B Bericht

- aus einer überwiegend **objektiven Perspektive** geschrieben, d. h., die Meinung des Berichterstatters wird nicht mit einbezogen,
- im Allgemeinen im **Präteritum** verfasst,
- in bestimmten Varianten im **Präsens** formuliert:
  - in Berichten über Buchinhalte, die etwa für eine Dichterbiografie von Interesse sind,
  - in Hintergrundberichten zur Erklärung von Sachverhalten und Wiedergabe von allgemeingültigen Tatsachen,
  - in Live-Berichten (z. B. im Sportjournalismus), wenn von einem Ereignis vor Ort ohne Zeitverzögerung berichtet wird, während es geschieht,
- an bestimmten Stellen oder auch im gesamten Text von Presseberichten im (historischen) **Präsens** geschrieben, um Leser unmittelbarer an Ereignissen zu beteiligen,
- mit konkreten, überprüfbaren **Zeit-, Orts-, Personenangaben** und ggf. weiteren sachdienlichen **Daten** (z. B. Statistik, Dokumente) versehen,
- ggf. durch kurze **Zitate** (von Zeugen, Experten etc.) ergänzt, die in direkter oder indirekter Rede als Belege für das Berichtete angeführt werden.

So wird's gemacht

Schreibplan: Schritte bei der Vorbereitung

Als wichtige Vorbereitung für einen Bericht stellt man einen **Schreibplan** auf. Hierzu gehören in den Beispieltexten Überlegungen

- ➤ zum **Thema**: Selbstständigkeit einer starken Persönlichkeit auf ihrem Entwicklungsweg (Beispieltext 1), historische Verwandtschaft zweier großer deutscher Städte (Beispieltext 2), Fakten und Meinungen zur Literaturnobelpreisverleihung 2007 (Beispieltext 3),
- ➤ zur **Leser-/Adressatengruppe**: Leser mit historischem Interesse an den Ursprüngen einer Stadt bzw. den Lebensdaten eines Schriftstellers (Beispieltexte 1 und 2), Leser mit Interesse an tagesaktuellen Kulturereignissen und ihren Hintergründen (Beispieltext 3),
- ➤ zur **Sprache**: gehobene Allgemeinsprache mit Fachbegriffen für Fachleute (Beispieltexte 1 und 2), Sprache mit mittlerem Schwierigkeitsgrad für eine Leserschaft der überregionalen Tagespresse, aufgelockerte Berichterstattung (Beispieltext 3),
- ➤ zu **Quellen** für zuverlässige Sachinformationen: Autorenlexika, Enzyklopädien, Literaturgeschichten, Biografien, Geschichtsbücher, (Online-) Zeitungsarchive,
- ➤ zum **Textaufbau**
  - ■ Anfang:

Im Beispieltext 1:	**Überblickssatz** zu den überprüfbaren Lebensdaten einer Person
Im Beispieltext 2:	**Überblickssatz** zur historischen Ursprungssituation
Im Beispieltext 3:	**Nachrichtenkern** mit einem zeitnahen Ereignis (sogenannter **Lead**, mit den wichtigsten Fakten, den 6 W-Fragen des Journalisten: was? wer? wann? wo? warum? wie?)

◉ Mitte:

Im Beispieltext 1:	historische Handlungen und Ereignisse in **chronologischer** Folge und **räumlicher** Einbettung
Im Beispieltext 2:	historische Ereignisse in **räumlicher** Einbettung und **chronologischer** Folge von der Vorgeschichte zur jüngeren Geschichte
Im Beispieltext 3:	zeitaktuelle, biografische und historische Ereignisse in **wechselnder chronologischer** Reihenfolge

▲ Schluss:

Im Beispieltext 1:	die **letzte Handlung** in der chronologischen Abfolge des berichteten Lebensabschnitts
Im Beispieltext 2:	**Rückblick** auf die historischen Ursprünge aus der Gegenwart
Im Beispieltext 3:	**Rückblick** auf die Vorgeschichte

Beispieltexte

Um den Zusammenhang zu verdeutlichen, wie aus den vorbereitenden Schritten ein Bericht entstehen kann, werden in den folgenden drei Beispieltexten markiert:

Zeitangaben   **Raumangaben**   // Gliederungsabschnitte
neutrale Wiedergabe von Meinungen/Redebeiträgen im Indikativ
Fachbegriffe für den jeweils berichteten Sachbereich

In der Kommentarspalte werden **Gliederungsabschnitte** des Berichts aufgeführt und die verwendeten **Schreibstrategien** benannt.

Beispieltext 1: Biografische Notiz „Goethe"

Eine biografische Notiz berichtet knapp über die wichtigsten Lebensdaten einer Person in **chronologischer Reihenfolge**. Der folgende Text ist der eröffnende Abschnitt eines längeren biografischen Beitrags aus einem Autorenlexikon unter dem Eintrag „Goethe".

Goethe

■ Johann Wolfgang Goethe (geb. 28.8.1749 in Frankfurt a. M.; gest. 22.3.1832 in Weimar)

◉ Zunächst folgte G. dem Wunsch und Rat des Vaters und begann die Ausbildung für einen Brotberuf. 1765 bezog er als Student der Rechte die
5 Universität Leipzig und schloss dieses Studium in Straßburg 1771 mit der Lizentiatenwürde ab. Eine juristische Praxis in Frankfurt a. M. missglückte; G. ging im Jahr 1772 als Referendar ans Reichskammergericht nach Wetzlar, von wo er im September schon wieder schied, um sein

■ **Anfang**
Überblickssatz zu den überprüfbaren **Lebensdaten** einer Person
◉ **Mitte**
Die einzelnen historischen Handlungen und Ereignisse in
■ **chronologischer** Folge und
■ **räumlicher** Einbettung in verschiedene Orte des Lebensweges

B Bericht

berufliches Glück noch einmal in **Frankfurt a. M.** zu versuchen; **dort** schloss er eine bald wieder aufgelöste Verlobung mit der reichen Kaufmannstochter Lili Schönemann. Diese freudlosen Stationen des Berufslebens nehmen mit der Begegnung mit dem achtzehnjährigen Erbprinzen von Weimar, Carl August, **im September 1775** nur scheinbar ein Ende. Mit dem berühmten Werther-Dichter führte nämlich Carl August G. gleichzeitig auch als Verwaltungsbeamten **in Weimar** ein: **Bald** wurde er **dort** Legationsrat im Großen Consilium, besorgte die Rekrutierung von Soldaten, war Mitglied der Wegebaukommission und förderte den Bergbau in Ilmenau. ▲ Nicht **mit der Ankunft** in Weimar also, sondern erst **mit der Flucht** von dort nach Italien [**im Jahr 1786**] lässt G. den vom Vater verordneten Beruf des Juristen hinter sich.

▲ **Schluss**
Letzte Handlung in der chronologischen Abfolge des berichteten Lebensabschnitts

In: Bernd Lutz (Hg. 1994): Metzler Autoren Lexikon: Deutschsprachige Dichter und Schriftsteller vom Mittelalter bis zur Gegenwart. J.B. Metzler, Stuttgart u. Weimar, 2., überarb. u. erw. Aufl., S. 255

Beispieltext 2: Historischer Bericht „Berlin"

Der folgende historische Bericht über Berlin stellt in einer stark raffenden **chronologischen** Darstellung die Anfänge der Stadt vor.

Berlin

■ **Als** Köln am Rhein gegründet wurde [**50 n. Chr.**], da sagten sich **in der Gegend des heutigen Berlin**, die von den Semnonen, einem elbgermanischen Stamm, besiedelt wurde, noch Fuchs und Hase gute Nacht. ◉ **Später** zogen die Semnonen **ins Schwabenland und an den Main**. Nach den Burgundern folgten **im 7. Jh.** Slawen, die friedlich mit den letzten germanischen Bauern lebten. In Spandau, Köpenick und Brandenburg entstanden die ersten Wehrburgen. **Um 1100** ließen sich deutsche Kolonisten vom Niederrhein an Spree und Havel nieder – zahlreiche Ortschaften, Burgen, Handelsplätze und Diözesen wurden gegründet. Kaiser Lothar setzte den Askanier Albrecht den Bären als Markgrafen **zwischen Elbe und Havel** ein; das **hundert Jahre lang** umkämpfte **Brandenburg** gab der Mark, d.h. dem Grenzland, den Namen. //

Nun beginnt die Berliner Geschichte. **1237** werden Cölln an der Spree und **1244** das gegenüberliegende Städtchen Berlin erstmals urkundlich erwähnt; **1307** legen beide Orte ihre Verwaltung zusammen und **1432** werden sie endgültig – nein, nur **bis 1948** – zu einer ungeteilten Stadt. ▲ Seine 750-Jahr-Feier von **1987** verdankt **Berlin** also eigentlich Cölln, weil es früher in den Urkunden auftaucht.

■ **Anfang**
Überblickssatz zur historischen **Ursprungssituation**

◉ **Mitte**
Chronologische Folge der historischen Ereignisse in der Vorgeschichte mit Verben im **Präteritum**

Chronologische Folge der jüngeren historischen Ereignisse mit Verben im **Präsens**

▲ **Schluss**
Rückblick auf die historischen Ursprünge aus der **Gegenwart**

In: Der große ADAC Städteführer: Unsere schönsten Städte von Flensburg bis München, von Aachen bis Dresden. München, ADAC Verlag und VS Verlagshaus Stuttgart, Stuttgart, 1993, S. 84f.

Bericht **B**

Beispieltext 3: Hintergrundbericht
„Doris Lessing erfuhr es beim Einkaufen"

Der folgende Zeitungsbericht präsentiert anlässlich einer zeitnahen Nachricht (der Vergabe des Literaturnobelpreises 2007) biografische Daten der Preisempfängerin (Doris Lessing) sowie zeitgeschichtliche und historische Hintergründe zum Nobelpreis in **wechselnder chronologischer Folge**.

Literatur-Nobelpreis
Doris Lessing erfuhr es beim Einkaufen

■ Die britische Autorin Doris Lessing wird in diesem Jahr mit dem Nobelpreis für Literatur ausgezeichnet. Die 87-Jährige war gerade unterwegs, als sie von ihrem Agenten benachrichtigt wurde. Kritiker Marcel Reich-Ranicki (87) findet die Wahl enttäuschend.

Überschrift
Kontrast durch Alltagssituation
■ Anfang
Nachrichtenkern zu einem zeitnahen Ereignis im Lead

5 ☉ Der Nobelpreis für Literatur geht 2007 an die Britin Doris Lessing. Die 87-Jährige wurde vor allem durch ihren Roman „Das goldene Notizbuch" (1961) berühmt. In der Begründung hieß es, Lessing sei „die Epikerin[1] weiblicher Erfahrung, die sich mit Skepsis, Leidenschaft und visionärer Kraft eine zersplitterte Zivilisation zur Prüfung vorgenommen hat". Les-
10 sing konnte erst nach der Vergabe verständigt werden. Ihr Agent Jonathan Clowes erklärte, sie sei beim Einkaufen gewesen. „Sie wusste noch gar nichts davon".

☉ Mitte
Zeitaktuelle, **biografische** und **historische** Ereignisse in wechselnder chronologischer Reihenfolge

Lessings jüngst erschienener Roman „Die Kluft" spielt in einer nur von Frauen bevölkerten Ur-Welt, in die mit den ersten Männern auch die
15 Probleme einziehen. Lessing sagte zu der Geschichte auf einer Lesung in Hamburg: „Mein idealer Leser würde den Roman als Spielerei betrachten und sich der Geschlechter mit Humor annehmen."

Jüngste Werkgeschichte mit knapper Inhaltsangabe

Sie wuchs auf **in Simbabwe**, dem **damaligen** Rhodesien. **Ende der 40er-Jahre** zog sie **nach Europa**, doch **Afrika** ist bis heute eines der
20 großen Themen, das in vielen ihrer Bücher eine Rolle spielt. Oft setzt sich Lessing auch mit dem Kommunismus auseinander, sie selbst war jahrelang Mitglied der britischen Kommunistischen Partei. Später wandte sich Lessing auch Themen aus dem Bereich Science Fiction zu.

Biografie und Werkgeschichte

Streiten für den Feminismus

25 „Das goldene Notizbuch" gilt als eines der Schlüsselwerke des Feminismus. Auf mehreren Ebenen, die miteinander verwoben sind, erzählt Lessing von Frauen, die versuchen, in einer von Männern dominierten Welt ein selbstbestimmtes Leben zu führen. Der Chef der Akademie, Horace Engdahl, sagte über die völlig überraschende Vergabe: „Dies ist eine der wohl-
30 durchdachtesten Entscheidungen, die wir jemals getroffen haben."

---

[1]**Epikerin** Schriftstellerin, die epische Werke verfasst, also Romane, Novellen etc.

B
Bericht

Lessing ist die elfte Frau, die den begehrtesten Literaturpreis der Welt zuerkannt bekommt. Vor ihr war **zuletzt** die Österreicherin Elfriede Jelinek 2004 ausgezeichnet worden. **Seit der ersten Vergabe 1901** wurden 93 Männer ausgezeichnet. Im vergangenen Jahr hatte der türkische
35 Schriftsteller Orhan Pamuk den Preis erhalten. Mit Günter Grass bekam 1999 zuletzt ein Deutscher die Auszeichnung.

Zeitgeschichte

Reich-Ranicki enttäuscht über Wahl

Der Literaturkritiker Marcel Reich-Ranicki nannte die Entscheidung für Doris Lessing enttäuschend. „Ich finde sie bedauerlich", sagte der 87-Jäh-
40 rige in Frankfurt. Er sei der Ansicht, dass die angelsächsische Welt, „viele, jedenfalls mehrere bedeutendere, wichtigere Schriftsteller hat". Er habe erneut erwartet, dass Philip Roth oder John Updike ausgezeichnet werden. „Weder der eine, noch der andere hat den Preis bekommen, na ja."

Kommentare der Fachleute zum aktuellen Ereignis
Direkte/indirekte Rede für die Wiedergabe von Fremdmeinungen

Er sei aber nicht überrascht über die Entscheidung der Jury. „Wir hatten
45 ja mehrere Autoren, die im Laufe der letzten Jahre den Preis bekommen haben, wo es eigentlich ganz und gar unbegreiflich war."

Auch der Literaturkritiker Denis Scheck hat die Verleihung mit gemischten Gefühlen aufgenommen. „Eine gute Entscheidung, aber eine Entscheidung, die 20 Jahre zu spät kommt", sagte er. Politisch sei die Entscheidung
50 zu begrüßen, „weil hier eine Vorkämpferin des Feminismus und des Anti-Rassismus geehrt wird. Ästhetisch dagegen ist es eher eine Pleite."

▲ Seit 1901 wird der Preis vergeben

Der Nobelpreis für Literatur wird **seit 1901** – mit Unterbrechungen vor allem in den Weltkriegen – **jedes Jahr** vergeben. Nach dem testamentari-
55 schen Willen des schwedischen Preisstifters Alfred Nobel (1833–1896) erhält derjenige den Preis, „der in der Literatur das Ausgezeichnetste in idealistischer Richtung hervorgebracht hat". Es soll von sehr hohem literarischen Rang sein und dem Wohle der Menschheit dienen.

▲ Schluss
Rückblick auf die Vorgeschichte
Bericht über die Geschichte des Literaturnobelpreises

Der von der Schwedischen Akademie vergebene Literaturnobelpreis ist
60 inzwischen mit zehn Millionen Schwedischen Kronen (1,1 Millionen Euro) dotiert. Er **wird** jeweils **am 10. Dezember**, dem Todestag des Preisstifters, in Stockholm überreicht.

In den Jahren 1914, 1918, 1935 sowie **von 1940 bis 1943** wurde kein Literaturnobelpreis vergeben. Vier Mal – 1904, 1917, 1966 und 1974 –
65 mussten sich zwei Schriftsteller die Auszeichnung teilen. Zwei Autoren lehnten den Nobelpreis ab: 1958 musste der sowjetische Autor Boris Pasternak den Preis auf Druck seiner Regierung hin zurückweisen. Der Franzose Jean-Paul Sartre weigerte sich 1964, die Auszeichnung anzunehmen.

In: http://www.welt.de/kultur/article1254954/Doris_Lessing_erfuhr_es_beim_ Einkaufen.html,
11. Oktober 2007, 13:06 Uhr. Letzter Zugriff: 24. Oktober 2007

Bericht **B**

Formulierungshilfen für Berichte

➤ für **chronologisch fortlaufendes Berichten**
- **exakte Zeitangaben** für überprüfbare historische oder zeitnahe Ereignisse: *geb. 28.8.1749 …, 1765 …, 1771… usw.; Vier Mal – 1904, 1917, 1966 und 1974 – mussten …*
- **temporale Nebensätze** und Konjunktionen wie *als, sobald, nachdem: Als Köln am Rhein gegründet wurde …*
- **temporale Folgesignale** im fortlaufenden Texte wie *anfangs/zunächst/ursprünglich – dann/ nun/bald – anschließend/später – am Ende/schließlich*
- **präpositionale Wendungen** wie *Am Anfang/Ende des (19./20.) Jahrhunderts; In der Zeit des (Zweiten Weltkriegs); Zu Beginn (der Herrschaft des …/ des britischen Imperiums); In der Folge- zeit …;* auch in verkürzter Form wie *Anfang/Ende der 1990er-Jahre*
- **Handlungsverben** im **Präteritum**: *Sie wuchs auf in Simbabwe, dem damaligen Rhodesien. Ende der 40er-Jahre zog sie nach Europa.*

➤ für **zeitlich raffendes Berichten**
- **ungefähre Zeitangaben** für einen chronologischen **Überblick**: *Bald wurde er dort Legations- rat; im 7. Jh. …, um 1100 …, Ende der 40er-Jahre …*
- **adverbiale Wendungen** für **Zeiträume**: *Sie selbst war jahrelang …; Seit der ersten Vergabe 1901 wurden 93 Männer ausgezeichnet.*

➤ für die **Vergegenwärtigung historischer** Ereignisse
- **Handlungsverben** im **Präsens**: *1237 werden Cölln an der Spree und 1244 das gegenüberlie- gende Städtchen Berlin erstmals urkundlich erwähnt; 1307 legen beide Orte ihre Verwaltung zusammen.*

➤ für einen **sachlichen, neutralen Stil**
- **Fachbegriffe** aus dem jeweils berichteten Sachbereich: *als Student der Rechte/Referendar; Burgunder, Slawen, germanische Bauern, Kolonisten; X wird mit dem Nobelpreis für Literatur ausgezeichnet/bekommt einen Literaturpreis zuerkannt; Der Nobelpreis für Literatur geht 2007 an X*
- **direkte** oder **indirekte Rede** (im **Konjunktiv I**) für die Wiedergabe von Meinungen Dritter: *„Eine gute Entscheidung, aber eine Entscheidung, die 20 Jahre zu spät kommt", sagte er. Poli- tisch sei die Entscheidung zu begrüßen, „weil hier eine Vorkämpferin des Feminismus und des Anti-Rassismus geehrt wird". In der Begründung hieß es, X sei …/dass X … sei; Aus Regie- rungs-/offiziellen Kreisen/In Pressemitteilungen hörte/erfuhr man/war zu hören/zu erfahren, X habe …; X ließ verlauten/teilte mit/gab bekannt, er könne …*
- **Verben** im **Indikativ** (häufig mit *als*-**Anschluss**) mit **wertenden Adjektiven/Substantiven**, die die Meinung Dritter wiedergeben: *Y gilt als/soll eines der Schlüsselwerke von X sein; X empfand/begrüßte Y als gelungen/(großen) Erfolg; X nannte/fand Y enttäuschend/X fühlte sich von Y überrascht/hat Y mit gemischten Gefühlen/Begeisterung/(heftiger) Kritik aufgenom- men*

Vgl. zu weiteren Wendungen für einen sachlichen Berichtsstil ↗ **Erörterung** (S. 84), ↗ **Reisebericht** (S. 280), ↗ **Reportage** (S. 286).

Beschreibung

Auf einen Blick

In einer **Beschreibung** werden Gegenstände, Szenen, Vorgänge, Bilder, Karikaturen, Landschaften, Tiere, Personen etc. wahrheitsgemäß so dargestellt, wie sie tatsächlich und für andere überprüfbar in der Wirklichkeit erscheinen. Einzelne Teile oder Eigenschaften eines Ganzen (Gegenstand, Landschaft, Land, Person etc.) werden Schritt für Schritt so beschrieben, dass ihre Zuordnung zueinander für Leser deutlich wird. Wer aus überwiegend **objektiver Perspektive** beschreibt, will Lesern eine klare **räumliche** Vorstellung vom Beschriebenen vermitteln und sie sachlich informieren. In einer ↗ **Schilderung** beschreibt man dagegen Gegenstände, Landschaften, Personen etc. vornehmlich aus **subjektiver** Perspektive.

Beschreibungen treten häufig als **Textbausteine** in längeren Texten auf. Sie sind bei verschiedenen Schreibanlässen nützlich, z. B. kann man Leser(n)
■ in der Schule:
   – in einer ↗ **Bildbeschreibung** die genauen räumlichen Gegebenheiten vermitteln, bevor man diese zu deuten versucht,
   – in einer **Gegenstandsbeschreibung** z. B. über Dinge in naturwissenschaftlichen Fächern informieren (vgl. das Herz als Körperorgan im Beispieltext 2),
   – in einem ↗ (Unterrichts-)**Protokoll** eine **Versuchsbeschreibung** in Physik, Biologie oder Chemie nachvollziehen lassen,

■ in Alltagssituationen:
   – in einer **Vermisstenanzeige** mit einer genauen Beschreibung der vermissten Person zur Mithilfe aufrufen,
   – in einer **Verlustanzeige** mit einer präzisen **Gegenstandsbeschreibung** um Mithilfe bitten,

■ in der Presse:
   – in einem **Nachrichtenartikel** eine neutrale **Personenbeschreibung** des mutmaßlichen Täters geben (vgl. zur subjektiven Beschreibung einer Person: ↗ **Porträt**),
   – in einer **Nachricht** den Ort eines Ereignisses sachlich vorstellen (vgl. zur überwiegend subjektiven Beschreibung eines Handlungsortes: ↗ **Schilderung**, ↗ **Reportage**, ↗ **Geschichte**),
   – in einer ↗ (Theater-)**Kritik** das Bühnenbild einer Theatervorstellung vor Augen führen,
   – in einem **Reiseführer** sachlich über Lage, Größe, Beschaffenheit und Eigenart einer Stadt, Landschaft oder eines Landes informieren (vgl. den **geografischen Raum** im Beispieltext 3; vgl. zur vorwiegend subjektiven Darstellung eines Reiseerlebnisses: ↗ **Reisebericht**),

■ in der Literatur: z. B. in **Regieanweisungen** eines Dramas eine genaue Vorstellung vom Bühnenraum vermitteln (vgl. die **Raumbeschreibung** im Beispieltext 1).

Beschreibung **B**

Eine **Beschreibung**
- wird im **Präsens** geschrieben,
- wird aus einer vorwiegend **objektiven Perspektive**, in einem **sachlichen, neutralen Stil** und mit **Fachbegriffen** verfasst, d. h., ohne die Wirkung des Beschriebenen auf die Gefühle oder die subjektiven Wertungen des Betrachters mit einzubeziehen,
- enthält überprüfbare Angaben zu **Größe, Maß, Lage, Farbe, Material** oder **Eigenschaften** bzw. **Funktionen** des Beschriebenen,
- nimmt für ein besseres Leseverständnis häufig eine **Illustration** mit auf (Zeichnung, Diagramm, Foto, Land- oder Lagekarte usw.).

Den **Aufbau** einer Beschreibung kann man so gestalten:
- Anfang: Man beginnt mit einem **Überblickssatz** zu dem Beschriebenen.
- Mitte: Man folgt einer bestimmten **Beschreibungsrichtung** oder **Raumperspektive**, z. B.:
  - von links nach rechts,
  - von oben nach unten,
  - von außen nach innen,
  - von nah nach fern,
  - von groß zu klein usw.,
  oder orientiert sich an den **Funktionszusammenhängen** eines Gegenstandes (z. B. einer Maschine oder eines Körperorgans).
- Schluss: Man schließt mit einem **letzten Beschreibungselement** oder einem **Gesamteindruck**.

So wird's gemacht

Schreibplan: Schritte bei der Vorbereitung und Ausformulierung

Als wichtige Vorbereitung für eine Beschreibung stellt man einen **Schreibplan** auf. Hierzu gehören in den Beispieltexten Überlegungen

➤ zum **Thema**: Machtpositionen der beteiligten Parteien im Bühnenraum als Verhörzimmer (Beispieltext 1), Zusammenspiel der Teile zu einem funktionierenden Körperorgan (Beispieltext 2), die Türkei im Schnittpunkt zwischen Europa und Asien (Beispieltext 3),

➤ zur **Leser-/Adressatengruppe**: Leser eines Dramas, die sich vorstellen wollen, in welchem privaten/öffentlichen/gesellschaftlichen Raum die Figuren einander begegnen und miteinander in Aktion treten (Beispieltext 1), Laien, die aus aktuellem Anlass, z. B. aus Gesundheitsgründen, ein fachliches Interesse an den Organfunktionen des menschlichen Herzens entwickeln (Beispieltext 2), Leser mit einem tiefer gehenden Interesse an einem Land, also weder Massentouristen noch Fachleute (Beispieltext 3),

➤ zur **Sprache**: sachliche Sprache mit einer vertretbaren Anzahl an Fachbegriffen,

➤ zu **Quellen** für sachgemäße **Informationen**: Fachbuch für die Inneneinrichtung von amerikanischen Gerichtssälen (Beispieltext 1), medizinische Sachbücher und Bildwörterbücher für Abbildungen (Beispieltext 2), geografische Sachbücher und Atlanten für Landkarten (Beispieltext 3),

B Beschreibung

➤ zur **Beschreibungsrichtung** bzw. zum **Funktionszusammenhang**: von den Ranghöchsten im Prozess nach vorn zu den Sitzreihen der beiden gegnerischen Parteien (Beispieltext 1), von den zuleitenden Adern ins Innere des Organs (Beispieltext 2), von den umgebenden Ländern zur Türkei, von der Ebene zum höchsten Gebirge (Beispieltext 3),

➤ zum **Textaufbau**

■ Anfang: **Überblick** über den zu beschreibenden Gegenstand

　　Beispieltext 1 (Bühnenraum): räumlicher Überblick

　　Beispieltext 2 (Organ Herz): Definition als Einordnung in einen größeren Sachzusammenhang

　　Beispieltext 3 (Land Türkei): Einordnung in einen geografischen Großraum

◉ Mitte: **Eigenschaften** oder **Bestandteile** des Beschriebenen **im Einzelnen**, mit **Beschreibungsrichtung**

▲ Schluss: **Zusammenfassung**, **Gesamteindruck** oder Einordnung in einen größeren **Funktionszusammenhang**

Beispieltexte

Um den Zusammenhang zu verdeutlichen, wie aus den vorbereitenden Schritten eine Beschreibung entstehen kann, werden in den folgenden drei Beispieltexten markiert:

　　der beschriebene Raum/Gegenstand als Ganzes
　　Einzelheiten des beschriebenen Raums/Gegenstandes
　　Verben, die Positionen/Stellungen im Raum anzeigen
　　die gewählte Beschreibungsrichtung.

In der Kommentarspalte werden **Gliederungsabschnitte** der Beschreibung aufgeführt und die verwendeten **Schreibstrategien** benannt.

Beispieltext 1: Raumbeschreibung
Heinar Kipphardt, „Bühnenraum"

Der folgende Text ist die Regieanweisung zum Bühnenbild der ersten Szene in Kipphardts Schauspiel *In der Sache J. Robert Oppenheimer*. Die Handlung gründet auf einem historischen Fall: Oppenheimer, amerikanischer Physiker, als wissenschaftlicher Leiter der amerikanischen Kernforschung maßgeblich an der Entwicklung der Atombombe beteiligt, wurde 1954 durch einen Untersuchungsausschuss der Atomenergiekommission der USA verhört. Ihm wurde zur Last gelegt, als Wissenschaftler seinem Land gegenüber nicht loyal gewesen zu sein (kommunistische Gesinnung, moralischer Widerstand gegen die militärische Nutzung der Atombombe).

Heinar Kipphardt, „Bühnenraum"

■ Ein kleines, hässliches Büro aus weiß gestrichenen Bretterwänden. Der Raum **ist** provisorisch **für** die Zwecke des Verhörs **hergerichtet worden**.

■ **Anfang**
Räumlicher **Überblick**:
Funktionsbestimmung

⊙ Auf einem Podest an der Stirnseite des Raumes **stehen** ein Tisch und drei schwarze Ledersessel für die Mitglieder des Ausschusses. Dahinter an der Wand die Fahne der Vereinigten Staaten. Vor dem Podest, zu ebener Erde, **sitzen** Stenographen mit ihren Geräten. Auf der rechten Seite arbeiten die Anwälte der Atomenergiekommission Robb und Rolander in Stößen von Dokumenten. Auf einem Podest ihnen gegenüber **stehen** Tische und Stühle für Oppenheimers Anwälte. ▲ Davor zu ebener Erde ein altes, kleines Ledersofa.

In: Heinar Kipphardt (⁵1968): In der Sache J. Robert Oppenheimer. Schauspiel edition suhrkamp 64. Suhrkamp, Frankfurt a. Main [1964], S. 78

⊙ **Mitte**
Räumliche Einzelheiten mit Sitzanordnung der 3 Parteien
Beschreibungsrichtung: von hinten (der Position der wichtigsten Personengruppe) nach vorn (den Positionen der gegnerischen Parteien)

▲ **Schluss**
Letztes Raumelement in der Beschreibungsrichtung

Beispieltext 2: Gegenstandsbeschreibung
Bernd M. Eisenberg, „Das Herz"

Der folgende Text mit Abbildungen stammt aus einem medizinischen Handbuch für den Hausgebrauch.

Bernd M. Eisenberg, „Das Herz"

■ Unser Herz ist ein Hohlorgan, das im wesentlichen **aus** Muskelgewebe (Herzmuskel) **besteht**. ⊙ Es **ist** durch Scheidewände **in** einen rechten und linken Vorhof sowie in eine rechte und linke Kammer **aufgeteilt**; die Vorhöfe und Kammern sind jeweils durch Klappen voneinander getrennt (s. Abb. 1a). **In** den rechten Vorhof münden die obere und untere große Hohladern (Venen), in den linken Vorhof die Lungenblutadern. Während **aus** der rechten Herzkammer die Lungenschlagader entspringt, kommt die Körperhauptschlagader (Aorta) **aus** der linken Herzkammer.

■ **Anfang**
Definition als **Überblick**
⊙ **Mitte**
Einzelheiten in ihrer räumlichen Zuordnung zueinander
Beschreibungsrichtung: von außen nach innen, orientiert an der Funktion der einzelnen Organteile

Abb. 1a

Abb. 1b

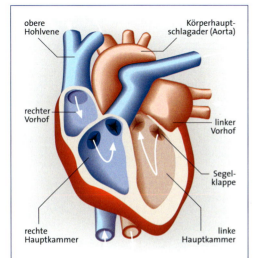
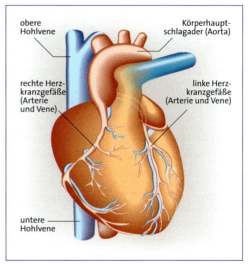

B Beschreibung

10 Die Eigenversorgung des Herzens erfolgt über ein rechtes und ein linkes Herzkranzgefäß (Koronararterien), die beide **aus** der Wurzel der Körperhauptschlagader entspringen (s. Abb. 1b). Schon nach wenigen Zentimetern **teilt sich** das linke Herzkranzgefäß **in** zwei Hauptäste auf, sodass häufig von drei Herzkranzgefäßen gesprochen wird. Bei den meis-
15 ten Menschen versorgt das linke Herzkranzgefäß die Hinter- und rechte Seitenwand des Herzens.

▲ **Aufgabe** unseres Herzens **ist es**, den Blutkreislauf aufrechtzuerhalten. Auf diese Weise werden der Körper und seine Organe mit Sauerstoff, Nährstoffen, Abwehrstoffen und Hormonen versorgt, andererseits wer-
20 den die im Stoffwechsel entstehenden Abbauprodukte an den Ort ihrer Ausscheidung oder ihres weiteren Abbaues (Lunge, Niere, Leber) abtransportiert. Somit **erfüllt** das Herz **die Aufgabe** einer lebenswichtigen Pumpe, die durch ein raffiniertes Zusammenspiel von elektrischen und mechanischen Abläufen bewältigt wird.

In: Bernd M. Eisenberg (1995): Herzinfarkt: Risiken, Vorbeugung, Behandlung. Wort und Bild Verlag, Baierbrunn, S. 15 f.

Funktionsbestimmung innerhalb des Organs

▲ **Schluss**
Funktionsbestimmung im **größeren Zusammenhang** (des Körpers und seiner Organe) Zusammenfassende Funktionsbestimmung

Beispieltext 3: Beschreibung eines geografischen Raums
Akif Ekin, Axel Singler, „Türkei. In Europa und Asien"

Der folgende Text mit Karten erschien in einem Band über die Türkei, der von einer Gesellschaft für die Förderung deutsch-türkischer Handelsbeziehungen herausgegeben wurde.

Akif Ekin, Axel Singler, „Türkei. In Europa und Asien"

Fläche und Grenzen

■ Die türkische Republik erstreckt sich über zwei Kontinente: Europa und Asien. Mit einer Landfläche von 774.815 km² **ist** sie **gut zweimal so**

■ **Anfang**
Überblick über den geografischen Großraum des Landes

groß wie die Bundesrepublik Deutschland. Davon **liegen** 23.764 km², also etwa 3 Prozent, **auf** europäischer Seite. Dies entspricht der Größe Hessens. Die restlichen 97 Prozent **liegen in** Asien, genauer gesagt in Anatolien. Der europäische und asiatische Teil **werden von** den Meerengen des Bosporus und der Dardanellen **vom** Marmarameer **getrennt**. [...]

Die türkische Republik **hat in** Europa **Landesgrenzen zu** Griechenland und Bulgarien. **In Asien grenzt** sie **an** Syrien, Irak, Iran, Armenien und Georgien. Über die Enklave[1] Nadschiwan **ist** sie auch **mit** Aserbaidschan **verbunden**. Die Gesamtlänge der Landesgrenzen beträgt damit 2.753 km.

Dazu kommen Seegrenzen mit einer Länge von 8.333 km. Die Türkei **ist** also zum Großteil **von** Wasser **umgeben**. So **wird** sie im Norden **vom** Schwarzen Meer **umrahmt**. Im Westen und Süden **bilden** das Marmarameer, die Ägäis und das Mittelmeer **natürliche Grenzen**.

⊙ *Landschaft, Klima und Vegetation*
Die Landschaft in der Türkei **ist** meist **gebirgig**. Die durchschnittliche Höhe des anatolischen Hochlandes beträgt zwischen 900 und 1.100 m. Nur einzelne vulkanische Gebirgszüge **überragen** die Steppen. Anatolien **ist eingeschlossen von** den Bergketten des Pontus im Norden und des Taurus im Süden. In Richtung Westen **geht** das Land **in** die buchtenreiche Ägäisregion **über**. Ganz im Osten der türkischen Republik **laufen** die Berge des pontischen Gebirges und des Taurus in Ostanatolien **zusammen**. Die Gegend **wird von** einzelnen erloschenen Vulkankegeln **überragt**. ▲ Auch der höchste Berg der Türkei, der Ararat, *Ağri daği*, **ist** hier zu finden. [...]

Beschreibungsrichtung: von außen nach innen, orientiert an
- Kontinenten
- Vergleichsländern, Nachbarländern
- Landesgrenzen

- Seegrenzen
- Himmelsrichtungen

⊙ Mitte
Einzelheiten des geografischen Raums (hier: als Landschaft)
Beschreibungsrichtung: von unten nach oben, von außen nach innen

▲ Schluss
Letztes Raumelement in der Beschreibungsrichtung

In: Armin Anwander (Hg. 1997): Nachbar Türkei. Wo sich Europa und Asien verbinden. KIARA. FAZ GmbH, Leipzig, S. 102 f.

[1]**Enklave** (frz.) fremdstaatliches Gebiet im eigenen Staatsgebiet

B Beschreibung

Formulierungshilfen für Beschreibungen

➤ für eine **sachlich genaue räumliche Darstellung**

■ **Verben**, die **Positionen** bzw. **Ausdehnung im Raum** angeben: *X befindet sich/liegt in ..., verläuft/reicht von ... zu .../mündet in .../entspringt/kommt aus ..., ist aufgeteilt in/umgeben/eingeschlossen von .../verbunden mit ..., geht über in ..., ist durch ... von ... getrennt,*

■ **Ortsadverbien** und **Ortsadverbiale** für **Richtungen** und **Himmelsrichtungen**: *links/rechts (von ...), auf der linken/rechten Seite, südlich/nördlich (von ...) , im Süden (von ...), in Richtung Westen*

■ **Ortsadverbien**: *hier, dort, davor, dahinter, daneben*

■ **Präpositionen** und **präpositionale Wendungen**: *vor/hinter/neben/auf/unter X, gegenüber/in der Nähe von X, in der Ferne, am Horizont*

➤ für eine **sachlich genaue Beschreibung** eines Gegenstandes, Raumes, Landes etc.

■ neutrale **Fachbegriffe** bzw. **authentische Namen**: Zimmereinrichtung: *Podest, Stirnseite des Raums, Ledersessel, Wand* etc.; „Herz" als Gegenstand aus der Medizin: *Hohlorgan, Muskelgewebe, Hohlader, Vene* etc.; geografischer Raum: *Hochland, vulkanische Gebirgszüge, Vulkankegel, Schwarzes Meer, Anatolien, Agäisregion* etc.

■ **Adjektive** und **präpositionale Wendungen** (v. a. mit den Präpositionen *in, mit, ohne, aus*) für Eigenschaften (Farbe, Material, Beschaffenheit, Herkunft etc.): *orangefarben, farblos/ohne Farbe, hölzern/aus Holz, liniert/mit Linien verziert, gewellt/wellenförmig, türkisch/aus der Türkei, gebirgig, vulkanische Gebirgszüge, buchtenreiche Region*

■ **Adjektive, präpositionale Wendungen** und **Vergleiche** für Größe, Umfang und Lage des Beschriebenen: *klein/von geringer Größe, geräumig, ausgedehnt, lang, größer als ..., (gut) zweimal so groß wie ...*

■ **Verben** für die **Beschaffenheit** des beschriebenen Raumes, Gegenstandes etc.: *X ist/hat ..., X besteht/setzt sich zusammen/ist gemacht/wird hergestellt aus ..., X enthält/beinhaltet ..., X ist eingerichtet/ausgestattet mit .../aufgeteilt in ...*

■ **verbale** und **substantivische Wendungen** für die **Funktion** des Beschriebenen: *X erfüllt die Aufgabe/hat die Funktion einer/eines ...; Aufgabe von X ist es, ...*

■ typische **Satzmuster** für Beschreibungen: **Verb *sein* + Adjektiv/+ Substantiv/+ Partizip**; **Verb *haben* + Substantiv**: *X ist hergerichtet (worden), X hat zwei Fenster/Landesgrenzen zu , X ist gebirgig/ein Hohlorgan/aufgeteilt in ...*

Vgl. zu weiteren Formulierungshilfen ↗ **Bildbeschreibung** (S. 63 f.), ↗ **Reisebericht** (S. 280 f.), ↗ **Schilderung** (S. 309 f.).

Bewerbungsschreiben

Auf einen Blick

Ein **Bewerbungsschreiben** (auch: Bewerbungsbrief) gehört zu den **anweisenden Textformen**. Es ist das **Anschreiben**, das man zusammen mit seinen Bewerbungsunterlagen an einen zukünftigen Ausbilder oder Arbeitgeber richtet. Es enthält die **indirekte Handlungsaufforderung**: „Wähle mich als den zukünftigen Mitarbeiter oder Auszubildenden, denn ich passe mit meinen Qualifikationen und Erfahrungen wie kaum ein anderer mit ähnlicher Ausbildung und vergleichbarem Werdegang zum ausgeschriebenen Stellenprofil!"

Kandidaten für einen Praktikums-, Ausbildungs- oder Studienplatz oder eine Arbeitsstelle **informieren** mit ihrer Bewerbung einen zukünftigen Ausbilder oder Arbeitgeber darüber, dass ihr Können und ihre Erfahrung den **Anforderungen** entsprechen, die in der Stellenanzeige genannt werden. Sie möchten mit ihrem Bewerbungsschreiben erreichen, dass ein Personalchef in der Fülle der Zuschriften gerade auf sie aufmerksam wird, sodass sie in die engere Wahl für ein Vorstellungsgespräch kommen. Insofern sollte man in seinem Anschreiben **werbend** auf sich aufmerksam machen, seine fachlichen und persönlichen Fähigkeiten bestmöglich präsentieren, sodass das Auge des Personalberaters daran haften bleibt.

Die aus der **Werbepsychologie** bekannte Formel **AIDA** trifft auch für die Bewerbung zu:

Attention: Aufmerksamkeit erzeugen (für diese eine Bewerbung unter Dutzenden oder Hunderten von Mitbewerbern)

Interest: Interesse wecken (für das berufliche/persönliche Profil eines Bewerbers)

Desire: Wunsch wachrufen (den Bewerber kennenzulernen)

Action: Aktivität auslösen (den Personalberater zur Einladung des Bewerbers zum Vorstellungsgespräch veranlassen)

Freie Stellen werden gewöhnlich in **Stellenanzeigen** von Zeitungen und Onlinequellen öffentlich ausgeschrieben. Man kann aber auch selbst die Initiative ergreifen, in einer sogenannten „Initiativbewerbung", und sich ohne öffentliche Ausschreibung um eine Stelle bewerben.

Bewerbungsschreiben werden verfasst:
- in der Schule: im Rahmen einer Unterrichtsreihe zum Berufspraktikum oder allgemeiner zum Berufsleben, wenn geübt wird, wie man sich um einen Praktikums-, Ausbildungs- oder Studienplatz bewirbt, den man z. B. nach dem Mittleren Schulabschluss an Hauptschulen, Realschulen, Gesamtschulen und Gymnasium oder nach dem Abitur anstrebt,
- im Studium/in der Ausbildung: wenn man sich um eine erste berufliche Anstellung nach der Abschlussprüfung bemüht,
- im Beruf: wenn man einen Berufseinstieg plant bzw. einen Wechsel des Arbeitgebers oder der gegenwärtig ausgeübten Tätigkeit beabsichtigt.

Bewerbungsschreiben

Eine **Bewerbungsmappe** enthält

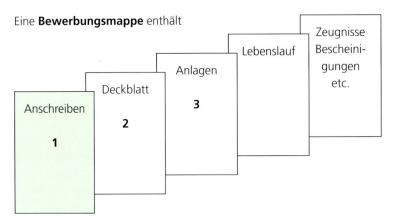

1. ein **Anschreiben** (vgl. Beispieltext 1), mit dem sich der Bewerber in weitgehend festgelegter Briefform um die ausgeschriebene Stelle bewirbt. Es ist an den Verfasser der Stellenanzeige gerichtet. Es wird lose an erster Stelle in oder auf die Bewerbungsmappe gelegt, denn im Falle einer Ablehnung bleibt es als Unterlage beim Sachbearbeiter, während die Bewerbungsunterlagen in der Bewerbungsmappe an den Bewerber zurückgehen,
2. ein **Deckblatt** (vgl. Beispieltext 2) mit Namen, Anschrift und Kontaktdaten des Bewerbers, seinem Foto sowie einer Liste seiner Bewerbungsunterlagen. Es dient als Einstieg in die Bewerbungsunterlagen: der Personalberater erhält mit dem Foto einen ersten wichtigen Eindruck von dem Bewerber; die Auflistung der einzelnen Bewerbungsunterlagen in der Reihenfolge, wie sie in der Bewerbungsmappe erscheinen, hat die Funktion eines Inhaltsverzeichnisses (aber ohne Seitenangaben),
3. **Anlagen** oder **Bewerbungsunterlagen**, die geordnet hintereinander in der Bewerbungsmappe abgeheftet werden; hierzu gehören:
   - der ↗ **Lebenslauf**,
   - ggf. die sogenannte **Dritte Seite** (keine Pflichtseite): eine Art „Motivationsschreiben", in dem der Bewerber seine ganz persönliche Motivation und Befähigung für die angestrebte Aufgabe erläutert; da es keine formalen Vorgaben für diese Seite gibt, kann der Verfasser seine Persönlichkeit individuell zum Ausdruck bringen und sich so von anderen Bewerbern deutlich absetzen,
   - **Zeugniskopien**, keine Originale; eine Beglaubigung der Kopien ist heute meist nicht mehr erforderlich,
   - **Bescheinigungen** über eventuell geleistete Praktika oder Zusatzqualifikationen,
   - eventuell **Referenzen**, d. h. Aussagen eines „Fürsprechers", der als anerkannte Autorität in der Öffentlichkeit (Vorgesetzter, Pfarrer etc.) einen Bewerber für eine bestimmte Tätigkeit empfiehlt,
   - ggf. **Arbeitszeugnisse** (eines früheren Arbeitgebers),
   - ggf. **Arbeitsproben** (in kreativen und wissenschaftlichen Berufen).

Ein **Bewerbungsschreiben** wird
- im **Präsens** verfasst,
- mit dem **PC** geschrieben und auf einem guten **Drucker** ausgedruckt,
- im Allgemeinen als **Papierausdruck per Post** verschickt, da ein Personalberater in begrenzter Zeit eine Fülle an Bewerbungen sichten muss, um sich einen Überblick über jedes einzelne

Anschreiben zu verschaffen, was per Hand wesentlich schneller geht als auf dem Bildschirm eines Computers,

■ nur im Ausnahmefall als **Online-Bewerbung** versendet, und zwar dann, wenn dies ausdrücklich gewünscht wird bzw. die elektronische Gestaltung der Bewerbung eine Zusatzqualifikation darstellt, wie sie etwa zum Stellenprofil eines Designers oder Werbetexters gehört. Online-Dienste wie www.berufsstart.stepstone.de oder www.ulmato.de (2008) informieren über standardisierte Software von Unternehmen für Online-Bewerbungen und über kreative Bewerbungsformen auf einer eigenen Bewerbungs-Homepage.

So wird's gemacht

Schreibplan: Schritte bei der Vorbereitung und Ausformulierung

Als wichtige Vorbereitung für ein Bewerbungsschreiben stellt man einen **Schreibplan** auf. Hierzu gehören Überlegungen

➤ zum **Grund** für die Bewerbung (Warum gerade **ich**/bei **diesem Unternehmen**/zu **diesem Termin**?),

➤ zu **Angaben zur eigenen Person**, durch die ein zukünftiger Arbeitgeber den Bewerber am besten kennenlernen kann (Was habe ich bisher beruflich erreicht? Worauf bin ich besonders stolz? Welche beruflichen Ziele habe ich mir gesetzt? Was sind meine persönlichen/beruflichen Stärken?),

➤ zum **Adressaten** eines Bewerbungsschreibens: trotz der allgemeinen Anrede „Sehr geehrte Damen und Herren" wird das Schreiben an einen **Personalberater** oder eine **Sachbearbeiterin** weitergeleitet, die darüber entscheiden, welcher Bewerber zu einem Vorstellungsgespräch geladen und in die engere Wahl genommen wird,

➤ zur **Sprache**: **sachlicher** Stil für einen **formellen** Schreibanlass; kreative, **individuelle** Formulierungen, um in der Vielzahl der Bewerber aufzufallen,

➤ zur **Perspektive**, die man in einem Bewerbungsschreiben einnehmen soll: **objektive** Perspektive, wenn es um **faktische** Angaben geht, z. B. Stellenausschreibung, Ausbildungsgang; **subjektive** Perspektive, wenn man sich engagiert und **werbend** als geeigneten zukünftigen Mitarbeiter einbringt,

➤ zum **Textaufbau**

TEXT DES ANSCHREIBENS

              BETREFFZEILE

■ Anfang: FORMELLE ANREDE

              Bewerbungsziel, Bezug zur **Stellenausschreibung**

⊙ Mitte: FACHLICHE UND PERSÖNLICHE FÄHIGKEITEN

          – persönliche **Eignung** für die ausgeschriebene Stelle

          – knappe Angaben zum **Ausbildungsgang**

          – **persönliche Voraussetzungen** (z. B. Fremdsprachenkenntnisse)

          – **Zusatzqualifikationen** (z. B. Computer-Kurs) oder **Praktika**

          – sogenannte **„soft skills"** („weiche Fähigkeiten" im Gegensatz zu fachlichen Fähig-

B Bewerbungsschreiben

keiten): soziale Kompetenzen im Umgang mit Menschen (Einfühlungs-, Durchset-zungsvermögen, Koordinations-, Team-, Kommunikationsfähigkeit, Zeitmanage-ment, Urteilsvermögen, Leistungswille, Organisationstalent, Kreativität, Neugier, Redegewandtheit, Flexibilität, Belastbarkeit usw.)

▲ Schluss: Angebot, ein **Vorstellungsgespräch** wahrnehmen zu wollen
GRUSSFORMEL, eigenhändige **Unterschrift**

➤ zum **formellen Briefformat**

Michaela Muster xx.yy..zzzz … …	BRIEFKOPF mit ▪ Namen, Anschrift des Bewerbers ▪ Datum
XY … …	▪ Anschrift des Adressaten
Bewerbung um …	BETREFFZEILE
Sehr geehrte/r …	TEXT DES ANSCHREIBENS mit ▪ formeller Anrede ▪ einzelnen Textabschnitten
Mit freundlichen Grüßen Michaela Muster	▪ Grußformel ▪ eigenhändiger Unterschrift
Anlagen: …	ANLAGEN: Auflistung der einzelnen Bewerbungsunterlagen, die in der Bewer-bungsmappe abgeheftet werden

➤ zur **Länge** des Anschreibens: nicht länger als eine, höchstens 1 ½ DIN-A4-Seiten, um dem Adres-saten ein hinreichend deutliches, aber auch klares Bild von seiner Person zu vermitteln,

➤ zu anderen **formellen Vorgaben**, mit denen man als Bewerber/in einen guten Eindruck machen kann

▪ für das formelle **Bewerbungsschreiben**:
  - unlinierter, weißer DIN-A4-Bogen
  - Maschinenschrift: PC mit gutem Drucker
  - klares Seitenlayout
  - Standardformatierung der Seiten (Voreinstellung des Textverarbeitungsprogramms)
  - Unterschrift in blauer oder schwarzer Tinte (nicht mit rotem oder grünem Kuli)

▪ für die offizielle **Bewerbungsmappe**:
  - eine DIN-A4-Bewerbungsmappe, die in unterschiedlicher Ausführung im Handel erhältlich ist; eine schlichte Ausführung ohne Dekorationen

Bewerbungsschreiben

- alle Unterlagen in der Bewerbungsmappe in übersichtlicher Reihenfolge; je wichtiger die Unterlage, desto weiter vorn abheften:
  - Deckblatt mit Foto (s. Beispieltext 2)
  - Lebenslauf
  - evtl. Dritte Seite
  - Zeugnisse (Kopien)
  - ggf. Bescheinigungen/Zertifikate/Referenzen
- keine Klarsichthüllen für die einzelnen Unterlagen (sie erschweren dem Personalberater und der Chefin das Durchblättern beim Lesen)
- einwandfreie Unterlagen, frei von Eselsohren, Fett- oder Kaffeeflecken sowie Zigarettengeruch

■ für die **gesamte Bewerbung**:
  - einheitliches Papier für alle Bewerbungsunterlagen
  - einseitige Beschriftung bzw. Kopien
  - die gleiche Schriftart
  - die gleiche Seitengestaltung (Layout)

➤ zu weiteren **Hilfen** beim Verfassen des Bewerbungsschreibens

■ **Textverarbeitungsprogramme** bieten Formatierungshilfen für formelle Briefe an, z. B. Microsoft Word unter „Extras" ➜ „Briefe und Sendungen" ➜ „Briefassistent".

■ Verschiedene **Internetquellen** machen Vorschläge für Briefformate in Bewerbungsschreiben, z. B.: www.secretsites.de (2008).

■ Einen **Ghostwriter** (Freund, Verwandten) sollte man nicht für sich schreiben lassen. Auch auf Musterbewerbungen (z. B. von kostenpflichtigen Online-Diensten) sollte man verzichten. Ein **authentisches Anschreiben** aus eigener Hand, mit individuellen Angaben und Formulierungen, vermittelt einem zukünftigen Arbeitgeber einen ersten wichtigen persönlichen Eindruck von dem Bewerber oder der Bewerberin.

■ Das fertige Anschreiben liest man zunächst am besten selbst sorgfältig **Korrektur** und lässt es dann noch von einem Dritten (z. B. Freund/in, Eltern) lesen: Sprachrichtigkeit (Rechtschreibung, Zeichensetzung, Grammatik) und Verständlichkeit im Ausdruck sind für einen Arbeitgeber wichtige Auswahlkriterien für die zukünftige Einstellung einer Bewerberin oder eines Bewerbers.

Beispieltexte

Um den Zusammenhang zu verdeutlichen, wie aus den vorbereitenden Schritten ein Bewerbungsschreiben entstehen kann, werden in den Beispieltexten markiert:

formelle Wendungen in Bewerbungsbriefen

In der Kommentarspalte werden **Gliederungsabschnitte** des Bewerbungsanschreibens aufgeführt.

B Bewerbungsschreiben

Beispieltext 1
Anschreiben für eine Bewerbung (Ausbildungsplatz)

Michaela Muster

Wohnstraße 12
00000 Beispielstadt
Tel.: 0..../......
Mobil: 0130/.........
E-Mail: m.muster @.....de

Beispielstadt, …

[Unternehmen]
XY
Industriestraße 3
00000 Beispielstadt

BRIEFKOPF
links oben: **Name** des Bewerbers/der Bewerberin
rechts oben: **Anschrift** des **Absenders** mit **Kontaktdaten**
darunter: **Ort und Datum** des Schreibens

Anschrift des Adressaten

Layout: übliche Seitenränder (2,0 – 2,5 cm)

[Oder:]

Michaela Muster | Wohnstr. 12 | 00000 Beispielstadt
Tel.: 0.../......| Mobil: 0130/.......| E-Mail: m.muster@...de

Beispielstadt, ……

[Unternehmen] XY
Frau X/Herrn Y
Industriestraße 3
00000 Beispielstadt

Bewerbung um einen Ausbildungsplatz als Zeitungsredakteurin
Ihre Anzeige/Ausschreibung vom … [Datum] in … [Quelle]

■ **Sehr geehrte** Damen und Herren,
Sehr geehrte Frau X,
Sehr geehrter Herr Y,

mit großem Interesse habe ich Ihre Stellenanzeige vom … in … **gelesen** und **bewerbe mich** bei Ihnen **um** den **ausgeschriebenen Ausbildungsplatz** einer Zeitungsredakteurin.

◉ In meiner Freizeit habe ich mich seit längerem intensiv mit den Textverarbeitungs- und Grafikprogrammen sowie der Tabellenkalkulation beschäftigt. In schulischen Arbeitsgemeinschaften in der EDV (vgl. die Bescheinigung in der Anlage) konnte ich **zusätzliche Kenntnisse und Fähigkeiten erwerben**. Mehrere Gestaltungsauf-

BRIEFKOPF
Absender und **Kontaktdaten** in der Kopfzeile

Ort und **Datum**

Name des Adressaten
Name des **Ansprechpartners**, falls bekannt
Anschrift des Adressaten

TEXT DES ANSCHREIBENS
BETREFFZEILE: **Bewerbungsziel, Stellenanzeige** („Betreff" und „Bezug" werden heute im Allgemeinen ausgelassen)
■ **Anfang**
FORMELLE ANREDE
allgemein oder **persönlich** (wenn der/die Ansprechpartner/in namentlich bekannt ist und zuvor ein Kontakt hergestellt wurde)

BEWERBUNGSZIEL
mit Bezug zur Stellenausschreibung

◉ **Mitte**
FACHLICHE UND PERSÖNLICHE FÄHIGKEITEN
fachliche Eignung für die angestrebte Ausbildungsstelle

Bewerbungsschreiben

träge für meine Schule und meinen Sportverein (Beiträge in Wort und Bild für die Schulzeitung und das Vereinsblatt) brachten mir das Lob meiner Leserschaft ein. Seit einem Jahr bin ich regelmäßige Mitarbeiterin bei der wöchentlichen Online-Seite für junge Redakteure des … [Name der Stadt] Stadtanzeigers.

Zusatzausbildungen persönliche Eignung: „soft skills"
- Zeitmanagement
- Kreativität
- Organisationstalent
- Belastbarkeit

Am … dieses Jahres werde ich meine **Schullaufbahn mit** … [Art des Abschlusses] **abschließen**. Eine Kopie meines letzten Zeugnisses, Bescheinigungen über Zusatzausbildungen sowie meinen Lebenslauf **füge** ich diesem Schreiben **bei**.

Schulischer **Ausbildungsgang**

Während eines …wöchigen **Praktikums** in … [Ort] im Jahre … konnte ich **erste Erfahrungen** in der Redaktion einer regionalen Tageszeitung **sammeln** (vgl. die Bescheinigung in der Anlage). **Von besonderem Interesse war** für mich dabei die elektronische Herstellung unterschiedlicher journalistischer Textformen und die Einbeziehung von Grafiken und Bildmaterial. Während verschiedener Ferienaufenthalte in England [Jahr] und Italien [Jahr] habe ich meine Fremdsprachenkenntnisse auch durch die regelmäßige Lektüre der dortigen Tagespresse **vertieft** und mein Interesse an fremden Kulturen und gesellschaftlichen Fragestellungen **entwickelt**.

Praktikum
weitere **„soft skills"**
- Kommunikationsbereitschaft
- Aufgeschlossenheit gegenüber Neuem

▲ **Ich freue mich auf ein persönliches Gespräch** (in Ihrem Haus/ mit Ihnen).

▲ **Schluss**
ANGEBOT Vorstellungsgespräch

Mit freundlichen Grüßen

Michaela Muster

GRUSSFORMEL

eigenhändige **Unterschrift**

Anlagen:
Lebenslauf
Zeugniskopien
Bescheinigungen

Auflistung der **Anlagen** (sofern nicht auf dem **Deckblatt** aufgeführt)

B Bewerbungsschreiben

Beispieltext 2
Deckblatt in der Bewerbungsmappe

Bewerbung

als

....

des

[Unternehmens] XY
Industriestraße 3
00000 Beispielstadt

Michaela Muster
Wohnstraße 12
00000 Beispielstadt
Tel.: 0..../......
Mobil: 0130/........
E-Mail: .... @.....com

geboren am XX.XX.1992
in Musterstadt

- Lebenslauf
- Zeugniskopie(n)
- Bescheinigung Zusatzqualifikation
- Bescheinigung Praktikum

ÜBERSCHRIFT
Aktuelles LICHTBILD
- vergrößert, gute Bildqualität
- aufgenommen von einem Fachmann, kein Automatenbild, kein Schnappschuss
- Lächeln
- ansprechende Kleidung und Frisur

BEWERBUNGSZIEL

ANSCHRIFT der Arbeitsstelle

EIGENE ANSCHRIFT

mit
KONTAKTDATEN

GEBURTSDATEN
ggf. FAMILIENSTAND:
verheiratet seit ...
INHALTSVERZEICHNIS
der Bewerbungsunterlagen
(sofern nicht als **Anlagen** am Ende des **Anschreibens** aufgeführt)

Formulierungshilfen für Bewerbungsschreiben

➤ für den **formellen Stil** eines Bewerbungsbriefes
- **Standardwendungen** in der **Anrede** und der **Grußformel**:
Sehr geehrte Damen und Herren (wenn der Adressat nicht namentlich bekannt ist); *Sehr geehrte(r) Frau X/Herr Y/Frau Dr. X/Herr Professor Y*
Mit freundlichen Grüßen
- **Standardwendungen** in der **Eröffnung**:
Hiermit bewerbe ich mich um .../ Ich bewerbe mich um die Stelle eines/einer ....
In Ihrer Anzeige vom ... suchen Sie eine/n .... Hiermit bewerbe ich mich um ... .
- **Standardwendungen** am **Schluss**:
Über eine Einladung zu einem persönlichen Gespräch freue ich mich (sehr).
Sollten Ihnen meine Bewerbungsunterlagen zusagen, stehe ich Ihnen gern für ein Vorstellungsgespräch zur Verfügung.

In einem persönlichen Gespräch werde ich Sie gern von meinen Fähigkeiten überzeugen. Ich freue mich auf Ihre Antwort.

➤ für den **formellen Stil** im **Hauptteil** eines Bewerbungsbriefes
  – **hochsprachliche Wendungen**: *… konnte ich erste Erfahrungen mit den verschiedenen Abteilungen in der Redaktion einer regionalen Tageszeitung sammeln (statt: … war ich in …/ besuchte ich …).*
  Von besonderem Interesse war für mich dabei die elektronische Herstellung … (statt: Toll/interessant fand ich …).
  In schulischen Arbeitsgemeinschaften in der EDV … habe ich zusätzliche Kenntnisse und Fähigkeiten erwerben können (statt: … habe ich auch noch viel gelernt).
  – **Fachbegriffe**: *die elektronische Herstellung verschiedener journalistischer Textformen und die Einbeziehung von Grafiken und Bildmaterial (statt: wie man in einer Zeitung Texte und Fotos veröffentlicht)*

➤ für einen **persönlichen Kontakt** mit dem Personalberater oder der Sachbearbeiterin
  – **persönliche Anrede** (wobei man den richtigen Ansprechpartner vorher ermittelt hat: *Sehr geehrte Frau Brunnen, …*
  – mit einem **Einstieg** in das Bewerbungsschreiben, in dem man sich auf einen zuvor hergestellten ersten **Telefonkontakt** bezieht:
  Vielen Dank für das freundliche/informative Telefongespräch am … . Wie angekündigt/besprochen/Gern schicke ich Ihnen nun meine Bewerbungsunterlagen zu.
  – **faktische Angaben** zum Unternehmen, die man zuvor gut recherchiert hat:
  Durch meine …jährige Tätigkeit im … [Berufsfeld] ist mir der gute Ruf Ihres Unternehmens/die hohe Qualität Ihres … [Produkt]/Ihr Unternehmen als Spezialist für … bekannt.
  In der Fachpresse habe ich gelesen, dass Ihr Unternehmen … [Preis] gewonnen hat:
  – **Personalpronomina** in Kontaktangeboten; z. B.:
  Auf ein persönliches Vorstellungsgespräch mit Ihnen/in Ihrem Betrieb/Haus freue ich mich.
  Ich beantworte Ihnen gern in einem persönlichen Gespräch weitere Fragen.

➤ für ein genaues **Bild von mir als Bewerber/in**
  – **kurze** und **prägnante Formulierungen**: *Aufgrund meiner Arbeit im Ausland und in einem internationalen Team beherrsche ich die englische Sprache flüssig in Wort und Schrift. Durch meine ausgleichende und argumentativ überzeugende Art in Arbeitsgesprächen konnte ich schon oft Projekte auch in kritischen Momenten konstruktiv weiterführen.*
  – **kurze Sätze**, die Informationen zu meinen Fähigkeiten **überschaubar** anbieten: *Sie erwarten von einem … [berufliche Stellung] …, … und …. [Qualifikationen der Stellenanzeige]. In meinem Studium habe ich schwerpunktmäßig die Bereiche … und … kennengelernt. Diese Kenntnisse konnte ich in meinen Praktika bei einem führenden …-Hersteller vertiefen und während meiner Tätigkeit als … [berufliche Stellung] erweitern (vgl. im Einzelnen meinen Lebenslauf).*
  – **kurze Sätze**, die jedoch **nicht zusammenhanglos** wirken sollen: *In der Vermittlerrolle zwischen Kunde, Konstruktion und Produktion traue ich mir ebenso gut zu, zur Kundenzufriedenheit beizutragen wie auch neue Kunden zu werben.*
  – **begriffliche Wendungen**, keine blumigen, metaphorischen Formulierungen, mit denen man nicht auf den Punkt kommt: *Ich kann mir vorstellen, dass Sie einen in dieser Branche erfahrenen/versierten … [Beruf] in Ihrem Unternehmen gebrauchen können. (statt: Ich habe als …*

die Höhen und Tiefen der Branche erlebt und kann Ihnen mit meinem reichen Erfahrungs-
schatz tatkräftig zur Seite stehen.)

– **individuelle Formulierungen**, mit denen man standardisierte, oft auch gestelzte Wendungen
vermeidet: *Auf Ihre Antwort freue ich mich* (statt: Ihrer Antwort sehe ich mit Freuden entgegen; In Erwartung Ihrer Antwort …)

➤ für eine **selbstbewusste Darstellung**, die nicht überheblich wirkt

– **wertende Adjektive**, die Stolz auf erreichte Leistungen und Ziele ausdrücken, aber Übertreibungen vermeiden:
*Ich verfüge über intensive praktische Erfahrungen in …/ein fundiertes Wissen in …; Ich kann
auf eine gelungene/erfolgreiche/öffentlich anerkannte Jugendarbeit zurückblicken.*

– **Verbformen im Indikativ**, mit denen man den früher üblichen übermäßigen Gebrauch des
Konjunktivs vermeidet, der altmodisch, auch wenig selbstbewusst wirkt:
Ich bewerbe mich um … (statt: Ich möchte mich um … bewerben).
Ich kann (statt: Ich könnte) *mir gut vorstellen, in der Position eines … zu arbeiten.*
Auf ein persönliches Gespräch mit Ihnen freue ich mich (statt: … würde ich mich freuen).

– **Verbformen im Indikativ** anstelle von Passivkonstruktionen, die die Eigenleistung betonen:
Ich arbeite an … (statt: … bin ich in XY eingesetzt)

– **Verben des Erfolgs**
*In meiner Tätigkeit als … ist es mir gelungen ,…; Als … konnte ich wesentlich/entscheidend
dazu beitragen, …*

– **Hilfsverb *können***, wenn es um Fähigkeiten geht: *Ich kann tragfähige Vorschläge für … ent-
wickeln/mit Argumentationskraft andere von meinen Ideen überzeugen.*

– **Formen des Konjunktivs (*würde/möchte*)**, mit denen das Bewerbungsziel nicht aufdring-
lich wirkt: *Diese Erfahrung würde/möchte ich gern in Ihr Unternehmen einbringen.*

– **Adjektive**, **Verben** und **Substantive** für die **Wirkung** meiner Arbeit in einem Fachgebiet/in
der Berufswelt/der Öffentlichkeit:
Meine Arbeit war wichtig/erfolgreich/gewinnbringend/nützlich/förderlich für … .
Meine Arbeit wurde mit … ausgezeichnet/konnte den Umsatz steigern.
*Meine Arbeit fand Beachtung/führte zu großem Erfolg/konnte ich mit großem Erfolg für …
abschließen/war von Gewinn für …/konnte … weiterentwickeln.*

– **Substantive**, die die **Art**, **Intensität** und **Wirkung** meiner Arbeit angeben:
*Unter meiner Leitung der/des … ist es gelungen, …; Als Leiterin von … konnte ich … erreichen;
In der Planung und Durchführung von … habe ich wichtige Impulse für … setzen können; Mit
der Einrichtung von … habe ich entscheidend zu … beigetragen*

– **Satzmuster**, in denen das Personalpronomen *ich* als Satzsubjekt **nachgestellt** wird:
Mit großem Interesse habe ich erfahren, dass …
Für Ihr Angebot, …, danke ich./Ihr Angebot, …, nehme ich dankend an.
Die Bereitschaft, mich schnell in … einzuarbeiten, bringe ich mit.
Der damit verbundenen Verantwortung bin ich mir bewusst.

– **Satzmuster**, die den Ansprechpartner in der **Subjektstelle** (also an wichtigster Stelle) und
meine Qualifikationen in der **Objektstelle** (d. h. nachgeordnet) aufführen:
Sie können auf meine langjährige Erfahrung als … [berufliche Stellung] bauen.

Vgl. weitere Formulierungshilfen unter ➚ **Lebenslauf** (S. 234)

Bildbeschreibung

Auf einen Blick

Eine **Bildbeschreibung** gehört zu den **beschreibenden Textformen**. Mit einer Bildbeschreibung will man Lesern oder Betrachtern die Gestaltungsmittel eines Bildes (z. B. eines Gemäldes, einer Zeichnung, eines Fotos, einer ↗ **Karikatur** oder einer Illustration) vor Augen führen und ihnen eine Deutung des Bildes vorstellen. Häufig legt man seiner Beschreibung die Bildvorlage bei.

Unter einem **erweiterten Textbegriff** versteht man auch ein Bild als Text, der nicht aus sprachlichen Zeichen wie in sprachlichen Texten, sondern aus grafischen Zeichen besteht. Linien, Formen, Farben, Medium usw. in einem Bild entsprechen den sprachlichen Zeichen in einem Text; Verbindungslinien und Bildaufbau können mit Satzbau und Textaufbau verglichen werden. Mit einem grammatischen Begriff spricht man auch von der **Bildsyntax**.

Gemälde (vgl. Beispieltext) werden beschrieben:
- in der Schule:
  - im **Kunstunterricht**, wenn an ausgewählten Gemälden das Verständnis für bestimmte künstlerische Darstellungsweisen und Intentionen in verschiedenen Epochen geschult wird,
  - im **Deutschunterricht**, auch in fächerverbindenden Projekten mit dem Kunstunterricht, wenn literarische Werke einer Epoche (z. B. die Lyrik des Barock oder Expressionismus) mit Gemälden dieser Epoche deutend verglichen werden,
- in der Presse: im **Kulturteil** von Zeitungen und Zeitschriften, wenn in Artikeln über Gemäldeausstellungen/-versteigerungen/-diebstählen Lesern ein Eindruck von den erwähnten Bildern vermittelt wird.

Eine **Bildbeschreibung** wird
- im Allgemeinen im **Präsens** geschrieben; im **Präteritum** nur bei historischen Angaben zur Entstehungszeit oder zur Künstlerbiografie,
- aus einer überwiegend **subjektiven Perspektive** verfasst, d. h., die Wirkung des Beschriebenen auf den Betrachter wird mit einbezogen.

Sie enthält
- **Fachbegriffe** aus der Kunst, z. B. zu den Gestaltungsmitteln, zur Stilrichtung, Gattung und Epoche eines Gemäldes,
- eine bestimmte **Beschreibungsrichtung**, der man folgt, wenn man die einzelnen Bildelemente beschreibt; man versucht dabei, die **dominante Linienführung** des Malers zu entdecken; z. B.:
  - vom Gesamteindruck über einzelne Bildelemente zurück zu einem dominanten Bildelement (meist im Bildmittelpunkt),
  - vom Vordergrund zum Mittelgrund und Hintergrund,
  - von links unten nach rechts oben,
  - von oben nach unten,
  - vom Mittelpunkt des Gemäldes nach außen.

B Bildbeschreibung

Eine Bildbeschreibung ist eine **Kombination** von verschiedenen **Textformen**. Für den **Aufbau** einer Bildbeschreibung kommen die folgenden TEXTBAUSTEINE in Frage:

- ↗ BESCHREIBUNG: wenn man das Einzelwerk mit seinen Bildelementen und seinem Bildaufbau weitgehend objektiv beschreibt,
- ↗ INTERPRETATION: wenn man Bildelemente und Bildaufbau auch aus subjektiver Perspektive deutet,
- ↗ BERICHT (möglicherweise): wenn man z. B. faktische Angaben macht über die historische Entstehungszeit eines Gemäldes und die Lebenssituation des Malers (↗ **Bericht: biografische Notiz**),
- NACHRICHT (möglicherweise): wenn man ein aktuelles Ereignis nennt, das Anlass für die Bildbeschreibung ist (z. B. bei einem Gemälde: eine Ausstellung oder Versteigerung),
- ↗ KOMMENTAR: wenn man das Gesamtwerk oder die Eigenart, die Intention oder die Wirkung eines Malers persönlich beurteilt.

Die einzelnen Textbausteine werden im Allgemeinen in verschiedenen Textabschnitten getrennt verwendet. Der **Aufbau** einer Bildbeschreibung kann variieren, d. h., dass die **Reihenfolge** der Textbausteine geändert werden kann. Man kann z. B. mit einer Nachricht zum Anlass der Gemäldebeschreibung oder mit seiner eigenen Beurteilung beginnen und dann die anderen Textbausteine folgen lassen; oder auf den Bericht oder die Nachricht verzichten etc.

So wird's gemacht

Um eine Bildbeschreibung zu verfassen, bieten sich zwei Schritte an:
- **Lesestrategie**: **Notizen** zu auffälligen Zeichen (Grafik, Farbe, Form, Bildaufbau) machen
- **Schreibplan**:   den **Aufbau** der BESCHREIBUNG planen
    den **Aufbau** der INTERPRETATION planen

Lesestrategie: Schritte bei der Vorbereitung

Ausgangstext
Max Beckmann, „Selbstbildnis mit Glaskugel" (1936)

Max Beckmann (geb. 1884 in Leipzig, gest. 1950 in New York) meldete sich nach frühen Erfolgen mit seinen Gemäldeausstellungen zu Beginn des Ersten Weltkrieges (1914–1918) als Freiwilliger zum Sanitätsdienst. Nach psychischem Zusammenbruch aufgrund seiner Lazaretterfahrungen wurde sein Stil einfacher, aber auch sozialkritisch. Ab 1932/33 setzte er bewusst seine kritische Meinung zur politischen Aktualität in seinen Bildern um, worauf ihm zunächst sein Lehrauftrag als Kunstprofessor in Frankfurt entzogen wurde. 1937 erklärten ihn die Nationalsozialisten zum „entarteten Künstler" und beschlagnahmten über 500 seiner Werke. Beckmann emigrierte nach Paris, später nach Amsterdam und siedelte 1947 in die USA über, wo er Lehraufträge erhielt und seine Gemälde auf landesweiten Ausstellungen bekannt und geschätzt wurden.

Bildbeschreibung

In dem Gemälde von Max Beckmann lassen sich die folgenden auffälligen **Elemente der Bildgestaltung** feststellen:

- **Raumgestaltung**: Holzwand/Stellage (Rückseite mehrerer Ölgemälde?) mit Ausblick auf einen schwarzen Raum im Hintergrund (Bühnenraum?), menschliche Halbfigur zentral davor
- **Linienführung**: schwarze Kontrastlinien für alle Formen
- **Formen**: runde Kopfform, runde Schultern, runde Kugel vor eckigen Flächen im Hintergrund; kantige Gesichtszüge, tiefliegende Augen
- **Farben**: kühles Blau-Türkis für die Kleidung des Oberkörpers, schwarz umschattete Augen, transparente Farbe für die Kugel, Kontrastfarben Schwarz für den Hintergrund, Weiß für den Mittelgrund sowie (warme) Grundfarbe Gelb (neben Blau im Vordergrund)

Schreibplan: Schritte bei der Ausformulierung

Als wichtige Vorbereitung für die Beschreibung und Interpretation eines Bildes stellt man einen **Schreibplan** auf. Hierzu gehören im Beispieltext Überlegungen

- zum **Thema** des Bildes: der Maler in seinem Selbstporträt als „Seher, als Prophet, der Schlimmes vorausahnt" in einer historisch belasteten Situation, dem NS-Regime,
- zur **Leser-/Adressatengruppe**: kunstverständige und kulturell interessierte Leser einer überregionalen Tageszeitung der Qualitätspresse,
- zur **Sprache**: zahlreiche Fachbegriffe aus Malerei und Geschichte, ausgefallener subjektiver Stil, der Aufmerksamkeit für ein längst bekanntes Gemälde erwecken will,
- zu **Quellen**: Wort- und Bildquellen für die Informationen zum Maler, seiner Stilrichtung und seiner Lebenszeit, für eine Ansicht des Gemäldes; Nachrichtenagenturen und Onlinequellen für die aktuelle Nachricht zum Gemäldeverkauf,
- zur **Beschreibungsrichtung** oder **Raumperspektive**: vom Ganzen, dem Oberkörper im Bildausschnitt, zum Detail, dem Gesicht als dominantem Bildelement,
- zum **Aufbau**
    - Anfang: KOMMENTAR zum Werk und zur Person des Künstlers
    - Mitte: BESCHREIBUNG und INTERPRETATION der Bildelemente
        - Anfang der Bildbeschreibung:
        Überblickssatz mit einem **Gesamteindruck** des Gemäldes
        - Mitte der Bildbeschreibung:
        Bildelemente und **Bildaufbau** im Einzelnen mit BESCHREIBUNGSRICHTUNG
        - Schluss der Bildbeschreibung:
        INTERPRETATION des Bildes, schwerpunktmäßig auf eines der Bildelemente bezogen, das man als besonders wichtig oder dominant empfunden hat

B Bildbeschreibung

▲ Schluss: BERICHT zur Entstehungszeit des Selbstbildnisses
NACHRICHT (Verkauf durch das Auktionshaus Sotheby's) als aktueller Anlass der Bildbeschreibung

Beispieltext
Heidi Bürklin, „Ein Selbstporträt Max Beckmanns bei Sotheby's"

In diesem Text stellt die Journalistin Max Beckmanns Ölgemälde „Selbstbildnis mit Glaskugel" aus dem Jahr 1936 vor. Der Anlass ist die Versteigerung des Bildes bei Sotheby's, dem englischen Auktionshaus mit Sitz in New York. Der folgende Textausschnitt erschien in einem längeren Artikel im Feuilleton der überregionalen Tageszeitung DIE WELT.

Um den Zusammenhang zu verdeutlichen, wie nach den vorbereitenden Schritten ein Bild beschrieben und interpretiert werden kann, werden im folgenden Beispieltext markiert:

    die beschriebene Person im Raum als Ganzes
    Strukturwörter für Farbe und Form, Ausdehnung oder Lage der Bildelemente
    sprachliche Wendungen für **beschreibende** Texte
    Strukturwörter für die gewählte Beschreibungsrichtung
    Fachbegriffe aus der Kunst

In der Kommentarspalte werden **Gliederungsabschnitte** der Bildbeschreibung aufgeführt und die verwendeten TEXTBAUSTEINE benannt.

Ein Selbstporträt Max Beckmanns bei Sotheby's
Es gibt nur noch wenige dieser Werke auf dem Markt
VON HEIDI BÜRKLIN

Titel
mit Sachinformationen

■ Ob als Salonlöwe im Smoking oder im Clownskostüm, ob als Zirkusdirektor oder Gefangener, ob als Matrose oder Maler: Max Beckmann (1884–1950) **platziert sich** in sei-
5 nen rund 40 Selbstporträts massiv und selbstbewusst **mitten auf** die Bühne des Welttheaters, ergründet sich in seiner Zeit und die Zeit in seiner intensiven Selbsterforschung. Beckmann gab nicht den Provokateur der Avant-
10 garde, sondern war stets ein klassischer Akademiker. Geprägt vom humanistischen Bildungsideal suchte er im Bildnis, vor allem auch im Selbstbildnis, das Kostümbild zu entlarven und den Charakter der Person bloßzulegen, das Individuum zu
15 erfassen.

■ ANFANG
TEXTBAUSTEIN
KOMMENTAR
Kritische Einordnung des Gemäldes in Gattung („Selbstporträt") und Werk des Malers
Kurzcharakteristik des Porträtmalers und seines Stils

Bildbeschreibung B

◉

■ Im Jahre 1936 rückt er sich frontal so ins Bild: ◉ Tief sind die Augen
im kantig geschnittenen Kopf verschattet. Die Linke presst eine große
schimmernde Glaskugel an die Brust, die die Farben seiner türkisen
20 Hausjacke oder das Weiß des Hemdes auffängt und noch vertieft. ▲ In
seinem homerisch[1] blinden Blick, in diesem kristallenen „zweiten
Gesicht" präsentiert sich Beckmann als Seher, als Prophet, der Schlimmes
voraussahnt, dabei aber doch fest entschlossen ist, dem Schicksal die Stirn
zu bieten.

25 ▲ Es ist das Jahr, in dem die Nazis seine Werke in der Berliner National-
galerie konfiszierten[2] – und gegen eine schwarze Wand lehnen, auch im
„Selbstbildnis mit Glaskugel" die Rücken von Gemälden. Es sollte nur
noch wenige Monate dauern, bis der Maler zunächst ins Amsterdamer
Exil floh; später flüchtete er weiter, nach Amerika. In sein Heimatland
30 Deutschland kehrte er nie mehr zurück.

Am 2. Mai rufen Sotheby's in New York dieses 110 cm hohe und 65 cm
breite Porträt zu einem Schätzpreis von 10 – 15 Mio. Dollar auf. 1938
erwarb es der Berliner Sammler Rudolf von Simolin in einer Beckmann-
Ausstellung in Zürich und brachte es nach Deutschland zurück. Vielfach
35 ausgestellt – zuletzt 2003 bei Beyeler in Basel – wird es jetzt von Nach-
kommen angeboten. Eines von nur noch einer Handvoll dieses präg-
nanten Leitmotivs – so schätzt die Sotheby's-Expertin Helena Newman
– kommt damit auf den internationalen Markt. […]

In: Heidi Bürklin, „Ein Selbstporträt Max Beckmanns bei Sotheby's", DIE WELT, 16. April 2005,
S. 23

───────────

[1]**Homer** (8. Jh. v. Chr.) erster namentlich bekannter Dichter der griechischen Antike,
gilt als Verfasser der Epen (erzählende Versdichtung) **Ilias** und **Odyssee**; wird in
überlieferten Skulpturen als blinder Sänger dargestellt, der als Prophet galt – [2]**kon-
fiszieren** etwas (von Staats wegen, gerichtlich) einziehen, beschlagnahmen

---

◉ **MITTE**
TEXTBAUSTEINE BESCHREIBUNG
und INTERPRETATION
■ **Anfang** der Bildbeschreibung
Gesamteindruck
◉ **Mitte** der Bildbeschreibung
Einzelheiten
Beschreibungsrichtung: von
oben nach unten
▲ **Schluss** der Bildbeschreibung
INTERPRETATION des Porträts:
Rückkehr zum dominanten
Bildelement „Augen"

▲ **SCHLUSS**
TEXTBAUSTEIN BERICHT:
BIOGRAFISCHE NOTIZ
für ein vertieftes, historisches
Verständnis des Bildes

TEXTBAUSTEIN NACHRICHT
mit einem zeitnahen Ereignis
als Anlass der Bildbeschreibung

Formulierungshilfen für Bildbeschreibungen

➤ für eine **sachliche Darstellung** der Bildelemente
- ▪ neutrale **Substantive** für die Bildelemente: *Augen, Kopf, die Linke (linke Hand), Brust etc.*
- ▪ **Fachbegriffe** aus der Malerei für
  - – Gestaltungsmittel: *Bildaufbau, Form- und Farbgebung, Linienführung, Darstellungstechnik
    etc.*
  - – Formen der bildlichen Darstellung im Porträt: *Frontalansicht, Viertel-, Halbprofil, Ganz-,
    Halbfigur, Bruststück, Kopfbild, Selbstporträt, (Selbst-)Bildnis etc.*
  - – Medien: *(Öl-)Gemälde, Aquarell, Acryl, Kohlezeichnung, Lithographie, Kupferdruck etc.*
  - – Stilrichtungen: *Naive Malerei, abstrakte Malerei etc.*
  - – Gattungen: *Genremalerei, Porträtmalerei etc.*
  - – Epochen: *Expressionismus, Jugendstil, Surrealismus, Avantgarde etc.*

B Bildbeschreibung

- sachlich beschreibende **Adjektive/Substantive** für Lage, Umriss, Farbe usw. einzelner Bildelemente: *eine große schimmernde Glaskugel, das Weiß des Hemdes*
- neutrale **Zustandsverben** für die Ausdehnung oder Lage der Elemente im Bild wie *sein, sich befinden, liegen, stehen, sich erstrecken, bedecken*
- neutrale **Verben des Sehens** oder des **Erscheinens**: wie *sehen, erblicken, betrachten, wahrnehmen; erscheinen, auftauchen, sich zeigen*
- sachliche **Ortsadverbien** und **Ortsadverbiale**: wie *oben, oben rechts; unten, unten links, im Bild; in der Mitte, im Zentrum; im Vordergrund/Mittelgrund/Hintergrund*
- **präpositionale Wendungen** für die Beschaffenheit der Bildelemente, vor allem mit den Präpositionen *mit, in* und *aus: ein Gewand in tiefem Blau/mit Ornamenten/aus Seide*

➤ für eine **lebendige Darstellung** von Dingen oder Menschen im Raum
- anschauliche **Handlungs- und Bewegungsverben**, die eine räumliche Vorstellung vermitteln: *sich mitten auf … platzieren, sich frontal ins Bild rücken, die Linke presst eine … Glaskugel an die Brust, sich als (Seher) präsentieren…;* damit kann man es vermeiden, immer wieder sachlich beschreibende Verben (s. o.) zu gebrauchen
- **Voranstellung** von Eigenschaften: *Tief sind die Augen im kantig geschnittenen Kopf verschattet* (statt: *Seine Augen sind tief …*), *In seinem homerisch blinden Blick … präsentiert sich Beckmann als Seher* (statt: *Beckmann präsentiert sich in … als …*)

➤ für eine **persönliche Wahrnehmung** der Dinge oder Menschen im Bild
- **Vergleiche** oder **Metaphern** für die subjektive Bezeichnung eines Bildelements: *in diesem kristallenen „zweiten Gesicht"*
- ausdrucksstarke **Adjektive** und **Substantive**: *im kantig geschnittenen Kopf*
- **verbale** und **substantivische Wendungen** für eine Wirkung/Stimmung etc.: *wirken (+ Adjektiv) auf …, den Eindruck erwecken, als würde …, eine (+ Adjektiv) Stimmung erzeugen, es entsteht der Eindruck, als wäre …, ein Gefühl von … im Betrachter hinterlassen, sich als … präsentieren*

Vgl. zu weiteren Formulierungshilfen ↗ **Beschreibung** (S. 48), ↗ **Reisebericht** (S. 280 f.), ↗ **Schilderung** (S. 309 f.).

Definition

Auf einen Blick

Eine **Definition** gehört zu den **erklärenden Textformen**. Im Vergleich zur ↗ **Erklärung** ist sie die kürzere und systematischere Art zu erklären. Es geht um eine knappe **Worterklärung**. Mit einer Definition erklärt man, was ein allgemein gebräuchliches **Wort** oder ein **Begriff** inhaltlich bedeutet. Wer definiert, will erreichen, dass Leser eine klare gedankliche Vorstellung mit einem Wort oder Begriff verbinden können, d. h. ihre **Bedeutung verstehen**.

Die kürzeste Art, ein Wort oder einen Begriff zu definieren, ist, auf bekanntere Wörter zurückzugreifen: auf Wörter, die entweder eine ähnliche Bedeutung (**Synonyme**) oder eine entgegengesetzte Bedeutung (**Antonyme**) haben. Auf diese Weise kann man z. B. einen literarischen Fachbegriff wie „Parabel" ganz knapp mit einem Synonym als „eine Art Geschichte" definieren. Eine längere und genauere Definition stützt sich auf mehrere Bestandteile des Begriffs und gibt auch Beispiele an („eine Geschichte, die einen tieferen Sinn hat, Leser belehren will, z. B. wie in der Parabel X von …").

Definitionen treten als eigenständige **Kurztexte** auf:
- als **Worterklärungen** in einem **Wörterbuch** der deutschen Sprache, in dem die Bedeutung einzelner Wörter angegeben und häufig durch Synonyme oder Antonyme ergänzt wird,
- in einem **Sachwörterbuch**, in dem Begriffe eines Fachbereichs wie z. B. Literatur, Sprachwissenschaft, Geschichte oder Medizin definiert werden,
- als Worterklärungen verschiedener **Online-Dienste** (z. B. „Mr. Check" auf der Webseite der Tageszeitung DIE ZEIT) oder **Online-Versionen** von Printwörterbüchern (wie dem *Wörterbuch der Deutschen Gegenwartssprache*).

Definitionen sind häufig **Textbausteine** in längeren Texten. Sie werden verwendet
- <u>in der Schule und im Studium:</u> in einer ↗ **Interpretation**, einer ↗ **Facharbeit**, einem ↗ **Referat**, einer ↗ **Argumentation** oder einer **wissenschaftlichen Abhandlung**, z. B. für die knappe Erklärung von Fachbegriffen,
- <u>in fachlichen Zusammenhängen:</u>
  - in einer **Enzyklopädie** (einem Nachschlagewerk über alle Wissensgebiete), in der auf die Kurzdefinition eines Eintrags eine längere Erklärung folgt,
  - in **Online-Enzyklopädien** (deren Angaben allerdings auf ihre Richtigkeit geprüft werden sollten, z. B. im Vergleich mit verlässlichen Printquellen bekannter Verlage).

Eine **Definition** wird
- im Allgemeinen im **Präsens** verfasst,
- aus einer weitgehend **objektiven Perspektive** in einem **sachlichen, neutralen Stil** geschrieben.

D Definition

Beim **Aufbau** einer ausführlicheren Definition folgt man der **Klasse-Merkmal-Definition**:
- **Anfang:** Man wählt den Begriff, den man definieren will, als **Unterbegriff**, und ordnet ihn mit einem **Oberbegriff** in eine **Klasse** (oder **Gattung**) ein.
- **Mitte:** Man erklärt ihn genauer durch einzelne **Bedeutungsmerkmale**.
- **Schluss:** Man schließt mit einem **Beispiel** ab.

So wird's gemacht

Schreibplan: Schritte bei der Vorbereitung und Ausformulierung

Als wichtige Vorbereitung für eine Klasse-Merkmal-Definition stellt man einen **Schreibplan** auf. Hierzu gehören Überlegungen

- zu den wichtigen **Informationen**, um ein Wort oder einen Begriff zu definieren, z. B.:
  - der **sachliche Zusammenhang**, aus dem ein Begriff stammt, als **Oberbegriff** oder **Klasse**: z. B.: eine Parabel gehört in die Klasse der „erzählenden Literatur"; ein Fahrrad in die Klasse der „Fortbewegungsmittel"; Milch in die Klasse der „Flüssigkeiten",
  - die einzelnen **Bedeutungsmerkmale** des Begriffs, z. B. „Fahrrad": „zwei Räder", „Pedale", „mit Muskelkraft angetrieben" etc.,
  - **Beispiele**, die Lesern eine anschauliche Vorstellung von einzelnen Bedeutungsmerkmalen vermitteln können, z. B. „Milch": „von weiblichen Säugetieren wie Kuh, Ziege oder Stute" etc.,
- zur **Leser-/Adressatengruppe**: eine allgemein informierte Leserschaft ohne Altersgrenze (Beispieltext 1), eine literarisch vorgebildete Leserschaft ab ca. 15 Jahren, die verschiedene Formen der literarischen Kurzprosa, darunter auch Parabeln, kennt (Beispieltext 2),
- zur **Sprache**, die dem zu erwartenden Informationsstand und Alter der Leser angepasst wird: allgemeine Begriffe der Alltagssprache (Beispieltext 1), Fachbegriffe und Fremdwörter aus dem Sachbereich „Literaturwissenschaft" (Beispieltext 2),
- zu **Quellen** für **Informationen** zur Bedeutung eines Wortes: Wörterbuch der deutschen Sprache, Sachwörterbuch, Fremdwörterbuch, Herkunftswörterbuch für die sprachlichen Ursprünge eines Wortes, mehrbändiges Lexikon oder Enzyklopädie, Online-Enzyklopädie,

Definition

D

67

➤ zum **Textaufbau**

- ■ Anfang: der zu definierende **Begriff**; ein **Oberbegriff**, der den Begriff in eine allgemeine **Klasse** oder **Gattung** einordnet
- ◉ Mitte: einzelne **Bedeutungsmerkmale** in der Reihenfolge ihrer Wichtigkeit
- ▲ Schluss: letzte, weniger wichtige Bedeutungsmerkmale, evtl. mit **Beispielen** (Beispieltext 1), ein **Beispiel** für ein besonders wichtiges oder schwer zu verstehendes Bedeutungs-merkmal aus dem Mittelteil (Beispieltext 2)

Beispieltexte

Um den Zusammenhang zu verdeutlichen, wie aus den vorbereitenden Schritten eine Definition entstehen kann, werden in den folgenden Beispieltexten markiert:

der Oberbegriff, der den zu definierenden Begriff in eine Klasse oder Gattung einordnet
einzelne Bedeutungsmerkmale
allgemeine Strukturwörter für die Verknüpfungen von einzelnen Sätzen
sprachliche Wendungen für **erklärende** Texte

In der Kommentarspalte werden **Gliederungsabschnitte** der Definition aufgeführt und die verwen-deten **Schreibstrategien** benannt.

Beispieltext 1
Kurze Klasse-Merkmal-Definition: „Wörterbuch"

■ Ein Wörterbuch **ist** ein Nachschlagewerk, ◉ das die Wörter einer Sprache in einem alphabetischen Verzeichnis aufführt. Es **gibt** vor allem die Bedeutung(en) eines Wortes oder seine Übersetzung in eine andere Sprache (Fremdsprachen~) **an**. Weiterhin **finden sich** im Wörterbuch
5 Beispiele, die den Gebrauch eines Wortes in Verbindung mit anderen Wörtern illustrieren. Ein Eintrag **kann** noch zusätzliche Informationen zur Aussprache sowie zur grammatischen Bezeichnung eines Wortes **ent-halten**. ▲ Gelegentlich **wird** auch die Herkunft eines Wortes aus einer anderen Sprache kurz **aufgeführt** (z. B. <engl. *xxxx*>) oder eine frühere
10 Phase der Sprachentwicklung (z. B. <mhd.[1] *xxxx*>).

‾‾‾‾‾‾‾‾‾‾
[1]**mhd.** mittelhochdeutsch

■ **Anfang**
Begriff und **Oberbegriff**
◉ **Mitte**
Bedeutungsmerkmale in der Reihenfolge ihrer Wichtigkeit

▲ **Schluss**
weniger wichtige
Bedeutungsmerkmale mit **Beispielen**

Beispieltext 2
Ausführliche Klasse-Merkmal-Definition mit Beispiel: „Parabel"

■ Eine Parabel (griech. *parabole*: „Nebeneinanderwerfen", „Gleichnis") **gehört als** epische Kleinform **zur** literarischen Erzählprosa, ◉ die eine didaktische Absicht verfolgt, **d. h.**, Lesern eine Lehre vermitteln will. Zu

■ **Anfang**
Begriff und **Oberbegriff**
◉ **Mitte**
Bedeutungsmerkmale in der Reihenfolge ihrer Wichtigkeit

D Definition

diesem Zweck stellt der Verfasser eine <u>allgemeine (sittliche oder religiöse)</u>
5 <u>Wahrheit</u> oder <u>Erkenntnis</u> in <u>anschaulichen Bildern</u> dar. Der Leser versteht die Bedeutung der Parabel, indem er die bildhaft dargestellten Ereignisse auf einen anderen <u>Vorstellungsbereich</u> überträgt, **und zwar** auf
bestimmte <u>Sachverhalte in seiner Erfahrungswelt</u>. **Mit anderen Worten**:
<u>Bildebene</u> und <u>Sachebene</u> stimmen in der Parabel in einem <u>Vergleichspunkt</u>
10 überein. **Anders als** in einer Fabel gibt es in der Parabelhandlung nicht in
allen Punkten Übereinstimmung mit der Lebenswelt des Lesers. Die Handelnden **sind** Menschen, **keine** Fabeltiere. **Im Vergleich zum** biblischen
Gleichnis **fehlen** in der Parabel direkte *Sowie*-Verknüpfungen für ein
leichteres Verständnis der <u>Vergleichsebene</u>. Diese Unterscheidungen
15 machen die Parabel zu einer <u>selbstständigen Dichtung</u>, in <u>Versen</u> oder in
<u>Prosa</u>, als **Bühnenstück wie** Brechts Parabelstücke oder als <u>Dramenszene</u>
wie die „Ringparabel" in Lessings Drama *Nathan der Weise*.
▲ Kafkas |kurze Erzählung| „Gibs auf!" **zum Beispiel ist** eine Parabel, in
der ein Passant, der auf dem Weg zum Bahnhof in einer ihm wenig ver-
20 trauten Stadt seine Orientierung verliert, einen Polizisten „nach dem
Weg" fragt; das ist die <u>Bildebene</u> der Parabel. Der Polizist reagiert aber so,
als hätte der Passant ihn nach dem Sinn oder Ziel seines Lebensweges
gefragt; das ist die <u>Sachebene</u> der Parabel.

Vergleich mit ähnlichen Begriffen derselben Klasse

weniger wichtige **Bedeutungs-merkmale** mit **Beispielen**

▲ **Schluss**
Beispiel als Erklärung der wichtigen Bedeutungsmerkmale „Bildebene" und „Sachebene"

Formulierungshilfen für Definitionen

➤ für eine **Kurzdefinition**
  ▪ typische **Satzmuster** für Definitionen:
    – **Verb** *sein* + **Substantiv**: *Ein Wörterbuch ist ein Nachschlagewerk*
    – **Verb** *sein* + *kein* + **Substantiv**: *Die Handelnden sind keine Fabeltiere.*
  ▪ **verbale** und **substantivische Wendungen**: *X bedeutet/ist eine (besondere) Art (von) Y/ gehört (als …) zu Y; X kann man/lässt sich definieren/verstehen als Y; eine Bedeutung/die Grundbedeutung von X ist …/leitet sich ab von …*
  ▪ **verbale Wendungen**
    – für **Synonyme**: *X bedeutet, grob gesagt, dasselbe wie Y; X ist fast bedeutungsgleich/syno-nym mit Y; X ist ein Synonym für Y; X und Y sind synonyme Begriffe; unter X versteht man Y; fachsprachlich/wissenschaftlich ausgedrückt, bedeutet X …*
    – für **Antonyme**: *X ist, grob gesagt, das Gegenteil von Y, X ist ein Antonym für Y, X und Y sind gegensätzliche/antonyme Begriffe*
  ▪ **vergleichende Wendungen**: *anders als/im Vergleich zu/verglichen mit X ist Y/fehlen in Y …/hat Y keine …*

➤ für **Beispiele**
  ▪ mit **substantivischen** und **verbalen Wendungen**: *zum Beispiel …; ein Beispiel für X ist Y; als Beispiel kann man Y anführen/lässt sich Y nennen; Y kann zeigen/illustrieren, was/wie X …*

Vgl. zu weiteren Formulierungshilfen ↗ **Erklärung** (S. 72 f.).

Erklärung

Auf einen Blick

Eine **Erklärung** ist eine genauer **erläuternde Textform**. Im Vergleich zu einer ↗ **Definition** ist sie ausführlicher und weniger systematisch. In einer Definition geht es um eine weitgehend festgelegte Bedeutungserklärung für ein Wort oder einen Begriff. In einer Erklärung dagegen bemüht man sich um die **Erläuterung eines Sachverhalts**. Man versucht, anderen einen Sachverhalt, der ihnen bislang unklar gewesen ist, so zu erklären, dass sie ihn **verstehen** können. Dazu zerlegt man den Sachverhalt in seine einzelnen Teile und stellt den **Funktionszusammenhang** zwischen ihnen dar.

Erklärungen treten als eigenständige (Kurz-)**Texte** auf:
- in einem **Sachbuch** (z. B. zu Film, Journalismus, Theater, Literatur), in dem einzelne Begriffe und deren Zusammenhang im jeweiligen Sachbereich erläutert werden,
- in einem mehrbändigen **Lexikon** oder einer **Enzyklopädie** (einem Nachschlagewerk über alle Wissensgebiete) zu einem Stichwort, das zunächst kurz definiert und dann in ausführlicher Weise erklärt wird,
- in einer **Online-Enzyklopädie** (deren Angaben auf Richtigkeit überprüft werden sollten, z. B. im Vergleich mit verlässlichen Printquellen bekannter Verlage).

Erklärungen treten häufig als **Textbausteine** in längeren Texten auf. Sie sind bei verschiedenen Schreibanlässen nützlich, z. B.
- in der Schule, in der Ausbildung, im Studium und im Beruf:
  - in einer ↗ **Inhaltsangabe**, wenn man Lesern oder Zuhörern ohne Kenntnis des Originals bestimmte sachliche Zusammenhänge in Texten, Filmen, Theateraufführungen etc. vorstellt,
  - in einer ↗ **Interpretation** von literarischen Texten, wenn man z. B. das Verhalten der Charaktere, Figurenkonstellationen, einzelne Ereignisse, den Roman bzw. Dramenaufbau oder die Bedeutung von sprachlichen Mitteln erläutert,
  - in einer ↗ **Sachtextanalyse**, wenn man etwa einzelne Begriffe im Text und deren Zusammenhang in der Bezugswissenschaft erklärt (z. B. „Sender", „Empfänger", „symmetrische/asymmetrische Kommunikation" als Begriffe der Kommunikationswissenschaften)
  - in einem ↗ **Protokoll**, in dem man Sachverhalte, die im Unterricht, in Ausbildungssituationen oder in beruflichen Sitzungen besprochen wurden, erläutert,
  - in einer ↗ **Facharbeit** oder in einem ↗ **Referat**, wenn man einen größeren fachlichen Zusammenhang darstellt (z. B. literarische Epochen, sprach- und literaturwissenschaftliche, gesellschaftliche, politische oder historische Hintergründe eines literarischen Werks),
  - in **wissenschaftlichen Abhandlungen**, in denen Fachleute einen Beitrag zum Fortschritt der wissenschaftlichen Erkenntnisse auf ihrem Gebiet liefern,

- in fachlichen Zusammenhängen:
  - in ↗ **Berichten** von Fach- oder Untersuchungsausschüssen, in denen z. B. die untersuchten Sachverhalte erklärt werden.

Erklärungen werden häufig auch mündlich abgegeben, z. B.

- als **persönliche Auskunft** zu einer Sach- oder Problemfrage, z. B. von Kindern, Eltern oder Älteren auf Fragen wie: „Was heißt das?" „Wie funktioniert das?" „Wie entsteht ein Gewitter?" „Kannst du mir erklären, wie man diese Mathematikaufgabe löst?" „Was ist eigentlich eine MMS?"
- als **Expertenauskunft** z. B. eines Politikers oder einer Wirtschaftsfachfrau auf Fragen von Bürgern wie: „Warum sinken die Arbeitslosenzahlen in unserer Stadt nicht?" „Wie erklären Sie sich die unterschiedlich hohen Gaspreise in verschiedenen Städten?" „Was ist eigentlich mit Globalisierung gemeint?"

Von der **Textform Erklärung** zu unterscheiden sind eine Reihe von sprachlichen **Handlungsmustern**, die im öffentlichen Sprachgebrauch ebenfalls „Erklärung" genannt werden: „Man gibt eine Erklärung ab", die mündlich vorgetragen und verschriftlicht wird. Erklärungen dieser Art bedeuten, dass Sprecher verbindliche Aussagen zu ihren Plänen, Ansichten oder Überzeugungen machen:

- in **politischen** ↗ **Reden**, z. B. in **Reden zur Lage der Nation** oder (Neujahrs-)**Ansprachen**, in denen die Regierungschefin oder das Staatsoberhaupt erklärt, wie der Stand der Entwicklung ihres Staates in wirtschaftlichen, politischen, kulturellen, wissenschaftlichen oder sportlichen Bereichen ist und welche weiteren Ziele gesetzt werden,
- in **Erklärungen von offiziellen Sprechern** eines Ministeriums, einer anderen öffentlichen Institution oder eines Unternehmens zu Plänen oder Sachverhalten, für die es in der Öffentlichkeit Klärungsbedarf gibt (z. B. zur geplanten Steuererhöhung, zum Vorwurf der Veruntreuung von Geldern, zu angekündigten betrieblichen Maßnahmen wie der Entlassung von Mitarbeitern oder der Schließung einer Niederlassung),
- in **Erklärungen von Privatpersonen**, die in mehr oder weniger festen Mustern abgegeben werden; z. B. vor Gericht („eine eidesstattliche Erklärung abgeben", „seine Schuld/Unschuld erklären") oder im Privatleben („jdm. eine Liebeserklärung machen"),
- in **Erklärungen mit rechtlich verbindlichen Zusagen** (z. B.: Regierungserklärung, Unabhängigkeitserklärung, Kriegserklärung, Willenserklärung, Garantieerklärung),
- in **Sprechakten** mit rechtsverbindlicher Aussage (z. B.: „Hiermit erkläre ich euch zu Mann und Frau").

In anderen Fällen bedeutet „erklären" lediglich „Informationen geben" (z. B. „eine Steuererklärung abgeben": angeben, wie hoch das Einkommen und die Ausgaben in einem Jahr waren; „steuerpflichtige Waren beim Zoll erklären": angeben, welche Waren bei der Einfuhr oder Einreise zollpflichtig sind).

In einer **Erklärung**

- verwendet man im Allgemeinen die Zeitform des **Präsens**, es sei denn, es geht um historische Sachverhalte; in diesem Fall schreibt man im **Präteritum**,
- schreibt man aus einer vorwiegend **objektiven Perspektive** und in einem **sachlichen, neutralen Stil**,
- verwendet man **Fachbegriffe** für den jeweils zu erklärenden Sachverhalt,
- zerlegt man einen Begriff, eine gedankliche Vorstellung, einen Sachverhalt etc. in einzelne **Teile**, um so ein Verständnis für **das Ganze** zu vermitteln.

Erklärung **E**

Beim **Aufbau** einer Erklärung
- ▪ nennt man am Anfang den Sachverhalt, der erklärt werden soll, als **Ganzes**,
- ◉ führt man im Mittelteil die einzelnen **Teile** des Sachverhalts auf und gibt **Beispiele** zur näheren Erläuterung; hierbei kann man eine **aufzählende** Ordnung (*zunächst, auch, darüber hinaus, …*) oder eine mit Zahlwörtern **auflistende** Ordnung (*erstens/als Erstes, zweitens, …*) wählen,
- ▲ gibt man zum Schluss als **Ergebnis** eine **verallgemeinernde Benennung** an.

So wird's gemacht

Schreibplan: Schritte bei der Vorbereitung und Ausformulierung

Als wichtige Vorbereitung für eine Erklärung stellt man einen **Schreibplan** auf. Hierzu gehören im Beispieltext Überlegungen

- ➤ zum **Sachverhalt**, der erklärt werden soll: die Sprache im Drama,
- ➤ zur **Leser-/Adressatengruppe**: Lernende in der Oberstufe oder im Studium, die sich fachlich mit der Sprache im Drama beschäftigen,
- ➤ zur **Sprache**, die an den zu erwartenden Informationsstand der Leser angepasst wird: Fachbegriffe und Fremdwörter aus dem Sachbereich „Literaturwissenschaft",
- ➤ zu **Quellen** für **Informationen** zum Sachverhalt: literaturwissenschaftliche/s Sachwörterbuch/Abhandlung, mehrbändiges Lexikon, (Online-)Enzyklopädie,
- ➤ zum **Textaufbau**
  - ▪ Anfang: der zu erklärende Begriff als **Ganzes** in seinem **allgemeinen** fachlichen Zusammenhang
  - ◉ Mitte: **Teile** des Sachverhalts **im Einzelnen**
  - ▲ Schluss: **Zusammenfassung/Verallgemeinerung** der Erklärung als Ergebnis

Beispieltext
Sonja Fielitz, „Die sprachliche Ebene im Drama"

Der Text ist ein Auszug aus einem Fachbuch über das Drama, das sich an Lernende in Schulen und an Studierende in Universitäten richtet.

Um den Zusammenhang zu verdeutlichen, wie aus den vorbereitenden Schritten eine Erklärung entstehen kann, werden in dem folgenden Beispieltext markiert:

> Begriff, der erklärt wird
> einzelne Teile des Sachverhalts
> allgemeine Strukturwörter für die Verknüpfungen von einzelnen Sätzen
> sprachliche Wendungen für **erklärende** Texte

E

Erklärung

72

In der Kommentarspalte werden **Gliederungsabschnitte** der Erklärung aufgeführt und die verwendeten **Schreibstrategien** benannt.

Sonja Fielitz, „Die sprachliche Ebene im Drama"

■ Bedingt durch die Doppelnatur des Dramas als literarischer Text und als Spielvorlage gilt es bei einer Analyse auch, die sprachliche Ebene genau zu betrachten. ⊙ Zunächst **ist** die Sprache im Drama (**wie** im normalen Leben) **durch** das „hier und jetzt" der Gesprächsteilnehmer cha-
5 rakterisiert. Sie **unterscheidet sich jedoch von** der Normalsprache **dadurch, dass** sie **nicht nur** auf die beiden Gesprächspartner, **sondern** zusätzlich immer **auch** auf ein Publikum ausgerichtet ist. Ein weiterer Kommunikationspartner ist **also** stets anwesend, der **zwar** schweigt, der **aber dennoch** wichtig ist, da der ganze Theaterdialog auf ihn ausgerich-
10 tet ist. Auch muss die gesprochene Sprache im Drama sofort vom Zuhörer verstanden werden: man kann im Theater nicht – **wie** bei der Lektüre eines Romans – eine Seite zurückblättern oder eine Pause machen, um das Gelesene zu überdenken, bevor man weiterliest. **Entsprechend** muss der Dramatiker **anders** verfahren **als** der Romanautor, was der Dramati-
15 ker George Bernhard Shaw mit Blick auf Henry James wie folgt konstatiert: [*Hier folgt ein erläuterndes englisches Zitat.*]

▲ Aufgrund der Trennung von innerem und äußerem Kommunikationssystem **hat** Sprache im Drama **also** immer zwei Aussagesubjekte: die jeweils sprechende Figur spricht zu einer anderen Figur und gleichzeitig
20 zum Publikum.

In: Sonja Fielitz (1999): Drama: Text & Theater. Cornelsen, Berlin, S. 90

■ **Anfang**
Der **Sachverhalt als Ganzes** („die sprachliche Ebene" „des Dramas")

⊙ **Mitte**
Einzelne **Teile des Sachverhalts** („Theaterdialog"; „Publikum" als „weiterer Kommunikationspartner")

Aufzählung („Zunächst" – „Auch")
Beispiele/Vergleiche („wie", „anders … als")

▲ **Schluss**
Verallgemeinerung
■ Rückbezug auf den erklärten Begriff
■ Schlussfolgerung („also")

Formulierungshilfen für Erklärungen

➤ für eine **Zerlegung** des Sachverhalts in einzelne **Teile**
  ■ typische **Satzmuster** für Erklärungen: **Verb *sein/haben* + Substantiv**: *X ist …/hat (zwei/drei …)*
  ■ **verbale Wendungen:**
    X bedeutet/bildet …./gilt als …/ist zu verstehen als …;
    X nennt man …/bezeichnet/definiert man als …;
    X besteht aus/setzt sich zusammen aus/umfasst/bezieht sich auf/ist bestimmt/gekennzeichnet/
    charakterisiert durch/ist eingeteilt in …; X unterscheidet sich von …dadurch, dass …;
    unter X versteht man/hat man sich vorzustellen …;
    man kann zwei/vier … unterscheiden; in X lassen sich drei/vier … finden
    X lässt sich/kann man analysieren/untergliedern in/differenzieren in/vergleichen mit …
    X im Einzelnen/detailliert(er) erklären/erläutern
    da ist … zu nennen; dazu gehört …; das heißt/bedeutet, dass …

- **reihende** oder **aufzählende Strukturwörter**:
  - **Konjunktionen**: *entweder … oder …; nicht nur …., sondern auch …; zum einen …, zum anderen …; unter anderem, bzw.; zunächst, des Weiteren, zusätzlich, auch, darüber hinaus, ferner, außerdem, schließlich, letztlich*
  - **Ordnungszahlen**: *erstens …, zweitens …, drittens …; 1. …, 2. …, 3. …; ein erstes Merkmal/Beispiel/eine erste Art/Variante ist …*
  - **Grundzahlen**: *(1) …, (2) …*
  - **Buchstaben** des Alphabets: *Bei X unterscheidet man (a) …, (b) …, (c) …*
- **substantivische Wendungen**: *eine/eine andere Erklärung/Deutung/Interpretation ist/könnte sein …; weitere (Bedeutungs-)Aspekte/Gesichtspunkte sind …*
- **präpositionale Wendungen**: *bei genauer(er)/differenzierter Betrachtung/Unterscheidung lassen sich zwei/verschiedene Formen/Aspekte/Elemente unterscheiden/feststellen; aus der Perspektive/dem Blickwinkel von … betrachtet*
- **vergleichende Wendungen**: *ähnlich wie/anders als Y; wie/wie auch Y; entsprechend ist X …; im Vergleich zu Y, verglichen mit Y*

➤ für die nähere **Erklärung einzelner Teile** des Sachverhalts
- **erklärende Wendungen**, die sachliche Zusammenhänge **anders, einfacher** oder durch **Vergleich** mit ähnlichen Dingen anschaulicher ausdrücken: *anders/kurz/allgemeiner gesagt; in aller Kürze/mit einem Wort/mit anderen Worten: …; genauer/eingehender/differenzierter betrachtet, …; wie in/bei (+ Vergleich); anders als (+ Vergleich)*
- **eingeschobene Satzteile** als zusätzliche Erklärungen in Klammern oder durch Gedankenstriche (Parenthese) abgesetzt: *Zunächst ist die Sprache im Drama (wie im normalen Leben) durch … charakterisiert; … man kann im Theater nicht – wie bei der Lektüre eines Romans – eine Seite zurückblättern …*

➤ besondere **Strukturwörter** für **erklärende** Texte
- **Aufzählungen**: *ein erstes/zweites/weiteres Merkmal ist …; zunächst/des Weiteren ist X zu nennen; dazu gehört auch …*
- **Gegensätze**: *im Gegensatz zu X, anders als X; dennoch, jedoch, aber*
- **Vergleiche**: *ähnlich, ebenso, entsprechend, vergleichbar*
- **Begründungen, Schlussfolgerungen, Folgen** oder **Zwecke**: *weil, denn, daher, deshalb; also, so (gesehen); folglich, infolgedessen, demnach, demzufolge, demgemäß; damit, sodass, um … zu*

Vgl. zu weiteren Formulierungshilfen ➚ **Definition** (S. 68).

Erörterung

Auf einen Blick

Eine **Erörterung** gehört zu den **argumentativen Textformen**. Wer erörtert, nimmt Stellung zu einem Sachverhalt oder zu einem Problem, setzt sich **sachlich** mit Meinungen anderer Sprecher oder Verfasser auseinander und entwickelt seinen eigenen **subjektiven** Standpunkt. Die **Problemerörterung** gleicht im Aufbau und Sprachstil dem ↗ **Kommentar**, sie ist praktisch eine schulische Form des schriftlichen Kommentars.

Die schulische Form der argumentativen Auseinandersetzung kommt in zwei Varianten vor:
- als **freie Erörterung**: man bezieht sich auf eine öffentliche Streitfrage (z. B.: „Klonen in der Humanmedizin – eine strittige Frage", vgl. Beispieltext 1) oder eine fachliche Problemfrage (z. B. im Deutschunterricht: „Englisch in deutscher Werbung", vgl. Beispieltext 2); eine Textgrundlage liegt nicht vor,
- als **textgebundene Erörterung**: man bezieht sich auf eine Textvorlage, in der ein Verfasser seine Meinung zu einem fachlichen Sachverhalt darlegt (z. B. zur Aufgabe eines Romanschriftstellers, vgl. den Ausgangstext zum Beispieltext 3), ermittelt seinen Argumentationsgang und setzt sich anschließend selbst kritisch mit dieser Fremdmeinung auseinander.

Beide Formen der Erörterung setzen voraus, dass ein Schreibender über Kenntnisse in zwei Bereichen verfügt:
- **Sachwissen** für die zu erörternde Frage oder Problematik: Hintergrundwissen zum diskutierten Sachverhalt, zu konträren Standpunkten etc.,
- **Textwissen** für
  - die Analyse eines argumentativen Textes (bei der textgebundenen Erörterung),
  - den Aufbau des eigenen Erörterungstextes und für Argumentationsstrategien (bei der freien und der textgebundenen Erörterung).

Darüber hinaus spricht man auch von einer Erörterung, wenn es um die **Klärung eines Sachverhalts** geht, etwa zur Frage: „Welche Bedeutung hat das Buch in der digitalen Gesellschaft?" oder: „Welche Gefahren gehen von der Globalisierung aus?" Diese Art der **Sacherörterung** ist jedoch weitgehend **erklärend** und nicht durchgehend argumentativ wie die obengenannten Formen der Erörterung.

Erörterungen kommen vor
- in der Schule, vor allem im Deutschunterricht: in schriftlicher Form als **freie Erörterung** in Übungsaufgaben (Hausaufgaben), als **textgebundene Erörterung** in selbstständigen Formen des Schreibens (z. B. ↗ **Referat**, ↗ **Facharbeit**) und in Prüfungsaufgaben (Klausur, Abiturklausur),
- in öffentlichen Diskussionen: als mündliche Form der Auseinandersetzung, z. B. in politischen oder wissenschaftlichen Gesprächsrunden unter Fachleuten, aber auch in anderen Gesprächskreisen wie den Talkshows der Medien, in denen Themen von öffentlichem Interesse kontrovers diskutiert werden.

Erörterung **E**

Eine **Erörterung**

- wird im **Präsens** verfasst, es sei denn, man bezieht historische Angaben mit ein, die im **Präteritum** wiedergegeben werden,
- gibt **Fremdmeinungen** auf verschiedene Weise wieder:
  - im Originalwortlaut als **Zitat** mit **Zeilenangabe** (Z. XY),
  - in **indirekter Rede** im **Konjunktiv** mit **Zeilenverweis** (vgl. Z. XY),
  - mit **einleitenden** („Laut Brecht …"; „Demnach …/Demzufolge …"), **nachgestellten** („…,so Brecht") oder **eingeschobenen Wendungen** („…, so führt Brecht als Begründung an, …") und im **Indikativ**,
- wird aus einer weitgehend **objektiven**, sachlichen Perspektive geschrieben, wenn es um die Wiedergabe von Sachverhalten oder Meinungen geht oder man seinen eigenen Standpunkt mit überprüfbaren Argumenten stützt,
- wird aus einer vorwiegend **subjektiven**, dennoch sachlichen Perspektive geschrieben, wenn man persönlich Stellung zu dem diskutierten Sachverhalt bezieht oder andere Meinungsbeiträge bewertet.

Der **Aufbau** einer (freien wie textgebundenen) **Problemerörterung** kann

- **einsträngig** (oder linear) und **steigernd** sein (vgl. Beispieltexte 1 und 2): man legt seinen eigenen Standpunkt zu einem Sachverhalt, einer Problematik als Pro- oder Kontra-Meinung dar, Gegenmeinungen werden nicht mit Begründungen aufgenommen, sondern höchstens durch die eigene Argumentation widerlegt,
- **mehrsträngig** und **dialektisch** (oder antithetisch) sein (vgl. unten: Beispieltext 3): man setzt sich mit mindestens einer anderen Meinung auseinander, stützt, widerlegt oder entkräftigt sie.

Vgl. genauere Angaben zu diesen Aufbaumustern unter ↗ **Argumentation, wissenschaftliche** (S. 29) und ↗ **Kommentar** (S. 214 ff.).

So wird's gemacht

Beispiele für eine **freie Erörterung** finden sich unter ↗ **Kommentar** (S. 218 – 221):
Beispieltext 1: einsträngiger Kommentar
„Klonen – eine strittige Frage in der Humanmedizin"
Beispieltext 2: mehrsträngiger Kommentar
Jürgen Sussenburger, „Ein imposantes Nichts"

Der folgende Ausgangstext ist die Grundlage für eine **mehrsträngige textgebundene Erörterung**.

Lesestrategie: Schritte bei der Vorbereitung

Als wichtige Vorbereitung für eine textgebundene Erörterung wird die **Gliederung** erarbeitet, die dem argumentativen Ausgangstext zugrunde liegt.

E Erörterung

Der Ausgangstext wird **gelesen**,

- zunächst mit dem Ziel, schnell ein **inhaltliches Allgemeinverständnis** zu erreichen,
- dann erneut, jetzt langsam und mit besonderer Aufmerksamkeit für **thematische Schlüsselwörter** und eine mögliche **Gliederung** des argumentativen Gedankengangs.

Gliederungsabschnitte in einem **argumentativen Text** lassen sich an einem **Wechsel** der **Strukturstellen** erkennen:

- **Sachverhalt**, der umstritten oder kontrovers ist
- **These/Antithese**
- **Pro-/Kontra-Argumente**
- **Beispiele**

Für die **Textmarkierung** bietet es sich an, diese **Strukturstellen** im argumentativen Gedankengang mit unterschiedlichen grafischen Zeichen und Farben (bei handschriftlicher Markierung: mit Textmarkern, mit farbigen Stiften für Unterstreichungen) zu kennzeichnen:

> Sachverhalt
> **These** mit Argumenten
> **modifizierte These** mit Argumenten
> **Antithese** mit **Gegenargumenten**
> **Schlussfolgerung**
> // Gliederungsabschnitte

In der Kommentarspalte werden **Gliederungsabschnitte** des Ausgangstextes aufgeführt.

Ausgangstext für die textgebundene Erörterung
Bertolt Brecht, „Übergang vom bürgerlichen zum sozialistischen Realismus"

Der folgende Text stammt aus den theoretischen Schriften „Über den Realismus 1937 bis 1941", in denen Brecht seine Sicht von Literatur darlegt und sich mit den literarischen Traditionen kritisch auseinandersetzt. In diesem Text bezieht sich Brecht auf den bürgerlichen Roman des späten 19. Jahrhunderts, wie er zum Beispiel durch Theodor Fontanes Werke vertreten ist (z. B. die Romane *Effi Briest* oder *Irrungen, Wirrungen*).

Bertolt Brecht, „Übergang vom bürgerlichen zum sozialistischen Realismus"

Gliederungsabschnitte im Argumentationsgang

■ Der bürgerliche realistische Roman, dessen Studium gegenwärtig den sozialistischen Schriftstellern empfohlen wird, enthält viel, was gelernt werden muss. // Wir finden in ihm eine Technik, welche die Darstellung komplizierter gesellschaftlicher Prozesse gestattet. Die differenzierte
5 („reiche") Psyche des bürgerlichen Menschen kann vermittels dieser Technik bewältigt werden. Der Verzicht dieser Schriftsteller auf allzu viel Meinung zugunsten einer möglichst breiten *Ausstellung großer Stoffmassen* vermittelt dem Leser ziemlich reiche Bilder einer Epoche. Es ist ein

■ **Anfang**
SACHVERHALT
Aufgabe eines Romanschriftstellers
THESE
Der bürgerliche realistische Roman als Studiengrundlage für sozialistische Schriftsteller
Arg. 1: Technik

Verzicht auf bürgerliche Meinung. Natürlich sind die Bilder keineswegs
10 komplett, und natürlich bleibt der bürgerliche Gesichtspunkt im allgemeinen gewahrt. // ⊙ Man kann das so ausdrücken: Die Darstellung
gestattet auch kaum die Bildung einer unbürgerlichen, das heißt antibür-
gerlichen Meinung. Hier liegt einer der Gründe, warum es für die sozialistischen Schriftsteller so schwierig ist, Technisches von den bürger-
15 lichen Realisten zu übernehmen. Technik ist ja nichts „Äußerliches",
von der Tendenz weg zu Transportierendes. Der sozialistische Schriftsteller ist nicht ohne weiteres geneigt, seinem Leser die Stoffmassen als Roh-
stoff für Abstraktionen beliebiger Art zu überlassen. Dem sozialistischen
Schriftsteller mag der Sozialismus noch so sehr „in Fleisch und Blut über-
20 gegangen sein", die Grenzen, welche die bürgerliche Produktionsweise
(nicht nur die literarische) dem bürgerlichen Schriftsteller setzt, mögen
für ihn „wegfallen", sein politisches Bewusstsein bleibt dennoch viel
wacher, die Welt bleibt ihm viel mehr in stürmischer Entwicklung begriffen, er plant viel mehr, da ja mit dem Sozialismus eben die Planung in
25 die Produktionsweise gekommen ist. // Eine sorgfältige Kritik des bürgerlichen Realismus ergibt, dass diese Schreibweise in entscheidenden
Punkten für den sozialistischen Schriftsteller versagt. Die ganze Einfühlungstechnik des bürgerlichen Romans kommt in eine tödliche Krise.
Das Individuum, in das die Einfühlung zustande gebracht wird, hat sich
30 verändert. Je klarer es verstanden wird, dass das Schicksal des Menschen
der Mensch ist, und je klarer der Klassenkampf als den Kausalnexus[1]
beherrschend erkannt ist, desto gründlicher versagt die alte bürgerliche
Einfühlungstechnik. Sie zeigt sich immer mehr als eine historisch
bedingte Technik, so laut sie auch schreien mag, ohne sie sei Kunst und
35 Kunsterlebnis überhaupt unmöglich. Wir behalten natürlich die Aufgabe der Darstellung komplizierter gesellschaftlicher Prozesse; die
Einfühlung in ein Mittelpunktsindividuum ist ja eben dadurch in die
Krise geraten, dass sie diese Darstellung lähmte. Es handelt sich nicht nur
mehr darum, dass man genug reale Motive für die seelischen Bewe-
40 gungen der Menschen im Roman geliefert bekommt, die Welt erscheint
uns schon unzulänglich reproduziert, wenn sie nur im Spiegel der
Gemütsempfindungen und Reflexionen von Helden erscheint. Der
gesamte soziale Kausalkomplex lässt sich nicht mehr als bloßer Anreger
seelischer Erlebnisse benutzen. Damit ist der Darstellung psychischer
45 Prozesse, überhaupt der Darstellung von Individuen keineswegs der Wert
abgesprochen, und seelische Erlebnisse der Leser bleiben natürlich bestehen. Es geht hier wieder so: Die alte Technik ist eben dadurch in die Krise
geraten, dass sie eine befriedigende Gestaltung der Individuen im
Klassenkampf nicht gestattete, und dadurch, dass die seelischen Erleb-
50 nisse den Leser nicht in den Klassenkampf stellen, sondern aus ihm
herausführen. // ▲ Der Übergang vom bürgerlichen realistischen Roman

---

[1] **Kausalnexus** ursächlicher Zusammenhang

⊙ Mitte
modifizierte THESE
eingeschränkter Wert des
bürgerlichen Romans
Arg. 1: ausschließlich bürgerliche
Meinung

Arg. 2: Beliebigkeit der Deutung
durch den Leser

Arg. 3: politisches Bewusstsein
sozialistischer Schriftsteller

ANTITHESE
Schreibweise („Einfühlungstechnik")
des bürgerlichen Realismus
ungeeignet für sozialistischen
Schriftsteller

Gegenarg. 1:
keine Darstellung von
gesellschaftlichen Prozessen mit
Individuen im Klassenkampf

Gegenarg. 2:
keine Teilnahme der Leser am
Klassenkampf

▲ Schluss
Wiederaufnahme des Themas

E — Erörterung

zum sozialistischen realistischen Roman ist keine rein technische und keine formale Frage, obgleich er **die Technik ganz außerordentlich verwandeln muss**. Es kann nicht einfach eine Darstellungsweise *in toto*[1]
55 unberührt bleiben (als „die" realistische) und nur etwa der bürgerliche mit dem sozialistischen (das heißt **proletarischen) Standpunkt** ausgetauscht werden. Es genügt nicht, die Einfühlung in den Proletarier zu veranstalten, statt in den Bürger: **Die gesamte Einfühlungstechnik ist fragwürdig geworden** (prinzipiell ist ein bürgerlicher Roman mit Einfüh-
60 lung in einen Proletarier durchaus denkbar). Das Studium des bürgerlichen realistischen Romans ist sehr wertvoll – wenn die erwähnten schwierigen Untersuchungen angestellt werden.

> **SCHLUSSFOLGERUNG**
> Definition des sozialistischen realistischen Romans

> Infragestellung der Einfühlungstechnik

In: Bertolt Brecht (1976): Gesammelte Werke in 20 Bänden. Bd. 19: Schriften zur Literatur und Kunst 2. Suhrkamp, Frankfurt a. M. [1967], S. 376–378

---

[1] **in toto** (lat.) als Ganzes, insgesamt

Schreibplan: Schritte bei der Ausformulierung

Als wichtige Vorbereitung für eine Erörterung stellt man einen **Schreibplan** auf. Hierzu gehören im Beispieltext Überlegungen

➤ zum **Sachverhalt**: Aufgabe eines Romanschriftstellers,

➤ zum angesprochenen **Problem**: Bedeutung des bürgerlichen Romans für den sozialistischen Romanschriftsteller,

➤ zur **Position**, die der Verfasser im Ausgangstext vertritt: **These**, dass die Figuren im bürgerlichen Roman das herrschende Gesellschaftssystem stützen und nicht verändern,

➤ zur eigenen **Position**: abwägende Pro- und Kontra-Meinung, dass die Figuren im bürgerlichen Roman z. B. Fontanes die gesellschaftlichen Verhältnisse weitgehend bestätigen, aber auch Ansätze zur Überwindung von Standesschranken erkennen lassen,

➤ zu **Quellen** als Stütze für meine Argumentation; Primärquellen: Fontanes Roman *Irrungen, Wirrungen*; Sekundärquellen: Literaturlexikon für den Begriff des poetischen Realismus, des Brechtschen epischen Theaters, Literaturgeschichte für die Epoche des bürgerlichen Realismus und den Epochenumbruch 19./20. Jahrhundert, Sachwörterbuch/Enzyklopädie für Brechts sozialistisches Gesellschaftsbild,

➤ zur **Leser-/Adressatengruppe**: Leser mit einer allgemeinen Vorbildung in den angesprochenen Sachbereichen, also auch für Schülerinnen und Schüler der Oberstufe,

➤ zur **Sprache**: sachliche, neutrale Sprache mit Fachbegriffen aus den Bereichen „Literaturgeschichte"/ „Roman"; wertende, aber ebenso sachliche Sprache für abschließende Urteile,

➤ zum **Argumentationsziel**: Leser davon zu überzeugen, dass man mit Sachkenntnissen und Faktenargumenten die Meinung einer Fachautorität wie Brecht als Theater- und Literaturkritiker kritisch betrachten und auch von ihr begründet abweichen kann,

➤ zur **zweiteiligen** Aufgabenstellung für eine **textgebundene Erörterung**, z. B.:
1. Geben Sie den Argumentationsgang im vorliegenden Text von Brecht wieder. Bestimmen Sie auch seinen Argumentationsansatz, und beurteilen Sie kurz seine Argumentationsweise.

Erörterung **E**

79

2. Prüfen Sie, inwieweit Brechts Kritik am „bürgerlichen Realismus" auf die Figurenzeichnung in Theodor Fontanes Irrungen, Wirrungen als Roman des „poetischen Realismus" zutrifft.

Teilaufgabe 1: In diesem kürzeren Teil der Aufgabe untersucht man den **Argumentationsgang** in der Textvorlage. Häufig soll auch der **Argumentationsansatz** des Autors ermittelt werden. Damit ist die fachliche oder geistige Perspektive gemeint, aus der ein Autor schreibt; also etwa eine literatur- oder sprachwissenschaftliche, eine konservative/politische Perspektive oder, wie in Brechts Beispiel, ein ideologischer Standpunkt.

Teilaufgabe 2: In diesem ausführlicheren Teil der Aufgabe entwickelt man **seine eigene kritische Auseinandersetzung** mit der Textvorlage. Hier liegt die gedankliche Eigenleistung der Schreibenden. Um ihnen die Aufgabe zu erleichtern, wird häufig ein Arbeitsauftrag gestellt (s. o.), der die infrage kommenden Gesichtspunkte eingrenzt.

➤ zum **Textaufbau**

Teilaufgabe 1: Wiedergabe des ARGUMENTATIONSANSATZES und des ARGUMENTATIONS-GANGS im Ausgangstext

■ Anfang: aufgabenbezogener **Überblickssatz** (Text, Verfasser, Publikationsdaten, Sachverhalt/Thema)

◉ Mitte: Bestimmung des **Argumentationsansatzes**
Darstellung des **Argumentationsganges**

▲ Schluss: kurze Bewertung der **Argumentationsweise**

Teilaufgabe 2: ERÖRTERUNG

■ Anfang: aufgabenbezogener **Überleitungssatz** (Zusammenhang zwischen Ausgangstext und neuem Sachbereich: Fontane)

◉ Mitte: **mehrsträngiger Kommentar** mit **blockbildender** Anordnung der Argumente und Gegenargumente
BLOCK 1: **These, Argumente** und **Beispiele** für die fremde Position (Brecht)
BLOCK 2: **Antithese, Gegenargumente** und **Beispiele** zur Stützung der eigenen Position und zur Widerlegung der Gegenposition

▲ Schluss: **Schlussfolgerung** aus der (antithetischen) Argumentation

---

Beispieltext 3: Mehrsträngige, textgebundene Problemerörterung
Bertolt Brecht, „Übergang vom bürgerlichen zum sozialistischen Realismus"

Um den Zusammenhang zu verdeutlichen, wie aus den vorbereitenden Schritten eine **textgebundene Erörterung** entstehen kann, werden in dem folgenden Beispieltext markiert:

Sachverhalt
These mit Argumenten
Antithese mit **Gegenargumenten**
modifizierte These
Schlussfolgerung
// Gliederungsabschnitte
sprachliche Wendungen für **argumentative** Texte
nummerische Strukturwörter

Erörterung

In der Kommentarspalte werden **Gliederungsabschnitte** der Erörterung aufgeführt und die verwendeten **Schreibstrategien** benannt.

Bertolt Brecht, „Übergang vom bürgerlichen zum sozialistischen Realismus"

Erörterung, Teil 1

■ Der Text „Übergang vom bürgerlichen zum sozialistischen Realismus" ist ein literaturtheoretischer Beitrag aus Bertolt Brechts *Schriften zur Literatur und Kunst*, die in seinen *Gesammelten Werken* veröffentlicht wurden. Brecht beschäftigt sich hier mit der Aufgabe eines Romanschriftstellers.
5 Dabei **setzt** er **sich kritisch mit** dem bürgerlichen realistischen Roman des späten 19. Jahrhunderts **auseinander** und **stellt** ihm **seine Sicht** eines sozialistischen Romans **entgegen**.

◉ Brecht **kritisiert** den bürgerlichen Roman **aus seiner Sicht** eines sozialistischen Schriftstellers. **Für ihn** hat Literatur die Aufgabe, die beste-
10 henden gesellschaftlichen Verhältnisse zu verändern. In der Gesellschaft der Jahrhundertwende war das Bürgertum die herrschende gesellschaftliche Klasse, während das Proletariat wirtschaftlich und sozial unbedeutend war. Romanlesern sollen **nach Brecht** „gesellschaftliche[ ] Prozesse" (Z. 36) so vor Augen geführt werden, dass sie sich veranlasst fühlen, aktiv
15 am „Klassenkampf" (Z. 48 f.) teilzunehmen.

Brecht **entwickelt seine Kritik am** bürgerlichen Roman **in vier argumentativen Schritten:** (1) Er **stellt die These auf** (Z. 1–11), **dass** der bürgerliche Roman eine wertvolle Studiengrundlage für sozialistische Schriftsteller sei. **Der Verfasser begründet die Auffassung** vor allem **mit**
20 der Erzähltechnik des bürgerlichen Romans, die es möglich mache, die Psyche bürgerlicher Romanfiguren sehr genau darzustellen und „reiche Bilder einer Epoche" (Z. 8) zu präsentieren, bei weitgehendem „Verzicht auf bürgerliche Meinung" (Z. 9). (2) Er **modifiziert diese These** (Z. 11–25), indem er den Wert des bürgerlichen Romans aufgrund sei-
25 nes unpolitischen Inhalts für den sozialistischen Romanschreiber einschränkt. Er **widerspreche** dem wachsenden politischen Bewusstsein der Schriftsteller. **Für sie** sei die Gesellschaft veränderbar, sogar veränderungsbedürftig. (3) Brecht **stellt** anschließend **seine eigene Sicht als Antithese vor** (Z. 25–51). Er **behauptet**, die Schreibweise des bürger-
30 lichen Realismus sei ungeeignet für sozialistische Schriftsteller, die die bestehende Gesellschaft verändern wollen. **Zielpunkt seiner Kritik ist** die „Einfühlungstechnik des bürgerlichen Romans" (Z. 27 f.). Es werden, **so führt Brecht begründend an,** keine „Individuen im Klassenkampf" gestaltet (Z. 48 f.). Indem Leser Sympathie für einzelne bürgerliche
35 Figuren und deren Schicksal empfinden, werden sie **nach Brecht** daran **gehindert, aktiv am Klassenkampf teilzunehmen.** (4) Er **beendet** seinen Argumentationsgang mit der Schlussfolgerung (Z. 51–62), **dass**

Kommentarspalte:

■ **Anfang**
aufgabenbezogener
Überblickssatz
Publikationsdaten

kontroverser SACHVERHALT

◉ **Mitte**
Bestimmung des
Argumentationsansatzes
Sachkenntnisse:
■ sozialistisches Gesellschaftsbild
■ Gesellschaft im Epochenumbruch 19./20. Jh.

Darstellung des
Argumentationsgangs
(1) THESE

(2) modifizierte THESE

Sachkenntnisse: sozialistisches
Gesellschaftsbild

(3) ANTITHESE

(4) SCHLUSSFOLGERUNG

die **Einfühlungstechnik des bürgerlichen Romans ungeeignet sei, die Interessen des Proletariats zu vertreten.** **Offensichtlich** geht es ihm nicht
40 um einen einfachen Austausch der bürgerlichen durch proletarische Romanfiguren. Solange es ein „Mittelpunktsindividuum" (Z. 37) gebe, auch ein proletarisches, in das Leser sich einfühlen können, werde noch kein Roman geschaffen, der die Gesellschaft revolutionieren kann.

▲ Insgesamt **geht** Brecht **sachlich und fair mit** der literarischen Tradi-
45 tion des bürgerlichen Romans **um.** Dies belegen eine Reihe von aufwertenden Wendungen wie „enthält viel, was gelernt werden muss" (Z. 2 f.) und „Das Studium des bürgerlichen realistischen Romans ist sehr wertvoll" (Z. 60 f.), die seine Argumentation wie ein Rahmen umschließen. An Stellen, an denen er sich **kritisch von** der literarischen Tradition
50 **distanziert,** spricht er vorsichtig von ‚Schwierigkeiten' (Z. 14, 61), ohne der Gegenseite den ‚Wert abzusprechen' (Z. 45 f.). Aber er **macht seine Kritik** auch in abwertenden Metaphern **deutlich** (Z. 28: „kommt in eine tödliche Krise", Z. 37 f., 47 f.: „in die Krise geraten") und scheut sich nicht vor herabsetzenden Verben, Adjektiven oder Adverbien (Z. 27: „versagt",
55 Z. 38: „lähmte", Z. 41: „unzulänglich"). Doch **belegt** er seine **abweichende Auffassung** stets **mit Argumenten.** Trotz der Polemik hütet sich der Verfasser vor Schwarz-Weiß-Malerei. Insofern kann seine **abwägende Argumentationsweise** mit Brechts Worten als „sorgfältige Kritik des bürgerlichen Realismus" (Z. 25 f.) beurteilt werden.

Erörterung, Teil 2

60 ■ Brechts **Kritik am** bürgerlichen Realismus **gründet in** dem fehlenden Potential der Romane dieser literarischen Tradition, die bestehende Gesellschaftsordnung verändern zu können. Ihm geht es um die Aufhebung der Klassenschranken, die die Arbeiterschicht von den gesellschaftlichen wie wirtschaftlichen Vorteilen der Bürgerschicht trennen. Theo-
65 dor Fontanes Romane fallen in die von Brecht kritisierte Kategorie des bürgerlichen realistischen Romans. **Zu fragen ist, ob** die Figuren in dem Roman *Irrungen, Wirrungen* tatsächlich von Fontane so gestaltet sind, dass sie die bestehenden gesellschaftlichen Verhältnisse reproduzieren und zur Wahrung der geltenden Gesellschaftsordnung beitragen.
70 Ich werde diese **Frage** vor allem **am Beispiel** der – wie Brecht sie nennt – „Mittelpunktsindividu[en]" (Z. 37) Lene Nimptsch und Botho von Rienäcker in Fontanes Roman **erörtern.** An geeigneter Stelle werde ich auf Fontanes Theorie des „poetischen Realismus" sowie den bürgerlichen Realismus näher eingehen.

75 ◉ **Brechts Kritik am** bürgerlichen realistischen Roman **trifft weitgehend auf** Fontanes Roman *Irrungen, Wirrungen* zu. Als Nachweis für meine These** können **angeführt werden:**

▲ **Schluss:**
Kurze **Bewertung** der Argumentationsweise

■ **Anfang**
aufgabenbezogener **Überleitungssatz**

der zu erörternde SACHVERHALT

Planung des methodischen Vorgehens

◉ **Mitte**
Mehrsträngige, blockbildende Argumentation
BLOCK 1:
THESE mit Argumenten

E Erörterung

- die Einführung der Figuren des Bürgerstandes in der Romaneröffnung: Frau Nimptsch und ihre Vermieterin,
80 - Botho als Vertreter des (verarmten) Landadels und seine standesgemäße Partnerwahl,
- Lenes Einsicht, dass eine dauerhafte, legale Verbindung mit dem standeshöheren Offizier Botho von Rienäcker nicht möglich ist.

Bereits die Einführung der Figuren in der Romaneröffnung erfolgt im
85 Sinne des bürgerlichen Realismus. Der Leser wird in einen der wiederkehrenden Handlungsräume eingeführt, nämlich das Wohnhaus, das Lene mit ihrer Pflegemutter, Frau Nimptsch, bewohnt. Man sieht Frau Nimptsch in einem standesgemäßen, kleinbürgerlichen Wohnumfeld: im schlicht ausgestatteten Vorderzimmer ihres „Häuschens". Als die
90 Grundstückseigentümerin Frau Dörr ohne zu klopfen eintritt, **wird** eine gewisse Überlegenheit gegenüber der Hausbewohnerin Nimptsch **deutlich**, die **offenbar** durch ihren Besitzstand begründet ist. Dieser Wohnraum wird **also** vom Erzähler als Teil eines festen Ordnungsgefüges beschrieben, in dem die Menschen ihre gesellschaftlich vorbestimmte
95 Rolle einnehmen und **offensichtlich** damit zufrieden sind. **Folglich** wird „ein bürgerlicher Gesichtspunkt [...] gewahrt" (Z. 10f.), wie Brecht behauptet. Durch Wendungen des Erzählers wie „unsere Frau Nimptsch" wird der Leser dazu angehalten, die Sympathien des Erzählers zu teilen, die im Erzählverhalten gegenüber den Figuren zum Ausdruck kommen.
100 Diese Leserlenkung durch den auktorialen Erzähler entspricht Brechts Begriff der „Einfühlungstechnik" im bürgerlichen realistischen Roman. Leser neigen dazu, wie Brecht kritisiert, sich in die Romanhandlung einbeziehen zu lassen. Eine kritische Distanz zu den Figuren in ihrer festen Standeszugehörigkeit **will** der Fontanesche Erzähler dem Leser **offen-**
105 **sichtlich nicht zugestehen**.

Unverrückbare Standesgrenzen **werden** auch in der Entwicklung der „Mittelpunktsindividu[en]" Botho und Lene **deutlich**. Botho, aus dem Landadel stammend, nimmt Lenes Abschiedsbrief widerspruchslos an. Dies zeigt, dass er bei aller Aufrichtigkeit seiner Gefühle für eine bürger-
110 liche Frau nicht bereit ist, diese Beziehung zu legalisieren. Die Heirat mit einer standesgleichen, vermögenden Frau (Käthe von Sellenthin) ist ihm wichtiger, um seine Familie vor der Verarmung und dem Verlust ihres gesellschaftlichen Ansehens zu bewahren. Er fügt sich also den gesellschaftlichen Erwartungen seines Standes und entscheidet sich für die
115 Beibehaltung der Standesgrenzen.

Schließlich **spricht** auch Fontanes Gestaltung der Hauptfigur Lene Nimptsch **dafür, dass** Standesgrenzen letztlich nicht von den betroffenen Menschen selbst aufgehoben werden können. Ihre Entscheidung, die Beziehung zu Botho zu beenden, als diese öffentlich bekannt gewor-
120 den ist, gründet in der realistischen Einschätzung, dass ihre Liebe dem Druck der Öffentlichkeit langfristig nicht gewachsen sein würde.

Arg. 1 mit Beispielen:
Einführung der Figuren in der Romaneröffnung

Schlussfolgerung mit Rückbezug auf Brechts Begriffe und Argumente

Arg. 2 mit Beispielen:
Bothos pragmatische Entscheidung für den Adelsstand

Schlussfolgerung

Arg. 3 mit Beispielen:
Lenes realistische Einsicht in die unüberbrückbaren Standesgrenzen

Insgesamt machen die Figurenzeichnung und Handlungsentwicklung in Fontanes Roman **deutlich, dass** der Schriftsteller **zwar** mit der Darstellung „komplizierter gesellschaftlicher Prozesse" (Z. 4 f.) beschäftigt
125 ist. <u>Auch</u> thematisiert er in der Begegnung und Trennung von Menschen unterschiedlicher Standeszugehörigkeit einen „soziale[n] Kausalkomplex" (Z. 43), dass nämlich eine Liebe zwischen Botho und Lene auf Dauer nicht möglich ist, weil sie gesellschaftlich nicht gleichgestellt sind. **Doch** ist Fontane, gemessen an Brechts Forderung eines
130 „Klassenkampf[es]" (Z. 31) als Thematik im Roman, ==weit davon entfernt, gesellschaftliche Schranken abzubauen==. Die positive Zeichnung vor allem der Figur der Lene Nimptsch als „Mittelpunktsindividuum" macht es Lesern leicht, sich in ihre Situation einzufühlen. <u>Ebenso</u> – leitet ihre Entwicklung im zweiten Teil des Romans, ihre Wahl eines soliden Ehe-
135 mannes aus ihrem eigenen Stand, Leser nicht dazu an, an gesellschaftliche Veränderung zu denken. **Insofern kann man** Brecht **Recht geben, wenn er behauptet, dass** ein bürgerlicher realistischer Roman zur Wahrung der gesellschaftlichen Ordnung beiträgt.
Dennoch lässt Fontane als Schriftsteller des bürgerlichen Realismus in
140 seinen beiden Hauptfiguren durchaus Ansätze zu einem sich verändernden gesellschaftlichen Bewusstsein erkennen. Lene und Botho tragen beide widersprüchliche Züge als zugleich standesbewusste Menschen ihrer Zeit und über ihre Standesgrenzen hinweg kritisch reflektierende Zeitgenossen.
145 **Botho verhält sich durchaus auch frei von Standeszwängen. So** schätzt er Lene als kluge und nachdenkliche Gesprächspartnerin, die sich nicht mit dem oberflächlichen gesellschaftlichen Geplänkel zufrieden gibt wie viele Frauen in seiner Gesellschaftsschicht. Er sucht den Kontakt zu Lenes Familie, wenn auch heimlich, respektiert sie als Gesprächspartnerin und
150 ist frei von Standesdünkel. Anders als seine Offizierskameraden mit ihren wechselnden Frauenbekanntschaften betrachtet er seine Beziehung zu Lene als aufrichtige Liebe. Und eine Zeitlang, bis zum energischen Einschreiten seiner Mutter, die durch eine standesgemäße Heirat ihres Sohnes den familiären Ruin aufhalten will, wägt Botho ernsthaft persönliches
155 Glück gegen die Erwartungen seiner Familie ab.
Auch Lene ist eine Romanfigur, die sich zeitweise nicht rollenkonform verhält. Sie widerspricht zum Beispiel den gesellschaftlichen Normen, wenn sie kritisch die floskelhafte Konversation der höheren Stände offenlegt, sich als gleichberechtigte Partnerin in der Liebesbeziehung zu
160 einem statushöheren Mann versteht und bürgerliche moralische Vorstellungen in ihrer unehelichen Affäre mit Botho missachtet.

⚠ **Wenn man die Argumente für und gegen** Brechts Kritik am Roman des bürgerlichen Realismus **abwägt**, wird man **letztlich** Brecht **Recht geben** müssen. ==In der doppelten Anlage der Romanfiguren Botho und
165 Lene zeigt Fontane **zwar** kritische Ansätze==, wie man sich von den beste-

---

Ergebnis aus der Pro-Argumentation

BLOCK 2:
ANTITHESE mit Gegenargumenten

Gegenarg. 1 mit Beispielen: Bothos Abweichung von gesellschaftlichen Normen

Gegenarg. 2 mit Beispielen: Lenes Durchbrechung der Rollenerwartung

⚠ **Schluss**
SCHLUSSFOLGERUNG
aus der Gegenargumentation und der Gesamtargumentation

henden gesellschaftlichen Zwängen befreien und sein individuelles Glück über Besitzstand und Standesgemäßheit stellen kann. **Doch** mit der selbst gewählten Trennung der gesellschaftlich ungleichen Liebenden setzt Fontane einen deutlichen Schwerpunkt. <u>Auch</u> dass nach Lenes
170 Abschiedsbrief in der Mitte des Romans die parallelen Geschichten von zwei standesgemäßen Ehen (Bothos mit der adeligen Käthe, Lenes mit dem bürgerlichen Gideon) die zweite Hälfte des Romans füllen, **ist ein unübersehbarer Beweis dafür, dass** Fontane das Bild einer stabilen gesellschaftlichen Ordnung entwirft.

175 Im Sinne des „poetischen Realismus" verfolgt Fontane das Ziel, die dargestellten gesellschaftlichen Verhältnisse in gewisser Weise zu beschönigen. Er mildert die Härte der gesellschaftlichen Verhältnisse. **Denn** die Figuren, die unter den geltenden Standesunterschieden leiden, entwickeln für sich jeweils individuelle, befriedigende Lösungen. Sie tragen
180 gesellschaftliche Konflikte nicht öffentlich, d. h. in der politischen Diskussion aus. Dabei gilt die Sympathie des Schriftstellers wie des Erzählers in besonderer Weise den bürgerlichen Werten und Lebensverhältnissen. Die Arbeiterschicht wird, bis auf eine Bemerkung Bothos, als Handlungsträger ausgeklammert. Als Schriftsteller in der Epoche des bürgerlichen
185 Realismus zeigt Fontane **zwar** Risse in der Gesellschaft des späten 19. Jahrhunderts auf, thematisiert **aber keineswegs** eine „befriedigende Gestaltung der Individuen im Klassenkampf" (Z. 48 f.), wie Brecht sie vom sozialistischen Schriftsteller fordert. Fontane bewahrt die gesellschaftliche Ordnung, Brecht will sie revolutionieren.

Sachkenntnisse: poetischer Realismus

Formulierungshilfen für Erörterungen

➤ für eine **sachliche, neutrale** Wiedergabe von Meinungen/Redebeiträgen Dritter
- **direkte Rede** mit **redeeinleitenden Sätzen**: *Er sagt/behauptet/stellt fest: „Der bürgerliche realistische Roman [...] enthält viel, was gelernt werden muss" (Z. 1 f.).*
- **indirekte Rede** mit **redeeinleitenden Sätzen** und **Verben im Konjunktiv I**: *Y sagt/ behauptet, X habe ...dass X ... habe; X, sagt/erklärt/argumentiert Y, sei ...*
- **eingeschobene (verkürzte) Sätze** und **Verben im Indikativ**: *Es werden, so führt Y an/sagt Y selbst, keine Individuen ... gestaltet; X hat, so kann man Y verstehen, ...; X ist, wie Y darlegt/ ausführt, ...; X ist so Y, ...; X, (so) ist einer Quelle zu entnehmen, hat ...*
- **präpositionale Wendungen** und **Verben im Indikativ**: *Für/Laut/Nach Y ist X ...; Nach Aussage/Auffassung/Auskunft von Y hat X ...; Seiner Meinung nach/Aus seiner Sicht/Im Sinne Brechts ist Y ...; Mit Brecht/den Worten Brechts gesprochen, handelt es sich bei X um „...".*

Vgl. zu weiteren Formulierungshilfen ↗ **Kommentar** (S. 221), ↗ **Argumentation** (S. 32 ff.).

Exzerpt

Auf einen Blick

Ein **Exzerpt** gehört zu den **erklärenden Textformen**. Wörtlich bedeutet exzerpieren „Textstellen herausschreiben" (lt. *excerpere*: „herausnehmen", „auslesen"). In einem Exzerpt hält ein Leser in knapper Form Gedanken, Argumente und Literaturhinweise fest, die ihm bei der Lektüre eines Buches oder Aufsatzes als interessant und wichtig aufgefallen sind. Entscheidend für seine **Wahrnehmung von wichtigen Stellen** ist die **Fragestellung**, mit der er an eine Quelle herangeht, z. B.: Welche Formen der nonverbalen (nichtsprachlichen) Kommunikation gibt es? Welche Wirkung haben sie auf den Gesprächspartner? Ein Exzerpt liefert dazu Erklärungen.

Man schreibt Exzerpte, um Material für einen längeren eigenen Text zusammenzustellen, wie z. B. für ein ↗ **Referat** oder eine ↗ **Facharbeit**. Dabei achtet man auf den Urheber der notierten Informationen und Gedanken und kennzeichnet den genauen Wortlaut von zentralen Stellen als Zitat mit Quellenangaben. Exzerpieren ist also ein Werkzeug beim **wissenschaftlichen Arbeiten** und **Schreiben**.

Ähnlich wie ein ↗ **Abstract**, eine ↗ **Inhaltsangabe** und eine ↗ **Zusammenfassung** ist auch ein Exzerpt die Kurzfassung eines Ausgangstextes. Von diesen verwandten Textformen unterscheidet sich das Exzerpt jedoch vor allem durch
- den **Verzicht auf** eine **vollständige Wiedergabe** des Ausgangstextes,
- die zielgerichtete **Auswahl von Informationen** aus einer Quelle, je nach leitender Fragestellung, und
- die Aufnahme von treffenden Stellen im Originalwortlaut als **Zitat**.

Exzerpte werden geschrieben:
- in der Schule: für ein ↗ **Referat** oder eine ↗ **Facharbeit**,
- in Ausbildung und Studium: für eine schriftliche Hausarbeit, Examensarbeit, Magisterarbeit oder Dissertation (Doktorarbeit).

Ein **Exzerpt** wird
- nach wiederholtem genauen **Lesen** mit **Textmarkierungen** (Unterstreichung, Umrahmung, senkrechter Strich und Notizen am Textrand etc.) geschrieben,
- in der Regel in **vollständigen Sätzen** formuliert, damit Sachzusammenhänge auch später noch nachvollziehbar sind,
- im Allgemeinen im **Präsens** verfasst,
- bei der Wiedergabe von Fremdmeinungen im **Konjunktiv** geschrieben,
- weitgehend in **eigenen Worten** und **zusammenfassend** formuliert (als **Paraphrase**), um eine zu umfangreiche Aufzeichnung und textnahe Wortwahl zu vermeiden,

E Exzerpt

- mit **Zitaten** und **Quellenangaben** versehen, wenn es um den genauen Wortlaut von zentralen Stellen geht,
- im Allgemeinen in Form von **Notizen** auf **Karteikarten** aufgezeichnet,
- häufig unter selbst gewählten **Stichwörtern** geordnet, sodass man seine Notizen schnell wieder auffinden kann, wenn man sie im eigenen Schreibprozess gebrauchen will,
- meist **handschriftlich** verfasst, bei umfangreichen Schreibprojekten (im Studium) auch mit Hilfe von PC und elektronischen Ordnern.

Je nach dem Ausgangstext besteht ein Exzerpt aus
- erklärenden Abschnitten (↗ **Erklärung**),
- berichtenden Abschnitten (↗ **Bericht**),
- argumentativen Abschnitten (↗ **Argumentation**) und
- Abschnitten mit eigenen ergänzenden oder abweichenden Gedanken in Form von persönlichen Notizen und ↗ **Kommentaren**, die in der Aufzeichnung deutlich von denen des fremden Autors unterschieden werden.

So wird's gemacht

Schreibplan: Schritte bei der Vorbereitung und Ausformulierung

Als wichtige Vorbereitung für ein Exzerpt stellt man einen **Schreibplan** auf. Hierzu gehören Überlegungen

➤ zur **Art der Notizen**
- **persönliche Notizen**, z. B. eigene Ideen zum Inhalt, zum Aufbau der eigenen Arbeit; weitere Quellen, die einem beim Lesen einfallen (Beispieltext 1),
- **Zitatnotizen**: z. B. Kernstellen aus Primär- und Sekundärquellen in genauem Wortlaut, mit Anführungszeichen, Quellenangaben und Seitenzahl (Beispieltext 2),
- **paraphrasierende Notizen**: z. B. Wiedergabe von Forschungsergebnissen, Gedankengängen anderer Autoren in eigenen Worten, mit Quellenangabe und Seitenzahl,
- **zusammenfassende Notizen**: z. B. ausführlichere ↗ **Inhaltsangaben** oder knappe ↗ **Zusammenfassungen** zu Kapiteln einer Ganzschrift oder zu Aufsätzen, mit Quellenangabe,
- **Autorennotizen**: z. B. Angaben zur Autorenbiografie, zur wissenschaftlichen Geltung seines Werkes,
- **bibliografische Notizen**: vollständige Angaben zu einer Quelle wie Autor, Titel, Verlag, Erscheinungsort, Erscheinungsjahr (Beispieltext 3),
➤ zu den **wissenschaftlichen Arbeitstechniken** beim Exzerpieren
- Textstellen aus Quellen im Wortlaut **zitieren** (Beispieltext 2),
- genaue **Quellenangaben** machen: als Kurzverweis (Beispieltext 2) oder als ausführliche bibliografische Angabe (Beispieltext 3),
- auch bei einer **Paraphrase** von Textstellen die jeweilige Quelle angeben,

- **kein Plagiat** („geistigen Diebstahl") begehen, d. h., immer den Urheber eines Wortlauts, einer Idee oder eines Gedankengangs nennen: durch direkte Zitate, Paraphrasen oder einer Kombination aus beiden und Quellenverweisen,

➤ zur Gestaltung der einzelnen **Karteikarten**, z. B. unterschiedliche Karten für unterschiedliche Arten von Notizen (s. o.); unterschiedliche **Farben** für unterschiedliche Arten von Karteikarten,

➤ zum **Textaufbau**
- ■ Exzerptkopf: für das jeweilige Stichwort
- ◉ Textteil: für Notizen
- ▲ (ggf.) Fußteil: für eigene Anmerkungen zum Gelesenen (z. B. Einschätzung eines Autors, Hinweise für Weiterarbeit, Querverweise zu anderen Karteikarten)

Beispieltexte

Um den Zusammenhang zu verdeutlichen, wie aus den vorbereitenden Schritten verschiedene Arten von Exzerpten entstehen können, werden in der Kommentarspalte die **Schreibverfahren** aufgeführt.

Beispieltext 1
Karteikarte für persönliche Notizen

Eine **Karteikarte** mit handschriftlichen **persönlichen Notizen** für eine **Facharbeit** über Bertolt Brechts Schauspiel *Der gute Mensch von Sezuan* (mögliche Abkürzung für die Notizen: GMS) kann etwa so gestaltet werden:

■ **GMS**
Inszenierung

◉ ■ Inszenierung im aktuellen Spielplan der dt. Theater überprüfen (Internet)
■ Akt. Rezensionen in überregionalen Zeitungen sammeln (Die Zeit, FAZ, Süddeutsche, Die Welt)
■ Webseiten dieser Zeitungen checken: ‚Archiv'
■ Evtl. Rezensionen der letzten Jahre im Zeitungshaus DO einsehen und kopieren

■ **Exzerptkopf**
Stichwörter für das Thema (GMS) und Unterthema (*Inszenierung*)
◉ **Textteil**
Auflistung der Notizen durch grafische Zeichen
verkürzte Sätze (Infinitive für Arbeitsaufträge)
gebräuchliche **Abkürzungen**, daneben auch eigene (GMS)

Beispieltext 2
Karteikarte für Zitatnotizen

Karteikarten mit handschriftlichen **Zitatnotizen** z. B. für eine ↗ **Facharbeit** über Brechts Schauspiel *Der gute Mensch von Sezuan* (eigene Abkürzung: GMS) können so gestaltet werden:

E Exzerpt

■ GMS – Inszenierung Strehler (1981/82)   (1)

⊙ Stichwort: Strehlers Auffassung als Regisseur
Strehler (ital.), als avantgardistischer Regisseur der 70er-/
80er-Jahre des 20. Jh.s bekannt, war trotz seiner Bewunderung für BB auch sein scharfsinnigster Kritiker: „Jeder Unsinn
scheint heute auf der Bühne möglich zu sein, wenn er sich nur
avantgardistisch gibt. Deshalb muss man ohne Scheuklappen
und falsche Polemik darüber nachdenken, was von Brecht lebendig geblieben ist" (zitiert nach Hecht 1998: 118).

■ **Exzerptkopf**
Stichwörter für Thema (*GMS*) und
Unterthema (*Inszenierung
Strehler* …)

Nummerierung (oben rechts) von
Karteikarten mit ähnlichem/gleichem
Unterthema (*Inszenierung
Strehler …* (1))

■ GMS – Inszenierung Strehler (1981/82)   (2)

⊙ Stichwort: Aktualisierung des GMS
Für eine Aktualisierung des GMS in den 80er-Jahren sah St.
keine Möglichkeit, da er nicht zwischen dem „Künstler Brecht
und de[m] Politiker" (Hecht 1998: 118) trennen konnte:
„Den Guten Menschen von 1981 wollte ich ursprünglich in der
Dritten Welt ansiedeln, in Chile vielleicht oder Lima statt
Sezuan. Mir war klar, dass die Götter dann katholische Götter
sein mussten. Aber die Kirche spielt in der Dritten Welt, zumal
in Lateinamerika, eine progressive Rolle, leistet in nicht wenigen
Ländern Widerstand gegen Diktaturen. Das heißt aber: Der
Gute Mensch, der in der Dritten Welt spielt, ist ein politischer
Fehler. Wir hätten die Wahrheit verfälscht" (Hecht 1998: 119).
⏶ Anmerkung: mit Aktualisierungen/Inszenierungen zum 50.
Todesjahr B.s 2006 vergleichen

⊙ **Textteil**
untergliedernde *Stichwörter* in der
2. Zeile, die die spätere Verwendung
in bestimmten Abschnitten der
eigenen Arbeit erleichtern

vollständige Sätze, mit
gebräuchlichen **Abkürzungen**

Autor (*Hecht*) der exzerpierten
Quelle mit bibliografischem
Kurzverweis am Ende des Zitats

⏶ **Fußteil**
Hinweis für die Weiterarbeit

Beispieltext 3
Karteikarte für bibliografische Notizen

Eine **Karteikarte** mit handschriftlichen **bibliografischen Notizen** für eine **Facharbeit** über Brechts
Schauspiel *Der gute Mensch von Sezuan* (eigene Abkürzung: GMS) kann so gestaltet werden:

■ Hecht, Werner (Hg.)

⊙ alles was Brecht ist … Fakten – Kommentare – Meinungen
– Bilder. Suhrkamp, Frankfurt am Main, ³1998 (1997).

⏶ Anm.: ergiebige Materialquelle, gute Recherche

■ **Exzerptkopf Autor** (Name,
Vorname, hier als Hg.: Herausgeber)

⊙ **Textteil**
**vollständige bibliografische
Angaben**: Titel, Verlag, Ort,
Erscheinungsjahr, ggf. Auflage
(hochgestellte Zahl), Jahr der
Ersterscheinung

⏶ **Fußteil**
Einschätzung der Quelle

Facharbeit

Auf einen Blick

Eine Facharbeit gehört zu den **erklärenden** und **argumentativen Textformen**. Sie ist eine schulische Form der **Forschungsarbeit** und eine **Großform** schulischen Schreibens. Als schriftliche Hausarbeit wird die Facharbeit nach einer Phase der Beratung durch Fachlehrerinnen und Fachlehrer in selbstständiger Einzelarbeit von Lernenden in der Oberstufe verfasst. Der zeitliche Rahmen sowie der Seitenumfang einer Facharbeit variiert in den einzelnen Bundesländern.

Eine Facharbeit ist eine Form **wissenschaftspropädeutischen** Arbeitens und Lernens (*propädeutisch*: vorbereitend, einführend) in der Schule. Schülerinnen und Schüler sollen mit einer Vorstufe des selbstständigen wissenschaftlichen Arbeitens vertraut gemacht werden. Sie **recherchieren** (frz. *rechercher*: erforschen) Quellen zu einem Sachgebiet. Mit solchen Arbeitsformen erwerben sie die methodischen Voraussetzungen, um zukünftig in anderen Ausbildungssituationen (z. B. an Universität und Fachhochschule) auf die sachlichen Anforderungen vorbereitet zu sein.

Diese Anforderungen sollen nicht erschrecken. Mit ihnen verbindet sich die einfache Erwartung, dass Schülerinnen und Schüler **forschen** lernen. Es geht also in Facharbeiten nicht nur um **Wissen**, sondern auch um **Erkenntnisse**. Dabei wird von Lernenden in der Schule keineswegs erwartet, dass sie etwas grundsätzlich Neues in einem Sachgebiet entdecken, z. B. zur Quantentheorie in Physik, zur Verhaltensforschung in Biologie, zum Fall der Berliner Mauer in Geschichte, zur feministischen Theologie, zu mathematischen Erkenntnissen des Pythagoras, zur Objektdarstellung in der Pop Art, zu „Ethnic Minorities in the US", zu Goethes Liebeslyrik oder zur Jugendsprache. Wenn es dennoch im Verlauf des forschenden Arbeitens und Schreibens zu neuartigen Entdeckungen kommt – umso besser!

Das Ziel in **wissenschaftspropädeutischen** Facharbeiten ist es,
- einen begrenzten Sachbereich zu **erklären**,
- dabei kontroverse Ansichten in ihrer **Argumentation** darzustellen und
- eine **eigene begründete Position** in dem dargestellten Meinungsfeld zu beziehen.

Je nach Fach können Lernende wählen zwischen
- **analytisch-interpretierenden** Ansätzen (v. a. in sprachlichen und gesellschaftswissenschaftlichen Fächern)[1],
- **kreativ-gestaltenden** Ansätzen (v. a. in Kunst),
- **experimentellen** und **anwendungsorientierten** Arbeiten (v. a. in Naturwissenschaften und Mathematik),
- **fachgebundenen** und **fächerverbindenden** Themenstellungen.

---

[1] Im Folgenden beziehen sich die Ausführungen vor allem auf Facharbeiten mit analytisch-interpretierender Ausrichtung.

In jedem Fall sollen Schreibende **Kenntnisse** und **Methoden** des gewählten Faches anwenden.

Facharbeiten und ↗ **Referate** werden häufig von Lernenden gleichgesetzt. Denn es gibt für beide Schreibformen keine deutlichen formalen Unterschiede, was den Arbeitsprozess, das Format, die Länge oder den sachlichen Schreibstil anbelangt, in dem sie verfasst werden.

Was Facharbeiten und Referate jedoch klar voneinander unterscheidet, ist die Art und Weise, in der ein Gegenstand behandelt wird:
- In **Facharbeiten** befasst man sich mit strittigen Fragen innerhalb eines Sachbereichs, indem man sich **erklärend** mit Sachverhalten und **argumentativ** mit Meinungen auseinandersetzt. Facharbeiten werden Fachlehrerinnen und Fachlehrern schriftlich vorgelegt, im Einzelfall zusätzlich auch mündlich in der Kursgruppe vorgetragen.
- In **Referaten** stellt man einen Gegenstandsbereich dar, indem man über Sachverhalte **berichtet** und diese für seine Adressaten **erklärt**. Man verzichtet weitestgehend auf argumentatives Schreiben, auch wenn Referate mit einer kurzen persönlichen Meinungsäußerung abschließen können. Referate werden in der Regel auf der Grundlage einer schriftlichen Ausarbeitung in der Lerngruppe mündlich vorgetragen.

In der Wahl und Formulierung des **Themas** wird der Unterschied zwischen Facharbeit und Referat auf Anhieb deutlich: Beide Schreibformen beschäftigen sich mit einem SACHGEBIET. In einem Referat wird in der Regel ein fachlicher GEGENSTAND bearbeitet. Das THEMA einer Facharbeit ist dagegen eine PROBLEMSTELLUNG. „Jugendsprache" z. B. ist ein Gegenstand für ein Referat aus dem Fach Deutsch. „Jugendsprache und Standardsprache – Wechselwirkung oder Abgrenzung?" wäre ein mögliches Thema in diesem Sachgebiet, das eine Problemfrage aufwirft. Es ist auch wichtig, seinen Gegenstand oder sein Thema zu **begrenzen**. „The British Empire" ist ein viel zu umfassender fachlicher Gegenstand. „Zimbabwe – A Former Member of the British Empire" ist ein überschaubarer Gegenstand für ein Referat. „Zimbabwe – A Nation in Crisis" wäre ein eingegrenztes Thema für eine Facharbeit im Sinne einer Problemstellung.

Mit der Wahl des **Titels** kündigt man an, ob man andere über einen GEGENSTAND (in einem Referat) **sachlich informieren** oder ob man sich **argumentativ** mit bestimmten Ansichten anderer Forscher zu einem THEMA (in einer Facharbeit) **auseinandersetzen** will:

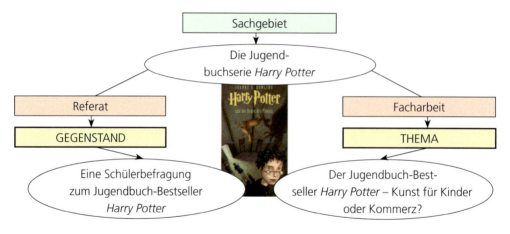

Eine **Facharbeit** wird

- im **Präsens** verfasst, es sei denn, man bezieht sich im **Präteritum** auf historische oder biografische Fakten und Ereignisse,
- aus einer weitgehend **objektiven Perspektive** und in einem **sachlichen, neutralen Stil** geschrieben, auch in Abschnitten der urteilenden Auseinandersetzung mit Forschungsergebnissen,
- begrifflich angepasst an die **Fachsprache** des Sachgebiets, in dem man schreibt,
- mit Vokabular für **argumentative** und **erklärende** Textformen verfasst,
- an **wissenschaftlich** arbeitende oder interessierte Leser/innen gerichtet.

Der **Aufbau** einer Facharbeit ist im Allgemeinen dreigliedrig:

- ■ Anfang: – **Vorwort** (wahlweise): z. B. persönliche Motivation für das gewählte Thema; Zitat zum Sachverhalt aus aktuellem Anlass
  - – **Einleitung**: Einführung in Sachverhalt und Frage/Problemstellung, Ankündigung des Untersuchungsgangs in den Kapiteln des Hauptteils
- ◉ Mitte: Entwicklung des in der Einleitung eingeführten Gedankengangs; bei der überschaubaren Länge einer schulischen Facharbeit (ca. 8 – 12 Seiten ohne Anhang) sind **2 – 4 Hauptkapitel** angemessen
- ▲ Schluss: – **Fazit** aus den Untersuchungen
  - – **Ausblick**: z. B. persönliche Einschätzung, Lösungsvorschlag

Ein **Inhaltsverzeichnis** für eine Facharbeit findet man unter ↗ **Abstract** (S. 7 f.).
Vor allem in naturwissenschaftlichen Fächern – wie auch in Forschungsbeiträgen in wissenschaftlichen Publikationen – steht zu Beginn der Facharbeit ein sogenanntes ↗ **Abstract** (eine kurze Zusammenfassung des Inhalts der Facharbeit).

Um eine Facharbeit zu schreiben, bieten sich zwei **Schritte** an:

- **Vorbereitung**: Themenfindung und Recherche themenbezogener Quellen
- **Ausformulierung**: Textentwurf, Textüberarbeitung, Manuskriptgestaltung, Fertigstellung

So wird's gemacht

Lesestrategie: Schritte bei der Vorbereitung

Im Folgenden werden die Arbeitsfelder der **Themenfindung** und **Recherche** für eine Facharbeit vorgestellt und kurz erklärt. Viele der darin erforderlichen **Lese- und Schreibfähigkeiten** werden im Rahmen dieses Schreiblexikons in verschiedenen alphabetischen Einträgen im Detail dargestellt und erläutert. An dieser Stelle sollen Hinweise auf die jeweiligen anderen Lexikoneinträge genügen.

Themafindung	
Ideen sammeln	↗ **Gliederung**: „Brainstorming", Spiegelstrich-, Punktliste, Cluster
Ideen ordnen	↗ **Gliederung**: Mind Map

F Facharbeit

Recherche	
Material beschaffen/ sichten/auswählen	■ in (Schul-/Stadt-/Landes-/Universitäts-)Bibliotheken mit Bücher-/Zeitschriften-beständen (ausleihbar/einsehbar) ■ im Internet mit Suchbegriffen (seriöse Quellen nutzen)
Material auswerten mit Notizen	↗ **Interpretation – Basiskapitel**: Lesestrategien (Textmarkierung, Textgliede-rung, Randnotizen, Stichwörter auf Konzeptpapier) ↗ **Exzerpt**: Umgang mit Quellen; Arten von Notizen, Arten von Karteikarten; paraphrasieren und zitieren
Gliederung entwer-fen	↗ **Gliederung**: Mind Map; Wort-, Stichwort-, Satzgliederung; Titel der Fachar-beit („Formulierungshilfen")

Schreibplan: Schritte bei der Ausformulierung

Wo sich in anderen Lexikoneinträgen **methodische Hilfen** für Schritte im Schreibprozess einer Fach-arbeit finden, werden entsprechende Verweise gegeben.

Textentwurf	
Inhaltsverzeichnis	↗ **Gliederung**: Flussdiagramm: Abfolge der Gliederungspunkte; Überschriften und Zwischenüberschriften für Kapitel und Unterkapitel ↗ **Abstract**: Beispieltext
einzelne Kapitel ausformulieren	Aufbau und Schreibstrategien für: ↗ **Erklärung**: z. B. von fachlichen Zusammenhängen ↗ **Definition**: z. B. von Fachbegriffen ↗ **Argumentation**: z. B. Wiedergabe von kontroversen Positionen in der For-schung ↗ **Kommentar**: z. B. persönliche Beurteilung von Forschungsmeinungen ↗ **Inhaltsangabe** eines **wissenschaftlichen/argumentativen Textes** ↗ **Zusammenfassung**: z. B. von Kapiteln eines Buches vgl. auch ↗ **Interpretation – Basiskapitel**: Schreibpläne (S. 148 f.)
Abstract	↗ **Abstract**: Beispieltext

Textüberarbeitung	
einzelne Kapitel	↗ **Sinnabschnitte**: auf den Zusammenhang achten zwischen Einzelsätzen in einem Textabschnitt, einzelnen Abschnitten eines Kapitels, einzelnen Kapiteln
Inhaltsverzeichnis	↗ **Gliederung**: kurze und neutrale substantivische Wendungen, keine umfang-reichen oder metaphorischen Bezeichnungen

Manuskriptgestaltung mit PC	
Titelseite gestalten	sachliche Informationen (Verfasser/in, Titel, Kurs, Schule, Jahr etc.) und gra-fische Elemente als Leseanreiz; alle Angaben proportional (ausgewogen) auf der Seite verteilt
Inhaltsverzeichnis	Seitenzahlen ergänzen

Kapitel formatieren	einheitliche Schrifttypen und Schriftgrößen für Überschriften und Fließtext; Fußnoten; Seitenränder, Blocksatz, Absätze, Freizeilen; Seitenzähler; Grafiken, Bildmaterial etc.
Zitiertechniken	↗ **Interpretation – Basiskapitel**, S. 149 f.
Fußnoten, Quellenangaben, Literaturverzeichnis	nach einer Handreichung für wissenschaftliche Arbeiten anlegen
Anhang zusammenstellen	Bildmaterialien, grafische Übersichten etc., die in einem sachlichen Zusammenhang zum Textteil der Facharbeit stehen, in geordneter Reihenfolge anfügen, ggf. mit einem Übersichtsblatt und mit Seitenzählung

Fertigstellung	
Korrekturlesen	selbst und durch Dritte; auf sprachliche und sachliche Richtigkeit sowie Verständlichkeit prüfen
„End-Check"	alles auf Vollständigkeit (inkl. Selbstständigkeitserklärung) prüfen
Präsentationsform	z. B. Ordner, Schnellhefter, Spiralbindung (mit Klarsichtdeckblatt und Blick auf die Titelseite); ggf. E-Mail-Anhang für Lehrperson

Formulierungshilfen für Facharbeiten

Vgl. die sprachlichen Hilfen für erklärende Textpassagen unter ↗ **Erklärung** (S. 72 f.), für argumentative Textpassagen unter ↗ **Kommentar** (S. 221) und ↗ **Argumentation** (S. 32 ff.), für Inhaltsverzeichnisse unter ↗ **Gliederung** (S. 103, 110) und ↗ **Abstract** (S. 7 f.).

Geschichte

Auf einen Blick

Eine **Geschichte** gehört zu den **erzählenden Textformen**. In einer Geschichte erzählt man Lesern oder Hörern eine Begebenheit oder eine Ereigniskette, die in der unmittelbaren oder auch länger zurückliegenden Vergangenheit geschehen sind. Häufig sind es Geschichten aus dem eigenen Leben oder dem Leben anderer Menschen. Geschichtenschreiber orientieren sich an Begebenheiten, die sich tatsächlich ereignet haben. Zugleich vermitteln sie Lesern oder Hörern ihre **subjektiven** Eindrücke, Reaktionen und Wertungen und geben Ereignissen dadurch einen **Neuigkeitswert**. Um einzelne Geschehnisse zu veranschaulichen, können sie auch erdachte, weniger wichtige Einzelheiten hinzufügen, die so oder so ähnlich stattgefunden haben könnten (z. B. in Biografien).

Unterscheiden kann man **tatsachenorientierte, nichtfiktionale** Geschichten im Alltagsgebrauch und **fiktionale** Geschichten, auch „**kurze Erzählungen**" genannt, in der Literatur.

Tatsachenorientierte (nichtfiktionale) **Geschichten** werden geschrieben oder mündlich vorgetragen

- in der Schule: im Deutschunterricht in kreativen Schreibformen wie z. B. Erlebniserzählungen, Abenteuergeschichten und (auto-)biografischen Schreibformen; als Textbaustein in einem ↗ **Reisebericht** (etwa zu einer Kursfahrt); im Geschichtsunterricht, wenn historische Ereignisse in einer Epoche durch ‚Geschichten' veranschaulicht werden sollen,
- in Alltagssituationen: wenn eigene oder fremde Erlebnisse (des Alltags, der Ferien etc.) aus der subjektiven Sicht eines Beteiligten oder Betroffenen erzählt werden,
- in Interviews: zur Illustration von Stationen, Wendepunkten etc. in der eigenen Biografie
  - eingeleitet durch typische Wendungen wie z. B.: „Dann passierte eine unglaubliche Geschichte: …"; „Darf ich Ihnen dazu eine Geschichte erzählen? Als ich 1995 in Bosnien war, …"
  - oder abgeschlossen durch Sätze wie: „… Diese Geschichte hat mich dazu gebracht, dass ich …",
- in der Presse: als Baustein in journalistischen Darstellungsformen wie z. B. ↗ **Reportage**, ↗ **Porträt**, ↗ **Reisebericht**, mit typischen Wendungen wie „Diese Geschichte einer Lehrerin ist nicht alltäglich"; oder zur Schlagzeile „Der perfekte Patient" eine Dachzeile wie „Eine Krankheit und ihre Geschichte".

Geschichten in der **Literatur** (fiktionale Geschichten) trifft man in verschiedenen Formen der literarischen Kurzprosa an: z. B. als Kurzgeschichte, Kalendergeschichte, Schauergeschichte, Kriminal- und Detektivgeschichte, Abenteuer- oder Liebesgeschichte. Diese „Geschichten" sind jedoch **fiktional**, also erdacht, im Allgemeinen sprachlich kunstvoller gestaltet und werden mit dem Oberbegriff „erzählende Literatur" bezeichnet (vgl. hierzu ein Beispiel unter ↗ **Interpretation von Geschichten**). Auch die literarische ↗ **Anekdote** ist eine Geschichte in diesem Sinne, allerdings eine sehr kurze und mit humorvollem Inhalt.

Eine **tatsachenorientierte Geschichte**
- wird im Allgemeinen im **Präteritum** verfasst,
- schreibt man an bestimmten Stellen, oder auch im gesamten Text, im **Präsens**, um Leser unmittelbarer an Erlebnissen zu beteiligen,
- wird vorwiegend aus einer **subjektiven Perspektive** (eines Erzählers, einer handelnden Person) erzählt,
- kann sich auf **tatsächliche** Ereignisse und Erlebnisse sowie auf **erfundene** Geschehnisse beziehen oder beide Ebenen vermischen,
- entwickelt sich aus einem **Konflikt**, der die Handlung vorantreibt,
- basiert auf einem **Handlungsgerüst** mit Angaben
  - zum **zeitlichen** Verlauf der Handlung,
  - zu den **räumlichen Stationen** der Handlung,
  - zu den **handelnden Personen**: Handlungsträgern (Protagonisten), ihren möglichen Gegenspielern (Antagonisten) sowie weiteren Beteiligten und deren Beziehungen zueinander (Personen-/Figurenkonstellation).

Zu den wichtigsten **Erzähltechniken** in tatsachenorientierten wie in fiktionalen Geschichten:
- der Gestaltung des **Erzähltempos** (raffendes/dehnendes/zeitdeckendes Erzählen),
- der Gestaltung der **Zeitebenen** (Ebene des gegenwärtigen Geschehens als Ausgangsposition, Rückblende und Vorausdeutung),
- der Gestaltung des **Erzählverhaltens** (auktoriales/personales/neutrales Erzählverhalten),

finden sich nähere Informationen unter ↗ **Interpretation – Basiskapitel** (S. 143 – 146).

Eine Geschichte ist eine **Kombination** von verschiedenen **Textformen**. Man kann die folgenden TEXTBAUSTEINE verwenden:
- ↗ BERICHT: wenn über Ereignisse und Personen im Verlauf des Geschehens aus vorwiegend objektiver Perspektive berichtet wird, also mit faktischen Details zu Zeit und Ort der Berichterstattung (Tageszeit-/Jahresangaben, lokale Einrichtungen, Besonderheiten etc.) und mit authentischen Personennamen,
- ERZÄHLUNG: wenn Geschehnisse aus der überwiegend subjektiven Perspektive eines Erzählers dargestellt werden,
- ↗ BESCHREIBUNG: wenn aus weitgehend objektiver Perspektive überprüfbare geografische Angaben zu den Stationen einer Handlung gemacht werden,
- ↗ SCHILDERUNG: wenn aus der subjektiven Sicht des Erzählers Eigenschaften und Merkmale der erlebten Orte, Landschaften oder Länder beschrieben werden,
- ↗ KOMMENTIEREN: wenn Ereignisse oder Verhaltensweisen von Menschen aus der Sicht des Erzählers oder einzelner handelnder Personen bewertet werden.

Beim **Aufbau** einer Geschichte kann man
- eine **einsträngige Handlung** entwerfen (mit nur einer Haupthandlung),
- eine **mehrsträngige Handlung** gestalten (mit einer Haupthandlung und verschiedenen Nebenhandlungen, die parallel ablaufen oder zeitlich/räumlich versetzt eingeblendet werden),
- **chronologisch** vorgehen: d. h., dem zeitlichen Verlauf einer Handlung folgen, oder
- **klimaktisch** erzählen: d. h., einzelne Handlungen in einer **Spannungskurve** auf einen Höhepunkt hin anlegen (vgl. Beispieltext),

G Geschichte

- einer **Ursache-Wirkungskette** folgen: d. h., eine Handlung als Wirkung oder Folge von bestimmten Ursachen, als Reaktion einer Figur auf die Aktionen einer Gegenfigur eintreten lassen, also **kausal** gestalten,
- oder diese letzten drei Aufbauprinzipien (chronologisch, klimaktisch, kausal) miteinander verknüpfen.

So wird's gemacht

Schreibplan: Schritte bei der Vorbereitung und Ausformulierung

Als wichtige Vorbereitung für eine Geschichte stellt man einen **Schreibplan** auf. Hierzu gehören im Beispieltext Überlegungen

➤ zum **Thema**: ein Idol für Generationen von Jugendlichen als Mensch mit liebenswerten und fehlerhaften Seiten,

➤ zum **Konflikt**, der die Handlungsfolge vorantreibt: die Widersprüchlichkeit eines jungen Mannes, (Auto-) Begeisterung und Leichtsinnigkeit, seine Rebellion gegen gesellschaftliche Standards (hier: Fahrsicherheit),

➤ zu **Quellen** für faktische **Informationen** zum Handlungsverlauf und zu den beteiligten Personen: Interviews mit Augenzeugen und anderen beteiligten Personen, Unfallberichte der Verkehrspolizei, offensichtlich aus (Online-)Archiven von Zeitungen und Bibliotheken, publizierte Bücher über den Protagonisten,

➤ zur **Leser-/Adressatengruppe**: Leser unterschiedlicher Generationen, die an einem Idol der Popkultur interessiert sind,

➤ zur **Sprache**: anschauliche Sprache, nahe der Alltagssprache der Leser, Erzählen in konkreten Szenen,

➤ zum **Erzählverhalten** (↗ **Interpretation – Basiskapitel,** S. 144 ff.): **auktoriales** Erzählverhalten für den Überblick über Ereignisse/Tatsachen; keine Einmischung durch Erzählerkommentare; **neutrales** Erzählverhalten mit **Figurenrede** für authentische **Berichte**, in denen die unmittelbar Beteiligten zu Wort kommen; der Erzähler hält sich zurück,

➤ zum **Handlungsgerüst:**
  - **einsträngige** Handlung: mit James Dean als Handlungsträger und verschiedenen Personen, die ihn begleiten oder auf die er unterwegs trifft
  - **chronologische** und **klimaktische** Handlungsentwicklung: Ereignisse in ihrem zeitlichen Ablauf auf einen Höhepunkt hin angelegt

➤ zu Mitteln der **Spannungserzeugung** (↗ **Interpretation – Basiskapitel,** S. 144):
  - zunehmende **Anzeichen der Gefährdung** (zu hohe Geschwindigkeit, Anbringen/Ablegen des Sicherheitsgurts, Blendung durch untergehende Sonne, Warnung der Beteiligten)
  - gezielt eingesetzte **Vorausdeutungen** auf das Ende (durch Beifahrer, der den Unfall überlebt hat)
  - Wechsel von **raffendem** (für ereignislose Fahrtstrecken), **zeitgleichem** (für Dialoge) und **dehnendem** Erzählen (für die letzten Minuten/Sekunden vor dem tödlichen Unfall)

- Wechsel vom **Präteritum** (als üblichem Erzähltempus) zum **Präsens** (für wichtige Stationen der Handlung und den Höhepunkt)
- Wechsel von **Ruhe** (Reisevorbereitung, Rast) und **Bewegung** (Weiterfahrt)

▶ zum **Textaufbau**
- ■ Anfang: **Überblick** über die Handlung: Ort, Zeit, Personen, erste Handlungen (Vorbereitung einer Autofahrt)
- ⦿ Mitte: **Aufbau** einer **Spannungskurve** in einzelnen Erzählabschnitten, **Stationen der Fahrt** in **chronologischer Reihenfolge**, Unterbrechung der Chronologie durch **Rückblenden** und **Vorausdeutungen**
- ▲ Schluss: **Auflösung** der **Erzählspannung** (Stillstand der Handlung am Unfallort)

Beispieltext
Bertrand Meyer-Stabley, „Der Unfall"

Der folgende Text ist ein Auszug aus einer Biografie über James Dean, den amerikanischen Schauspieler, der 1955 mit nur 24 Jahren tödlich mit dem Auto verunglückte und seither Idol von Generationen von Jugendlichen ist. Bertrand Meyer-Stabley (geb. 1955), langjähriger Chefredakteur der französischen Zeitschrift ELLE und Korrespondent des deutschen Magazins DIE AKTUELLE sowie Autor von zahlreichen Biografien, schrieb dieses Buch im 50. Todesjahr von James Dean. In dem folgenden Ausschnitt aus dem Kapitel „Der Unfall" beginnt die Autofahrt in Los Angeles in Südkalifornien und soll bis nach Salinas in Nordkalifornien, südlich von San Francisco, führen.

Um den Zusammenhang zu verdeutlichen, wie aus den vorbereitenden Schritten schließlich eine Geschichte entstehen kann, werden in dem folgenden Beispieltext markiert:

> Strukturwörter für den **zeitlichen** Verlauf der Handlung
> Strukturwörter für die einzelnen <u>räumlichen</u> Stationen der Handlung
> // Erzählabschnitte im Spannungsaufbau

In der Kommentarspalte werden **Gliederungsabschnitte** im **Spannungsaufbau** der Geschichte aufgeführt sowie verschiedene **Erzähltechniken** erläutert.

Bertrand Meyer-Stabley, „Der Unfall"

■ Letzte Vorbereitungen **am Morgen der Abfahrt**. „Es war **erst acht Uhr**", sagt der Mechaniker Rolf Wütherich, „als ich mit der <u>Überprüfung des Spyder</u> begann: Motor, Öl, Zündung, Zündkerzen, Reifen und alles, was notwendig war. Jimmy lief inzwischen auf und ab. ⦿ **Zu einem
5 gewissen Zeitpunkt, als** ich anscheinend für ihn nicht schnell genug vorankam, schlug er vor, mir zu helfen. Ich lehnte ab und erklärte ihm, dass er mir damit höchstens die Arbeit erschweren würde. Er entfernte

ERZÄHLSTRUKTUR mit 6 Erzählabschnitten
■ **Anfang**
(1) ÜBERBLICK Ausgangssituation: Handlungen, Ort (indirekt), Zeit, handelnde Personen
Augenzeugenbericht im Präteritum
⦿ **Mitte**
AUFBAU einer SPANNUNGSKURVE
(2) erste Anzeichen von Gefährdung:

sich mit einer seiner typischen Grimassen und begann eine Zeitung zu
malträtieren.[1] Aber er kam mehrmals zurück, um mir einen Haufen Fragen zu stellen, die ich ihm möglichst exakt beantworten musste. **Als der
Spyder endlich fertig war**, brachte ich auf der Fahrerseite einen Sicherheitsgurt an, auf der Beifahrerseite aber nicht – Jimmy würde bei dem
Rennen allein im Wagen sitzen. Er stieg ins Auto und probierte den Gurt
aus." //

Am Mittag des 30. September 1955 essen sie in Hollywood im Farmer's
Market. Rolf Wütherich, der als Testpilot bei Porsche und Mercedes
arbeitet, sagt zu James Dean: „In Europa verfrachten die Rennfahrer
immer ihre Wagen per Bahn."

„Wenn sie eingefahren sind."

„Aber deiner ist eingefahren."

„Rolf und ich geben euch eine Stunde Vorsprung, und wir werden noch
vor euch in Salinas sein!", versucht Jimmy großspurig mit dem Foto-
grafen Sandford H. Roth, der ihn begleiten wird, zu wetten.

„Bill hat aber was gegen Geschwindigkeitsübertretungen", gibt Letzterer
zurück.

Sie haben geplant, dass Dean und Wütherich mit dem Spyder losfahren,
gefolgt von Jimmys himmelblauem Ford, einem „station car", den Sandy
Roth steuern wird und in dem Bill Hickman mit dem ganzen Material
mitfährt.

Um 13.30 Uhr ist es endgültig soweit, dass Jimmy hinter dem Steuer
seines silbrig schimmernden Flitzers Platz nimmt, ihm zur Seite sein
Mechaniker und Freund Rolf.

„That's my baby!", ruft er, **als** er den Motor anlässt.

„Ich habe Jimmy niemals so fröhlich gesehen wie an diesem Nachmittag!", erzählt Rolf Wütherich **sechs Monate später** bei seiner Entlassung
aus dem Krankenhaus. „Ständig pfiff und sang er vor sich hin und
scherzte mit den Mädchen, die in offenen Cabrios vorbeifuhren. Wir
rauchten eine Zigarette nach der anderen mit einem solchen Glücksge-
fühl, wie es nur zwei gute Freunde empfinden können, wenn sie mit
einem PS-starken Auto an einem schönen sonnigen Tag auf der Straße
sind." //

Nach mehreren Stunden Fahrt wirft Rolf, der schläfrig wird, einen letzten Blick auf das Armaturenbrett, bevor er die Augen schließt.

„Ist alles okay?", fragt Jimmy und löst seinen Sicherheitsgurt, der ihn
stört.

„Ja, alles in Ordnung", murmelt Rolf. „Nur fährst du vielleicht etwas zu
schnell …"

„Es war später Nachmittag", berichtet Wütherich. „Die Straße erschien
wie ein graues Band, das eine gleichförmige Landschaft durchschnitt –
höchstens eine leichte Kurve von Zeit zu Zeit. Man hatte den Eindruck,

---

[1] **malträtieren** misshandeln, quälen

Marginal annotations:

- Verben des Gehens: Anspannung des Fahrers
- Wortwahl aus dem Sachfeld „Automechanik": technischer Aufwand, Sicherheitsrisiko für den Fahrer

(3) Phase der ENTSPANNUNG: Rast und Vorfreude auf die Fahrt

Wechsel zum **dehnenden Erzählen**
- im Präsens
- mit genaueren Zeitangaben (Tag/Jahr/Uhrzeit)

Wechsel zum **zeitgleichen Erzählen**
- mit Gesprächswechsel in direkter Rede

Weiterführung der SPANNUNGSKURVE durch
- deutlichere Anzeichen der Gefährdung
- angekündigte Wettfahrt („Macho"-Gespräch)
- Vorbereitung zum Start
- **Vorausdeutung** auf Unfall

(4) **Fortführung** der SPANNUNGSKURVE durch
- Verzicht des Fahrers auf Sicherheitsgurt
- fehlende Aufmerksamkeit des Beifahrers
- Monotonie der Strecke

raffendes Erzählen für ereignislosen Handlungsverlauf

auf etwas dahinzurollen, was kein Ende hatte. Den einzigen ungewöhnlichen Fleck in der Monotonie der Gegend bildete Blackwells Corner, eine Tankstelle und ein kleiner Laden, die einsam auf weiter Flur standen." //

55 **17.30 Uhr.** Jimmy und sein Freund halten an, um in Blackwells Corner einen Kaffee zu trinken. Wie klein doch die Welt ist: Lance Reventlow, der Sohn von Barbara Hutton, sitzt hier und trinkt eine Cola. Dean teilt Lance mit, dass er nach Salinas fährt. Lance erwidert, dass er gleichfalls nach Salinas fährt, um sich ein Autorennen anzusehen – auf sowas ist er
60 ganz verrückt. Jimmy kündigt ihm an, dass gerade bei diesem Rennen er selbst am Start stehe. Lance erwidert: „Nein! Im Ernst?"

„Schau ihn dir an!", antwortet der Schauspieler und deutet auf den vor dem Café geparkten Porsche Spyder. „Über sechstausend Dollar, Aluminiumkarosserie und hundertfünfzig Meilen in der Stunde[1], und dabei
65 bist du noch nicht mal ganz am Anschlag!"

Jimmy lacht sein helles Lachen und erzählt, dass er von einem Beamten der Autobahnpatrouille angehalten worden und verwarnt worden ist.

„Kennen Sie Salinas? Wenn Sie nicht langsamer fahren, dann werden Sie es nie kennen lernen!"

70 Der Polizist hat ihm erläutert, ein Fahrer, der es zu eilig habe, liefe Gefahr, von der untergehenden Sonne geblendet zu werden, doch James Dean nimmt sich diesen Ratschlag nicht besonders zu Herzen.

Bill Hickman, der ihm im zweiten Auto folgt, macht sich Sorgen: Als Rennwagen ist der Spyder nicht für Fahrten in der Dunkelheit geeignet.
75 „Vorsicht, Jimmy", sagt er **vor der Weiterfahrt**, „es wird bald dunkel und der Spyder ist schlecht zu sehen. Nimm dich in Acht vor Wagen, die vor dir auf die Straße einbiegen."

Dean nimmt seine Sonnenbrille ab und zwinkert seinem Freund beruhigend zu. Er sagt nicht, dass er vorsichtig sein wird, sondern dass er sein
80 Auto perfekt kennt. Um dies zu beweisen, legt er einen Kavalierstart hin, bei dem er eine Reifenspur auf dem Asphalt hinterlässt. //

17.59 Uhr. Der Porsche rast auf dem Highway 41 dahin, der sich 30 km vor Paso Robles und kaum dreizehn km vor Salinas mit der US 466[2] schneidet. Auf der 466 ist Mr. Turnupseed in seinem Ford 1950 unter-
85 wegs. **17.59 und 10 Sekunden.** Mr. Turnupseed ist an der Kreuzung angelangt.

„Der Kerl wird anhalten. Ich habe die Vorfahrt", sagt Jimmy.

Der Fahrer des Pkws schaut nach links, nach rechts, dann fährt er langsam in die Kreuzung ein. Der Crash ist unausweichlich! James Dean stößt
90 einen Schrei aus, der in dem ohrenbetäubenden Krachen des Aufpralls untergeht.

---

[1]**150 Meilen in der Stunde** = 240 km/h – [2]**US 466** der heutige US Highway 46; bei der Entfernungsangabe des Biografen vom Unfallort nach Salinas handelt es sich wohl um einen Druckfehler: es sind ca. 130 (nicht 13) km. Die Unfallkreuzung liegt bei einem kleinen Ort namens Cholame, ca. 30 km vor Paso Robles.

Marginalien:

(5) deutlicher **Anstieg** in der SPANNUNGSKURVE: Kontrast von Entspannung (letzte Rast) und Gefährdung durch
- protokollarische Uhrzeitangabe
- „Macho"-Gespräch mit Imponiergehabe des Fahrers

- **Rückblende**: Warnung der Autobahnpolizei (erzählt als Anekdote)

- **Vorausdeutungen** auf Unfallursache (leichtsinniges Verhalten des Fahrers, Geschwindigkeitsübertretung, untergehende Sonne, Dunkelheit)

zeitgleiches Erzählen für letzte entspannende Rast vor dem Unfall

(6) **Höhepunkt** der SPANNUNGSKURVE durch
- protokollarische Aufzeichnung der letzen Handlungsminute (Uhrzeitangabe mit Minute, Sekunde)
- elliptische Satzstruktur
- präzise Ortsangaben (wie auf einer Straßenkarte) für den Unfallort
- emotionale Worte der Überlebenden in direkter Rede

G Geschichte

Rolf, der <u>mehr als sechs Meter vom Auto</u> fortgeschleudert worden ist, bleibt reglos liegen und murmelt: „Jimmy, Jimmy …" Blut füllt ihm den Mund; er verstummt und verliert das Bewusstsein. Sein Kiefer ist zer-

95 trümmert und er hat Beckenfrakturen.

Donald Turnupseed hat überlebt und sitzt totenbleich <u>in seinem Wagen</u>. „Ich habe ihn nicht gesehen! Ich schwöre, ich habe ihn nicht gesehen!", wiederholt er immer wieder und wischt sich unablässig die Tränen fort, die ihm übers Gesicht laufen.

100 Jimmy hängt <u>im Fahrersitz seines Rennwagens</u>, den Kiefer zerschmettert, beide Arme gebrochen und den Brustkorb eingedrückt. James Byron Dean ist tot. //

⚠ Das Schrecklichste ist das Schweigen, das sich mit einem Schlag <u>über die Straße</u> ausgebreitet hat. **Im goldenen Septemberlicht** scheinen die

105 beiden zu Schrott gefahrenen Autos seit Ewigkeiten so dazuliegen. **Der Herbst beginnt, ein Tag geht zu Ende**, <u>an einer ganz gewöhnlichen Kreuzung in Nordkalifornien</u>.

In: Bertrand Meyer-Stabley (2005): James Dean. Aus dem Französischen von Andrea Debbou. Langen Müller, München, S. 200–205

Seitenrand:

- Satzreihen für
  - einzelne Handlungsschritte, die zum Unfall führen
  - Ausmaß der Verletzungen
- Kurzer Satz für Handlungsergebnis (Tod)

dehnendes Erzählen für Unfallereignis

⚠ **Schluss**

(7) **Auflösung** der ERZÄHLSPANNUNG durch
- fehlende Handlung (Zustandsverben)
- Schilderung der Unfallstelle
- Rückkehr zur Normalität

Formulierungshilfen für Geschichten

➤ für die **Handlungsgestaltung**
- Verben des **Gehens**, der **Fortbewegung**: *Jimmy lief inzwischen auf und ab; er entfernte sich/ kam mehrmals zurück/stieg ins Auto/nimmt hinter dem Steuer Platz/lässt den Motor an/hält an/ist an der Kreuzung angelangt*
- **Zeitadverbien, Zeitadverbiale, Temporalsätze** und andere zeitliche Wendungen:
  - **präzise** Angaben für Tages- und Jahreszeit: *am Morgen der Abfahrt; es war später Nachmittag; sechs Monate später; im … Septemberlicht; um … Uhr ist es endgültig soweit*
  - **allgemeine** Zeitangaben: *vor der Weiterfahrt; als X endlich fertig war …*

➤ für eine Veränderung des **Erzähltempos**
- **raffendes Erzählen – Beschleunigung** des Handlungsverlaufs:
  - **summarische Zeitangaben**: *Nach mehreren Stunden Fahrt*
  - **Wort- oder Satzreihen ohne *und*** (bis auf das letzte Element): *… als ich mit der Überprüfung des Spyder begann: Motor, Öl, Zündung, Zündkerzen, Reifen und alles, was notwendig war*
  - **elliptische Satzmuster**: *17.59 und 10 Sekunden.*
- **dehnendes Erzählen – Verlangsamung** des Handlungsverlaufs:
  - **kalendarische** oder **protokollarische Zeitangaben**: *am Mittag des 30. September 1955, um 13.30 Uhr; 17.59 Uhr; 17.59 Uhr und 10 Sekunden*
  - **reihende Satzverknüpfungen mit *und***: *Ständig pfiff und sang er vor sich hin und scherzte mit den Mädchen*
- **zeitgleiches Erzählen**:
  - **wörtliche Rede, Dialoge** zur **Spannungserzeugung** (*„Ist alles okay?", fragt Jimmy und*

Geschichte **G**

löst seinen Sicherheitsgurt, der ihn stört. Ja, alles in Ordnung", murmelt Rolf. „Nur fährst du vielleicht etwas zu schnell …") oder **Entspannung** *(„That's my baby!", ruft er, als er den Motor anlässt. „Ich habe Jimmy niemals so fröhlich gesehen wie an diesem Nachmittag!", erzählt Rolf Wütherich)*

➤ für eine anschauliche **Schilderung** der **Orte** bzw. der **Stationen der Handlung**

- ■ **Adjektive** für die **sinnliche/subjektive Wahrnehmung** der handelnden Personen bzw. des Erzählers: *Im goldenen Septemberlicht*
- ■ **ausdrucksstarke Adjektive** und **Substantive**, die die **Sinne** ansprechen: *Schrei …, der in dem ohrenbetäubenden Krachen des Aufpralls untergeht*
- ■ **nachgestellte Attribute** zur Betonung: *Jimmy hängt im Fahrersitz seines Rennwagens, den Kiefer zerschmettert, beide Arme gebrochen und den Brustkorb eingedrückt*
- ■ **elliptische Satzmuster** für eine Konzentration einzelner Eindrücke: *Über sechstausend Dollar, Aluminiumkarosserie und hundertfünfzig Meilen in der Stunde*
- ■ **Metaphern** und **Vergleiche**: *die Straße … wie ein graues Band*
- ■ **Ausrufe**: *Der Crash ist unausweichlich!*

Vgl. zu weiteren Formulierungshilfen ↗ **Reisebericht** (S. 280 f.), ↗ **Reportage** (S. 286), ↗ **Schilderung** (S. 309 f.).

Gliederung

Auf einen Blick

Eine **Gliederung** gehört zu den **erklärenden Textformen**. Man bestimmt zunächst sein Thema und erklärt dann in einer Liste von Gliederungspunkten, in welchen Kapiteln und Unterkapiteln man dieses Thema entwickeln will. Insofern liefert eine Gliederung den **Schreibplan** für den Text, den man schreiben will. Daher ist die Gliederung ein wichtiges Steuerinstrument für den **Schreibprozess** (die Textproduktion).

Im Diagramm stellen sich diese **Schritte im Schreibprozess** so dar:

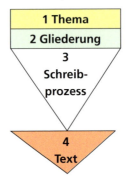

Im **Schreibprozess** greift man häufig auf eine **Gliederung** zurück
- in der Schule und im Studium:
    - als **Schreibplan**
        - für alle längeren Darstellungsformen wie ↗ **Referat** und ↗ **Facharbeit**,
        - für kürzere Textformen wie ↗ **Kommentar**, ↗ **Argumentation**, ↗ **Protokoll**, ↗ **Erklärung** und ↗ **Interpretation**,
    - als **Inhaltsverzeichnis** in ↗ **Facharbeiten**,
    - als **Übersicht** zu Beginn eines längeren **Vortrags** (↗ **Referat**); dabei kann man erste kurze Erläuterungen zum Titel und zu den einzelnen Punkten des Vortrags geben,
- im Beruf:
    - als **Tagesordnung** in der Einladung zu Konferenzen, Sitzungen oder Besprechungen,
    - als **Tagungsordnungspunkte** in einem ↗ **Protokoll** über die Ergebnisse solcher Gesprächsrunden,
- in Publikationen: als **Inhaltsverzeichnis** in längeren Artikeln von **Fachzeitschriften** und in **Sach-** und **Fachbüchern**.

Es gibt zwei gebräuchliche **Arten von Gliederung**:
(1) die **Wortgliederung** oder **Stichwortgliederung**: Sie wird in **substantivischen Wendungen** verfasst, wie sie auch in Überschriften verwendet werden. Dies ist die häufigste Gliederungsart.

Gliederung

Beispiel 1 zum Thema *Rechte als Nachbar*

1	Das nachbarliche Gemeinschaftsverhältnis
1.1	Interessenskonflikte und Rechte
1.2	Friedliche Regelungen
1.3	Regelungen im Streitfall
2	Alltägliche Streitfälle
2.1	Lärm
2.2	Haustiere
2.3	Gerüche
2.4	Weitere Störfälle
3	Gefährdungen durch das Nachbargrundstück
3.1	Grundstücksanlage
3.2	Brüchige Bausubstanz
3.3	…
usw.	

(2) die **Satzgliederung**: Sie wird in **vollständigen Sätzen** geschrieben, und zwar für eine genauere inhaltliche Vorwegorientierung über die Themen eines Kapitels, die in einem Sach- oder Fachbuch behandelt werden. Das obige Beispiel für eine Wortgliederung liest sich dann so:

Beispiel 2 zum Thema *Rechte als Nachbar*

Kapitel 1:
Vom nachbarlichen Gemeinschaftsverhältnis oder: Was tun, wenn zwei sich streiten, weil ihre Interessen so völlig gegensätzlich sind und weil halt im Guten gar nichts geht?
Kapitel 2:
Wenn Einwirkungen stören, ist der nachbarliche Frieden schnell dahin. Alles über Lärm, Haustiere, Geruch und was Sie sonst noch ärgern könnte.
Kapitel 3:
Was Sie tun können, wenn von einer Anlage des Nachbargrundstücks Gefahr ausgeht oder wenn ein Gebäude von dort einzustürzen droht.
usw.

In: Gerald Drews (1986): Ihre Rechte als Nachbar: Ein populärer Rechtsratgeber für Mieter und Eigentümer. Wilhelm Heyne Verlag, München, S. 6

Der **Aufbau** von Gliederungen ist für beide Gliederungsarten in den meisten Fällen **auflistend**: Man stellt den Kapitelbezeichnungen **Ziffern** voran:
- meist arabische Ordnungszahlen:
  - für Hauptkapitel oder -abschnitte: 1. … , 2. …, 3. … etc.,
  - für Unterkapitel oder -abschnitte: 1.1 …, 1.2 …, 1.2.1 …, 1.2.2 … etc.
- oder eine Kombination von lateinischen und arabischen Ordnungszahlen:
  - für Hauptkapitel oder -abschnitte: I. …, II. …. etc.
  - für Unterkapitel oder -abschnitte: I.1, I.2 …, II.1 …, II.2 … etc.

G Gliederung

Die einzelnen **Gliederungspunkte**
- werden wieder aufgenommen
  - im ausformulierten Text als **Überschriften** oder **Zwischenüberschriften** vor längeren Textabschnitten, z. B. in ↗ **Referaten** und ↗ **Facharbeiten**, in Aufsätzen in Fachzeitschriften,
  - in Büchern und ↗ **Facharbeit** als Überschriften von Kapiteln und Unterkapiteln,
  - in Zeitungen als **Schlagzeilen** über dem Gesamttext, als **Kolumnentitel** zwischen fortlaufenden Abschnitten oder als **Balkenüberschriften** in der Boulevardpresse,
- dienen beim Lesen als knappe **Merkhilfen** für die Inhalte längerer Textabschnitte bzw. Kapitel und Unterkapitel.

Wie man eine **Gliederung** zu einem vorgegebenen Ausgangstext schreibt, kann man unter ↗ **Inhaltsangabe – Basiskapitel** (S. 118 f.) nachlesen.

So wird's gemacht

Lesestrategie: Schritte bei der Vorbereitung

Bevor man anfängt, eine Gliederung für ein Thema zu entwerfen oder einen ersten Entwurf zu schreiben, sollte man sich Zeit nehmen, geeignete **Quellen zu lesen**, seine **Gedanken zum Thema zu sammeln** und **vorläufig zu ordnen**.

Die Lese- und Planungsarbeit richtet sich nach dem **Umfang einer Schreibaufgabe**:
- bei **kürzeren Schreibaufträgen** wie z. B. ↗ **Kommentar**, ↗ **Erörterung** oder ↗ **Bericht** führt man die Schritte 1 und 2 durch (s. u.),
- bei **umfangreicheren Schreibaufträgen** wie ↗ **Referat** oder ↗ **Facharbeit** orientiert man sich zusätzlich auch an den Schritten 3, 4 und 5 (s. u.).

Eine Gliederung kann auf zwei unterschiedlichen Wegen vorbereitet werden:
- **verbal**: Man schreibt wie auch sonst üblich seine Gedanken zum Thema in Stichworten auf (s. u., Schritt 1: Spiegelstrich- oder Punktliste) und stellt mit Oberbegriffen eine Ordnung her (s. u., Schritt 2: nummerierte Ordnung).
- **grafisch**: Man nutzt neben Sprache (Schlüsselbegriffen) auch zeichnerische Mittel für eine erste thematische Annäherung (s. u., Schritt 1: Cluster) und für eine sachliche Ordnung (s. u., Schritt 2: Mind Map). **Cluster** und **Mind Map** helfen Schreibenden, einen genaueren Überblick über ihr Thema zu gewinnen. Die grafische Darstellung ist jedoch gewöhnungsbedürftig und bedarf der Übung. Langfristig aber erleichtert sie die Schreibaufgabe. Mit ihrer Hilfe können Schreibende ihr Thema und dessen Unterpunkte „auf einen Blick" erfassen.

Für eine erste **Annäherung an ein Thema** können die folgenden **Schritte 1** und **2** und bestimmte **Strategien** helfen.

Gliederung **G**

Schritt 1: Ideen sammeln

Strategie „Brainstorming"

➤ **Spiegelstrichliste**: Man lässt sich – allein oder zusammen mit anderen – alle möglichen Ideen zu einem Thema (z. B. *Klonen menschlicher Zellen – ja oder nein?*) durch den Kopf gehen und schreibt sie auf:
- **linear**: je eine Idee pro Zeile, untereinander,
- mit **Spiegelstrichen** oder Punkten abgesetzt,
- fortlaufend **ergänzbar** mit neuen Ideen,
- **ungeordnet**,
- in **Stichworten** oder **kurzen Sätzen**.

Beispiel

Klonen menschlicher Zellen – ja oder nein?
- unheilbare Krankheiten heilen
- Wann beginnt menschliches Leben?
- Kinderwunsch erfüllen
- Klonschaf Dolly
- Kirche dagegen
- Klone mit Missbildungen
- mein eigener Klon?

etc.

➤ **Cluster** (dt. etwa: „Sterndiagramm"): Für einen Einstieg in ein neues Thema und für eine schnelle, erste Übersicht über mögliche Teilthemen kann man auch ein **Cluster** entwerfen. Hierbei notiert man seine Gedanken nicht wie üblich hinter- oder untereinander, sondern verfährt **bildlich** oder visuell. Ein Cluster ist eine vorläufige Anhäufung von Ideen oder Teilthemen zu einem Hauptthema (engl. *cluster*: „Haufen", „lockere Ansammlung von einzelnen Gegenständen") in grafischer Form:
- Man beginnt mit einem **Cluster-Kern**. Das ist ein grafisches Element (z. B. Kreis, Ellipse oder Wolke), das man auf die Mitte eines unbeschriebenen Blattes (im Querformat) platziert und in das man das **Hauptthemawort** schreibt.
- Von diesem Element in der Mitte zieht man **strahlenförmig Linien**, sogenannte **„Haupt-äste"**, zu allen Seiten; diese enden jeweils in weiteren Kreisen oder Ellipsen mit jeweils einem **Unterthema**.
- Jedem Unterthema kann man über weitere Linien spontane Ideen zuordnen.

Der Vorteil dieser Grafik besteht darin, dass man seinen Gedanken zunächst freien Lauf lassen kann, in sogenannten **Assoziationsketten**, ohne sie zu gewichten oder zu bewerten. Man kann sie fortlaufend ergänzen oder verkürzen und braucht auch noch keine genaue sachliche Ordnung herzustellen. **Farben** erhöhen die Übersichtlichkeit.

G Gliederung

Beispiel

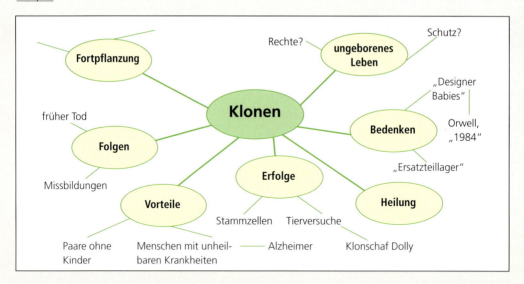

Schritt 2: Ideen ordnen

▶ **Strategie „nummerierte Ordnung"**: Man streicht oder ergänzt weitere Punkte in der **Spiegelstrich-** oder **Punktliste**. Anschließend kann man versuchen, verschiedene Punkte zu **gruppieren** und ihnen einen **Oberbegriff** zuzuordnen.
Auch hierbei arbeitet man mit **Farben** und **Linien**, um die thematischen Gruppierungen übersichtlicher zu machen.

Die einzelnen Gruppen werden dann in eine bestimmte, **nummerierte Abfolge** gestellt. Dabei orientiert man sich an allgemeinen **Ordnungsprinzipien**: z. B. an der Abfolge
- vom Allgemeinen zum Besonderen,
- vom Wichtigen zum weniger Wichtigen (oder umgekehrt).

Beispiel

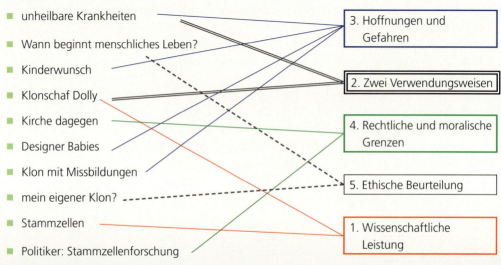

➤ **Strategie „Mind Map"** (dt. etwa: „geistige Landkarte" oder „Gedankenkarte"): Mit einem Mind Map kann man die Beziehungen zwischen Ideen oder Begriffen deutlich machen. Anders als die losen Assoziationsketten eines Clusters stellt ein Mind Map **geordnete Gedankengänge** dar. Ein Cluster stellt mögliche Aspekte, die zu einem Thema gehören, linear dar. Ein Mind Map dagegen **strukturiert** sie (zeigt Verbindungen zwischen Themenaspekten) und **hierarchisiert** sie (bildet Ober- und Unterbegriffe). Ähnlich wie ein Cluster ist auch ein Mind Map für Ergänzungen offen, doch werden hier weitere Schlüsselwörter in die bereits entwickelte thematische Struktur eingefügt.

Es lässt sich jedoch auf der Grundlage eines Clusters ein Mind Map entwickeln. Zwei Unterschiede gilt es dabei zu beachten:
(1) Die **grafische Anordnung** einzelner Themenaspekte erfolgt genauer. Anders als ein Cluster endet ein Mind Map nicht bei einem thematischen Unterpunkt und dem einen oder anderen zufällig zugeordneten Themenaspekt, sondern ordnet den „Hauptästen" auch „Nebenäste", eventuell sogar „Zweige" zu. Es entsteht also ein gedanklicher Zusammenhang zwischen einzelnen Begriffen oder Themenaspekten wie in einem **Netzwerk**.
(2) Die **Benennung** der einzelnen Unterthemen erfolgt in einem Mind Map **begrifflich** genauer. Dazu bündelt man zwei oder drei Unterthemen des Clusters zu einem einzigen Oberbegriff. Zum Beispiel können „Heilung" und „Fortpflanzung" unter „Verwendungsweisen des Klonens" zusammengefasst werden. Oder man übernimmt ein einzelnes Unterthema aus dem Cluster und benennt es begrifflich neu: z. B. „ungeborenes Leben" als „rechtliche Frage". Diesem Oberbegriff lassen sich dann noch weitere rechtliche Überlegungen zuordnen. Und schließlich kann man auch neue Hauptstichwörter einfügen.
Auf diese Weise entwickelt man aus den losen Assoziationsketten des Clusters erste sachliche Verknüpfungen und gelangt so zu einer **systematischen Gliederung**.

Beispiel

Gliederung

Mit diesen beiden Schritten (1) und (2) ist die Planungsarbeit für **kurze Schreibaufgaben** abgeschlossen. Die Gliederung, die man als **nummerierte Ordnung** oder als **Mind Map** aufgestellt hat, hilft Schreibenden beim Ausformulieren des gewünschten Textes.

Für **umfangreichere Schreibaufgaben**, wie sie zum Beispiel bei einem ↗ **Referat** oder einer ↗ **Facharbeit** anfallen, bieten sich zusätzlich die nachfolgenden Schritte (3), (4) und (5) an.

Schritt 3: Ideen weiter differenzieren

Wenn man sein Thema noch weiter differenzieren will, also weitere Themenaspekte sammeln und zuordnen will, kann man für jeden der gefundenen Hauptthemenpunkte **ein weiteres Mind Map** anlegen. Dies wird im Folgenden beispielhaft für den fünften Gliederungspunkt („5. Ethische Beurteilung der Verwendungsweisen") zum Thema *Klonen menschlicher Zellen – ja oder nein?* dargestellt.

Als Hilfe für die spätere Gestaltung eines argumentativen Textes zum 5. Gliederungspunkt werden den einzelnen Sachangaben grafische Symbole zugeordnet: (+) für Pro und (–) für Kontra.

Beispiel

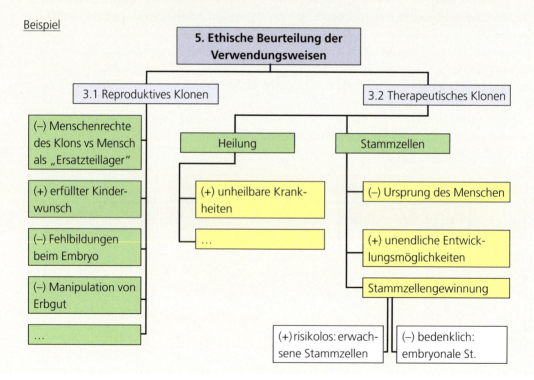

Schreibplan: Schritte bei der Ausformulierung

Nach diesen Planungsstrategien (vgl. oben: Schritte 1–3) gelangt man über zwei abschließende Schritte zu der angestrebten Gliederung für ein ↗ **Referat** oder eine ↗ **Facharbeit**.

Schritt 4: Abfolge der Gliederungspunkte

Zunächst bietet sich eine weitere Visualisierungsform an: ein **Flussdiagramm**. Hiermit lassen sich die Themenaspekte, die man in einer **nummerierten Ordnung** oder einem **Mind Map** zusammengestellt hat (vgl. oben: Schritt 2 und 3), in eine **gedankliche Abfolge** bringen. In dieser Abfolge können die **Hauptkapitel** eines längeren Textes erscheinen. Zugleich lassen sich im Flussdiagramm noch Einleitung und Schlussteil ergänzen. Damit liegt dem Schreibenden der **gesamte Schreibplan** für umfangreiche Schreibaufgaben wie Facharbeit oder Referat als Ganzes deutlich vor Augen.

Beispiel

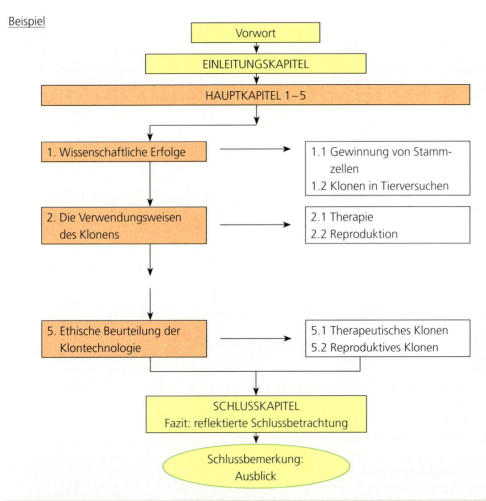

Schritt 5: ausformulierte Wortgliederung

In einem letzten Schritt formuliert man auf der Grundlage eines Flussdiagramms (vgl. oben: Schritt 4) eine **Wortgliederung** aus.

Zusammen mit Einleitungs- und Schlusskapitel kann man die Wortgliederung als **Themenübersicht** einem ↗ **Referat** voranstellen bzw. als **Inhaltsverzeichnis** auf der ersten Seite nach dem Deckblatt einer ↗ **Facharbeit** einfügen.

G
Gliederung

Beispieltext: Wortgliederung

Klonen menschlicher Zellen – ja oder nein?

1. Wissenschaftliche Erfolge
1.1 Gewinnung von Stammzellen
1.2 Klonen von Tieren

2. Verwendungsweisen des Klonens
2.1 Reproduktion
2.2 Therapie

3. Chancen und Gefahren
3.1 Kinderwunsch und Gesundheit
3.2 Missbildungen und Krankheit
3.3 Kriminelle Nutzung

4. Rechtliche Fragen
4.1 Schutz des ungeborenen Lebens
4.2 Beginn des menschlichen Lebens
4.3 Stichtagsregelung in der Stammzellenforschung

5. Ethische Beurteilung des Klonens
5.1 Reproduktives Klonen
5.2 Therapeutisches Klonen

Wortgliederung
- substantivische Wendungen
- einheitliche Formulierungen
- Fachbegriffe aus dem gewählten Themenbereich
- Ziffern für Haupt- und Unterpunkte

Wie man auf der Grundlage einer Wortgliederung einen **fortlaufenden Text** zum Thema „*Klonen – eine strittige Frage in der Humanmedizin*" schreiben und dabei diese Gliederungspunkte berücksichtigen kann, sieht man unter ↗ **Kommentar** (Beispieltext 1).

Formulierungshilfen für Gliederungen

➤ für die **Benennung von Gliederungspunkten**
- **Themawörter**, die aus dem jeweiligen **Fachgebiet** stammen: *Stammzellenforschung, Therapie, Reproduktion, Stichtagregelung*
- **Begriffe** aus der **Allgemeinsprache**: *Chancen und Gefahren, Kinderwunsch*

➤ für eine **einheitliche Benennung von Gliederungspunkten**
- durchgehend **substantivische Wendungen**, keine verbalen Wendungen, keine ganzen oder verkürzten Sätzen; nicht zwischen diesen Formen wechseln: *Wissenschaftliche Erfolge, Rechtliche Fragen, Ethische Beurteilung*

➤ für den **Titel** in Wortgliederungen
- **neutrale, kurze substantivische** Wendungen: „*Sophie Scholl – Eine Geschichte für Jugendliche von heute?*" (nicht: „*Sophie Scholl, der gefallene Stern am Himmel des nationalsozialistischen Widerstands*"/ „*als Widerstandskämpferin im Untergrund der studentischen Rebellenbewegung im Kontext reaktionärer akademischer Zirkel und faschistischer Überwachungsmechanismen im Dritten Reich*")

Glosse

Auf einen Blick

Eine **Glosse** gehört zu den **argumentativen Textformen**. Sie ist eine **journalistische** Kurzform des ↗ **Kommentars** und wird auch **Kolumne** genannt. Wie der Kommentar setzt die Glosse ein Ereignis als **Meldung** voraus, zu der der Glossist Stellung nimmt.

Die Glosse unterscheidet sich von ↗ **Kommentar** und ↗ **Leitartikel** nicht im Thema, sondern in der sprachlichen Form. Die Mittel reichen von **Spott** und **Ironie** bis zum **Sarkasmus**. Am Ende soll immer eine **Pointe** stehen. Ein Glossist verzerrt mit witzig zugespitzter Ironie die Wirklichkeit, um Leser auf Missstände aufmerksam zu machen oder ihnen die lächerlichen Seiten an einem Sachverhalt anschaulich vor Augen zu führen und sie nachdenklich zu stimmen. Eine gelungene Glosse kann treffender und wirksamer sein als ein seriös geschriebener Kommentar.

Diese kurze, pointierte **Meinungsäußerung** liest sich oft leicht und unterhaltsam, erfordert aber gut recherchierte Sachkenntnisse des Verfassers. Die Glosse nimmt große weltpolitische Themen („Eine Terrorliste ist wie eine Einkaufsliste") ebenso aufs Korn wie die kleinen Dinge des Alltags, witzige („Weihnachten light", „Warum Männer beim Grillen immer den Macho spielen") oder auch ernste („Vaterschaftstest"). Themen wie persönliches Leid, Unfall, Katastrophen und Tod sind jedoch tabu für den Glossenschreiber. §§ 185 und 187 des Strafgesetzbuchs stellen Beleidigung, üble Nachrede und Verleumdung von Privatpersonen unter Strafe und schränken „das Recht, seine Meinung in Wort, Schrift und Bild frei zu äußern und zu verbreiten" (Art. 5 Grundgesetz), auch für einen Glossenschreiber ein.

Eine **Glosse** wird häufig geschrieben
- in der Schule: als Beitrag in Abiturzeitungen mit humorvoll-bissigem Blick zurück auf erlebte Unterrichtssituationen,
- in der Presse: als regelmäßige Kolumne auf der Titelseite einer (überregionalen) **Tageszeitung** (meist auf der ersten Seite platziert) und in Nachrichtenmagazinen:
  - als kurzer witzig-ironischer Kommentar zu **Tagesnachrichten** und **populären Trends** (z. B. Fitness, Wellness, Schönheitsideale, Bio-Food, Mode, All-inclusive-Reisen, Studienanfängern, Benzinpreise, Tempolimit, Renten-/Gesundheitsreform, Rauchverbot, TV-Soaps etc.), um darin extreme oder verfehlte Entwicklungen bzw. Standpunkte aufzudecken,
  - als **Sprachglosse** zu Tendenzen im zeitgenössischen Sprachgebrauch (z. B. zu politisch korrekter Sprache, Anglizismen, Unwörtern des Jahres, Rechtschreibreform),
  - als humorvoll-bissiger Kommentar zu **Persönlichkeiten des öffentlichen Lebens**, deren Schwächen auf unterhaltsame Weise offengelegt und der Lächerlichkeit preisgegeben werden.

Bekannte Zeitungsglossen sind „Das Streiflicht" in der *Süddeutschen Zeitung*, „ZIPPERT zappt" in DIE WELT und „Das Letzte" in DIE ZEIT.

G Glosse

Eine **Glosse**

- wird im **Präsens** geschrieben,
- wird aus einer überwiegend **subjektiven Perspektive** verfasst,
- basiert auf den **argumentativen Textbausteinen** des ↗ **Kommentars**,
- füllt das argumentative Grundmuster mit **witzigen Kommentaren** zu einem kritikwürdigen Sachverhalt,
- verwendet dazu vor allem **Stilmittel der Ironie** (Über- und Untertreibung, Nebeneinanderstellen von unvereinbaren Sachbereichen) und des **Witzes** (Durchbrechung der Leseerwartung),
- kann in ihrer Wirkung **humorvoll** sein oder auch Sprachwitz überspitzt einsetzen und bis zur **Groteske** steigern.

Der **Aufbau** einer Glosse ist dreiteilig:

- Anfang: der **nachrichtliche Kern** in knapper Form (in 1 – 2 Sätzen, maximal 1 Absatz): eine aktuelle oder zeitnahe Meldung in der Presse (vgl. die Glosse „ZIPPERT zappt" im Beispieltext)
  oder:
  ein verrätselnder Einstieg vor dem nachrichtlichen Sachverhalt (vgl. die Glosse „Das Streiflicht" in der *Süddeutschen Zeitung*)
- Mitte: ironisch-witzige Kommentierung oder **Glossierung**, d. h. Stellungnahme zur Meldung nach den Aufbaumustern eines ↗ **Kommentars** (einsträngig oder mehrsträngig), **steigernde** Anordnung der Argumente und Beispiele
- Schluss: Unterbrechung des angelegten Gedankengangs mit einer unerwarteten **Wende**, Abschluss mit einer **Schlusspointe**

So wird's gemacht

Schreibplan: Schritte bei der Vorbereitung und Ausformulierung

Als wichtige Vorbereitung für eine Glosse stellt man einen **Schreibplan** auf. Hierzu gehören im Beispieltext Überlegungen

- ➤ zum **aktuellen Trend** aus der Tagespolitik oder aus der Alltagserfahrung der Leser, der humorvoll-ironisch als **Thema** behandelt werden soll: Schönheitsoperationen am Beispiel einer „Nasenkorrektur",
- ➤ zur Frage, was **umstritten** an diesem Thema ist: Behauptung der plastischen Chirurgen, dass die „Nasenkorrektur" eine der schwierigsten (Schönheits-)Operationen sei,
- ➤ zum eigenen **Standpunkt** (grundsätzlich: eine Gegenposition zu den Vorschlägen oder Entscheidungen der Mächtigen, Autoritäten und Experten, zu Banalitäten des Alltags oder zu abwegigen Diskussionen in der Öffentlichkeit): Ironisierung der Behauptung der Schönheitschirurgen,
- ➤ zur **gesellschaftlichen Kritik**: Der hohe Preis einer „Nasenkorrektur" ergibt sich nicht aus der hohen fachlichen Qualifikation der plastischen Chirurgen, sondern aus dem Schönheitswahn einzelner „betuchter" Patienten, den die Fachleute für ihren Profit nutzen,

Glosse

G

113

➤ zur **Glossenidee** (generell: Kritik nicht direkt aussprechen, sondern durch Sprachwitz darstellen): die angeblich hohe Qualifikation der plastischen Chirurgen bei einer gesundheitlich so unnötigen Operation wie einer „Nasenkorrektur" wird verglichen mit der Tätigkeit völlig unpassender, nämlich sachfremder Fachleute (Kfz-Mechaniker, Tierarzt, Schlosser, Deutschlehrer); diese starken Widersprüche sind die Grundlage der Komik,

➤ zu **Stilmitteln**

■ der **Ironie:** Übertreibung (z. B. „Kolben", „Zinken" für „Nase"), Unangemessenheit (z. B. Schönheitschirurg und handwerkliche Berufsvertreter wie „Kfz-Mechaniker", „Schlosser")

■ des **Witzes:** Durchbrechung der Leseerwartung durch **Wortverwandtschaften / Wortspiele;** es werden **doppeldeutige** Wörter verwendet, die überraschend in ganz andere Sachgebiete führen, z. B.:

„Nase" (Körperteil) ➔ „Kolben"
↗ (umgangsprachl.) unförmige Nase ➔ „Chirurgie"
↘ (hochsprachl.) Teil eines Autozylinders ➔ „Kfz-Mechaniker"

„Nase (Körperteil) ➔ „Zinken"
↗ (umgangssprachl.) unförmige Nase ➔ „Chirurgie"
↘ (hochsprachl.) metallische Spitzen ➔ „Schlosser"

➤ zu **Quellen** für Informationen über das Glossenthema: aktuelle oder zeitnahe Pressemeldungen; Sachverhalt aus medizinischen Quellen prüfen: z. B. Schwierigkeitsgrad bei Eingriffen der plastischen Chirurgie, Angaben zu Arzthonoraren, Zahl der Patienten und deren finanzielle Hintergründe,

➤ zum **Textaufbau**

■ Anfang: knapp berichtete aktuelle „Meldung" („Nasenkorrektur" gehört zu den schwierigsten Operationen)

◉ Mitte: scheinbare Parteinahme des Glossisten für die Position der Schönheitschirurgen, diese aber durch Art und Auswahl seiner Argumente der Lächerlichkeit preisgeben

▲ Schluss: Widersprüche in der vorangegangenen Kommentierung durch ein überraschendes letztes Argument auf die Spitze treiben (Pointe), sodass die beißende Kritik des Glossisten für den Leser deutlich erkennbar wird

Beispieltext
ZIPPERT zappt

Um den Zusammenhang zu verdeutlichen, wie aus den vorbereitenden Schritten eine Glosse entstehen kann, werden in dem folgenden Beispieltext markiert:

der Sachverhalt, der umstritten ist

These mit Argumenten und Beispielen: POSITION A (hier vom Verf. zitiert und in ironischer Absicht gestützt)

Antithese mit **Gegenargumenten** und Beispielen: POSITION B (der Gegenseite; hier der Leserschaft)

sprachliche Wendungen für **argumentative** Texte

Strukturwörter für die Verknüpfung von einzelnen Sätzen

Glosse

In der Kommentarspalte werden **Gliederungsabschnitte** der Glosse aufgeführt und die verwendeten **Mittel der Ironie** benannt und erläutert.

Die folgende Glosse erscheint als regelmäßige Kolumne unter der Überschrift „ZIPPERT zappt" auf der Titelseite in der überregionalen Tageszeitung DIE WELT. Der Verfasser, Hans Zippert (geb. 1957), schreibt seit 1999 diese Kolumne für DIE WELT.

ZIPPERT zappt

■ Die Deutsche Gesellschaft für Ästhetisch-Plastische Chirurgie **weist uns darauf hin, dass** „die Nasenkorrektur eine der schwierigsten Schönheitsoperationen ist". Diese Meldung wird viele verblüffen, ☉ **aber** man sollte eine Nasenkorrektur nicht vom Kfz-Mechaniker ausführen lassen,

5 selbst wenn **der viel vom Kolbenfresser versteht.** Auch der Tierarzt ist die falsche Adresse, selbst wenn **sich bei ihm Nasenbären, Nasenaffen und Nashörner die Klinke in die Hand, äh Pfote geben.** Auch der Schlosser wird sich mit Ihrem Zinken nicht wirklich fachmännisch befassen. Das kann nur der „erfahrene Chirurg".

10 **Auf jeden Fall ist** die Nase das hervorstechendste Gesichtsmerkmal noch vor dem Stielauge, der dicken Lippe oder dem Segelohr. Deshalb **muss man** hier **sensibel vorgehen.** Pinocchio und Michael Jackson **sind warnende Beispiele.**

Warum heißt es eigentlich Nasenkorrektur? Gibt es so etwas wie Nasen-

15 fehlwuchs? Werden Menschen in falschen Nasen geboren, müssen sie ein Leben hinter Pappnasen führen?

▲ Oder ist damit eine orthografisch bedenkliche Nase gemeint, also quasi eine Nose? Dann könnte eigentlich auch jeder Deutschlehrer so eine Nosenkorrektur vornehmen.

In: DIE WELT, 28. Dezember 2005, S. 1

■ Anfang
Die aktuelle Nachricht

SACHVERHALT: „Nasenkorrektur"

THESE, die der Verf. vorgibt zu stützen

ANTITHESE der Leserschaft („viele"): ‚X ist doch nicht so schwierig'

☉ Mitte
Pro-/Kontra-Argumentation

Stützung der These durch den Verf. mit durchgängig ironischer Sprechhaltung, die auf Wortspielen („Nasenkorrektur") beruht

■ **3 Argumente:** 3 Fachleute aus unpassenden Fachgebieten („Kfz-Mechaniker", „Tierarzt", „Schlosser"), die als unqualifiziert für Schönheitsoperationen dargestellt werden

■ Zugeständnisse an die Gegenseite („selbst wenn")

■ Vergleiche mit einer bekannten Figur/Person als übertriebene Beispiele für die These

▲ Schluss
Letztes Argument für die THESE
Schlussfolgerung, die die ANTITHESE bestätigt

■ Gegenarg. beruht auf einem Wortspiel („Nasen-/Nosenkorrektur")

■ Dem Fachmann („Deutschlehrer") mit der unpassendsten Eignung (Orthografie) wird eine chirurgische Fähigkeit zugesprochen

Pointe: überraschende **Wende** in der Schlussfolgerung („X ist doch nicht so schwierig"): Verf. stellt sich auf die Gegenseite

Glosse **G**

Formulierungshilfen für Glossen

➤ für **humorvolle** oder **ironische Wirkungen**

- ▪ **Metaphern** für (körperliche, geistige etc.) Mängel, die mit dem Sachverhalt (*Nase*) zusammenhängen, als ironische Stilmittel der Übertreibung (oder Untertreibung): *Kolben, Zinken, Stielauge, dicke Lippe, Segelohr*

- ▪ **Vergleiche** zwischen dem angesprochenen Sachverhalt und allgemein bekannten Figuren oder Persönlichkeiten, die stark überzogen wirken, als ironische Stilmittel der Übertreibung: *Pinocchio und Michael Jackson sind warnende Beispiele* (für Schönheitsoperationen, die nicht vom Fachmann ausgeführt werden)

- ▪ überraschende **Wortverwandtschaften** oder **Wortspiele**, die in unerwartete, unpassende Sachbereiche führen: vgl. die Wortspiele mit „Nasenkorrektur"
  - – *Nasen*korrekturen (aus der Humanchirurgie) und *Nasen*bären, *Nasen*affen, *Nas*hörner (aus der Tiermedizin); hier werden mit dem 1. Teil des Kompositums *Nasen*korrektur lustige Wortvarianten erprobt und unvereinbare Sachbereiche miteinander in Verbindung gebracht
  - – *Zinken* (umgangssprachlich für „verunstaltete Nase") und *Schlosser* (als Fachmann für Schweißarbeiten mit Metall)
  - – *Nasenkorrektur* und *Nosenkorrektur* (als Rechtschreibfehler, für die Deutschlehrer zuständig sind); hier wird mit dem 2. Teil des Kompositums *Nasenkorrektur* eine lustige Wortvariante gebildet und ein noch unpassenderer Sachbereich als in den vorhergehenden Beispielen angesprochen

- ▪ **doppeldeutige sprachliche Bilder**, die in der Alltagssprache sprichwörtlich gebraucht werden; entgegen dieser Leseerwartung verwendet der Glossenschreiber jedoch die unübliche Ursprungsbedeutung dieser sprachlichen Bilder, nämlich ihre **sachliche** Bedeutung (Erwartungsdurchbrechung als Stilmittel für Witz und Humor): *Stielauge* und *dicke Lippe* nicht als sprichwörtliche Wendungen („Stielaugen machen", „eine dicke/freche Lippe riskieren"), sondern als Bezeichnungen für körperliche Missbildungen

- ▪ mit überraschenden **Wortneubildungen** oder **Wortverbindungen**, die wenig ernsthaft mit dem Sachverhalt umgehen: *Nasenfehlwuchs, falsche Nasen, Nose, Nosenkorrektur, ein Leben hinter Pappnasen führen, eine orthografisch bedenkliche Nase*

- ▪ mit unvermitteltem Wechsel zu **informellen Stilebenen**, die die Ernsthaftigkeit des Argumentierens unterwandern: *sich die Klinke in die Hand, äh Pfoten geben*

Vgl. zu weiteren Formulierungshilfen ↗ **Kommentar** (S. 221).

Inhaltsangabe – Basiskapitel

Auf einen Blick

Eine **Inhaltsangabe** gehört zu den **erklärenden Textformen**. Mit einer Inhaltsangabe
- erklärt man Lesern/Zuhörern ohne Kenntnis des Originals den **Inhalt von längeren Texten**,
- stellt man den Inhalt eines langen Textes in wesentlich **kürzerer Lese- oder Hörzeit** dar, als der Ausgangstext beansprucht,
- wird ein **längerer Ausgangstext** mit eigenen Worten in einen **kurzen neuen Zieltext** übertragen,
- kann man jemanden zum Beispiel über ein Buch oder ein einzelnes Buchkapitel in der Länge nur eines **kurzen geschlossenen Textes** (↗ **Sinnabschnitt**) oder auch nur eines **Satzes** (↗ **Zusammenfassung**) informieren.

Eine **Inhaltsangabe** ist ausführlicher als eine ↗ **Zusammenfassung** oder als ein ↗ **Abstract** zu wissenschaftlichen Texten. Im Unterschied zu einem ↗ **Exzerpt** bezieht sie sich auf den gesamten Ausgangstext.

Auf **Inhaltsangaben** greift man häufig zurück
- in der Schule:
    - in **schriftlichen Arbeiten**, etwa in ↗ **Referaten** oder ↗ **Facharbeiten**, wenn man knapp die Inhalte von Primär- oder Sekundärquellen oder die Ansichten anderer Autoren zusammenfasst,
    - in **Klassenarbeiten** oder **Klausuren**, wenn man in einer ↗ **Erörterung** zunächst den Gedankengang eines Autors zu einem kontroversen Sachverhalt strukturiert wiedergibt, bevor man sich selbst mit der Position des Verfassers kritisch auseinandersetzt; oder wenn man eine ↗ **Interpretation** oder ↗ **Sachtextanalyse** damit beginnt, den literarischen Text oder Sachtext strukturiert zusammenzufassen,
- im Alltag und Beruf: in **Gesprächen** mit anderen oder in **Vorträgen** vor einer Zuhörerschaft, etwa wenn man über gelesene Zeitungsartikel oder Bücher, über gehörte Rundfunksendungen oder gesehene Filme spricht und diese empfehlend oder kritisch vorstellen möchte.

In **Inhaltsangaben**
- stützt man sich auf eine **Gliederung** des Ausgangstextes,
- verkürzt man den Ausgangstext mit **raffenden Begriffen** und **zusammenfassenden Wendungen**, nicht durch Auslassungen oder Streichungen,
- gibt man die wesentlichen Inhalte des Ausgangstextes mit **eigenen Worten** wieder,
- übernimmt man **thematische Schlüsselwörter** im Originalwortlaut aus dem Ausgangstext (ohne Kennzeichnung als Zitat; z.B. *religiöses/wissenschaftliches Weltbild*, ↗ **Inhaltsangabe eines wissenschaftlichen Textes**),
- fügt man ausnahmsweise ein knappes **Zitat** (mit Zeilenangabe) aus dem Ausgangstext an, z.B. für treffende oder zentrale Originalbegriffe in wissenschaftlichen oder argumentativen Ausgangstexten,

Inhaltsangabe – Basiskapitel

- fasst man **Dialoge** im Ausgangstext sachlich zusammen oder gibt sie punktuell in **indirekter Rede** wieder; dabei wird der Konjunktiv verwendet,
- werden **allgemeine Strukturwörter** genutzt, die den **Aufbau von Texten** beschreiben: Anfangs-, Folge- und Schlusssignale für Einleitung, Hauptteil und Schluss,
- werden **besondere Strukturwörter** verwendet, die die jeweilige **Textform** oder **literarische Gattung** des Ausgangstextes benennen,
- wird insgesamt ein **sachlicher**, **neutraler Stil** verwandt, ohne persönliche Wertungen, Umgangs- oder Bildersprache,
- schreibt man grundsätzlich im **Präsens**; im **Präteritum** nur bei Publikationsangaben (z. B.: *Der Text wurde 2007 in der ZEIT veröffentlicht*) und bei Ereignissen, die zeitlich vor der im Ausgangstext erzählten Handlung oder dem berichteten Ereignis liegen (z. B.: *Sie sieht, dass im Fenster gegenüber, in der Wohnung über ihr, die sie für unbewohnt hielt, ein kleiner Junge sich über die Vorführungen des alten Mannes freut. Die Aufmerksamkeit des Mannes am Fenster galt also gar nicht ihr, sondern dem Jungen;* ↗ **Inhaltsangabe eines Erzähltextes**).

Beim **Aufbau** einer Inhaltsangabe verfährt man im Allgemeinen so:

- **ANFANG DER INHALTSANGABE**
  Man beginnt mit einem
  - **Informationssatz** mit Publikationsdaten zum Ausgangstext: Autor/in; Titel, Textform (bei nichtfiktionalen Texten) oder literarische Gattung; Jahr und (evtl.) Ort der Publikation; Publikationsmedium (Zeitung, Buch, Sammelband, Webseite etc.); (evtl.) Adressatengruppe,
  - **Themasatz** zum Sachverhalt oder zur Problematik des Textes,
  - **Überblickssatz**, der eine erste Orientierung über den gesamten Textinhalt gibt (einer Art **Ein-Satz-Inhaltsangabe**).

- **MITTE DER INHALTSANGABE**
  Man fährt mit einer **strukturierten Zusammenfassung** des Ausgangstextes fort, bei der man sich an den ↗ **Sinnabschnitten** in der ↗ **Gliederung** orientiert:
  - Anfang des Ausgangstextes
  - Mitte des Ausgangstextes
  - Schluss des Ausgangstextes

- **SCHLUSS DER INHALTSANGABE**
  Man schließt mit einer **knappen Schlussbetrachtung** ab. Diese enthält eine erste **Deutung** oder Einschätzung der **Wirkung** des Textes und kann sich z. B. beziehen auf
  - die Bedeutung des Titels eines Textes (↗ **Inhaltsangabe eines Erzähltextes**),
  - die Wirkung der journalistischen Darstellungsform (↗ **Inhaltsangabe eines argumentativen Textes**) oder
  - die Wirkung auf den angesprochenen Adressatenkreis (↗ **Inhaltsangabe eines wissenschaftlichen Textes**).

Inhaltsangaben werden vor allem zu Ausgangstexten verfasst, die
- erzählen (↗ **Inhaltsangabe eines Erzähltextes**) oder berichten,
- erklären (↗ **Inhaltsangabe eines wissenschaftlichen Textes**) oder
- argumentieren (↗ **Inhaltsangabe eines argumentativen Textes**).

I Inhaltsangabe – Basiskapitel

Um eine Inhaltsangabe zu schreiben, bieten sich zwei Schritte an:
- die **Vorbereitung** der Inhaltsangabe durch eine **Bearbeitung** und ↗ **Gliederung** des Ausgangstextes,
- die **Ausformulierung** der Inhaltsangabe auf dieser Grundlage.

So wird's gemacht

Lesestrategie: Schritte bei der Vorbereitung

Als wichtige Vorbereitung für die Inhaltsangabe eines Textes wird die **Gliederung** erarbeitet, die dem Ausgangstext zugrunde liegt.

Der Ausgangstext wird **gelesen**,
- zunächst mit dem Ziel, schnell ein **inhaltliches Allgemeinverständnis** zu erreichen,
- dann erneut, jetzt langsam und mit besonderer Aufmerksamkeit für
  - **thematische Schlüsselwörter**, aus denen man das **Thema** des Textes ableiten kann,
  - **allgemeine Strukturwörter** für **Anfang**, **Mitte** und **Schluss** des Textes und
  - **besondere Strukturwörter,** mit denen man die **Textform** (bei nichtfiktionalen Texten) bzw. die **Gattung** (bei fiktionalen Texten) bestimmen kann.

Diese Schritte eines genauen Lesens werden von einer **Textmarkierung** (mit unterschiedlichen grafischen Zeichen und Farben für unterschiedliche Textmerkmale) begleitet, mit der man eine mögliche **Gliederung** des Gesamttextes (z. B. eines Gedankengangs, einer Ereigniskette, eines wissenschaftlichen Sachverhalts) sichtbar machen kann.

Gliederungsabschnitte in einem Text lassen sich an einem **Wechsel** erkennen, und zwar
- in **argumentativen Texten** an einem Wechsel zwischen
  - Sachverhalt, der umstritten oder kontrovers ist
  - These/Antithese
  - Pro-/Kontra-Argumenten mit Beispielen
- in **Erzähltexten** an einem Wechsel von
  - Ort
  - Zeit
  - Personen
  - Handlungen
  - Themen
  - Erzählverhalten (eines Erzählers oder einer handelnden Person)
- in **wissenschaftlichen Texten** an einem Wechsel von
  - Themenaspekten des erklärten Sachverhalts
  - Beispielen für erklärte Themenaspekte

Die **Gliederungsabschnitte** im Ausgangstext werden im Text markiert (z. B. durch //). Auf dem Rand erscheinen sie als **Gliederungspunkte**: durchnummeriert und mit einer thematischen Überschrift als **Randnotiz** versehen (1. …, 2. …. etc.).

Inhaltsangabe – Basiskapitel

Schreibplan: Schritte bei der Ausformulierung

Um eine **knappe Inhaltsangabe** zu einem **Text** zu schreiben,

- orientiert man sich an den **Gliederungspunkten** und **Randnotizen** der Textbearbeitung,
- kann man mehrere Gliederungspunkte noch einmal zusammenfassen: z. B. **einzelne Textab-schnitte** innerhalb der **Grobgliederung**,
- formuliert man seine Randnotizen zu **vollständigen Sätzen** aus,
- nimmt man das **Thema** des Ausgangstextes auf,
- berücksichtigt man allgemeine **Strukturwörter** für **Anfang**, **Mitte** und **Schluss** des jeweiligen Ausgangstextes sowie
- besondere **Strukturwörter** für die **Textform** bzw. **Gattung** des Ausgangstextes, z. B. für **argu-mentative** Texte, **Erzähltexte** oder **wissenschaftliche** Texte.

Nicht immer muss man sich in Inhaltsangaben an die **Reihenfolge der Gliederungspunkte** halten. Wenn man durch eine **Umstellung** einzelner Punkte erreichen kann, dass die Inhalte übersichtlicher und für Leser verständlicher werden, sollte man dies auch tun. Dies ist der Fall in dem Beispieltext unter ↗ **Inhaltsangabe eines wissenschaftlichen Textes**.
Bei Ausgangstexten mit einer klaren chronologischen Abfolge der Ereignisse oder einer Ursache-Wir-kungskette (vgl. die Geschichte unter ↗ **Inhaltsangabe eines Erzähltextes**) hält man sich jedoch genau an die vorgegebene Abfolge der Gliederungspunkte. Dies gilt generell auch für den Gedan-kengang in einem argumentativen Text. Wenn allerdings Angaben zur These oder Antithese verstreut im Text vorkommen, kann man diese in der Inhaltsangabe gebündelt zusammenfassen (vgl. ↗ **In-haltsangabe eines argumentativen Textes**).

Formulierungshilfen für Inhaltsangaben

➤ für die Formulierung eines **Informationssatzes**
- **verbale Wendungen** für die Angabe von **Publikationsdaten**, z. B.:
  Der Text … (Titel) wurde geschrieben/verfasst von … (Autor).
  Der Text von … (Autor) erschien am … (Datum) in … (Publikationsform).
  Der Text … (Titel) wurde am … (Datum)/im Jahr X/zuerst 2007 in … veröffentlicht.
  Der Text stammt aus … (Publikationsform) aus dem Jahr X.
  In seinem Artikel/Kommentar/Erzähltext/wissenschaftlichen Beitrag aus (der Zeitung X/dem Sammelband Y/dem Erzählband Z) beschäftigt sich der Autor/die Verfasserin mit …
- **substantivische Wendungen** für die **Textform/Gattung**, z. B.:
  (Leit-)Artikel/wissenschaftlicher Artikel/Beitrag/Forschungsbericht …
  (Kurz-)Geschichte/Erzählung/Romanauszug/Romanszene/Dramenszene

➤ für die Formulierung eines **Themasatzes**
  Der Text/die Szene handelt von …/behandelt das Thema …/erzählt die Geschichte von …/spielt in …
  Der Autor/Erzähler beschäftigt sich/befasst sich mit …/bezieht sich auf …/stellt sich die Frage, ob …/setzt sich (kritisch) mit … auseinander

Inhaltsangabe – Basiskapitel

Die Verfasserin stellt … vor/dar/behandelt das Problem …/erörtert die Frage, ob …
Das (zentrale) Thema/der Kerngedanke des Textes ist …

➤ für die Formulierung eines **Überblickssatzes**
Die Handlung entwickelt sich in … Schritten/(Erzähl-)Abschnitten.
Die Argumentation gliedert sich in …/lässt sich in … Abschnitte gliedern.
Der Gedankengang des Verfassers vollzieht sich in … Schritten.
Der Verfasser gliedert seinen Text in … Teile/Abschnitte: …
Der Aufbau des Textes ist dreigliedrig: …, …, … .
Die Autorin baut ihren Text/Artikel/Bericht folgendermaßen auf: …

➤ für eine **übersichtliche Gliederung** der **Mitte** der Inhaltsangabe …

- ▪ … eines **argumentativen Textes**:
  Der Verfasser führt in eine tagespolitische Diskussion ein.
  Er entwickelt seinen Argumentationsgang in … Schritten.
  Ein erstes/zweites/weiteres (Gegen-)Argument ist, dass …
  Ein weiterer Grund für seine Annahme, dass …, ist …
  Er beendet/schließt seinen Kommentar mit …

- ▪ … eines **Erzähltextes**:
  Die Ausgangssituation ist die folgende: …/Zu Beginn/Am Anfang/Zunächst …/Die Geschichte beginnt mit …/Der Erzähler versetzt den Leser in …
  Im weiteren Verlauf der Geschichte/Handlung …/Danach/Anschließend …
  Am Ende/Zum Schluss/Schließlich …/Die Geschichte endet damit, dass …/mit einem Höhepunkt/mit einer überraschenden Wende …

- ▪ eines **wissenschaftlichen Textes**:
  Der Verfasser stellt seinen Lesern einen wissenschaftlichen Sachverhalt vor: …; Die Autoren kündigen zu Beginn ihrer Ausführungen an, dass …;
  Er untergliedert X in zwei …/unterscheidet zwei/drei … ; Als erstes führt er aus, dass …; Die zweite Erklärungsweise …;
  Er beendet/schließt seine Erklärung mit …; Die Autoren fassen am Ende ihres Artikels verallgemeinernd zusammen: …

Inhaltsangabe eines argumentativen Textes

So wird's gemacht

Lesestrategie: Schritte bei der Vorbereitung

Als wichtige Vorbereitung für die Inhaltsangabe eines **argumentativen Textes** wird die **Gliederung** erarbeitet, die dem Ausgangstext zugrunde liegt.

In dem **Leitartikel** „Versagende Integration" lässt sich die **Grobgliederung A–C** erkennen, wenn man auf diese **Wechsel** in der **Argumentation** achtet:

- in der Einleitung: auf **Sachverhalt**, **These** und **Antithese**,
- im Hauptteil: auf **Argumente** und **Gegenargumente** mit den jeweiligen Beispielen,
- im Schlussteil: auf **Schlussfolgerungen**, evtl. auch auf **Handlungsanweisungen** und **Lösungs-vorschläge**.

Ausgangstext
Dietrich Alexander, „Versagende Integration"

Um den Zusammenhang zu verdeutlichen, wie aus den vorbereitenden Schritten die **Gliederung** eines argumentativen Textes entstehen kann, werden in dem folgenden Beispieltext markiert:

> Thema: umstrittener Sachverhalt
> These mit Argumenten und Beispielen
> Antithese mit **Gegenargumenten** und Beispielen
> Synthese als Schlussfolgerung
> besondere Strukturwörter für **argumentative** Texte
> // Gliederungsabschnitte im Argumentationsgang

In der Kommentarspalte werden **Gliederungsabschnitte** des argumentativen Ausgangstextes aufgeführt.

Versagende Integration

Der erste Tote in Frankreich – bei der Gewaltbereitschaft und dem Hass, der sich allnächtlich Bahn bricht, war es leider nur eine Frage der Zeit, bis ein Mensch sterben wird. Die Grande Nation steht rat- und machtlos vor den Trümmern ihrer verfehlten Integrationspolitik. //

A Kontroverser Sachverhalt

1 Sachverhalt: Integrationspolitik in Frankreich
THESE des Verf.: „verfehlte Integrationspolitik" mit Beispiel

Inhaltsangabe eines argumentativen Textes

Was ist schief gelaufen? Hatte man nicht vieles **richtig** gemacht? Es gibt schließlich Schulpflicht ausschließlich auf Französisch, Staatskunde, die Armee als Integrationsbaustein – zumindest bis Präsident Chirac[1] 1995 als eine seiner ersten Amtshandlungen die Wehrpflicht abschaffte –, Nachbarschaftspolizei – zumindest bis Sarkozy[2] und Chirac auch diese 2002 auflösten. // **Doch** die Franzosen müssen heute in grausamer Klarheit erkennen, dass ihre Integrations- und Sozialpolitik einem Scherbenhaufen gleicht. //

Gewiss, es gibt **keinen Masterplan** für die Integration von Zuwanderern. Genau wie Briten und Niederländer wähnten die Franzosen sich in der Gewissheit, wenn schon kein perfektes, so doch **akzeptables Modell gesellschaftlichen Zusammenlebens** geschaffen zu haben. // **Doch** heute zeigt sich in den verwahrlosten Vorstädten, in denen staatliche Strukturen den Rückzug angetreten und weitgehend rechtsfreie Räume hinterlassen haben, eine verlorene Generation auf den Straßen, gefangen und stigmatisiert. Hohe Arbeitslosigkeit und das Gefühl einer rassistisch begründeten Ablehnung sind die Saat für den Hass der Jugendlichen, die in zerstörten Familienstrukturen auch keinen Halt mehr finden. // Staat und Politiker gleich welcher Ausrichtung haben die jungen Zuwanderer der Cités[3] im Stich gelassen. Ihnen reicht es nicht, einfach nur Franzosen zu sein. Sie wollen von der sich daraus ergebenden Freiheit, Gleichheit und Brüderlichkeit profitieren, was sich allzu oft als illusorisch erweist. // Die Regierung **darf aber** auf keinen Fall ihr Gewaltmonopol aus der Hand geben, **nicht** kapitulieren vor einem marodierenden[4] Mob[5]. Und wenn Recht und Ordnung wieder hergestellt sind, **kann es kein** Übergehen zur Tagesordnung **geben, kein** eitles Gerangel um Macht und Einfluss. // Frankreich **braucht** Sozial- und Beschäftigungsprogramme für die, die der Innenminister in maßloser Arroganz „Abschaum" nennt. Das Land brennt, und Chirac hat nicht mehr die Kraft, es zu löschen. **Wo ist** ein zweiter de Gaulle[6]?

In: DIE WELT, 8. November 2005, S. 8: Leitartikelseite

B Pro-/Kontra-Argumentation

2 ANTITHESE der Gegenseite (als Fragenkette): „richtige Integrationspolitik" mit Beispielen/Gegenbeispielen (des Verf.)

3 Schlussfolgerung 1 für die THESE

4 Gegenarg. für die ANTITHESE (als Zugeständnis des Verf.: „Gewiss")

5 Arg. 1 für die THESE (gegen die ANTITHESE) mit Beispielen
Arg. 2 für die THESE

Arg. 3 für die THESE

6 Schlussfolgerung 2 für die THESE („im Stich gelassen")

C Allgemeine Schlussfolgerung aus der Argumentation
7 Handlungsanweisung

8 Lösungsvorschlag

---

[1]**Jacques Chirac** (geb. 1932) Staatspräsident von Frankreich (1995–2007) – [2]**Nicolas Sarkozy** (geb. 1955) französischer Innenminister unter Chirac (2004–2007), übernimmt 2007 dessen Amt – [3]**Cités** Pariser Vororte mit Wohnsiedlungen, in denen ein hoher Anteil an Zuwanderern lebt – [4]**marodieren** plündern – [5]**Mob** (engl.) Pöbel; kriminelle Bande – [6]**Charles de Gaulle** (1890–1970) Chef der französischen Übergangsregierung (1944–1946), Begründer der Fünften Republik, Staatspräsident von Frankreich (1959–1969)

Inhaltsangabe eines argumentativen Textes

Schreibplan: Schritte bei der Ausformulierung

Auf der Grundlage dieser Gliederung kann man einen **kurzen geschlossenen Text** (↗ **Sinnab-schnitt**) zum Inhalt des argumentativen Ausgangstextes schreiben:

■ ANFANG DER INHALTSANGABE: allgemeiner Überblick (Informations-, Thema-, Überblickssatz)
⊙ MITTE DER INHALTSANGABE: strukturierte Wiedergabe des ARGUMENTATIVEN TEXTES
  ■ Anfang des Ausgangstextes: Sachverhalt mit These und Antithese
  ⊙ Mitte des Ausgangstextes: Pro-/Kontra-Argumentation mit Schlussfolgerung
  ▲ Schluss des Ausgangstextes: Handlungsanweisung und Lösungsvorschlag
▲ SCHLUSS DER INHALTSANGABE: knappe Schlussbetrachtung (hier: zur journalistischen Darstel-lungsform „Leitartikel")

Inhaltsangabe eines argumentativen Textes
Dietrich Alexander, „Versagende Integration"

Um den Zusammenhang zu verdeutlichen, wie aus den vorbereitenden Schritten eine Inhaltsangabe entsteht, werden im folgenden Beispieltext markiert:

> Sachverhalt
> raffende thematische Begriffe
> Strukturwörter für die **Grobgliederung** eines argumentativen Textes
> besondere Strukturwörter für **argumentative** Texte
> erklärende Wendungen (für Inhaltsangaben)

In der Kommentarspalte werden **Gliederungsabschnitte** der Inhaltsangabe aufgeführt.

■ In dem politischen Kommentar „Versagende Integration" auf der Leitartikelseite in der überregionalen Tageszeitung DIE WELT vom 8. November 2005 bezieht sich der Journalist Dietrich Alexander auf ein aktuelles gesellschaftliches Problem. Er **setzt sich kritisch mit** der Integrationspo
5 litik in Frankreich **auseinander**. Angesichts anhaltender Gewaltausschreitungen unter Jugendlichen aus ethnischen Minderheiten in französischen Vorstädten **bezweifelt** er, **dass** zur Zeit (2005) eine friedliche Integration von Minderheiten in Frankreich möglich ist.
■ Der Verfasser stellt seinen Lesern einen kontroversen Sachverhalt aus
10 der Tagespolitik vor: die Integration von Zuwanderern in Frankreich. Er **ist der Ansicht, dass** Frankreichs Integrationspolitik trotz verschiedener Anstrengungen der Politiker **gescheitert** sei. ⊙ **Die Gegenseite behauptet, dass** mit den bereits ergriffenen politischen und gesellschaftlichen Maßnahmen für ausländische Bürger wie Armee und Nachbarschaftspolizei,
15 Schulpflicht auf Französisch und Staatskunde ein akzeptables Modell für das Zusammenleben geschaffen worden sei.

■ **ANFANG DER INHALTSANGABE**
Informationssatz mit Thema

Überblickssatz

⊙ **MITTE DER INHALTSANGABE**
■ **Anfang** des Ausgangstextes
Abschnitte 1 und 3, Z. 1–4, 10–12

⊙ **Mitte** des Ausgangstextes
Abschnitte 2 und 4, Z. 5–10, 13–16

Inhaltsangabe eines argumentativen Textes

Der Journalist **führt für** seinen **Standpunkt drei** Argumente an. **Erstens** hätten sich die französischen Vorstädte aufgrund der fehlenden
staatlichen Ordnungskräfte zu rechtsfreien Räumen entwickelt. **Zwei-**
20 **tens** diskriminiere die einheimische Bevölkerung ausländische Mitbürger. **Und drittens** fänden Jugendliche mit Migrantenhintergrund keine
Arbeitsplätze. Der Verfasser **kommt zu dem Schluss, dass** diese als Franzosen eingebürgerten Jugendlichen im französischen Rechtsstaat keine
Grundrechte wie „Freiheit, Gleichheit und Brüderlichkeit" (Z. 25 f.) für
25 sich in Anspruch nehmen können. ▲ **Abschließend** formuliert der
Kommentator die **Handlungsanweisung**, dass als Erstes „Recht und
Ordnung" (Z. 29) durch den französischen Staat wiederhergestellt werden müssten. **Als Lösung** des Integrationsproblems **fordert** er, die Minderheiten in Frankreich durch geeignete Sozial- und Beschäftigungspro-
30 gramme zu integrieren.
▲ Auf der Leitartikelseite der WELT <u>kann</u> dieser Kommentar aufgrund
der sachlichen Recherche des Journalisten <u>zur</u> Meinungsbildung von
Lesern in multikulturellen Gesellschaften <u>beitragen</u>.

Abschnitt 5, Z. 16–22

Abschnitt 6, 22–26

▲ **Schluss** des Ausgangstextes

*Abschnitte 7–8, Z. 27–31,
Z. 31–34*

▲ **SCHLUSS DER
INHALTSANGABE**
Schlussbetrachtung: Wirkung der
journalistischen Darstellungsform

Formulierungshilfen für Inhaltsangaben

Vgl. die im Beispieltext markierten sprachlichen Wendungen für <u>erklärende</u> und **argumentative**
Texte und weitere Formulierungshilfen unter ↗ **Inhaltsangabe – Basiskapitel** (S. 119 f .), ↗ **Argumentation** (S. 32 ff.), ↗ **Erklärung** (S. 72 f.), ↗ **Kommentar** (S. 221).

Inhaltsangabe eines Erzähltextes

So wird's gemacht

Lesestrategie: Schritte bei der Vorbereitung

Als wichtige Vorbereitung für die Inhaltsangabe eines **Erzähltextes** wird die **Gliederung** erarbeitet, die dem Ausgangstext zugrunde liegt.

In der **Kurzgeschichte** „Das Fenster-Theater" von Ilse Aichinger lässt sich
- die **Grobgliederung A–C** erkennen, wenn man auf den Wechsel des **Handlungsortes** achtet,
- die **Binnengliederung** erarbeiten, wenn man weitere Wechsel, etwa von **Handlungen** und **Zeit**, beobachtet.

Ausgangstext
Ilse Aichinger, „Das Fenster-Theater"

Um den Zusammenhang zu verdeutlichen, wie aus den vorbereitenden Schritten die **Gliederung** eines Erzähltextes entstehen kann, werden in dem folgenden Beispieltext markiert:

> Ort der Handlung
> Zeit der Handlung
> die wichtigsten **Reaktionen** der Frau (ihre Wahrnehmungen, Vorstellungen, Handlungen)
> die wichtigsten Aktionen des Mannes (seine Gestik, Mimik, Körperbewegungen)
> // Gliederungsabschnitte im Erzähltext

In der Kommentarspalte werden **Gliederungsabschnitte** des Erzähltextes aufgeführt.

Das Fenster-Theater

Die Frau lehnte am Fenster und sah hinüber. Der Wind trieb in leichten Stößen vom Fluss herauf und brachte nichts Neues. Die Frau hatte den starren Blick neugieriger Leute, die unersättlich sind. Es hatte ihr noch niemand den Gefallen getan, vor ihrem Haus niedergefahren zu werden.
5 Außerdem wohnte sie im vorletzten Stock, die Straße lag zu tief unten. Der Lärm rauschte nur mehr leicht herauf. Alles lag zu tief unten. // Als sie sich eben vom Fenster abwenden wollte, bemerkte sie, dass der Alte gegenüber das Licht angedreht hatte. Da es noch ganz hell war, blieb dieses Licht für sich und machte den merkwürdigen Eindruck, den auf-
10 flammende Straßenlaternen unter der Sonne machen. Als hätte einer an

A Blick der Frau vom Fenster im vorletzten Stock eines Wohnhauses zum Fenster gegenüber

1 Die Ausgangssituation: Frau (F) blickt gelangweilt aus Fenster

2 Alter Mann (M) gegenüber schaltet Licht an und weckt ihr Interesse

Inhaltsangabe eines Erzähltextes

seinen Fenstern die Kerzen angesteckt, noch ehe die Prozession die Kirche verlassen hat. Die Frau **blieb** am Fenster. //

Der Alte öffnete und nickte herüber. **Meint er mich?** **dachte** die Frau. Die Wohnung über ihr stand leer, und unterhalb lag eine Werkstatt, die
15 um diese Zeit schon geschlossen war. Sie **bewegte leicht den Kopf**. Der Alte nickte wieder. Er griff sich an die Stirne, entdeckte, dass er keinen Hut aufhatte, und verschwand im Innern des Zimmers. //

3 M öffnet Fenster und grüßt, F fühlt sich angesprochen

Gleich darauf kam er in Hut und Mantel wieder. Er zog den Hut und lächelte. Dann nahm er ein weißes Tuch aus der Tasche und begann zu
20 winken. Erst leicht und dann immer eifriger. Er hing über die Brüstung, dass man Angst bekam, er würde vornüberfallen. Die Frau **trat einen Schritt zurück**, aber das schien ihn nur zu bestärken. Er ließ das Tuch fallen, löste seinen Schal vom Hals – einen großen bunten Schal – und ließ ihn aus dem Fenster wehen. Dazu lächelte er. Und als sie noch einen
25 weiteren Schritt zurücktrat, warf er den Hut mit einer heftigen Bewegung ab und wand den Schal wie einen Turban um seinen Kopf. Dann kreuzte er die Arme über der Brust und verneigte sich. Sooft er aufsah, kniff er das linke Auge zu, als herrschte zwischen ihnen ein geheimes Einverständnis. // Das bereitete ihr so lange Vergnügen, bis sie plötzlich nur mehr
30 seine Beine in dünnen, geflickten Samthosen in die Luft ragen sah. Er stand auf dem Kopf. Als sein Gesicht gerötet, erhitzt und freundlich wieder auftauchte, **hatte** sie schon **die Polizei verständigt**. //

4 M führt Kunststücke am offenen Fenster auf

5 M zeigt bekleidete Beine, F verständigt sofort Polizei

Und während er, in ein Leintuch gehüllt, abwechselnd an beiden Fenstern erschien, unterschied sie schon drei Gassen weiter über dem Geklin-
35 gel der Straßenbahnen und dem gedämpften Lärm der Stadt das Hupen des Überfallautos. Denn ihre Erklärung hatte nicht sehr klar und ihre Stimme erregt geklungen. Der alte Mann lachte jetzt, so dass sich sein Gesicht in tiefe Falten legte, streifte dann mit einer vagen Gebärde darüber, wurde ernst, schien das Lachen eine Sekunde lang in der hohlen
40 Hand zu halten und warf es dann hinüber. Erst als der Wagen schon um die Ecke bog, gelang es der Frau, **sich von seinem Anblick loszureißen**. //

6 M spielt eine neue Szene, F hört Überfallauto und verlässt Fenster

Sie **kam** atemlos unten **an**. Eine Menschenmenge hatte sich um den Polizeiwagen gesammelt. Die Polizisten waren abgesprungen, und die
45 Menge kam hinter ihnen und der Frau her. Sobald man die Leute zu verscheuchen suchte, erklärten sie einstimmig, in diesem Hause zu wohnen. Einige davon kamen bis zum letzten Stock mit. Von den Stufen beobachteten sie, wie die Männer, nachdem ihr Klopfen vergeblich blieb und die Glocke allem Anschein nach nicht funktionierte, die Tür aufbra-
50 chen. Sie arbeiteten schnell und mit einer Sicherheit, von der jeder Einbrecher lernen konnte. Auch in dem Vorraum, dessen Fenster auf den Hof sahen, zögerten sie nicht eine Sekunde. Zwei von ihnen zogen die Stiefel aus und schlichen um die Ecke. Es war inzwischen finster gewor-

B Gang der Frau nach unten auf die Straße und hinauf in den letzten Stock des gegenüberliegenden Hauses
7 F unten auf der Straße mit Menschenmenge folgt Polizisten, die in die Wohnung des M eindringen

Inhaltsangabe eines Erzähltextes

den. Sie stießen an einen Kleiderständer, gewahrten den Lichtschein am
55 Ende des schmalen Ganges und gingen ihm nach. Die Frau **schlich hinter ihnen her**. //

Als die Tür aufflog, stand der alte Mann mit dem Rücken zu ihnen
gewandt, noch immer am Fenster. Er hielt ein großes weißes Kissen auf
dem Kopf, das er immer wieder abnahm, als bedeutete er jemandem,
60 dass er schlafen wolle. Den Teppich, den er vom Boden genommen hatte,
trug er um die Schultern. Da er schwerhörig war, wandte er sich auch
nicht um, als die Männer schon knapp hinter ihm standen und die Frau
über ihn hinweg ihr eigenes finsteres Fenster sah. //

C Blick der Frau aus der fremden Wohnung auf ihr eigenes Fenster gegenüber
8 M führt Gute-Nacht-Szene vor, F sieht über ihn hinweg eigenes dunkles Fenster

Die Werkstatt unterhalb war, wie sie angenommen hatte, geschlossen.
65 Aber in die Wohnung oberhalb musste eine neue Partei eingezogen sein.
An eines der erleuchteten Fenster war ein Gitterbett geschoben, in dem
aufrecht ein kleiner Knabe stand. Auch er trug sein Kissen auf dem Kopf
und die Bettdecke um die Schultern. Er sprang und winkte herüber und
krähte vor Jubel. Er lachte, strich mit der Hand über das Gesicht, wurde
70 ernst und schien das Lachen eine Sekunde lang in der hohlen Hand zu
halten. Dann warf er es mit aller Kraft den Wachleuten ins Gesicht.

9 F sieht erleuchtetes Fenster oberhalb ihres eigenen mit kleinem Jungen, der die Szene nachspielt

In: Ilse Aichinger (1987): Meine Sprache und ich. Erzählungen. Fischer Taschenbuchverlag, Frankfurt a. M. [1978], S. 61 – 63

Schreibplan: Schritte bei der Ausformulierung

Auf der Grundlage dieser Gliederung kann man einen kurzen **geschlossenen Text** (↗ **Sinnabschnitt**) zum Inhalt des Erzähltextes schreiben:

- ■ ANFANG DER INHALTSANGABE: allgemeiner Überblick (Informations-, Thema-, Überblickssatz)
- ◉ MITTE DER INHALTSANGABE: strukturierte Wiedergabe des ERZÄHLTEXTES
  - ■ Anfang des Ausgangstextes: Handlungsbeginn
  - ◉ Mitte des Ausgangstextes: fortlaufende Handlung
  - ▲ Schluss des Ausgangstextes: Handlungsende
- ▲ SCHLUSS DER INHALTSANGABE: knappe Schlussbetrachtung (hier: zur Bedeutung des Titels)

Die Handlung in **Erzähltexten** verläuft nicht nur in **zeitlichen** Abschnitten und durch **räumliche** Stationen. Sie lässt sich auch **kausal**, d. h. als **Ursache-Wirkungs-Beziehung** zwischen den handelnden Personen erklären: Die Aktion einer Figur löst die Reaktion einer anderen aus. Deshalb sollte man für seine Inhaltsangabe auch überlegen, welche **Gründe** es gibt, die bestimmte Handlungen einer Figur auslösen.

Am Ende der Inhaltsangabe zu dieser Kurzgeschichte bietet es sich an, kurz auf den **Titel** einzugehen und seine Bedeutung zu erklären. Mit dieser **Schlussbetrachtung** kann man seinen Lesern zu einem ersten thematischen Verständnis des Erzähltextes verhelfen.

Inhaltsangabe eines Erzähltextes
Ilse Aichinger, „Das Fenster-Theater"

Um den Zusammenhang zu verdeutlichen, wie auf der Grundlage einer **Gliederung** eine Inhaltsangabe des Erzähltextes entstehen kann, werden im folgenden Beispieltext markiert:

> Thema
>
> raffende thematische Begriffe
>
> **Strukturwörter** für die **Grobgliederung** eines Erzähltextes
>
> besondere Strukturwörter für Erzähltexte:
>
> > **zeitlicher** Verlauf der Handlung durch einzelne <u>räumliche</u> Stationen
> >
> > **Gründe** für die einzelnen Handlungen bzw. Reaktionen der Frau
> >
> > <u>erklärende</u> Wendungen (für Inhaltsangaben)

In der Kommentarspalte werden **Gliederungsabschnitte** der Inhaltsangabe aufgeführt.

■ Ilse Aichingers Kurzgeschichte „Das Fenster-Theater" wurde in einem ihrer Erzählbände veröffentlicht, zuerst im Jahr 1978. Die Geschichte <u>handelt von</u> einem Missverständnis, das <u>auf</u> der falschen Wahrnehmung einer einsamen Frau <u>beruht</u>, die sich von einem Mann angesprochen
5 fühlt. Sie bemerkt erst am Ende, dass die Grußgesten eines Nachbarn am Fenster gegenüber ihrer Wohnung nicht an sie gerichtet sind.

◎

■ **Zu Beginn der Geschichte** steht die Frau **gegen Abend** gelangweilt am Fenster ihrer <u>hoch über der Straße</u> gelegenen <u>Stadtwohnung</u>. Ihr
10 Interesse wird geweckt, **als** der alte Mann <u>im</u> hell erleuchteten <u>Fenster gegenüber</u> freundlich winkt und herübergrüßt, **sodass** sie sich angesprochen fühlt und **daraufhin** neugierig <u>am Fenster</u> stehen bleibt und den Vorführungen des Mannes gespannt folgt. **Im weiteren Verlauf der Handlung** schlägt das Interesse der Frau jedoch in Ablehnung um. **Als**
15 der Mann auf dem Kopf steht und nur noch mit seinen bekleideten Beinen <u>im Fensterausschnitt</u> zu sehen ist, **löst** dies **in ihr** Abscheu **aus**. Sie empfindet die akrobatischen Verrenkungen des Mannes als Belästigung, verständigt **deshalb** die Polizei und eilt <u>hinunter auf die Straße</u>. ◎ **Nach Ankunft** des Überfallautos dringen Polizisten, gefolgt von einer Menge
20 neugieriger Leute, unter ihnen auch die Frau, in die Wohnung des schwerhörigen Mannes ein, der ungestört <u>am Fenster</u> gerade jemandem <u>im Haus gegenüber</u> eine weitere Gute-Nacht-Szene vorspielt. Die Frau blickt über ihn hinweg und kann **so** <u>ihre eigene Hausfront gegenüber</u> sehen. ▲ **Die Geschichte endet mit einer überraschenden Wende**. Die
25 Frau erkennt **schließlich** ihren Irrtum. Sie sieht, dass <u>im Fenster gegenüber, in der Wohnung über ihr</u>, die sie für unbewohnt hielt, ein kleiner Junge sich über die Vorführungen des alten Mannes freut. ▲ Die Aufmerksamkeit des Mannes am Fenster <u>galt</u> also gar <u>nicht</u> ihr, <u>sondern</u> dem Jungen. <u>So lässt sich</u> der Titel der Geschichte, „Das Fenster-Thea-
30 ter", <u>erklären</u>.

Kommentarspalte:

■ **ANFANG DER INHALTSANGABE**
Informationssatz
Themasatz
Überblickssatz

◎ **MITTE DER INHALTSANGABE**
■ **Anfang** des Ausgangstextes
Abschnitte 1 – 4, Z. 1 – 29

Abschnitte 5 – 6, Z. 29 – 42

◎ **Mitte** des Ausgangstextes
Abschnitt 7, Z. 43 – 56

▲ **Schluss** des Ausgangstextes
Abschnitte 8 – 9, Z. 57 – 71

▲ **SCHLUSS DER INHALTSANGABE**
Schlussbetrachtung: Erklärung des Titels

Inhaltsangabe eines Erzähltextes

Formulierungshilfen für Inhaltsangaben

Vgl. die im Beispieltext markierten sprachlichen Wendungen für erklärende und **erzählende** Texte und weitere Formulierungshilfen unter ↗ **Inhaltsangabe – Basiskapitel** (S. 119 f.), ↗ **Erklärung** (S. 72 f.), ↗ **Geschichte** (S. 100 f.).

Inhaltsangabe eines wissenschaftlichen Textes

So wird's gemacht

Lesestrategie: Schritte bei der Vorbereitung

Als wichtige Vorbereitung für die Inhaltsangabe eines **wissenschaftlichen Textes** wird die **Gliederung** erarbeitet, die dem Ausgangstext zugrunde liegt.

In dem Beispieltext „Das Weltverständnis im Übergang vom Mittelalter zur Neuzeit" handelt es sich um einen **erklärenden** wissenschaftlichen Text. Die **Grobgliederung A–C** lässt sich erkennen, wenn man auf diesen **Wechsel** achtet:

- in der Einleitung auf die **Einführung** des Sachverhalts,
- im Hauptteil auf die **Erklärung** des Sachverhalts,
- im Schluss auf eine **verallgemeinernde Zusammenfassung** des Sachverhalts.

Die **Binnengliederung** des Hauptteils kann man erarbeiten, wenn man den **Wechsel** zwischen den **thematischen Hauptaspekten** des Sachverhalts zugrunde legt; hier: zwischen dem religiösen Weltbild und dem naturwissenschaftlichen Weltverständnis.

Ausgangstext
Lothar Aßmann u.a., „Das Weltverständnis im Übergang vom Mittelalter zur Neuzeit"

Um den Zusammenhang zu verdeutlichen, wie aus den vorbereitenden Schritten die **Gliederung** eines wissenschaftlichen Textes entstehen kann, werden in dem folgenden Beispieltext markiert:

> Sachverhalt/Thema
> Themenaspekt religiöses Weltbild
> Themenaspekt **naturwissenschaftliches Weltverständnis**
> schwarzer Längsstrich I auf dem Rand: Beispiele zu den Themenaspekten
> // Gliederungsabschnitte im wissenschaftlichen Text

In der Kommentarspalte werden **Gliederungsabschnitte** des wissenschaftlichen Ausgangstextes aufgeführt.

Inhaltsangabe eines wissenschaftlichen Textes

Das Weltverständnis im Übergang vom Mittelalter zur Neuzeit

Der Übergang vom Mittelalter zur Neuzeit ist unter anderem dadurch gekennzeichnet, dass religiöse Erklärungen des Naturgeschehens zunehmend durch Beschreibungen ersetzt werden, die sich auf die neu entstandenen Erfahrungswissenschaften Astronomie, Physik und Che-
5 mie gründen. Dieser Prozess setzt bereits im 14. Jahrhundert ein und wird erst im 19. Jahrhundert weitgehend abgeschlossen. Er bestimmt bis heute das naturwissenschaftliche Weltverständnis. //

In der religiösen Erklärungsweise des ausgehenden Mittelalters ging man davon aus, dass Gott die einzelnen Naturerscheinungen unmittelbar
10 zweckhaft aufeinander bezogen und letztlich auf den Menschen als die Krone der Schöpfung ausgerichtet habe. So tritt nach dieser Auffassung z. B. auf der Insel Jamaika deshalb jeden Mittag in der größten Hitze der stärkste Wind auf, weil Gott die Windbewegungen so eingerichtet hat, dass gerade dann, wenn das Land und der auf ihm lebende Mensch am meisten
15 der Abkühlung bedarf, der Wind zu diesem Zweck über die Insel zu wehen beginnt (vgl. hierzu Immanuel Kant: Allgemeine Naturgeschichte und Theorie des Himmels, A XVI–XVIII). Diese Erklärungsmethode nennt man teleologisch[1] – // im Gegensatz zu einer kausal-mechanistischen Naturerklärung, die ohne die Angabe von Zwecken oder Zielen für ein Naturge-
20 schehen auskommt und die angesprochene Windbewegung allein mit Hilfe von meteorologischen Gesetzen und damit dem Prinzip von Ursache und Wirkung erklären würde. // Die Auffassung, wonach jedes Naturgeschehen einen bestimmten Zweck im sinnvollen Bauplan der Welt erfüllt, den es zu realisieren hat, ist in der Antike von Aristoteles (384–322
25 v. Chr.) begründet und später von der christlichen Theologie im Hinblick auf einen alles planenden Schöpfergott ausgestaltet worden. //

Diese theologische Grundsicht des Mittelalters wird nun durch Lehren verschiedener Naturforscher der beginnenden Neuzeit mehr und mehr zurückgedrängt. Da ist zunächst Kopernikus (1473–1543) zu nennen,
30 der die Sonne in den Mittelpunkt der Welt rückt und die Hypothese vertritt, dass die Erde lediglich ein um diese kreisender Planet sei. Eine zweite wichtige Zäsur[2] bildet die Lehre Newtons (1643–1727). Ihm gelingt der Nachweis der Massenanziehung: Die gleiche Kraft bewirkt, dass ein Apfel auf den Boden fällt und die Planeten auf Ellipsenbahnen
35 um die Sonne kreisen.

Mit der Erkenntnis des Gravitationsgesetzes als Bewegungsprinzip von Naturgegenständen begründet Newton eine erfahrungswissenschaftlich orientierte, mit mathematischen Methoden arbeitende Physik. // Ihr

---

A Das sich wandelnde Weltverständnis
1 Übergang vom religiösen zum naturwissenschaftlichen Weltbild v. 14. bis zum 19. Jahrhundert

B Vom Mittelalter zur Neuzeit
2 Die religiöse Erklärungsweise von Naturerscheinungen: teleologisch

| Beispiel

wissenschaftliche Quelle

3 Die naturwissenschaftliche Naturerklärung: kausal-mechanistisch
| Beispiel

4 Begründer der religiösen Weltsicht

Aristoteles: Schöpfungsplan

5 Begründer der naturwissenschaftlichen Weltsicht

Kopernikus: heliozentrisches Weltbild

Newton: Gravitationsgesetze
| Beispiele

C Ergebnis/Verallgemeinerung

---

[1]**teleologisch** mit Bezug auf Entwicklungen im Universum: zielgerichtet – [2]**Zäsur** Einschnitt

Inhaltsangabe eines wissenschaftlichen Textes

Eindruck auf die Zeitgenossen ist ungeheuerlich: Es wird hier eine Sichtweise der Welt nahegelegt, nach der sie, vergleichbar einem Uhrwerk, nach
ganz bestimmten unwandelbaren Regeln, den Naturgesetzen, abläuft; für
Gott ist hier allenfalls noch als Schöpfer der dieses Uhrwerk und seinen
regelmäßigen Ablauf beherrschenden Naturgesetze Platz, aber er gilt nicht
mehr als derjenige, der die einzelnen Naturphänomene unmittelbar zweck-
mäßig, d. h. teleologisch, eingerichtet hat. Spätestens nach der Aufklärung
am Ende des 18. Jahrhunderts hat die neue Naturwissenschaft die teleologisch-metaphysische Sichtweise in der Physik und Chemie verdrängt.

6 Naturgesetze vs. Schöpfungsplan

In: Lothar Aßmann u. a. (2004): Zugänge zur Philosophie. Bd. 1. Kursmaterialien Sekundarstufe II.
Cornelsen, Berlin, S. 119 f.

Schreibplan: Schritte bei der Ausformulierung

Auf der Grundlage dieser Gliederung kann man einen **kurzen geschlossenen Text** (↗ **Sinnab-schnitt**) zum Inhalt des wissenschaftlichen Ausgangstextes schreiben:

- ■ ANFANG DER INHALTSANGABE: allgemeiner Überblick (Informations-, Thema-, Überblickssatz)
- ◉ MITTE DER INHALTSANGABE: strukturierte Wiedergabe des WISSENSCHAFTLICHEN TEXTES
  - ■ Anfang des Ausgangstextes: Sachverhalt im Überblick
  - ◉ Mitte des Ausgangstextes: Erklärung der beiden thematischen Hauptaspekte
  - ▲ Schluss des Ausgangstextes: verallgemeinernde Zusammenfassung
- ▲ SCHLUSS DER INHALTSANGABE: knappe Schlussbetrachtung (hier: zum Adressatenkreis: Ober-stufenschüler)

Bei der Zusammenfassung der Inhalte des Gliederungsabschnitts B (in der Mitte des Ausgangstextes) kann man bei diesem Ausgangstext von der **Reihenfolge der Gliederungspunkte** abweichen und die Gliederungspunkte 2 und 4 zum religiösen Weltbild zusammenfassen, entsprechend die Gliederungspunkte 3 und 5 zum naturwissenschaftlichen Weltbild. Durch diese **thematische Bündelung** kann man in der Inhaltsangabe eine größere Klarheit für seine Leser herstellen.

Inhaltsangabe eines wissenschaftlichen Textes
Lothar Aßmann u. a., „Das Weltverständnis im Übergang vom Mittelalter zur Neuzeit"

Um den Zusammenhang zu verdeutlichen, wie aus den vorbereitenden Schritten eine Inhaltsangabe entstehen kann, werden im folgenden Beispieltext markiert:

Sachverhalt/Thema
raffende thematische Begriffe
allgemeine **Strukturwörter** für die **Grobgliederung** des wissenschaftlichen Textes
besondere Strukturwörter für **erklärende** wissenschaftliche Texte
Zeitverlauf (hier: für die historische Entwicklung des Sachverhalts)
erklärende Wendungen (für Inhaltsangaben)

Inhaltsangabe eines wissenschaftlichen Textes

In der Kommentarspalte werden **Gliederungsabschnitte** der Inhaltsangabe aufgeführt.

■ Der wissenschaftliche Text von Lothar Aßmann und anderen Autoren mit dem Titel „Das Weltverständnis im Übergang vom Mittelalter zur Neuzeit" wurde 2004 in einem Philosophieband für Oberstufenschüler veröffentlicht. Die Verfasser <u>stellen</u> den Wandel des Weltverständnisses
5 <u>dar</u>. Sie <u>betrachten</u> den Übergang von der religiösen Erklärung von Naturerscheinungen, die bis zum 14. Jahrhundert vorherrscht, zur naturwissenschaftlichen Weltsicht der Neuzeit.

◉

■ Die Autoren <u>kündigen</u> **zu Beginn ihrer Ausführungen** <u>an</u>, dass sie
10 <u>darlegen wollen, wie</u> das Weltbild sich im ausgehenden Mittelalter verändert. Sie <u>unterscheiden</u> zwei historische Erklärungsweisen der Welt. ◉ **Als erstes** <u>führen sie aus, dass</u> **bis ins ausgehende Mittelalter** die christliche Theologie das Denken bestimmt. Sie <u>ist gekennzeichnet durch</u> Aristoteles' (384–322 v. Chr.) Vorstellung von einem „sinnvollen Bauplan der
15 Welt" (Z. 23). Theologen des Mittelalters vertreten eine teleologische Auffassung, <u>das heißt, dass</u> alle Naturphänomene vom Schöpfergott zweckhaft aufeinander bezogen sind. **Demnach** tritt **zum Beispiel** auf Jamaika in der größten Mittagshitze **deshalb** ein kühler Wind auf, **weil** der Mensch ihn dann am nötigsten hat. Die **zweite** Erklärungsweise der Welt <u>entsteht</u>
20 **in der beginnenden Neuzeit als** kausal-mechanistische Naturerklärung. **Entsprechend wird** in dieser Zeit das Jamaika-Beispiel mit Hilfe von meteorologischen Gesetzen als Ursache-Wirkungs-Phänomen **erläutert**. Die naturwissenschaftliche Sicht der Welt mit ihrem frühen Vertreter Kopernikus (1473–1543) und seinem heliozentrischen Weltbild **wird**
25 entscheidend **weiterentwickelt von** Newton (1643–1727) und seiner Erkenntnis der Gravitationsgesetze. Die Verfasser <u>bezeichnen</u> ihn <u>als</u> Begründer „eine[r] erfahrungswissenschaftlich orientierte[n], mit mathematischen Methoden arbeitende[n] Physik" (Z. 37 f.). ▲ Die Autoren <u>fassen</u> **am Ende ihres Artikels** <u>verallgemeinernd zusammen</u>: Die Natur-
30 wissenschaften revolutionieren die mittelalterliche teleologisch-metaphysische Sichtweise und lösen **schließlich** die religiöse Vorstellung eines planenden Gottes durch die Erkenntnis empirisch überprüfbarer Naturgesetze ab.
▲ Dieser Lehrbuchtext verschafft aufgrund seiner klaren sachlichen und
35 zeitlichen Struktur Oberstufenschülern einen leichten Zugang zu einer abstrakten Thematik.

Kommentarspalte:

■ **ANFANG DER INHALTSANGABE**
Informationssatz

Themasatz
Überblickssatz

◉ **MITTE DER INHALTSANGABE**
■ **Anfang** des Ausgangstextes
Abschnitt 1, Z. 1–7

◉ **Mitte** des Ausgangstextes
Abschnitt 2 und 4, Z. 8–18 und 22–26

Abschnitte 3 und 5, Z. 18–22 und 27–38

▲ **Schluss** des Ausgangstextes
Abschnitt 6, Z. 38–48

▲ **SCHLUSS DER INHALTSANGABE**
Schlussbetrachtung:
Adressatengruppe

Formulierungshilfen für Inhaltsangaben

Vgl. die im Beispieltext markierten sprachlichen Wendungen für **erklärende** Texte und weitere Formulierungshilfen unter ↗ **Inhaltsangabe – Basiskapitel** (S. 119 f.), ↗ **Erklärung** (S. 72 f.).

Interpretation – Basiskapitel

Auf einen Blick

Eine **Interpretation** gehört zu den **erklärenden Textformen**. In Interpretationen von **literarischen Texten**
- **erklärt** man Lesern oder Zuhörern die **Thematik** eines (lyrischen, epischen, dramatischen) Textes,
- **benennt** man die **sprachlichen** und **kompositorischen Mittel**, die der Autor verwendet hat, und
- **erläutert** deren **Bedeutung** für die Aussage des Textes.

Ein Interpret versucht also, die Bestandteile eines Textganzen zu entdecken, und zwar auf verschiedenen **Ebenen der Textgestaltung**:

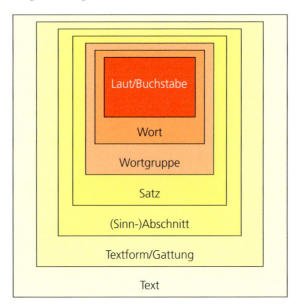

Interpreten benennen die jeweiligen Textelemente auf den verschiedenen Ebenen der Textgestaltung und deuten ihre **Funktion** für das Textganze. In diesem Sinne wird der Begriff **Textinterpretation** häufig synonym (bedeutungsgleich) mit **Textanalyse** verwendet. Um sicherzugehen, dass die auffälligen Gestaltungsmittel eines Textes nicht nur „analysiert", also im Einzelnen erkannt und benannt werden, sondern auch deren **Bedeutung** im jeweiligen Text erklärt wird, spricht man auch von **Analyse und Interpretation**.

Die Untersuchung und Deutung von **literarischen Texten** wird im Allgemeinen **Interpretation** genannt, zum Beispiel Gedicht-, Dramen- oder Romaninterpretation. Die Untersuchung und Deutung von **Sachtexten** oder **nichtfiktionalen** Texten ist eher als ↗ **Sachtextanalyse** bekannt.

Literarische Texte wie Gedichte, Geschichten, Erzählungen, Parabeln, Romane, Dramen etc. beziehen sich auf eine **erfundene Wirklichkeit**. Im Gegensatz zu **Sachtexten** (↗ **Sachtextanalyse**) entziehen sich literarische Texte einer genauen Überprüfung an der empirischen (tatsächlich gegebenen) Wirklichkeit. Man nennt sie deshalb auch **fiktionale** Texte (lt. *fictio*: Bildung, Gestaltung). Fiktionale Texte sind nicht an Orte, Zeiten, Personen und Ereignisse der Wirklichkeit gebunden.

Das heißt nicht, dass in literarischen Texten nichts **Faktisches** oder **Autobiografisches** vorkommen kann: z. B. reale Ortsnamen, aktuelle oder historische Jahreszahlen oder Personen und Ereignisse aus dem wirklichen Leben:

- **Romanhandlungen** können zum Beispiel an tatsächlich auffindbaren Orten spielen, wie Theodor Fontanes Romane in der Mark Brandenburg im späten 19. Jahrhundert, Arthur Schnitzlers Novellen im Wien der Wende vom 19. zum 20. Jahrhundert oder Alexander Döblins Roman um den bekannten *Berlin Alexanderplatz*. Und sie können zu bestimmten historischen Zeiten stattfinden, wie Günter Grass' Roman *Im Krebsgang* (2002), der von der Zerstörung eines deutschen Flüchtlingsschiffs durch ein sowjetisches U-Boot im letzten Kriegsjahr 1945 handelt.
- Ebenso gibt es **Dramen**, die historisch belegbare Ereignisse thematisieren, wie das Dokumentarstück von Heinar Kipphardt, *In der Sache J. Robert Oppenheimer* (1964), in dem Atomphysiker, die mit dem Bau der Atombombe im Zweiten Weltkrieg beauftragt waren, in den 1950er-Jahren von einem Untersuchungsausschuss verhört werden; oder Dramen, in denen als Hauptcharaktere historische Persönlichkeiten gewählt werden, wie in der *Wallenstein-Trilogie* von Friedrich Schiller, die auf dem Leben des gleichnamigen Feldherrn im Dreißigjährigen Krieg (1618–48) basiert.
- Und schließlich beziehen sich nicht selten auch **Gedichte** auf tatsächliche Orte, Zeiten, Personen oder Ereignisse, wie Andreas Gryphius' „Tränen des Vaterlandes" auf den Dreißigjährigen Krieg, Rainer Maria Rilkes „Selbstbildnis aus dem Jahre 1906" auf Autobiografisches, Theodor Fontanes „Herr von Ribbeck auf Ribbeck im Havelland" auf eine nachweisliche lokale Persönlichkeit, Georg Trakls „In Venedig" auf die bekannte italienische Lagunenstadt und Hans Magnus Enzensbergers „Autobahndreieck Feucht" auf einen Ort in der Nähe von Nürnberg.

Trotz all dieser verschiedenen **Wirklichkeitsbezüge** in literarischen Texten bleibt die Handlung eine mögliche Handlung, die Figurenzeichnung mit ihren Einzelheiten eine Erfindung des Autors oder der Autorin. Was in Literatur zählt, ist nicht das einmalige empirische Ereignis, die authentische historische Persönlichkeit, wie etwa in der Geschichtsschreibung, sondern das Allgemeingültige, das sich im Einzelfall zeigt.

Der **Autor** mag in seinem Werk eine fiktionale Welt erfunden haben. Dennoch sind fiktionale Texte auch unabhängig von ihrem „Erfinder" und können noch lange nach ihrer Entstehung Leser ansprechen, auch zeitlos gültig sein. Ihre Bedeutung zu erschließen ist die Aufgabe der **Leser**, die Literatur jeweils neu lesen und verstehen: in ihrer eigenen Zeit, unter veränderten Lebensbedingungen und mit anderen Akzenten. Der Text, nicht der Autor, spricht zum Leser.

Der Autor eines literarischen Werkes präsentiert Lesern Handlungen und Gedanken durch eine **literarische Vermittlerinstanz**: Das ist zum Beispiel der **Erzähler** in Romanen, Kurzgeschichten und Erzählungen oder der **Sprecher** bzw. das **lyrische Ich** in Gedichten. Im Drama sind es die **dramatischen Figuren**, die direkt als Mittler zwischen Text und Leser/Zuschauer auftreten.

Interpretation – Basiskapitel

Um einen älteren literarischen Text in seiner Zeit zu verstehen, können Leser ihn **kontextualisieren**, d. h., ihn mit Hilfe von **Kontextwissen** in die gesellschaftlichen, politischen oder geistigen Bedingungen seiner Entstehungszeit einordnen. Sie **aktualisieren** ihn, wenn sie prüfen, welche Bedeutung ein literarischer Text für ihre eigene Zeit, ihr eigenes Selbstverständnis und ihre veränderte Wirklichkeitserfahrung noch hat. Welche menschlichen Verhaltensweisen, welche gesellschaftlichen Normen und Werte, welche moralischen Grundsätze, welche ideologischen Überzeugungen usw. bestimmen das konkrete Verhalten von literarischen Figuren in ihrer Zeit? Welche zeitbedingten Faktoren wirken auf sie ein? Und wie anders oder ähnlich verhalten sich Menschen heute in vergleichbaren Situationen? Fragen wie diese stellen sich dem Leser und Interpreten von literarischen Texten.

Interpretationen von **literarischen Texten** werden geschrieben
- in der Schule: als **Hausaufgabe**, die eine Textbesprechung im Unterricht zusammenfasst (↗ **Protokoll**); als **Prüfungsaufgabe** in Klassenarbeiten und Klausuren und im schriftlichen Abitur; als Teil eines ↗ **Referats** oder einer ↗ **Facharbeit**,
- in der Ausbildung/im Studium: als Teil einer **Seminararbeit** oder **Schriftlichen Hausarbeit**; als **Prüfungsaufgabe** in der Abschlussprüfung oder im Examen,
- in Veröffentlichungen: in **wissenschaftlichen** Aufsätzen und Fachbüchern, z. B. zum Werk eines Schriftstellers.

Interpretationen von **literarischen Texten** werden
- generell im **Präsens** verfasst (Besprechungstempus),
- stellenweise auch im **Präteritum** geschrieben, wenn man sich auf historische Fakten bezieht; oder wenn man auf zurückliegende Ereignisse in einem früheren Kapitel eines Romans bzw. in einem früheren Akt eines Dramas eingeht,
- aus einer weitgehend **objektiven** Perspektive verfasst, mit **Textverweisen** oder **Zitaten** als Nachweis, die die einzelnen Deutungen am Text belegen und für Leser überprüfbar machen.

So wird's gemacht

Für die **Interpretation eines literarischen Textes** nutzt ein Interpret seine Kenntnisse und Fähigkeiten aus drei verschiedenen Bereichen. Diese Bereiche liefern dem Interpreten einen Vorrat an **Begriffen**, von denen er nur eine Auswahl für seine jeweilige Texterschließung benötigt. Dies sind die **Fachbegriffe**, die ihm helfen, die Textgestaltung des konkret vorliegenden lyrischen, epischen oder dramatischen Textes zu **erkennen**, zu **benennen** und zu **deuten** (vgl. die Beispieltexte in den einzelnen Interpretationskapiteln).

Textwissen

➤ Begriffe, die allgemein die sprachlich-formale Gestaltung von **TEXTEN** beschreiben, z. B.:
- Wortwahl
- Satzbau
- Sprachebene (formeller/informeller Stil)
- Einführung/Entwicklung/Abschluss eines Themas
- verbale/nonverbale Kommunikation (Gestik, Mimik, Körperhaltung, Position im Raum, Distanz zum Gesprächspartner; stimmliche Qualitäten wie Lautstärke, Sprechtempo, Pause, Stimmhöhe etc.)

➤ Begriffe, die die sprachlich-formale Gestaltung von **TEXTFORMEN** beschreiben, z. B.:
- für die Raum- und Zeitgestaltung in Erzähltexten wie ↗ **Geschichten**, Erzählungen, Romanen und Erzählgedichten wie Balladen
- für den ↗ **Bericht** einer literarischen Figur über Ereignisse außerhalb des Bühnengeschehens im Drama (als Botenbericht) oder des Erzählers über Romanhandlungen
- für die subjektive ↗ **Schilderung** einer Figur, eines Handlungsortes in Erzähltexten, einer Landschaft im Gedicht
- für die sachliche ↗ **Beschreibung** des Bühnenraums oder der Figurenausstattung in der Regieanweisung eines Dramas
- für die subjektiven ↗ **Kommentare** des lyrischen Ich in Gedichten, einer Figur im Drama oder des Erzählers bzw. einer Figur in Erzähltexten
- für den ↗ **Argumentationsgang** in dramatischen Dialogen, im Figurengespräch in Erzähltexten oder in den Versgruppen eines Sonetts

➤ Begriffe, die die sprachlich-formale Gestaltung von **LITERARISCHEN TEXTEN** beschreiben, z. B.:
- sprachliche Bilder wie Vergleiche, Metaphern, Symbole
- rhetorische Figuren (vgl. eine Auswahl unter ↗ **Rede**)

➤ Begriffe, die die sprachlich-formale Gestaltung von **LITERARISCHEN GATTUNGEN** beschreiben:

Lyrische Texte

Als lyrische Texte bezeichnet man allgemein **Gedichte**. In Gedichten werden sprachliche Gestaltungsmittel so verwendet, dass sie in wenigen Zeilen und Abschnitten ein Höchstmaß an **Bedeutung** vermitteln. In einem Gedichttext werden die sprachlichen Gestaltungsmittel von **Texten allgemein** und **Textformen** (wie Schilderung, Geschichte, Beschreibung, Anweisung) durch **gattungsspezifische Gestaltungsmittel** für Lyrik (das sind Strophen, Verse, Reime, Metren und Rhythmen) überlagert.

Begriffe, mit denen die sprachlichen Gestaltungsmittel in Gedichten bezeichnet und gedeutet werden können, umfassen:

➤ **lyrische Gattungen (Gedichtformen)**, z. B.:
- **Sonett**: Petrarca-Typ mit 2 Quartetten (Vierzeilern) und 2 Terzetten (Dreizeilern)

Interpretation – Basiskapitel

- **Sonett**: Shakespeare-Typ mit 3 Quartetten und einem Reimpaar
- **Volkslied**, **Ballade**, **Ode**, **Hymne**, **Elegie**

➤ **lyrische Richtungen und Ausdrucksweisen**, z. B.:
- in der 1. Hälfte des 20. Jahrhunderts: Expressionismus
- in der 2. Hälfte des 20. Jahrhunderts: Nachkriegslyrik, konkrete Poesie, politische Lyrik, Alltagslyrik, Neue Subjektivität, Montagelyrik, Postmoderne

➤ **Gedichttexte** haben
- einen **Sprecher** (oder ein **lyrisches Ich**), der entweder direkt in einer bestimmten **Rolle** auftritt (z. B. als Liebender, Stadtbewohner, Kriegserfahrener) oder nur indirekt als **impliziter** Sprecher zu erschließen ist (z. B. als zu einem Du Sprechender, als zu einem Wir Gehörender, als Beobachter, Leidender)
- **Verse**, d. h. auf der Druckseite verkürzte **Zeilen**; dies sind typische **visuelle Zeichen** von Lyrik (s. u.); Verse setzen sich zusammen aus **Versfüßen** (s. u.) mit einem festen Grundmuster
- **Strophen** oder **Versgruppen** (s. u.), die häufig durch **Leerzeilen** in einer äußeren **Gliederung** des Gedichttextes voneinander abgesetzt werden
- **Strophen**, die eine gleichbleibende Zahl von Verszeilen umfassen (also Drei-/Vierzeiler etc.), häufig auch ein gleichbleibendes **Versmaß** und **Reimschema** haben (s. u.)
- **Versgruppen**, die eine wechselnde Zahl von Versen umfassen
- **Strophenformen**, die ein gleichbleibendes Grundmuster aufweisen, z. B.:
  - ein **Distichon**: ein Doppelvers, in dem auf einen Hexameter ein Pentameter folgt (s. u.), z. B. in einem Epigramm
  - ein **Terzett**: eine dreizeilige Strophe oder ein Abschnitt in einem Sonett (s. o.)
  - ein **Quartett**: ein vierzeiliger Abschnitt in einem Sonett (s. o.)
  - eine **Volksliedstrophe**: eine vierzeilige Strophe mit je drei oder vier Hebungen
  - eine **Oktave** oder **Stanze**: eine achtzeilige Strophe mit dem Reimschema ab ab ab cc und weiblichen Endreimen (s. u.) oder mit einem Wechsel zwischen weiblichen und männlichen Endreimen (s. u.)

➤ **Klangfiguren eines Gedichts**
- **Endreim**: Reim am **Versende**; dies sind übliche Reimfolgen oder **Reimschemata**:

Paarreim:	aa bb …
Haufenreim:	aaaa bbbb …
Kreuzreim:	abab cdcd …
umarmender Reim:	abba cddc …
dreifache Reimreihe:	abc abc …/… efg gfe
geschweifter Reim:	aa b cc b …
Kehrreim/Refrain:	Wiederholung von Worten, Wortgruppen oder Versen mit gleichem Wortlaut, meist am Ende einer Strophe oder Versgruppe

Endreime sind nach der **Silbenzahl** z. B.:
- **stumpf** (männlich: einsilbig mit Hebung: „… Jahr/…Paar"),
- **klingend** (weiblich: zweisilbig mit Ton auf der vorletzten Silbe: „… Träuer/… ráuer"),

Endreime sind nach der **Lautung** z. B.:

– **reine Reime** (gleichlautende Vokale und Konsonanten von der letzten betonten Silbe an: „… Tráum/… Sáum"; „… gíngen/… síngen"),
– **unreine Reime** (annähernde Gleichheit der Konsonanten und insbesondere Vokale:„… sprießen/… grüßen"),
– **gespaltene Reime** (Reimglieder bestehen aus zwei oder mehreren Wörtern, deren letzte identisch reimen: „Dass das Schöne und Berückende/Nur ein Hauch und *Schauer sei*,/Dass das Köstliche, Entzückende,/Holde ohne *Dauer sei*", *Hesse*),
– **gebrochene Reime** (der erste Teil eines Wortes ist Reimwort, der zweite bildet den Anfang der nächsten Zeile: „Das raffin*ier-*/te *Tier*/tats um des Reimes willen", *Morgenstern*)

- **Schlagreim**: Reime am **Versanfang** mit zwei aufeinander folgenden Reimwörtern am Versanfang („Hülle, Fülle, süß und warm", *Brentano*),
- **Anfangsreim**: Reim der **ersten Wörter** zweier aufeinander folgender Verse („*Krieg!* Ist das Losungswort./*Sieg!* Und so klingt es fort", *Goethe*)
- **Binnenreim**: Reime **innerhalb** eines Verses („Worauf es meiner *Hand* entrann/Und nie mein *Land* den Schatz gewann", *George*)
- **Assonanz**: Gleichklang nur von Vokalen oder Doppellauten (Diphthongen) einzelner Wörter in einem Vers („endl**i**ch/der St**au**, das Bl**au**licht, die Bahre", *Enzensberger*)
- **Alliteration**: Gleichklang nur von anlautenden Konsonanten, der eine Beziehung zwischen Wörtern in einem Vers herstellt („**schw**ärzlicher Fliegen**schw**arm", *Trakl*)
- **Lautmalerei** (Onomatopoesie, Klangmalerei, Schallnachahmung): Nachahmung von Lauten, die von Gegenständen, Tieren oder Menschen ausgehen, durch Wörter (z. B.: *kikeriki, summ, summ, miau; quieken, flutschen*; „Der Rabe Ralf ruft schaurig: ‚Kra!/Das End ist da! Das End ist da!'" *Morgenstern*; „ottos mops hopst", *Jandl*)
- **Synästhesie**: Verbindung von zwei oder mehreren Sinneseindrücken, v. a. Farbe und Temperatur oder Geräusch (z. B. *knallrot, schreiendes Orange,* der *helle Klang* der Glocken)
- **Vokalhäufung**: Häufung von gleichartigen Vokalen oder Doppellauten, z. B. dunkler oder heller Vokale, zur Kennzeichnung von Stimmungen oder Nachahmung von Geräuschen („Schwärzlicher Fliegensch**w**arm/Verd**u**nkelt den steinernen R**au**m/**U**nd es st**a**rrt von der Qu**a**l/ Des g**o**ldenen T**a**gs d**a**s H**au**pt/Des Heim**a**tl**o**sen", *Trakl*)

➤ **Sätze in Versen**
- **Zeilenstil**: Satzende oder Satzgliedende und Versende stimmen überein („Wie herrlich leuchtet/Mir die Natur!/Wie glänzt die Sonne!/Wie lacht die Flur!", *Goethe*)
- **Zeilensprung** (Enjambement, Versüberschreitung): Übergang des Satz- und Sinnzusammenhangs von einer Zeile in die folgende (über das Versende hinaus), sodass Satzende/Satzgliedende und Versende nicht zusammenfallen („Hinunter sinket der Wald, [Zeilenstil]/Und Knospen ähnlich, hängen/Einwärts die Blätter, denen/Blüht unten auf ein Grund" [Zeilensprung], *Hölderlin*)
- **Hakenstil**: viele oder alle Verszeilen einer Strophe enden mit einem Zeilensprung („Alu-Motoren, Flüche beim Überholen, Erkenntnisse/über Prämien, Ersatzteilprobleme, endlich/der nächtliche Stau, das Blaulicht, die Bahre", *Enzensberger*)
- **Reihungsstil**: Aneinanderreihung von Bildern, die (Sinnes-)Eindrücke wiedergeben, die nicht in einem direkten (syntaktischen/logischen) Zusammenhang stehen („Weltunglück geistert durch den Nachmittag./Baracken fliehn durch Gärtchen braun und wüst./Lichtschnuppen gaukeln um verbrannten Mist,/Zwei Schläfer schwanken heimwärts, grau und vag", *Trakl*)

Interpretation – Basiskapitel

➤ **Metrum (Versmaß), Versfuß, Rhythmus**[1]

- **Metrum**: Der rhythmische Bau der gebundenen dichterischen Sprache (in Lyrik, in Versdramen) ist gekennzeichnet durch eine regelmäßige Verteilung der Betonungsstellen im Vers. Dabei spielt es keine Rolle, ob Verse sich reimen oder nicht. Das Metrum ist das Schema, das dieser regelmäßigen Verteilung der **betonten Silben** (Hebungen) und **unbetonten Silben** (Senkungen) in der sprachlichen Gestaltung eines Verses zugrunde liegt. Man kann das Metrum eines Verses durch die folgenden Zeichen darstellen:

Haken	U	für eine **kurze** und **unbetonte** Silbe
Querstrich	—	für eine **lange** und **betonte** Silbe
Schrägstrich	/	als Lesehilfe für die **Trennung** von **Versfüßen**

  Und dánn   und wánn   ein wéißer   É le fánt.   (*Rilke, Das Karussell*)
  U — / U — /   U —/U   —/ U   —

- **Versfuß** (oder **Takt**): die kleinste rhythmische Einheit in einem Vers, die aus zwei bis drei Silben besteht und sich regelmäßig wiederholt. Man unterscheidet grundlegende Versfüße nach
  - der **Zahl** der kurzen/unbetonten und langen/betonten Silben und
  - der **Reihenfolge**, in der betonte und unbetonte Silben aufeinanderfolgen.

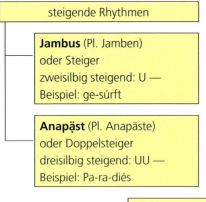
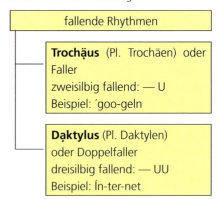

- **Versmaß**: Wenn Hebungen und Senkungen sich in Versen regelmäßig wiederholen, spricht man von einem Versmaß, z. B.:
  - **Blankvers**: reimloser fünfhebiger Jambenvers
  - **Alexandriner**: Vers aus sechs Jamben
  - **Hexameter**: Vers aus sechs Daktylen
  - **Pentameter**: fünfhebiger Vers mit einer **Zäsur** (s. u.)
  - **Distichon**: Doppelvers aus einem Hexameter und einem Pentameter; häufig die Bauform eines Epigramms (Sinnspruchs)

---

[1] Dieses Kapitel orientiert sich an der Studie von Hugo Blank (1990): Kleine Verskunde. Einführung in den deutschen und romanischen Vers. Carl Winter Universitätsverlag, Heidelberg.

- **Freie Rhythmen** nennt man Verse ohne einheitliches Metrum, einheitliche Zeilenlänge und ohne Reim. Einzelne Versfüße können in verschiedenen Versen wiederkehren (vgl. das Gedicht von Enzensberger unter ↗ **Interpretation von Gedichten**).
- **Rhythmus**: der natürliche **Sprechrhythmus**, in dem die konkrete **sprachliche Gestaltung** eines Verses vorgetragen wird, z. B. mit Lautstärke, Wort- und Satzbetonung, kurzer oder längerer Pause, Tempo usw. Durch den Sprechrhythmus sowie das Textverständnis des Lesers kann die schematische Abfolge von Hebungen und Senkungen im **Metrum** leichte **rhythmische Verschiebungen** erfahren. In einer **metrischen Analyse** können sich also für eine Gedichtzeile verschiedene **Lesarten** ergeben (s. u.).
- **Zäsur**: eine Sprechpause, die innerhalb eines Verses oder Versfußes nach einer Sinneinheit im Satz gemacht wird, häufig nach einem Komma, Semikolon oder Punkt. Sie wird in der Aufzeichnung des metrischen Musters durch einen senkrechten **Doppelstrich** ‖ gekennzeichnet:

> Ich und   Du   wir waren   ein Paar   (*Mascha Kaléko, Ich und Du*)
> — U / — ‖ U / — U   U / —

➤ **Metrische Analyse**: Man wird nicht für jede Zeile eines Gedichts eine metrische Analyse machen. Nach einem Überblick über das vorherrschende Metrum konzentriert man sich auf einige auffällige Abweichungen und Besonderheiten. Letztere erklärt man in ihrer Bedeutung für die Aussage. Dabei berücksichtigt man vor allem

- den **natürlichen Sprechrhythmus** in einem **sinnbezogenen Lesen**, das wiederum beeinflusst wird durch
- das jeweilige **Textverständnis** des Sprechenden.
- Unterschiedliche **Lesarten** können zu Unterschieden in der **metrischen Aufzeichnung** führen. Man kann also in der metrischen Analyse einzelner Verse auch von seinem persönlichen **inhaltlichen Verständnis** ausgehen.

Zum Beispiel könnte man für den oben zitierten Vers vier leicht verschiedene Lesarten bestimmen:

Lesart 1, die das metrische Grundmuster mechanisch betont:

> Ich und   Du wir   waren ein   Paar
> — U / — U / — U U / —

Lesart 2, die eine kurze Sprechpause im Satz und Versfuß als **Zäsur** zwischen „Du" und „wir" einlegt, wie in einer Rückbesinnung auf dieses „Ich und Du":

> Ich und Du   wir waren ein   Paar
> — U / — ‖ U / — U U / —

Lesart 3, die im „wir" das frühere *Einssein* des „Paar[es]" betont. Dabei treffen zwei Rhythmuseinheiten mit betonten und zugleich langen Silben für „Du" und „wir" in einem **Hebungsprall** aufeinander:

> Ich und **Du**   **wir**   waren ein Paar
> — U   / —   ‖ — / — U U / —

Lesart 4, die die Vergangenheit des *Einseins* des „Paar[es]" betont. Dabei wird „waren" durch eine **starke Betonung** im Vortrag hervorgehoben; dies kann durch einen Akzent ´ markiert werden:

> Ich und Du   wir   **wa**ren ein   Paar
> — U / — ‖ U / — U U / —

Interpretation – Basiskapitel

Welche der <u>Lesarten 2 bis 4</u> gewählt wird, ergibt sich aus dem **Kontext** des gesamten Gedicht-textes und seiner **Deutung** durch den Interpreten.

➤ **Textformen in lyrischen Texten**: Abschnitte in Strophen oder Versgruppen, in denen
  - erzählt wird wie in einer ↗ **Geschichte**, z. B. in einer Ballade oder Ode
  - argumentiert wird wie in einem ↗ **Kommentar**, z. B. in einem Sonett
  - beschrieben wird wie in einer ↗ **Schilderung**, z. B. in einem Naturgedicht
  - Handlungsempfehlungen gegeben werden wie in einer ↗ **Anweisung**, z. B. in einer Ode oder Hymne
  - ein Begriff erklärt wird wie in einer ↗ **Definition**, z. B. in einem Liebesgedicht

➤ **Bilder und rhetorische Figuren**, die allgemein in (literarischen) **Texten**, vor allem in lyrischen Texten, verwendet werden:
  - in **Wörtern und Wortgruppen**, z. B.:
    - **Vergleich**: a ist wie b („*Wir* vergehn, *wie Rauch* von starken Winden", *Gryphius*)
    - **Metapher**: a ist gleich b („*Augen*, meine lieben *Fensterlein*", *Keller*)
    - **Symbol**: a steht für b, ein konkreter Gegenstand verweist auf einen abstrakten Bereich (z. B. Fahne auf Vaterland, Taube auf Frieden, rote Rose auf Liebe)
    - **Allegorie**: abstrakter Begriff oder Sachverhalt, verkörpert durch ein Bild oder eine Bilder-folge, die
      - entweder eine Tradition haben (z. B.: Teufel oder Mephisto als das Böse in Tier- oder Menschengestalt; Gerechtigkeit als Frauengestalt mit Augenbinde, Waage und Schwert)
      - oder in ihrer Bedeutung aus dem Kontext erschlossen werden müssen (z. B.: der Krieg: „Aufgestanden ist er, welcher lange schlief,/Aufgestanden unten aus Gewölben tief./In der Dämmrung steht er, groß und unbekannt,/Und den Mond zerdrückt er in der schwar-zen Hand. […] Auf den Bergen hebt er schon zu tanzen an,/Und er schreit: ‚Ihr Krieger alle, auf und an!'" *Georg Heym, Der Krieg*)
    - **Personifikation**: nichtmenschliche Gegenstände oder Naturerscheinungen werden als füh-lende, sprechende oder handelnde Wesen dargestellt („O Mensch! Gib acht!/Was *spricht* die tiefe Mitternacht?" *Nietzsche*; „Und die Bäume *schweigen*,/Und das Vogellied/*Schläft* noch in den Zweigen", *von Liliencron*)
    - **Verdinglichung**: menschliches Empfinden oder Gefühl, z. B. Schmerz, wird als etwas Gegenständliches dargestellt („Ineinander dicht hineingehakt/Sitzen in den Trams die zwei *Fassaden*/Leute", *Wolfenstein*)
    - **Synästhesie**: Verschmelzung von verschiedenen Sinneswahrnehmungen, z. B. optischer mit akustischer Wahrnehmung („Kind, dein kränkliches *Lächeln* folgte mir *leise* im Schlaf", *Trakl*)
    - **Oxymoron**: die Verbindung von zwei Begriffen, die sich dem Wortsinn nach widersprechen („Der Schultern *warmer Schnee* wird werden kalter Sand", *von Hoffmannswaldau*)
  - in **Sätzen**, z. B.:
    - **Parallelismus**: Wiederholung derselben Wortreihenfolge oder Satzkonstruktion in mehre-ren Versen („Ein Knie geht einsam durch die Welt./Es ist ein Knie, sonst nichts!/Es ist kein Baum! Es ist kein Zelt!/Es ist ein Knie, sonst nichts", *Morgenstern*)

Interpretation – Basiskapitel

– **Chiasmus**: Ordnung von Redeteilen nach dem Umkehrschema a b – b a („Und doch, welch Glück geliebt zu werden!/Und lieben, Götter, welch ein Glück!", *Goethe*)
– **Inversion**: Umkehrung der normalen Wort- und Satzgliedfolge, meist von Subjekt und Prädikat, Hervorhebung eines Wortes/einer Wortgruppe an ungewöhnlicher Stelle („Sitzend unter den Ungeschlachten/fühl ich mich federleicht/und fremd", *Gernhardt*)
– **Ellipse**: Weglassen von unwichtigen Satzteilen, meist des Prädikats oder des Subjekts („Drei Tage lang kein gutes Wort/Aus meiner Liebsten Munde!", *Mörike*)
– **Klimax, Steigerung**: steigernde Reihe von Wörtern, Satzteilen oder Sätzen („Alles rennet, rettet, flüchtet", *Schiller*)

Epische Texte oder Erzähltexte

Begriffe, mit denen die sprachlichen Gestaltungsmittel in Erzähltexten bezeichnet und gedeutet werden können, umfassen:

➤ **epische Gattungen** (**Erzählformen**), z. B.:
  ▪ **Kurzprosa**: Geschichte, Kurzgeschichte, Parabel, Fabel, Erzählung; und deren Untergattungen wie z. B. Kurzgeschichte der Nachkriegszeit
  ▪ **Langformen**: Novelle, Roman; und deren Untergattungen wie Gesellschaftsroman, Entwicklungsroman, Abenteuerroman etc.

➤ **Erzähltexte** haben
  ▪ **Schauplätze/Handlungsorte**: Raumgestaltung, Zoomtechnik: Erweiterung/Verengung der Raumperspektive
  ▪ **Figuren**: Person, Charakter; Figureneinführung, Figurenzeichnung, Figurenkonstellation
  ▪ **Motive**: thematische Einheit in einem Textganzen, vom Autor als Baustein der Handlung verwendet (z. B. Abschied, verfeindete Brüder, Mann zwischen zwei Frauen, vorausdeutender Traum), auch in Werken einer ganzen Epoche vertreten (z. B. Sehnsucht in der Romantik, Stadt im Expressionismus)
  ▪ **Leitmotive**: wörtlich oder ähnlich wiederkehrende Bild- oder Wortfolge, die einen Zusammenhang im Textganzen herstellt, auf gleiche Personen, Situationen oder Gefühle verweist und symbolische Bedeutung hat (z. B. die Schaukel in Fontanes Roman *Effi Briest* als Symbol für die schwankende innere Einstellung der Hauptfigur)
  ▪ **Konflikte**
    – äußere: zwischen Figuren/gruppen oder zwischen einer Figur/engruppe und bestimmten gesellschaftlichen Normen
    – innere: zwischen gegensätzlichen Wünschen, Zielen, Einstellungen etc. ein und derselben Figur
  ▪ **Handlungen**: Handlungsverlauf (Chronologie), Handlungsstruktur (*Plot* als Ursache-Wirkungs-Kette); Erzählspannung und Spannungsbogen
  ▪ **Bauformen**: Exposition (in Romananfängen), unvermittelte Eröffnung, offenes Ende (in Kurzprosa: Geschichten, Kurzgeschichten, Parabeln), Pointe (als überraschendes Ende in Kurzprosa)
  ▪ **Erzähltechniken**[1]

---

[1] Dieses Kapitel orientiert sich an der Studie von Jürgen H. Petersen (1993): Erzählsysteme. Eine Poetik epischer Texte. Metzler, Stuttgart/Weimar.

Interpretation – Basiskapitel

ZEITGESTALTUNG

Die erzählte Zeit	Die Erzählzeit
umfasst den Zeitraum, über den sich die erzählte Handlung erstreckt.	entspricht ungefähr der Lesezeit.

Aus dem Verhältnis von erzählter Zeit zu Erzählzeit ergibt sich das

ERZÄHLTEMPO

Zeitdeckung „normales" Erzähltempo	**Zeitdehnung** verlangsamtes Erzähltempo	**Zeitraffung** beschleunigtes Erzähltempo
Erzählzeit und erzählte Zeit **fallen** nahezu **zusammen**. Dies ist der Fall in **szenischer Darstellung**. So kann eine Handlung etwa in dem zeitlichen Umfang erzählt werden, in dem sie auch stattgefunden hat. Oder Details eines Handlungsortes werden etwa in dem Zeitumfang beschrieben, den ein Leser auch brauchen würde, um sie in der Wirklichkeit wahrzunehmen. Oder es werden **Dialoge** der handelnden Figuren in annähernd realer „Mithörzeit" wiedergegeben. Dadurch entsteht eine große Nähe zur Wirklichkeit des Lesers.	In **langer** Erzählzeit wird nur ein **kleiner** Ausschnitt der erzählten Zeit dargestellt. Dies ist der Fall an bestimmten Stellen der **Spannungssteigerung**. Eine Szene, auch solche von nur kurzer Dauer, kann z. B. in vielen Einzelheiten ausführlich und länger dargestellt werden, als sie tatsächlich gedauert hat: in mehreren Sätzen oder Abschnitten. Oder die Handlung wird durch **eingeblendete** Beschreibungen, Betrachtungen oder Abschweifungen des Erzählers oder einer handelnden Person verzögert, oft sogar über mehrere Seiten, auch durch **Rückblenden** oder **Vorausdeutungen**. Es tritt ein Stillstand der Handlung, eine **Erzählpause** ein.	In **kurzer** Erzählzeit wird ein **großer** Umfang der erzählten Zeit präsentiert. Dies ist der Fall im **Erzählerbericht**. Vorgänge, die sich immer gleichbleibend ereignen, oder weniger wichtige Handlungen, die sich über einen längeren Zeitraum ausdehnen, können in wenigen Worten oder Sätzen zusammengefasst werden, möglicherweise auch mit **Zeitsprüngen**.

Diese Möglichkeiten des **Erzählverhaltens** sind nicht an bestimmte **Erzählformen** gebunden. Sie treten in Er-/Sie-, Ich- und Du-Formen des Erzählens auf. Innerhalb eines Erzähltextes, auch eines kurzen, kann das Erzählverhalten **wechseln**.

Interpretation – Basiskapitel

auktoriales Erzählverhalten

Der Leser	erfährt das gesamte Geschehen aus der **umfassenden Sichtweise eines allwissenden Erzählers**. Dieser mischt sich ein mit eigener Meinung, eigenen Überlegungen und Kommentaren.
Der Erzähler	überblickt die gesamte Handlung: die Vorgeschichte ebenso wie zukünftige Geschehnisse. Er weiß, wie und wo eine Handlung weitergehen und enden wird, weiß mehr als die einzelnen Figuren, kennt ihr Gefühlsleben und ihre Gedanken.

Im Text	kann ein auktorialer Erzähler auf verschiedene Weise in Erscheinung treten:
	■ **indirekt**, ohne namentliche Nennung seiner Rolle, indem er in der **Er-** oder **Sie-Form** über Ereignisse und handelnde Personen erzählt und diese kommentiert; er „verschwindet" hinter seinen Figuren, tritt nicht selbst als Person in Erscheinung
	■ als **Ich-Erzähler** außerhalb der Handlung, in epischer Distanz, mit ironischer, kritischer, sympathisierender oder neutraler Erzählhaltung
	■ als **Figuren-Ich**, das am Geschehen beteiligt ist und zugleich Ereignisse und handelnde Figuren kommentiert
	■ als **Ich-Erzähler** mit **direkter Leseransprache**:
	  – in der **Sie-Form** (*Sie glauben gar nicht, wie …*)
	  – in der **Du-Form** (*Du gehst spazieren und plötzlich triffst du …*)
	  – in der **unpersönlichen Form** (*Der Leser wird jetzt denken, …*)

personales Erzählverhalten

Der Leser	erlebt die Handlung aus der **begrenzten Sichtweise einer Figur oder Person**. Die Sehweise der Figur oder der Figuren rückt in den Mittelpunkt.
Der Erzähler	■ steht in der **Er-** oder **Sie-**Erzählform praktisch neben (oder ist in) der Hauptfigur, sieht und erzählt mit ihren Augen. Er „verschwindet" nicht, nur seine Person. ■ tritt in der **Ich-**Form des Erzählens als Ich-Erzähler auf, der zugleich auch **Figuren-Ich**, also handelnde Person ist. ■ verfügt nur über eine **begrenzte Sichtweise**, was das äußere Geschehen und die innere Befindlichkeit anderer Figuren anbelangt.
Im Text	tritt personales Erzählverhalten in verschiedenen Varianten auf: ■ im **Erzählerbericht**, der sich auf das Äußere einer Figur, auf das äußere Geschehen bzw. auf das Innenleben des Ich- oder Er-Erzählers bezieht ■ als **erlebte Rede**: der Erzähler spricht die Gedanken der Figur in der **Er-** oder **Sie**-Form aus, Erzählerrede und Figurensicht treffen aufeinander (*Sollte sie wirklich auf sein Angebot eingehen? Es war verlockend, keine Frage. Aber war es auch der richtige Zeitpunkt?* Oder: *Sein Angebot ist verlockend, dachte sie, aber vielleicht war dies nicht der richtige Zeitpunkt.* Oder: *Sie überlegte, ob sie sein Angebot annehmen sollte. Es war sicherlich verlockend. Aber der Zeitpunkt – war es nicht zu früh dafür? Ihre Gedanken nahmen eine andere Richtung. … Sie stellte sich vor, wie …*) ■ als **innerer Monolog**: der Erzähler lässt die Figur in der **Ich-**Form reden, oft in unvollendeten Sätzen und mit wechselnden Themen, und hält seine eigene Sicht zurück (*Ich überleg' schon die ganze Zeit … also, das Angebot … soll ich wirklich darauf eingehen? Vor Jahren, da hatte ich schon mal … Eigentlich gar nicht so übel … nicht schon wieder, das Telefon … oder soll ich noch warten?*)

Interpretation – Basiskapitel

personales Erzählverhalten

	■ als **Bewusstseinsstrom**: der Erzähler vermittelt dem Leser Einblick in die oft unzusammenhängenden (auch syntaktisch unvollständigen) Gedanken, die einer Figur durch den Kopf gehen und sich mit Erinnerungen, Gefühlen, Stimmungen und äußeren Eindrücken mischen; jede äußere Einwirkung kann zu einer neuen, sprunghaften (oder assoziativen) Vorstellung in der handelnden/erlebenden Figur führen (*Gestern kam sein Angebot, großzügig, wirklich, aber irgendwie …, und überhaupt: gestern war ein ganz merkwürdiger Tag, allein das Unwetter, eine halbe Ewigkeit im Auto unterwegs zur Arbeit … So ein Wechsel … wär' das nichts für mich? Bis nächste Woche eine Entscheidung, sagt er. Immer diese Entscheidungen. Und Marius? Heute morgen nicht ansprechbar, ein prächtiger Morgen …, eigentlich sollte ich was unternehmen, typisch für ihn, damals schon, als wir … Was, schon fünf? Drüben die obere Etage ist jetzt bewohnt, … und da kommt Marius zurück. …*)
Die äußere Handlung	kann in der **erlebten Rede**, im **inneren Monolog** und im **Bewusstseinsstrom** für eine gewisse Zeit aufgehoben werden, es tritt eine Erzählpause ein. Sie kann auch allein in den gedanklichen Vorstellungen der Figur ablaufen, ohne dass der Erzähler von ihr berichtet.

neutrales Erzählverhalten

Der Leser	nimmt das Geschehen **weder** aus der **Sichtweise** eines (deutlich in Erscheinung tretenden) **Erzählers noch** aus dem Blickwinkel der **Figuren** auf.
Der Erzähler	macht sich nicht bemerkbar im Text, er mischt sich (im Erzählerbericht) nicht in die äußere Handlung ein, aber er ist dennoch nicht ausgeschaltet. Er lässt die Figuren direkt zu Wort kommen (in direkter Rede) oder gibt ihren Redeinhalt in eigenen Worten wieder (in indirekter Rede).
Im Text	ist neutrales Erzählverhalten an verschiedenen sprachlichen Formen erkennbar: ■ als **direkte Rede** oder **Figurenrede** (*Sie fragte: „Soll ich wirklich auf sein/ dein Angebot eingehen?"*) ■ als **indirekte Rede**, erkennbar am Konjunktiv des Präsens oder des Perfekts (*Sie fragte ihn, ob sie wirklich auf sein Angebot eingehen solle*) ■ als **Erzählerbericht**, der die äußere Handlung aufzeichnet und nicht mit der Sichtweise einer Person oder den Kommentaren eines Erzählers verbunden ist

Sichtweisen

Außensicht	Die Beschreibung/Wahrnehmung des Erzählers beschränkt sich auf die Außenseite der Figuren, auf das äußere Geschehen. Dieses Verfahren findet man in allen Erzählformen (Ich/Du/Er).
Innensicht	Der Erzähler blickt in das Innenleben der Figuren hinein (ihre Gedanken-/ Gefühlswelt). Dies gelingt nur dem auktorialen Erzähler. Der Ich-Erzähler mit personalem Erzählverhalten blickt nur in sich selbst; das Innenleben anderer Personen darzustellen ist ihm nur möglich, wenn er entsprechende Kenntnisse von Dritten erhalten hat.

Dramatische Texte

Begriffe, mit denen die sprachlichen Gestaltungsmittel in Dramen bezeichnet und gedeutet werden können, umfassen:
➤ **dramatische Gattungen**, z. B.:
  - Komödie, Lustspiel, Schwank, Volksstück
  - Tragödie, Trauerspiel, Tragikomödie
➤ **Dramenrichtungen**, z. B.:
  - **klassisches Drama**, Versdrama, bürgerliches Trauerspiel, naturalistisches Drama
  - absurdes Drama, dokumentarisches Drama, avantgardistisches Drama etc.
  - **episches Theater** (Brechts): Szenen/Bilder/Zwischenbilder, Verfremdungseffekte
➤ **Dramatische Texte** haben
  - **Dramenfiguren**: Person, Charakter, Figurenkonstellation; Hauptfigur/Nebenfigur, Held, Spieler/Gegenspieler, Protagonist/Antagonist
  - **dramatische Sprache**: Figurenrede, Dialog, Monolog, Selbstgespräch, Beiseitesprechen, Chor(gesang)
  - **Konflikte, Motive** (s. Erzähltexte)
  - **Schauplätze/Handlungsorte**
  - **Handlungen**: Handlungsverlauf (Chronologie), Handlungsstruktur (*Plot* als Ursache-Wirkungs-Kette)
  - **Bauformen**
    – dramatischer Sketch
    – Drama der geschlossenen/offenen Form, Dramenfragment
    – Einakter, Zweiakter, Dreiakter, (klassisches) fünfaktiges Drama
  - einen **Dramenaufbau**: Akt, Szene, Auftritt, Abgang, Bühnen-/Regieanweisung

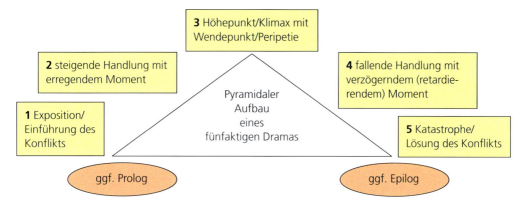

Welt- und Fachwissen

➤ für ein **thematisches Verständnis** der im literarischen Text (d. h. textintern) angesprochenen Sachbereiche
  - **sachliche Kenntnisse**, z. B.:
    – gesellschaftliche Gruppierungen im Ständestaat des 18. Jahrhunderts (↗ **Interpretation von Dramenszenen**)

Interpretation – Basiskapitel

- politische, gesellschaftliche, kulturelle, wissenschaftliche Umbrüche der Jahrhundertwen-den/der Nachkriegszeit (↗ **Interpretation von Romanauszügen**)
- Zeitalter der Industrialisierung/der elektronischen Revolution (vgl. ↗ **Interpretation von Gedichten**)

- **fachliche Kenntnisse**: z.B. Erzählformen, Textformen, literarische Gattungen/Epochen; Begriffe, Definitionen und Ergebnisse der Literatur-, Sprach- oder Kommunikationswissen-schaften

➤ für die **Einordnung** eines literarischen Textes in **textexterne Zusammenhänge**, z.B. seinen Entstehungskontext oder Werkkontext:

- Publikationsmedium (z.B. Textsammlung bei Gedichten, Geschichten, Erzählungen, Parabeln; Titel des Romans, Dramas)
- Kontextwissen, z.B. zur historischen Entstehungszeit, zur literarischen Epoche
- Einordnung in das Werkganze (bei Romanauszügen, Dramenszenen)
- Darstellung des Werkzusammenhangs eines Autors
- Angaben zur Autorenbiografie

Methodenwissen

➤ für **Lesestrategien**
- Textmarkierung
- Textgliederung (↗ **Gliederung**)
- Randnotizen
- Stichworte auf einem Konzeptpapier

➤ für **Schreibpläne**
- **strukturierte Zusammenfassung** des Inhalts (↗ **Inhaltsangabe**)
- **Arbeits- oder Deutungshypothese**
  Aus seinem **Vorverständnis** zu einem (literarischen) Text kann der Leser zum Beispiel eine Frage, eine Vermutung über dessen Kernaussage formulieren. Diese Annahme wird als Arbeits- oder Deutungshypothese festgehalten, die der genaueren Arbeit mit dem Text eine Richtung gibt und ein **Erkenntnis- und Schreibziel** setzt. Die Benennung und Erklärung der verschie-denen sprachlichen und kompositorischen Mittel dienen dem Interpreten dazu, seine Hypo-these zu beweisen. Im Allgemeinen wird ein Interpret, bevor er seine Interpretation schriftlich formuliert, seine Deutungshypothese schon auf eine recht genaue Textkenntnis gründen, sodass er sie am Ende seines Schreibprozesses bestätigen oder modifizieren (leicht verändern) kann.
  Wenn ein Interpret bereits im Leseprozess eine allgemeine Vorstellung von der thematischen Kernaussage eines Textes gewonnen hat, sie zu Beginn als sein vorläufiges Textverständnis in einer **Deutungshypothese** formuliert und diese anschließend in seinen Einzeluntersuchungen nachweist, spricht man von einem **deduktiven** Vorgehen (lt. *deducere*: Einzelheiten „ablei-ten" von einer allgemeinen thematischen Vorstellung).
  Im umgekehrten Falle kann ein Interpret auch **ohne Deutungshypothese** einen Text analysie-ren und interpretieren. Dann geht er von einzelnen Untersuchungsaspekten aus, die er im Verlauf seiner Untersuchungen allmählich zu einer thematischen Gesamtvorstellung entwickelt

und am Schluss als Ergebnis vorstellt. Dies ist ein **induktives** Verfahren (lt. *inducere*: vom Einzelnen zum Allgemeinen „hinführen").

➤ für die **Wahl eines Interpretationsverfahrens**
Für eine Interpretation bieten sich zwei methodische Untersuchungsverfahren an:
- ein **lineares** Verfahren, in dem die verschiedenen sprachlichen und kompositorischen Mittel in den einzelnen **Abschnitten der Textstruktur** untersucht werden; damit ist *nicht* ein Zeile-für-Zeile-Vorgehen gemeint, bei dem ein Interpret Gefahr läuft, einzelne Textstellen lediglich mit eigenen Worten zu umschreiben (paraphrasieren) und Zitate nur als Beleg für den Originalwortlaut anzuführen,
- ein **aspektorientiertes Verfahren**, in dem einzelne Untersuchungsaspekte im **Längsschnitt durch den Text** verfolgt werden.

➤ für den **Aufbau einer Interpretation**
- **Textentwurf** mit ↗ **Gliederung** als Schreibplan, **Ausformulierung** und **Textüberarbeitung**
- Häufig wird die Interpretation als **Texterklärung** in einen **argumentativen** Rahmen eingebaut:
  - Anfang: **Überblickssatz**
    - Publikationsdaten
    - Entstehungskontext: historisch, literarisch
    ggf. **strukturierte Inhaltsangabe**
    Thema und ggf. **Deutungshypothese**
    Man formuliert sein vorläufiges Textverständnis und ggf. eine Deutungshypothese (bei deduktiv angelegten Untersuchungsgängen, s. o.).
  - ⊙ Mitte: **Lineare oder aspektorientierte Textuntersuchung**
    Man führt in seiner Beweisführung für die vermutete Textdeutung einzelne Textgestaltungsmittel an und erklärt sie.
  - ▲ Schluss: **Schlussbetrachtung**
    - Man nimmt das Thema wieder auf.
    - Man kehrt ggf. zurück zur Deutungshypothese des Anfangs, die bestätigt oder modifiziert wird.
    - Man schließt mit einer verallgemeinernden Deutung als Ergebnis ab.
    - Möglicherweise ergänzt man am Schluss
      - eine kurze **Beurteilung** der Wirkung des Textes auf den Leser,
      - **Kontextwissen**, etwa zur Entstehungszeit, zum Werk des Autors oder zu seiner Biografie.

➤ für **Zitiertechniken**
- **Einbau** des **vollständigen Originalwortlauts** in den eigenen Satz mit Zeilenverweis in Klammern, z. B.:
  Dass sein Pass „nicht in Ordnung" (Z. 36) sein soll, …
- **syntaktische Angleichung** des integrierten Zitats, wobei die Veränderung in eckigen Klammern erscheint, z. B.:
  Ein amerikanischer Pass, der dem Erzähler Zugang zu Ländern in der „halbe[n] Welt" (Z. 42) verschafft hat. (Original: *um die halbe Welt gereis*t)

Interpretation – Basiskapitel

- **Einbau** des **gekürzten Originalwortlauts** in den eigenen Satz, wobei die Kürzung durch […] angezeigt wird, z. B.:
  Er kommt der Aufforderung nach, er solle „[s]ein Leben niederschreiben […], ein anderes als das Leben ihres verschollenen Herrn Stiller" (Z. 19 ff.). (Original: Ich soll mein Leben niederschreiben! Wohl um zu beweisen, dass ich eines habe, ein anderes als …)
- **Nachstellung** des Zitats mit Zeilenangabe in Klammern, z. B.:
  Er verneint, dass er „Stiller" ist (Z. 1: „Ich bin nicht … ").
- **Verweis** auf eine Textstelle in Klammern mit „vgl.", z. B.:
  Dies legt sein hypotaktischer Satzbau nahe, der sich über zehn Zeilen erstreckt (vgl. Z. 4 – 14).

➤ für den Einbau von **Quellen im Fließtext** (z. B. Definitionen/Sachinformationen aus einem Sachwörterbuch, Fachbuch, Autorenlexikon, Literaturlexikon, einer Literaturgeschichte, einem Geschichtsbuch, einer Enzyklopädie, aus seriösen Internetquellen), mit Quellenangabe in der **Fußnote** (vgl. Beispiel in ↗ **Interpretation von Parabeln**)

Formulierungshilfen für Interpretationen und Sachtextanalysen

➤ für die **Themenformulierung**
- **verbale** und **substantivische** Wendungen: *Der Text/Das Gedicht handelt von …/thematisiert …/beschäftigt sich mit …/beinhaltet …; Die Thematik der Geschichte bezieht sich auf …*

➤ für die Formulierung einer **Deutungshypothese**
- **verbale** und **adverbiale** Wendungen, die **Vermutungen** ausdrücken: *Ihrem Bericht zufolge scheinen die Probleme … in … zu liegen. In dieser Szene geht es offenbar um eine Auseinandersetzung zwischen X und Y über Z. Der Ich-Erzähler befindet sich offensichtlich in einer Identitätskrise. Im übertragenen Sinne kann man auch von der Suche des Menschen nach dem rechten Weg im Leben sprechen.*
- **verbale** und **substantivische** Wendungen, die am Ende der Textbehandlung **Gewissheit** ausdrücken: *Die Untersuchung des … hat gezeigt/zeigt also, dass …/kann die eingangs formulierte Deutungshypothese bestätigen und zugleich vertiefen: … . Meine oben formulierte Deutungshypothese ist daher für mich erwiesen/kann jetzt genauer bestimmt werden.*

➤ für die **Erklärung/Deutung** sprachlicher Mittel
- **verbale** und **substantivische** Wendungen:
  Y (ein sprachliches Mittel) bedeutet, dass …; Y bedeutet etw./könnte etw. bedeuten/symbolisiert etw.; Y lässt sich deuten/auffassen/verstehen als etw.; Y bezeichnet/steht für/bezieht sich auf/verweist auf etw.; Y ist wörtlich/konkret/metaphorisch (als etw.) gemeint/zu verstehen; mit Y ist wohl … gemeint; unter Y versteht man …; Y wird in der Bedeutung von … verwendet; etw. wird durch Y zum Ausdruck gebracht; Y kann man als Hinweis auf etw. verstehen; Y ist Ausdruck von etw.;
  X (Figur/Erzähler/Sprecher) versteht etw. als …/fasst etw. als … auf; X verwendet/gebraucht (wiederholt/durchgehend/…) Y; X.s nonverbale Äußerungen/Gesprächsbeiträge verraten, dass …; X drückt seine Zweifel an … in einer klaren Begriffssprache/in Metaphern aus; X.s Posses-

sivpronomen erweisen sich als …/geben Einblick in …; X.s Einstellung zu etw./jdm. erkennt man im Gespräch daran, dass …
mit Y stellt X etw. dar/gibt X zu verstehen/will X andeuten/ausdrücken/zum Ausdruck bringen, dass …

- **substantivische** und **präpositionale** Wendungen: *eine (mögliche/naheliegende) Deutung/ Interpretation ist, dass …; eine weitere Deutung/Bedeutung ergibt sich, wenn …; Y wird in der Bedeutung von … verwendet; Y erhält/gewinnt eine umfassendere/übertragene Bedeutung; X.s (wiederholter) Gebrauch von Y zeigt, dass …; mit dem Gebrauch von Y will X andeuten, dass …; aus X.s Wortwahl spricht (Ablehnung/…)*
- **Hilfsverben** und **adverbiale Wendungen**: *offensichtlich/offenbar/vermutlich/möglicher-weise …; allem Anschein nach …; Es scheint, als wolle X … ; X scheint …*
- **präpositionale** Wendungen und **Partizipien**: *im übertragenen Sinne … ; auf der Bildebene/ Sachebene betrachtet, …; genau genommen, …; metaphorisch/bildlich/konkret betrachtet/ gesehen/verstanden, …; mit anderen Worten/mit einem Wort: …*

➤ für eine **Verbindung** zwischen **Deutung** und **sprachlichen Mitteln**
- **Hauptsätze**, die eine Verbindung zum Text herstellen: *Darauf weisen … hin/verweisen …/las-sen … schließen. Damit macht X klar, dass …; Daraus ergibt sich (ein … Bild). Dies liegt an seinem Satzbau/legt sein Satzbau nahe. Schnell weitet sich ihr Blickfeld, so deutet die Reihung von Ortsadverbialen an. Dies ist eine Deutung, die Y nahelegt.*
- **Nebensätze**, die eine Verbindung zum Text herstellen: *…, wie die Wendung Y zeigt/zu verste-hen/erkennen gibt/deutlich macht/zum Ausdruck bringt; …, wie sich in Y widerspiegelt; …, was man an Y ablesen kann; …, worauf Y hinweist*
- **Haupt- und Nebensätze**, die Deutung und Text miteinander verbinden: *Dass sich die Erzäh-lerin mehr und mehr von der Wirklichkeit entfernt, lässt sich auch am Tempuswechsel nachwei-sen. Ob …, lässt sich feststellen, wenn man Y untersucht.*
- **präpositionale** Wendungen, z. B. **mit**, **damit**, die auf einzelne Wörter verweisen: *Sie drückt damit ihre Gläubigkeit aus/deutet mit „Gott" einen höheren Wert an als die Liebe.*
- **Zitate im Fließtext** und **Zeilenangaben in Klammern**: *Sie stellt als Ergebnis ihrer beruf-lichen Laufbahn fest: „Ich habe heute mehr gegen Männer als früher" (Z. 15 f.). Abwertende Ausdrücke wie die Wendung „mit ihren Sprüchen" (Z. 6) …*
- **Zitate** und **Zeilenangaben in Klammern**: *…, das sie als unkollegial bewertet (Z. 12 f.: „Die Männer können so aggressiv und gemein sein").*
- **Textverweise mit *vgl.* in Klammern**: *Als Luise am Ende des Gesprächs auf ihr „Herz" zu sprechen kommt (vgl. 6. Abschnitt), …*
- **erklärende Wendungen** wie **(wie) etwa, z. B., beispielsweise, und zwar, nämlich**: *Soziale Eigenschaften …, wie etwa Sachlichkeit in Gesprächen, …*

Vgl. zu weiteren Formulierungshilfen ➚ **Erklärung** (S. 72 f.).

Interpretation von Dramenszenen

Auf einen Blick

Die **Interpretation** einer **Dramenszene** gehört zu den **erklärenden Textformen**. Vgl. genauere Informationen unter ⌐ **Interpretation – Basiskapitel** (S. 134 – 136).

So wird's gemacht

Um eine **Drameninterpretation** zu schreiben, bieten sich zwei Schritte an:
LESESTRATEGIE:
- den Ausgangstext **gliedern**
- auffällige stilistische, kompositorische und visuelle Gestaltungsmittel **markieren** und in Notizen auf einem Arbeitsblatt **deuten**

SCHREIBPLAN:
- den **Inhalt** strukturiert zusammenfassen (⌐ **Inhaltsangabe**, ⌐ **Zusammenfassung**)
- eine **Deutungshypothese** als **Schreibziel** aufstellen (⌐ **Interpretation – Basiskapitel**, S. 148 f.)
- den eigenen **Textaufbau** für die Analyseschritte entwerfen (⌐ **Gliederung**)

Lesestrategie: Schritte bei der Vorbereitung

Die dramatische Handlung entwickelt sich im **Gespräch der Figuren**. Im Beispieltext, Akt I, Szene 4 aus Schillers Drama *Kabale und Liebe*, lässt sich die **Gliederung** erkennen, wenn man auf den **Wechsel der Gesprächsthemen** achtet und darauf, wer die **Senderrolle** und wer die **Empfängerrolle** übernimmt und ob sich dieses Sender-Empfänger-Verhältnis im Gesprächsverlauf ändert oder nicht.

Wechselnde Gesprächsthemen zu entdecken, ist nicht immer einfach:
- Nicht immer wird ein neues Thema sofort im ersten Satz des Sprechenden eingeführt.
- Es kann sich auch erst allmählich im Gespräch entwickeln (vgl. Gliederungsabschnitt 4).
- Vor allem dann, wenn die Gesprächspartner spontan miteinander ins Gespräch kommen, wie in Akt I.4, kann sich ein echtes Gesprächsthema erst nach und nach ergeben (vgl. Gliederungsabschnitt 2).
- Nicht immer wird ein neues Thema durch einen Begriff eingeführt (vgl. Gliederungsabschnitte 3, 5), es kann auch durch Metaphern zum Ausdruck gebracht werden (vgl. Gliederungsabschnitt 6).

In Schillers Dramenszene helfen die folgenden **Begriffe** (vgl. ⌐ **Interpretation – Basiskapitel**, S. 147, 137), die auffälligen **Elemente dramatischer, literarischer** und **allgemeiner Textgestaltung** zu erkennen, zu benennen und zu deuten:

Interpretation von Dramenszenen

typische Elemente DRAMATISCHER TEXTE
- **Figuren, Protagonisten**, hier:
  - Luise Millerin
  - Ferdinand von Walter
- **Figurenkonstellation**, hier:
  - Luise und Ferdinand als Liebende
  - Luise als Bürgerliche, Ferdinand als Adeliger
- **Figurengespräch**, hier: argumentative Auseinandersetzung über die Beziehung der Protagonisten
- **Regieanweisungen**, hier: Angaben
  - zur Einrichtung des Bühnenraums
  - zur nonverbalen Kommunikation der Figuren (Gestik, Mimik, Körperhaltung, Bewegung im Raum, räumliche Nähe/Distanz, Schweigen, stimmliche Qualität)
- **Exposition** im fünffaktigen Aufbau des klassischen Dramas, hier:
  - Einführung in die unterschiedlichen Ansichten der Hauptpersonen, aus denen der **dramatische Konflikt** erwächst: Standesunterschiede und gegensätzliche Auffassungen von Liebe und gesellschaftlicher Verpflichtung

typische Elemente von LITERATUR ALLGEMEIN
- **Metaphorik**, hier: unterschiedliche Spenderbereiche für die sprachlichen Bilder der beiden Protagonisten
  - z. B. Edelstein-, Natur-, Himmelsmetaphorik, Vergleiche aus der Fabelwelt (Ferdinand)
  - z. B. Waffen-, Friedens-, Feuermetaphorik (Luise)

typische Elemente von TEXTEN ALLGEMEIN
- **argumentative Textgestaltung**, hier:
  - **Rede und Gegenrede** der beiden Protagonisten (vgl. die 6 Gesprächsabschnitte)
  - **Redestrategien** im Konfliktgespräch wie abstreiten („Es ist nichts"), widersprechen („O wie sehr fürcht ich ihn – diesen Vater!" „Ich fürchte nichts"), beteuern („Doch, doch"), begründen („Wärst du ganz nur Liebe für mich, wann hättest du Zeit gehabt, eine Vergleichung zu machen?"), schlussfolgern („Also nichts mehr von Furcht, meine Liebe!")
  - **rhetorische Fragen** („Wer, als die Liebe, kann mir die Flüche versüßen, die mir der Landeswucher meines Vaters vermachen wird?")
  - **echte Fragen** („Was bekümmert dich?")
- **Werbestrategien**, hier:
  - Ferdinands **Sprache der Werbung** um Luise („Mein Herz ist das gestrige, ists auch das deine noch?"; „Mir vertraue dich, du brauchst keinen Engel mehr")
  - **nonverbale Mittel der Kommunikation**, mit denen Luise ihre Liebe zu Ferdinand zum Ausdruck bringt bzw. verneint („fällt ihm um den Hals", „fasst seine Hand", „lässt plötzlich seine Hand fahren", „drückt ihn von sich")

Für die **Textmarkierung** wählt man eine überschaubare Anzahl an grafischen Mitteln und Farben nur für die wesentlichen Gestaltungsmittel und hält sie in einer **Legende** übersichtlich fest.

Thema in den einzelnen Gesprächsabschnitten

Interpretation von Dramenszenen

In der Kommentarspalte werden **Gliederungsabschnitte** der Dramenszene aufgeführt.

Ausgangstext
Friedrich Schiller, „Kabale und Liebe" (Akt I.4)

Friedrich Schiller (1759–1805) wuchs im Herzogtum Württemberg auf, in dem ein absolutistischer Landesherr über die Freiheiten der Stände wachte. In seinem bürgerlichen Trauerspiel *Kabale und Liebe* (1784) beschäftigt der Dichter sich mit der Problematik der Standesunterschiede zwischen Adel und Bürgertum. Das Stück entstand, wie andere Dramen des **Sturm und Drang** (ca. 1770–1789), in einer literarischen Epoche, in der Autoren persönliche und gesellschaftliche Spannungen ihrer Zeit als dramatisierte Handlungen auf die Bühne brachten. Mit *Kabale und Liebe* wollte Schiller die stark nachgefragte Gattung des bürgerlichen Familienstücks erproben.

Zur Einbettung der Szene I.4: Luise, Tochter des Stadtmusikanten Miller, hat am Tage zuvor die Bekanntschaft von Ferdinand gemacht; er gehört als Sohn des Präsidenten von Walter am Hof des Landesfürsten dem Adelsstand an. Beide Figuren fühlen sich stark zueinander hingezogen. In Akt I.3 führt Luise ein Gespräch mit ihren Eltern. Darin bekennt sie, dass ihre Liebe zu Ferdinand sie in einen Konflikt mit den Erziehungsidealen ihrer bürgerlichen Eltern versetzt hat, nach denen die Standesgrenzen einzuhalten sind. Die Szene I.3 endet mit der überraschenden Ankündigung von Ferdinands Besuch im Hause der Familie Miller.

Zur Szene I.4: Der erste gemeinsame Auftritt von Luise und Ferdinand auf der Bühne ist eine der Schlüsselszenen für die Entwicklung der dramatischen Handlung. Hier entfalten sich ihre unterschiedlichen Sichtweisen von Liebe und Gesellschaft, die den Grundkonflikt des Dramas bilden. Nur noch zwei weitere Male im Verlauf des Stückes treffen beide Hauptpersonen direkt zusammen, allein, und zwar in zwei weiteren Schlüsselszenen: in Akt III, Szene 4 und in Akt V, Szene 7. Wegen ihrer besonderen Stellung im fünfaktigen Aufbau des Dramas bietet es sich an, die Szene I.4 genauer zu analysieren.

Interpretation von Dramenszenen

155

Kabale[1] und Liebe

1. Akt
VIERTE SZENE
Ferdinand von Walter. Luise.

(Er fliegt auf sie zu – sie sinkt entfärbt und matt auf einen Sessel – er bleibt vor ihr stehn – sie sehen sich eine Zeit lang stillschweigend an. Pause.) //

FERDINAND. Du bist blass, Luise?

LUISE *(steht auf und fällt ihm um den Hals)*. Es ist nichts. Nichts. Du bist ja
5   da. Es ist vorüber.

FERDINAND *(ihre Hand nehmend und zum Munde führend)*. Und liebt mich
    meine Luise noch? Mein Herz ist das gestrige, ist's auch das deine
    noch? Ich fliege nur her, will sehn, ob du heiter bist, und gehn und
    es auch sein – du bist's nicht.

10 LUISE. Doch, doch, mein Geliebter.

FERDINAND. Rede mir Wahrheit. Du bist's nicht. Ich schaue durch deine
    Seele **wie durch das klare Wasser dieses Brillanten**. *(Er zeigt auf sei-*
    nen Ring.) Hier wirft sich kein **Bläschen** auf, das ich nicht merkte –
    kein Gedanke tritt in dies Angesicht, der mir entwischte. Was hast du?
15   Geschwind! Weiß ich nur diesen **Spiegel** helle, so läuft keine **Wolke**
    über die Welt. Was bekümmert dich? //

LUISE *(sieht ihn eine Weile stumm und bedeutend an, dann mit Wehmut)*.
    Ferdinand! Ferdinand! Dass du doch wüsstest, wie schön in dieser
    Sprache das bürgerliche Mädchen sich ausnimmt –

20 FERDINAND. Was ist das? *(Befremdet.)* Mädchen! Höre! Wie kommst du auf
    das? – Du bist meine Luise! Wer sagt dir, dass du noch etwas sein
    solltest? Siehst du, Falsche, auf welchem Kaltsinn ich dir begegnen
    muss. Wärest du ganz nur Liebe für mich, wann hättest du Zeit gehabt,
    eine Vergleichung zu machen? Wenn ich bei dir bin, zerschmilzt
25   meine Vernunft in einen Blick – in einen Traum von dir, wenn ich weg
    bin, und du hast noch eine Klugheit neben deiner Liebe? – Schäme
    dich! Jeder Augenblick, den du an diesen Kummer verlorst, war dei-
    nem Jüngling gestohlen. //

LUISE *(fasst seine Hand, indem sie den Kopf schüttelt)*. Du willst mich ein-
30   schläfern, Ferdinand – willst meine Augen von diesem Abgrund hin-
    weglocken, in den ich ganz gewiss stürzen muss. Ich seh in die Zukunft
    – die Stimme des Ruhms – deine Entwürfe – dein Vater – mein Nichts!
    (Erschrickt und lässt plötzlich seine Hand fahren.) Ferdinand! Ein Dolch
    über dir und mir! – Man trennt uns!

35 FERDINAND. Trennt uns! *(Er springt auf.)* Woher bringst du diese Ahndung,
    Luise? Trennt uns? – Wer kann den **Bund zwoer Herzen** lösen oder **die**
    Töne eines Akkords auseinanderreißen? – Ich bin ein Edelmann – Lass

---

1 L. erschrickt über F.s plötzlichen Besuch.

2 L. streitet ab, dass sie Kummer hat.

3 L. ordnet sich F.s adeligem Stand unter.

4 L. erahnt die zukünftige Trennung von F.

---

[1]**Kabale** Intrige, hinterlistige Handlung, Machenschaft

Interpretation von Dramenszenen

doch sehen, ob mein Adelsbrief älter ist als der Riss zum unendlichen Weltall? Oder mein Wappen gültiger als die Handschrift des Himmels
40 in Luisens Augen: Dieses Weib ist für diesen Mann? – Ich bin des Präsidenten Sohn. Eben darum. Wer, als die Liebe, kann mir die Flüche versüßen, die mir der Landeswucher meines Vaters vermachen wird? //
LUISE. O, wie sehr fürcht ich ihn – diesen Vater!
FERDINAND. Ich fürchte nichts – nichts – als die Grenzen deiner Liebe. Lass
45 auch Hindernisse wie Gebürge zwischen uns treten, ich will sie für Treppen nehmen und drüber hin in Luisens Arme fliegen! Die Stürme des widrigen Schicksals sollen meine Empfindung emporblasen, G e f a h r e n werden meine Luise nur reizender machen. – Also nichts mehr von Furcht, meine Liebe. Ich selbst – ich will über dir wachen
50 wie der Zauberdrach über unterirdischem Golde. – M i r vertraue dich. Du brauchst keinen Engel mehr – Ich will mich zwischen dich und das Schicksal werfen – empfangen für dich jede Wunde – auffassen für dich jeden Tropfen aus dem Becher der Freude – dir ihn bringen in der Schale der Liebe. *(Sie zärtlich umfassend.)* An diesem
55 Arm soll meine Luise durchs Leben hüpfen; schöner, als er dich von sich ließ, soll der Himmel dich wiederhaben und mit Verwunderung eingestehn, dass die Liebe die letzte Hand an die Seele legte – //
LUISE *(drückt ihn von sich, in großer Bewegung).* Nichts mehr! Ich bitte dich, schweig! – Wüsstest du – lass mich – du weißt nicht, dass deine Hoff-
60 nungen mein Herz wie Furien[1] anfallen. *(Will fort.)*
FERDINAND *(hält sie auf).* Luise? Wie! Was! Welche Anwandlung?
LUISE. Ich hatte diese Träume v e r g e s -
65 s e n und war glücklich – Jetzt! Jetzt! Von h e u t an – der Friede meines Lebens ist aus – Wilde Wünsche – ich weiß es – werden in meinem Busen rasen. – Geh! – Gott vergebe
70 dir's! – Du hast den Feuerbrand in mein junges friedsames Herz geworfen, und er wird nimmer, nimmer gelöscht werden. *(Sie stürzt hinaus. Er folgt ihr sprachlos nach.)*

In: Friedrich Schiller (1999): Kabale und Liebe. Ein bürgerliches Trauerspiel. Schöningh, Paderborn, S. 18–21

5 L. fürchtet F.s Vater als Vertreter des Adelsstandes.

6 L. weist F. als Liebhaber ab.

Szenenbild einer Aufführung des Jungen Theaters Göttingen, 2008

---
[1] **Furien** (aus der römischen Mythologie) Rachegöttinnen; sie beschützen die sittliche Weltordnung, verfolgen erbarmungslos mit Fackel und Geißel (Peitsche) alle Frevler gegen das Recht, insbesondere Mörder und Blutschänder, strafen sie mit Wahnsinn

Interpretation von Dramenszenen

Schreibplan: Schritte bei der Ausformulierung

Um eine **Interpretation** der Dramenszene zu schreiben, greift man auf seine Vorarbeit zurück:

- die **strukturierte Wiedergabe des Inhalts** auf der Grundlage einer Gliederung (s. o.: Kommentarspalte),
- die **Textmarkierung** für die wesentlichen stilistischen und kompositorischen Gestaltungsmittel (s. o.: Dramentext),
- **Stichwortnotizen** während der Untersuchung der einzelnen Gestaltungsmittel der Szene.

Als wichtige Vorbereitung für die Ausformulierung der Interpretation stellt man einen **Schreibplan** auf. Hierzu gehören im Beispieltext Überlegungen

- ➤ zum **Thema** der Dramenszene: unterschiedliche Liebesauffassungen der Protagonisten,
- ➤ zur **Deutungshypothese**: Gründe für die gegensätzlichen Liebesauffassungen sind im unterschiedlichen Standesdenken zu finden,
- ➤ zu möglichen **Teilthemen**: Luises „Kummer" über ihre bedrohte Liebe, Ferdinands Liebesauffassung, das Gesprächsverhalten der beiden Figuren, die Gesellschaftsbilder der beiden Figuren,
- ➤ zum **Untersuchungsverfahren**: deduktiv, aspektorientiert (vgl. „Methodenwissen" in ↗ **Interpretation – Basiskapitel**, S. 148 f.),
- ➤ zu **Quellen**: Wörterbucherklärung zu „Furien"; Fachbücher z. B. zum Ständestaat des 18. Jahrhunderts, zum pyramidalen Aufbau des klassischen Dramas, zu Schillers Biografie,
- ➤ zur **Leser-/Adressatengruppe**: eine literarisch vorgebildete Leserschaft, die sich fachlich mit der Sprache und den Gestaltungsmitteln in Dramen beschäftigt, also etwa Lernende in der Oberstufe oder im Studium,
- ➤ zur **Sprache**: sachliche, neutrale Sprache mit Fachbegriffen aus dem Bereich „Literaturwissenschaft", speziell der Gattung „Drama", und Textbelegen als Beweis; ebenso Begriffe zum Themenbereich „Ständegesellschaft", der in der Dramenszene angesprochen wird,
- ➤ zum **Textaufbau**
  - ■ Anfang: **Überblickssatz**
    - mit **Publikationsdaten** und Angaben zur literarischen **Gattung**
    - mit (gesellschaftlichem/literarischem) **Entstehungskontext** (Entstehungszeit, literarische Epoche etc.)

    Einordnung der Szene in das Gesamtdrama
    ggf. **strukturierte Inhaltsangabe**
    Themasatz
    Deutungshypothese
    Wahl des **Untersuchungsverfahrens**
  - ◉ Mitte: Einzeluntersuchungen wie angekündigt
    Absätze nach einzelnen ↗ **Sinnabschnitten**
  - ▲ Schluss: **Schlussbetrachtung**
    - Rückkehr zur **Deutungshypothese** (verifizieren/modifizieren)
    - **verallgemeinernde Deutung** als Ergebnis

Interpretation von Dramenszenen

Interpretation einer Dramenszene
Friedrich Schiller, „Kabale und Liebe" (Akt I.4)

Um den Zusammenhang zu verdeutlichen, wie aus den vorbereitenden Schritten eine Drameninterpretation entstehen kann, werden in dem folgenden Beispieltext markiert:

> das Thema bzw. Teilthema, das erklärt wird
> einzelne Aspekte des Teilthemas
> sprachliche Wendungen für **erklärende** Texte
> sprachliche Wendungen für argumentative Texte

In der Kommentarspalte werden **Gliederungsabschnitte** der Interpretation aufgeführt und die untersuchten sprachlichen und kompositorischen **Gestaltungsmittel** benannt.

■ Die 4. Szene aus Akt I **stammt aus** Schillers Drama *Kabale und Liebe*, das er 1784 als junger Autor von 25 Jahren schrieb. Mit diesem Drama des Sturm und Drang verfolgt Schiller die Absicht, die Ständegesellschaft des ausgehenden 18. Jahrhunderts kritisch aus der Sicht des Bürgertums
5 **darzustellen**.

> ⚐ ANFANG DER INTERPRETATION
> Überblickssatz:
> Publikationsdaten
> Entstehungskontext:
> historisch, literarisch

In dieser Szene zu Beginn des Dramas treffen Ferdinand und Luise zum ersten Mal persönlich für den Leser bzw. Zuschauer sichtbar zusammen. Man erwartet im ersten Akt, der Exposition des Dramas, dass der Konflikt zwischen den beiden Protagonisten als Vertretern ihrer Stände deutlich
10 **zu Tage tritt**.

> Einordnung in das Gesamtdrama

In Akt I.4 erscheint unerwartet Ferdinand, der adelige Sohn des Landesfürsten, in Luises bürgerlicher Familie. Ferdinand sorgt sich wegen Luises niedergeschlagener Stimmung und wünscht eine Erklärung. Durch ihre Gesprächsbeiträge wird er in einen argumentativen Gesprächswechsel
15 über ihren „Kummer" hineingezogen. In dieser Auseinandersetzung machen die Liebenden ihre unterschiedlichen Auffassungen von der Zukunft ihrer Liebe zum Thema. Während Luise sich Ferdinands adeligem Stand untergeordnet fühlt, meint dieser, dass ihre Liebe keine Grenzen kenne. Gegen Luises Ahnung einer baldigen Trennung führt
20 Ferdinand an, dass ihm ihre Liebe wichtiger sei als die Statussymbole seines Adelsstandes. Luises Furcht vor seinem Vater stellt er entgegen, dass er nicht zulassen werde, dass irgendjemand ihnen Grenzen auferlegt, und alle Widerstände aus dem Weg räumen werde. Luise weist am Ende des Gesprächs ihren Geliebten ab, weil seine Liebe in ihr Wünsche
25 weckt, die ihren Seelenfrieden zerstören.

> Strukturierte Inhaltsangabe
> Abschnitt 1
> Abschnitt 2
>
> Hauptthema des Gesprächs
>
> Abschnitt 3
>
> Abschnitt 4
>
> Abschnitt 5
>
> Abschnitt 6

In dieser Szene **geht es** offenbar **um** eine Auseinandersetzung zwischen Ferdinand und Luise über ihre unterschiedlichen Liebesauffassungen. Ferdinands Vorstellung von einer Liebe, die alle Standesgrenzen überwinden kann, steht Luises Vorstellung einer festen Ständeordnung entgegen, in der ihre Liebe keinen Platz hat.

> Themasatz
>
> Deutungshypothese

Ich werde das Thema dieser Szene in drei Schritten untersuchen. **Als Erstes** versuche ich, Luises „Kummer" über ihre bedrohte Liebe zu **erklären**. **In einem zweiten Schritt beschäftige** ich **mich mit** Ferdinands Liebesauffassung. **Und zum Schluss** werde ich **zu einer Gesamtdeu-**
35 **tung** der Szene im Aufbau des Dramas **kommen**.

◉

■ Bei ihrem zweiten Treffen nach einer ersten Begegnung am Tage zuvor versucht Luise ihren „Kummer" darüber, dass ihre Liebe in der Ständegesellschaft möglicherweise keine Chance hat, vor Ferdinand zu verber-
40 gen. Sie weist seine Besorgnis um ihren Gemütszustand als „nichts! Nichts!" zurück. Dennoch **verraten ihre** nonverbalen **Äußerungen** wie auch ihre Gesprächsbeiträge, **dass** sie hin- und hergerissen ist zwischen ihrer Liebe zu ihm und der Verpflichtung ihres Standes, auf ihn verzichten zu müssen.
45 ◉ Luise empfindet unverändert starke Gefühle für Ferdinand. Diese vermag sie jedoch eher **durch** eine nonverbale Sprache der Nähe und Zuneigung **auszudrücken** (vgl. ihre Körpersprache in Z. 4, ihre Mimik in Z. 17, ihre Gestik in Z. 29) und durch emphatische Beteuerungen, dass sich „nichts", „nichts" an ihrer Liebe zu ihm verändert habe (vgl. Z. 4, 10).
50 Sie fühlt sich durch die Werbung des adeligen Ferdinand in ihrem gesellschaftlichen Status als „bürgerliche[s] Mädchen" aufgewertet (Z. 18 f.: „wie schön in dieser Sprache das bürgerliche Mädchen sich ausnimmt").
Was sie jedoch bekümmert, ist die Furcht vor den gesellschaftlichen
55 Verhältnissen. Sie befürchtet, dass ihre Liebe zu Ferdinand an ihrer sozialen Ungleichheit scheitern könnte. In dieser Aussprache mit ihrem „Geliebte[n]" (Z. 10) **bestimmen** zunächst (vgl. Abschnitte 3 und 4) nicht Gefühle ihr Denken und ihre Sprache, wie man annehmen könnte, sondern eine nüchterne Betrachtungsweise der realen Verhältnisse oder,
60 wie Ferdinand enttäuscht bemerkt, „Kaltsinn", „Vernunft" und „Klugheit" (Z. 22, 25, 26). Entsprechend **stammen** Luises Wortwahl vorwiegend **aus** dem Sachbereich „Gesellschaft" und ihre Metaphern **aus** dem Bereich der Kriegsführung. Mit klarem Blick (vgl. Z. 30, 31: „meine Augen", „ich seh") erkennt sie, dass ihre Standesunterschiede unüber-
65 windbar sind. Die Metapher des „Abgrund[s]", mit der sie sich ihr Scheitern bildhaft vorstellt (Z. 30), **bedeutet** einerseits, **dass** sie glaubt, einen gesellschaftlichen Aufstieg nicht schaffen zu können, und andererseits, **dass** sie voraussieht, dass sie als Bürgerliche aus der gescheiterten Affäre mit einem Adeligen als die Leidtragende hervorgehen wird (Z. 30 f.:
70 „Abgrund ..., in den ich ganz gewiss stürzen muss"). **Damit** könnte **sie andeuten, dass** moralische Vorbehalte und Ächtung aus ihren eigenen bürgerlichen Kreisen sie gesellschaftsunfähig machen werden (vgl. Z. 32 f.: „mein Nichts"), etwa für eine zukünftige standesgemäße Beziehung. Die unvermeidliche Trennung empfindet sie als gewaltsam und

---

Untersuchungsgang
ASPEKTORIENTIERTES VERFAHREN

◉ **MITTE DER INTERPRETATION**
1. Teilthema
■ **Anfang** des 1. Teilthemas
Themasatz

◉ **Mitte** des 1. Teilthemas
nonverbale Sprache

Wortwiederholungen

Gegenbegriffe zu „Liebe"

Sachbereich „Gesellschaft"
Substantiv/Verb des Sehens

Metapher

Interpretation von Dramenszenen

75 schmerzhaft, als würden Menschenleben in einer kriegerischen Auseinandersetzung geopfert, **wie** die Metapher des „Dolch[es]" (Z. 33) **zu verstehen gibt**.

Waffenmetaphorik

Die gesellschaftlichen Schranken, die einer legalen Beziehung mit Ferdinand entgegenstehen, ahnt Luise mehr, als dass sie sie genau bezeichnen
80 kann. **Dies zeigt, dass** sie mit dem Leben in den übergeordneten gesellschaftlichen Kreisen unvertraut ist. Während Ferdinand als Angehöriger des Adels die genauen **Begriffe** für Status und Machtbefugnisse seines Standes kennt und **verwendet** (vgl. Z. 37–42: „Edelmann", „Adelsbrief" usw.), **spricht** Luise allgemein **von** „Ruhm" und „Entwürfen" (Z. 32). **Dar-**
85 **unter versteht** sie wohl das gesellschaftliche Ansehen und die Zukunftspläne, die für Ferdinand als Präsidentensohn und Nachfolger seines „Vater[s]" (Z. 32) als gesellschaftliche Erwartungen vorgegeben sind.
In Ferdinands Vater erkennt Luise den Repräsentanten einer gesellschaftlichen Ordnung, die sie fürchtet (vgl. Z. 43). In dieser „Furcht" vermi-
90 schen sich auf der einen Seite Angst, dass ihre Liebesbeziehung von seinem Vater nicht als standesgemäße Verbindung akzeptiert werden könnte, und auf der anderen Seite „Ehrfurcht" vor einem Ordnungsgebilde, dass sie als gegeben anerkennt und nicht weiter kritisch auf seine Gültigkeit hinterfragt.

Sachbereich „Gesellschaft"

Schlüsselbegriff „Furcht"

95 Als Luise am Ende des Gesprächs **auf** ihr „Herz" **zu sprechen kommt** (vgl. 6. Abschnitt), so **meint** sie **damit** weniger den Inbegriff ihrer Gefühle für Ferdinand. Vielmehr **deutet** sie **hiermit** den Aufruhr ihrer Gefühle **an**, in den Ferdinands „Hoffnungen" auf eine glückliche Verbindung sie gestürzt haben. Denn sie **nennt** „Herz" **in Zusammenhang mit**
100 Metaphern des Feuers (Z. 59 ff.: „dass deine Hoffnungen mein Herz wie Furien anfallen"; Z. 70 ff.: „Du hast den Feuerbrand in mein junges … Herz geworfen"). Offenbar **fasst** sie ihre Liebe zu dem adeligen Ferdinand **als** Verstoß gegen die herrschende gesellschaftliche Ordnung **auf**. **Darauf verweist insbesondere** die mythologische Figur der Furie, die Ord-
105 nungsverstöße gegen das geltende Recht mit Feuergewalt rächt. Dieses Unrechtsbewusstsein scheint Luise wie ein Feuer zu verzehren. Ihr innerer „Friede" (Z. 66, 71), das ausgewogene Lebensgefühl, das sie beherrschte, solange sie sich innerhalb ihres Bürgerstandes bewegte, ist zerstört. Ihr Glück (vgl. Z. 65) hat sich bisher darauf beschränkt, den ihr zugewie-
110 senen Platz in der Gesellschaft einzunehmen. Seitdem sie einen Adeligen liebt, ist ihre innere Ruhe aufgehoben (Z. 67 ff.: „Wilde Wünsche […] werden in meinem Busen rasen") und ihre ehemals klare Vorstellung von einer Gesellschaftsordnung in Bewegung geraten. Sie weist Ferdinand abschließend zurück mit den Worten: „Geh! – Gott vergebe dir's!"
115 (Z. 69 f.). Ihr **Verweis auf** „Gott" **ist wörtlich gemeint, nicht metaphorisch** wie in Ferdinands Sprache (s. u.). Sie **drückt damit** ihre Gläubigkeit **aus** und **deutet mit** „Gott" einen höheren Wert in ihrem Wertesystem **an** als die Liebe, die Ferdinand in ihr wachgerufen hat.

Schlüsselbegriff „Herz"

Feuermetaphorik

Worterklärung

Friedensmetaphorik

Sachbereich „Religion"

Interpretation von Dramenszenen

Ähnlich wie ihre Metaphorik **bedeutet auch** Luises Gestik und Körperhaltung in dieser letzten Gesprächsphase <u>Abwehr gegenüber Ferdinand</u>
(Z. 58: „drückt ihn von sich", Z. 61: „Will fort", Z. 73: „Sie stürzt hinaus"). <u>Vielleicht</u> glaubt sie, der Werbung Ferdinands und ihrer Entscheidung ausweichen zu können, indem sie körperlich auf Distanz geht und
ihn abweist.

▲ Luise, <u>so zeigt sich</u>, **versteht** ihren „Kummer" **als** inneren <u>Konflikt</u>
zwischen ihrem <u>individuellen Streben nach Glück</u> und ihrer <u>Verpflichtung</u>
<u>gegenüber dem überindividuellen Ganzen der Gesellschaft</u>. Noch ist die-
ser Konflikt nicht entschieden. <u>Einerseits</u> rebelliert sie innerlich gegen
die Zwänge ihres gesellschaftlichen Ordnungsdenkens. <u>Andererseits</u>
wehrt sie sich äußerlich, nonverbal wie verbal, gegen die Versuchung,
ihrer Liebe zu Ferdinand nachzugeben und außerhalb der geregelten
gesellschaftlichen Bahnen zu leben.

■ Ferdinands Liebesauffassung <u>scheint</u> freiheitlicher, <u>gesellschaftlich</u>
<u>ungebundener</u> **zu sein** als Luises. Zugleich aber **stellt** er **sich** mit seinen
uneingeschränkten Besitzansprüchen an sie **als** <u>absolutistisch denkender</u>
<u>Mensch</u> **dar**.

◉ Die Liebe zu Luise beherrscht Ferdinands Denken und Handeln. Kein
anderes Wort zieht sich so dominant durch seine Sprechbeiträge wie
„Liebe" (Z. 6, 23, 26, 41, 44, 54, 57). [usw.]

▲ <u>Insgesamt scheint</u> Ferdinand keine Grenzen für seine Liebe zu Luise
anzuerkennen. Diese Freiheit, sein Leben selbst gestalten zu können, soll
jedoch bei näherer Betrachtung <u>wohl</u> nur für ihn **gelten**, nicht aber für
die Frau, die er liebt. Seine <u>Liebeswerbung</u> verrät immer wieder, dass er
Luise zu <u>beherrschen</u> versucht. Seine Liebe ist in einer Weise besitzergrei-
fend, die Luise am Ende des Gesprächs dazu bringt, sich ihm zu entziehen, indem sie den Raum verlässt.

▲ <u>Als Ergebnis</u> meiner Untersuchung der unterschiedlichen Liebesauffassungen der beiden Figuren habe ich **eine genauere Vorstellung von**
dem Konflikt zwischen Luise und Ferdinand **gewinnen** können. Meine
oben formulierte <u>Deutungshypothese</u> kann ich <u>daher bestätigen und</u>
<u>zugleich vertiefen</u>: Während Luise ihrer gesellschaftlichen Einbindung
in einen Ständestaat noch das größere Gewicht zuschreibt, ist Ferdinand
bereit, ihre Liebe gegen alle gesellschaftlichen Hindernisse zu verteidigen. <u>Allerdings</u> stellt er sich und Luise dabei außerhalb der geltenden
gesellschaftlichen wie religiösen Ordnung. In dieser Szene **wird** <u>daher</u>
der Kern des Konflikts **offenkundig**, der den weiteren Verlauf der dramatischen Handlung bestimmen wird.

Marginalien

nonverbale Kommunikation

▲ Schluss des 1. Teilthemas

2. Teilthema
■ Anfang des 2. Teilthemas
Themasatz

◉ Mitte des 2. Teilthemas
Schlüsselwort „Liebe"

▲ Schluss des 2. Teilthemas
schlussfolgernde Wendungen
verallgemeinernde Deutung

▲ SCHLUSS DER INTERPRETATION
schlussfolgernde Wendungen

Rückbezug zur Deutungshypothese

verallgemeinernde Deutung

Interpretation von Dramenszenen

Kommentar
zur Thematik der Dramenszene

In schriftlichen Prüfungsaufgaben wird von Schülerinnen und Schülern häufig erwartet, dass sie sich nach der Textinterpretation abschließend auch kritisch mit der Thematik auseinandersetzen. Für einen persönlichen **Kommentar**

- wählt man einen teilthematischen Aspekt aus der Interpretation des Ausgangstextes,
- nutzt man sein Fachwissen oder sein allgemeines (aktuelles/historisches) Weltwissen,
- verwendet man sprachliche Wendungen für **erklärende** und **kommentierende** Texte.

Im folgenden Text werden einleitende Sätze für verschiedene Möglichkeiten eines persönlichen Kommentars zu den erarbeiteten Themenaspekten in Akt I.4 von Schillers Drama *Kabale und Liebe* vorgestellt.

(1)

Die Entwicklung des Konflikts im weiteren Verlauf des Dramas

■ **Aus meiner Kenntnis des Gesamtdramas** kann ich die Szene I.4 in den weiteren Verlauf des Dramas folgendermaßen einordnen:

⊙ Bereits in dieser frühen Dramenszene *erhält* in Luises Denken die Vaterfigur als Repräsentant des irdischen Staates *eine tiefere Bedeutung*:
5 als irdischer Vertreter einer von Gott gewollten sozialen Ordnung, die sie bedingungslos akzeptiert. Mit dieser Auffassung gerät sie in Konflikt mit Ferdinands Vorstellung von einer Liebesbeziehung ohne gesellschaftliche Zwänge.
Ferdinands idealistische Liebesauffassung *zeigt* hier, in der Exposition des
10 Dramas, bereits Ansätze zu einer Haltung, die Luise später als „ohne Schranken" ablehnen wird. In der Mittelpunktszene III. 4 des Dramas wird Luise ihr Ordnungsdenken klarer und kompromissloser gegen Ferdinands ichbezogene Liebe vertreten. Hier *gibt es keine* Annäherung mehr zwischen den Liebesauffasungen beider Figuren. Ihr Konflikt erreicht dort
15 seinen Höhepunkt: „Kalte Pflicht gegen feurige Liebe", *so fasst* Ferdinand den Unterschied der Liebenden in dieser zweiten Begegnung mit Luise *zusammen*. Diese Gegensätzlichkeit *leitet* die Wende in der dramatischen Handlung *ein*, sodass die Intrigen (die *Kabale*) des Hofes sich mit Erfolg gegen die Liebe der ungleichen Protagonisten wenden kann.
20 ▲ Im Gesamtaufbau des Dramas *betrachtet*, erfüllt **aus meiner Sicht** die Szene I.4 mit der ersten Begegnung zwischen Luise und Ferdinand **überzeugend** ihre Funktion als Ausgangspunkt des Konflikts auf der persönlichen Ebene der Liebenden.

■ **Anfang des Kommentars**
SACHVERHALT

⊙ **Mitte des Kommentars**
Erläuterung mit Fachkenntnissen

▲ **Schluss des Kommentars**
SCHLUSSFOLGERUNG mit persönlicher Bewertung

(2)

25 Zur Bedeutung von gesellschaftlichen Konventionen in heutigen Liebesbeziehungen

■ Gesellschaftliche Konventionen **spielen** heute **nicht mehr die entscheidende Rolle** wie zu Schillers Zeiten. ⊙ ***Wenn*** ich meine eigene

■ **Anfang des Kommentars**
SACHVERHALT und THESE

⊙ **Mitte des Kommentars**

Interpretation von Dramenszenen

Generation **betrachte**, **kann ich kaum noch nachvollziehen**, mit welchen Bedenken Luise – mehr noch ihr Vater – vor einer Verbindung mit
Ferdinand zurückschreckt. Gesellschaftliche Schichten oder Klassen, **wie**
man heute **sagt**, **gelten** nicht mehr **als** unüberwindbar für Menschen,
die heiraten wollen. Vor allem Eltern würden sich heute freuen, wenn
zum Beispiel ihre Tochter einen Freund aus einer besser gestellten Familie oder mit einer gehobenen beruflichen Ausbildung hätte und bei einer
Heirat praktisch sozial „aufsteigen" würde. **Das gilt natürlich auch**
umgekehrt: **Anders als** im 18. Jahrhundert **üblich** kann heute auch ein
Mann in die gesellschaftlichen Kreise seiner Freundin oder Frau „aufsteigen". Die inzwischen gesetzlich garantierte Gleichberechtigung der
Geschlechter, **so ist meine Einschätzung**, hat sich auch auf die
Rollenverteilung in der Paarbeziehung ausgewirkt.
Und die Betroffenen selbst, also die „Liebenden"? **Ich denke, dass** heute
eher Interessen, Ausbildung und Bildung beider Partner als ihre gesell-
schaftliche Zugehörigkeit darüber entscheiden, ob es eine Basis für eine
Partnerschaft oder Ehe geben kann. ... [Begründungen, Beispiele]

Rechte Marginalie:
BEGRÜNDUNG
Persönliche Erfahrungen
Aktualisierter Kontext

Einschränkungen in unserer heutigen Freiheit der Partnerwahl **gibt es**
aus meiner Erfahrung eher, wenn sich zwei Partner aus deutlich
unterschiedlichen Kulturkreisen begegnen. ... [Begründungen, Bei-
spiele]

▲ **Insgesamt** *betrachtet*, hat **nach meiner Auffassung** Schillers Drama
eher historischen Wert, wenn es um standesgemäße Verbindungen geht.
Der Konflikt selbst hat sich verlagert. ...

Rechte Marginalie:
▲ **Schluss des Kommentars**
SCHLUSSFOLGERUNG mit
persönlicher Bewertung

Formulierungshilfen für die Interpretation von Dramenszenen

Vgl. die in den Beispieltexten markierten sprachlichen Wendungen für erklärende und argumentative
Texte und weitere Formulierungshilfen unter ↗ **Interpretation – Basiskapitel** (S. 150 f.).

Interpretation von Gedichten

Auf einen Blick

Die **Interpretation** eines **Gedichts** gehört zu den **erklärenden Textformen**. Vgl. genauere Informationen unter ↗ **Interpretation – Basiskapitel** (S. 134 – 136).

So wird's gemacht

Um eine **Gedichtinterpretation** zu schreiben, bieten sich zwei Schritte an:
LESESTRATEGIE:
- den Ausgangstext **gliedern**
- auffällige stilistische, kompositorische und visuelle Gestaltungsmittel **markieren** und in Notizen auf einem Arbeitsblatt **deuten**

SCHREIBPLAN:
- den **Inhalt** strukturiert zusammenfassen (↗ **Inhaltsangabe**, ↗ **Zusammenfassung**)
- eine **Deutungshypothese** als **Schreibziel** aufstellen (↗ **Interpretation – Basiskapitel**, S. 148 f.)
- den eigenen **Textaufbau** für die Analyseschritte entwerfen (↗ **Gliederung**)

Lesestrategie: Schritte bei der Vorbereitung

In Enzensbergers Gedicht „Autobahndreieck Feucht" lässt sich die **Gliederung** erkennen, wenn man auf die fortlaufenden **Zeitangaben** achtet („endlich" – „dann" – „jetzt" – etc.). Eine Untergliederung ist auch möglich, wenn man den wechselnden **Raumangaben** folgt („Überholen"/„Stau" – „schräg von unten" – „Stau löst sich auf"/„es geht … voran" – „im Graben").

In Enzensbergers Gedicht helfen die folgenden **Begriffe** (vgl. ↗ **Interpretation – Basiskapitel**, S. 137 – 143), die auffälligen Elemente **lyrischer**, **literarischer** und **allgemeiner Textgestaltung** zu erkennen, zu benennen und zu deuten:

➤ typische Elemente LYRISCHER TEXTE
- **Sprecherperspektive**, hier: ein lyrisches Ich, das nur indirekt in Erscheinung tritt, im Text erkennbar
  - in der Rolle eines Autofahrers/Unfallbeobachters, der sich in die Lage des Unfallopfers versetzt („siehst <u>du</u> die Instrumente funkeln", „genau/zwischen <u>deine</u> […] Augen")
  - in bestimmten Verben des Beobachtens und Empfindens („siehst du", „um keinen Preis/in den Rückspiegel sehen", „selbst das Schreien tut weh")

Interpretation von Gedichten

- **Zeilensprünge** (z. B. Z. 2 f., 5 f.)
- **Strophenbau: Versgruppen** (d. h. Abschnitte mit unterschiedlicher Anzahl von Zeilen/Versen)
- **Bildsprache** (Metaphern für Licht und Farbe, z. B.: „Instrumente funkeln", „Dramen/flackern geräuschlos über ihr dunkles Gesicht", „glänzende Perlen im Schlauch", „Zischen der blauen Flamme", „funkelnden Schaufel")
- **Assonanz** („der nächtliche St<u>au</u>, das Bl<u>au</u>licht")
- **Alliteration** („Ein <u>K</u>nirschen im <u>K</u>opf")
- **Metrum**

  In Enzensbergers Gedicht sind z. B. diese Zeilen für eine metrische Untersuchung interessant:

  Z. 1–4: zwei- bzw. dreisilbige **steigende** Versfüße, die die hektische und emotional belastete Fahrweise des Autofahrers zum Ausdruck bringen; ähnliche Versfüße finden sich in der gesamten ersten Versgruppe:

  U — / U — / U — / U U — /U —/U —/U —/U

  Tiráden, ángeschnállt und erbíttert, über Lédersítze

  Z. 9: Die Zeile wird geteilt durch einen Punkt am Ende der Wortgruppe „Ein Knirschen im Kopf". Das letzte Wort im Satz („Kopf") ist einsilbig und trägt einen Hauptton, ab hier beginnt der **Bewusstseinsstrom** des Sprechers, wörtlich: in seinem „Kopf"; deshalb kann man hier eine **Pause** ansetzen (vgl. den doppelten Längsstrich):

  U —/ U   U — ‖ U — / U — / U —

  Ein Knírschen im Kópf.   Nur jétzt um kéinen Préis

  Z. 13: vorherrschend dreisilbige **steigende** Versfüße, die die wieder einsetzende Bewegung verdeutlichen, als der Autofahrer nach dem Stau weiterfahren kann:

  U — /U U —/U — /U U —/U U—

  Der Stáu hat sich áufgelöst, es geht zügig vorán.

  Z. 18–20: durchgehend zwei- bzw. dreisilbige **fallende** Versfüße, die zu den bedrückenden Vorstellungen von der Bergung und Bestattung des Unfallopfers passen, die den Autofahrer auf der Weiterfahrt noch belasten:

  — U / — U ‖ U —/ U U —/ U — / U

  áufgeschwéißt wird,   das Prásseln des nássen Érdreichs,

  — U U / — U U / — U /— U /—

  dás von der fúnkelnden Scháufel fállt, genáu

  — U / —U / U/—U /— U /— U U / — U

  Zwíschen déine bríllenlósen hálb geöffneten Áugen.

➤ typische Elemente der ERZÄHLENDEN LITERATUR

- **Bewusstseinsstrom**:
  - Wechsel zwischen Einzelwörtern, substantivischen Wendungen („Flüche beim Überholen", „Alles Stereo", „Zentralverriegelung" etc.), elliptischen Sätzen („Nur jetzt um keinen Preis/zurückblicken" etc.) und vollständigen Sätzen („Langsam steigen/Bläschen auf")
  - sprunghafter Wechsel der Themen (zwischen Autotechnik und Notoperation bzw. menschlichem Leiden)
  - assoziative Gedankenfolgen (Autotechnik – Unfallopfer – medizinische Technik etc.)
  - Wechsel zwischen Beschreiben, Erzählen und Kommentieren
- **Montagetechnik** (versatzstückhafte Zusammenführung unterschiedlicher Sachbereiche, hier: Technik und Mensch):

Interpretation von Gedichten

– Gedanken des Sprechers zu den ihn faszinierenden „technischen Errungenschaften" (sein Privatauto, die technische Ausstattung des Notfallwagens) und seine unfreiwilligen Gedanken über „menschliches Leiden" und „Tod" am Unfallort

➤ typische Elemente von ERZÄHLTEXTEN
- **Raumgestaltung** („Autobahndreieck", „Stau", „schräg von unten" etc.)
- **Zeitgestaltung** („endlich", „dann" „jetzt", „langsam")

➤ typische Elemente von TEXTEN ALLGEMEIN
- **thematische Schlüsselwörter** für typische Handlungsabläufe und Sachbereiche, die im alltäglichen Leben vorkommen:
  - Technik
    - Autofahrt mit „Überholen", „Stau" etc.
    - Auto mit „Ledersitz", „Alu-Motoren", „Ersatzteil" etc.
    - Unfall mit „Blaulicht", „Wrack" etc.
    - Notoperation mit „Bahre", „Instrumente", „Narkose" etc.
  - Mensch
    - menschliches Leiden mit „Knirschen im Kopf", „Schreien" etc.
    - Bestattung mit „Erdreich", „Schaufel" etc.
- **Satzbau**, der zwischen unvollständigen (z. B. Versgruppe 1 und 5) und vollständigen (z. B. Versgruppe 2 bis 4) Sätzen wechselt

Für die **Textmarkierung** wählt man eine überschaubare Anzahl an grafischen Mitteln und Farben nur für die wesentlichen Gestaltungsmittel und hält sie in einer **Legende** übersichtlich fest.

	Pronomen „du"
	handschriftlich: farbige Textmarker
	Zeitangaben
	Raumangaben
	Metaphern/Adjektive/Substantive für Licht und Farbe
	handschriftlich: schwarze Unterstreichung
	Wörter aus dem Sachbereich <u>Technik</u> (<u>Auto</u>)
	Wörter aus dem Sachbereich <u>Unfall</u>, <u>medizinische Technik</u>
	handschriftlich: farbige Unterstreichung
rote Schrift	Wörter aus dem Sachbereich menschliches Leiden
blaue Schrift	Wörter aus dem Sachbereich **Bestattung**
⮰	Zeilensprung
//	Gliederungsabschnitt im Gedicht

In der Kommentarspalte werden **Gliederungsabschnitte** des Gedichts aufgeführt.

Interpretation von Gedichten

167

Ausgangstext
Hans Magnus Enzensberger, „Autobahndreieck Feucht"

Hans Magnus Enzensberger (geb. 1929), Literaturwissenschaftler und Publizist, war bereits in den 1950er-Jahren ein Klassiker der westdeutschen Nachkriegsliteratur. Er ist vor allem bekannt für seine kritischen zeitgenössischen Essays und Gedichte, die er in klarer, schmuckloser Sprache formuliert. Enzensbergers Gedicht „Autobahndreieck Feucht" gehört zu einer literarischen Strömung der 1970er-/1980er-Jahre, die als **Montagelyrik** bezeichnet wird.

Autobahndreieck Feucht[1]

Tiraden,[2] angeschnallt und erbittert, über Ledersitze,
Alu-Motoren, Flüche beim Überholen, Erkenntnisse
über Prämien,[3] Ersatzteilprobleme, endlich
der nächtliche Stau, das Blaulicht, die Bahre. //

5 Schräg von unten siehst du die Instrumente funkeln
im Gegenlicht der Narkose. Dann die Schwester in Weiß,
wie sie fernsieht, den weißen Knopf im Ohr. Dramen
flackern geräuschlos über ihr dunkles Gesicht. //

Ein Knirschen im Kopf. Nur jetzt um keinen Preis
10 in den Rückspiegel sehen. Zentralverriegelung.
Selbst das Schreien tut weh. Langsam steigen
Bläschen auf, glänzende Perlen im Schlauch. //

Der Stau hat sich aufgelöst, es geht zügig voran. //

Nur die Federung eine Spur zu weich, die Bremsbeläge
15 müssen erneuert werden, dagegen die Straßenlage:
phantastisch. Alles Stereo, auch der Trommelwirbel,
das Zischen der blauen Flamme, wenn im Graben das Wrack
aufgeschweißt wird, das Prasseln des nassen Erdreichs,
das von der funkelnden Schaufel fällt, genau
20 zwischen deine brillenlosen halb geöffneten Augen.

In: Hans Magnus Enzensberger (1980): Die Furie des Verschwindens. Suhrkamp, Frankfurt a. M., S. 20 f.

1 Hektische Autofahrt bei Nacht bis zu einem Stau mit Unfall

2 Notoperation

3 Tod des Unfallopfers

4 Fortsetzung der Fahrt

5 Gedanken zur aktuellen Unfallbeseitigung und zur zukünftigen Bestattung des Unfallopfers

---

[1]**Feucht** Ortschaft südöstlich von Nürnberg – [2]**Tirade** länger anhaltender Wortschwall vorwiegend kritischen Inhalts, gezielt an eine andere Person gerichtet – [3]**Prämien** Versicherungsprämien

I Interpretation von Gedichten

Schreibplan: Schritte bei der Ausformulierung

Um eine **Interpretation** des Gedichts zu schreiben, greift man auf seine Vorarbeit zurück:

- die **strukturierte Wiedergabe des Inhalts** auf der Grundlage einer Gliederung (s. o.: Kommentarspalte),
- die **Textmarkierung** für die wesentlichen stilistischen und kompositorischen Gestaltungsmittel (s. o.: Gedichttext),
- **Stichwortnotizen** während der Untersuchung der einzelnen Gestaltungsmittel des Gedichts.

Als wichtige Vorbereitung für die Ausformulierung der Interpretation stellt man einen **Schreibplan** auf. Hierzu gehören im Beispieltext Überlegungen

➤ zum **Thema**: Reaktionen des Sprechers, in der Rolle eines Autofahrers, auf einen Unfall,

➤ zur **Deutungshypothese**: sein technisches Interesse an seiner Umgebung scheint eine natürliche Anteilnahme an menschlichem Leiden zu unterdrücken,

➤ zu möglichen **Teilthemen**: die Alltagserfahrung des Sprechers auf einer nächtlichen Autobahn, die unterschiedlichen Wahrnehmungen des Sprechers,

➤ zum **Untersuchungsverfahren**: deduktiv, aspektorientiert (vgl. „Methodenwissen" in ➚ **Interpretation – Basiskapitel**, S. 148 f.),

➤ zu **Quellen**: literaturwissenschaftliches Sachbuch für eine Definition der „Montagelyrik",

➤ zur **Leser-/Adressatengruppe:** eine literarisch vorgebildete Leserschaft, die sich fachlich mit der Sprache und den Gestaltungsmitteln in Lyrik beschäftigt, also etwa Lernende in der Oberstufe oder im Studium,

➤ zur **Sprache**: sachliche, neutrale Sprache mit Fachbegriffen aus dem Bereich „Literaturwissenschaft", speziell der Gattung „Lyrik"; ebenso Begriffe aus dem Themenbereich „Technik", der in Enzensbergers Gedicht angesprochen wird,

➤ zum **Textaufbau**
- Anfang: **Überblickssatz**
    - mit Publikationsdaten und Angaben zur literarischen Gattung
    - mit (gesellschaftlichem/literarischem) **Entstehungskontext** (Entstehungszeit, literarische Epoche etc.)

    ggf. **strukturierte Inhaltsangabe**
    Themasatz
    Deutungshypothese
    Wahl des **Untersuchungsverfahrens**
- Mitte: Einzeluntersuchungen wie angekündigt
    Absätze nach einzelnen ➚ **Sinnabschnitten**
- Schluss: **Schlussbetrachtung**
    - Rückkehr zur **Deutungshypothese** (verifizieren/modifizieren)
    - **verallgemeinernde Deutung** als Ergebnis

Interpretation von Gedichten **I**

169

Interpretation eines Gedichts
Hans Magnus Enzensberger, „Autobahndreieck Feucht"

Um den Zusammenhang zu verdeutlichen, wie aus den vorbereitenden Schritten eine Gedichtinterpretation entstehen kann, werden in dem folgenden Beispieltext markiert:

> das jeweilige Thema bzw. Teilthema , das erklärt wird
> einzelne Aspekte des Themas
> sprachliche Wendungen für **erklärende** Texte
> sprachliche Wendungen für argumentative Texte

In der Kommentarspalte werden **Gliederungsabschnitte** der Interpretation aufgeführt und die untersuchten sprachlichen und kompositorischen **Gestaltungsmittel** benannt.

■ Enzensbergers Gedicht „Autobahndreieck Feucht" wurde 1980 in einem seiner Gedichtbände, *Die Furie des Verschwindens*, veröffentlicht. Es erschien zu Beginn eines Jahrzehnts, das auch als Mikroelektronische Revolution bekannt ist. Das Gedicht **zeigt deutliche Merkmale** der 5 Montagelyrik, die in den 1970er-Jahren von gesellschaftskritischen Dichtern entwickelt wurde.	■ **ANFANG DER INTERPRETATION** **Überblickssatz:** Publikationsdaten Entstehungskontext: historisch, literarisch
In Enzensbergers Gedicht „Autobahndreieck Feucht" gerät der Sprecher auf einer hektischen Fahrt über die nächtliche Autobahn in einen Stau, der durch einen Unfall verursacht worden ist. Er wird unfreiwilliger 10 Zeuge einer Notoperation mit Todesfolge. Der Leser wird in fünf Versgruppen mit den Gedanken des Fahrers in dieser Situation konfrontiert.	Strukturierte Inhaltsangabe
Das Gedicht thematisiert die Reaktionen eines Autofahrers auf einen Unfalltod auf der Autobahn. Offensichtlich verfügt er nur über eine verminderte Mitleidsfähigkeit. Sein technisches Interesse an seiner Umge- 15 bung scheint seine natürliche Anteilnahme an menschlichem Leiden zu unterdrücken. **Zur näheren Untersuchung** dieser Deutungshypothese **bieten sich** zwei teilthematische Aspekte **an**: ■ Die Alltagserfahrung des Sprechers auf einer nächtlichen Autobahn ■ Die unterschiedlichen Wahrnehmungen des Sprechers	Themasatz Deutungshypothese Untersuchungsgang ASPEKTORIENTIERTES VERFAHREN
20 ◉ ■ Auf einer nächtlichen Autobahn macht der Sprecher eine Alltagserfahrung . ◉ Er befindet sich in seinem nach neuestem technischen Standard luxuriös ausgestatteten Auto (Versgruppe I: 1–4: „Ledersitzen", „Alu-Motoren", „Ersatzteilprobleme", „Stereo") auf der hektischen Fahrt (vgl. 25 die Zeilensprünge in Z. 2/3 und 3/4 auf einer dicht befahrenen Autobahn („Flüche beim Überholen") auf ein „Autobahndreieck" zu. **Dass** die Hektik dieser Fahrt ihn belastet, **erkennt man an** den unregelmäßigen steigenden (jambischen und daktylischen) Versfüßen mit zwei bzw. drei Silben. Er gerät plötzlich in einen „nächtlichen Stau" (Z. 4). **Dies ist** für 30 ihn offenbar **kein** ungewöhnliches, sondern **ein** alltägliches Ereignis,	◉ **MITTE DER INTERPRETATION** 1. Teilthema ■ **Anfang** des 1. Teilthemas Themasatz ◉ **Mitte** des 1. Teilthemas Sachbereich „Autotechnik" Zeilensprünge Metrum/Rhythmus

Interpretation von Gedichten

wie der bestimmte Artikel, der für bereits bekannte Erfahrungen verwen- `bestimmter Artikel`
det wird, **deutlich macht** („der nächtliche Stau"). Gleichzeitig **bedeutet**
der Stau eine Erleichterung. Das Zeitadverb „endlich" **drückt** die lange `Zeitadverb`
Erwartung des Fahrers **aus** („endlich/der nächtliche Stau"), dass das ris-
35 kante Fahren in der Dunkelheit auf einer Hochgeschwindigkeits- (also
unfallträchtigen) Fahrbahn unterbrochen werden möge.

Der „Stau" wird verursacht durch einen <u>Unfall</u>, wie er an dicht befah- `Sachbereich „medizinische Technik"`
renen Autobahnkreuzen häufig passiert. **Darauf verweisen** Gegen-
stände, wie sie üblicherweise für <u>Rettungsaktionen</u> im Verkehr eingesetzt
40 werden: „Blaulicht" und „Bahre" (Z. 4). Der anhaltende Fahrer erlebt
eine <u>Notoperation</u> (Versgruppe II: 5–8) mit den bekannten
„Instrumente[n]", Verfahren („Narkose") und Helfern („Schwester in
Weiß") bzw. stellt sie sich vor, **und zwar** aus der Perspektive des Opfers `Perspektive des impliziten lyrischen Ich`
selbst, das er mit „du" anredet, „[s]chräg von unten" (Z. 5) auf der Bahre `Sachbereiche „Mensch" (Leiden) und`
45 liegend. Ebenso macht er sich ein Bild vom <u>Sterben</u> des Unfallopfers (III: `„medizinische Technik"`
9–12; „Knirschen im Kopf", „Schreien", „Bläschen […] im Schlauch").
Als der Stau sich aufzulösen beginnt, nimmt er seine Fahrt „zügig" wieder auf und entfernt sich vom Unfallort (Versgruppe IV: 13). Die Weiter-
fahrt **bedeutet** einen inneren Abstand vom Unfallgeschehen, **wie man** `Strophenbau: Zeilenstil`
50 **am** Zeilenstil in der isolierten Zeile 13 **erkennt**, die eine eigene Versgruppe darstellt. Zugleich **schlägt sich** die wiedereinsetzende Bewegung `Metrum/Rhythmus`
im Wechsel zu vorherrschend dreisilbigen Versfüßen **nieder**.

Während der Weiterfahrt nimmt der Sprecher gedanklich die `Sachbereich „Unfalltechnik"`
<u>Unfallbeseitigung</u> vorweg (Z. 17 f.: „das Zischen der blauen Flamme,
55 wenn im Graben das Wrack/aufgeschweißt wird"). Auch die <u>Bestattung</u> `Sachbereich „Mensch" (Bestattung)`
des Unfalltoten taucht in einem konkreten Bild vor seinen Augen auf
(„das Prasseln des nassen Erdreichs, / das von der funkelnden Schaufel
fällt, genau / zwischen deine brillenlosen halb geöffneten Augen"; Versgruppe V: 14–20). Diese Vorstellungen von Tod und Bestattung <u>scheinen</u>
60 ihn zu belasten, jedoch anders als die hektische Fahrt vor dem Stau,
nämlich mit Trauer, **wie** der überwiegend fallende Rhythmus mit zwei- `Metrum/Rhythmus`
und dreisilbigen Versfüßen (Z. 18–20) **zum Ausdruck bringt**.

▲ Im Erleben des Fahrers, <u>so</u> **wird deutlich**, überlagern sich zwei Zeite- `▲ Schluss des 1. Teilthemas`
benen. Unfall, Rettungsversuch und Unfalltod werden vom Sprecher als `schlussfolgernde Wendungen`
65 gegenwärtig Erlebtes dargestellt (Z. 4–12). Die Unfallbeseitigung und
Bestattung des Unfalltoten <u>dagegen</u> erscheinen in seinen Gedanken als
vorstellbare zukünftige Handlungen (Z. 17–20). <u>Man könnte</u> hierdurch `verallgemeinernde Deutung`
<u>den Eindruck gewinnen, dass</u> der Sprecher zu jenen zufälligen Augenzeu-
gen im Stau gehört, die am Unfalltod eines anderen Autofahrers einfühl-
70 sam und mitleidsvoll Anteil nehmen.

■ Eine Untersuchung der unterschiedlichen Wahrnehmungen des Spre- `2. Teilthema`
chers vermittelt ein ganz anderes Bild von ihm. **Bei näherer Betrach-** `■ Anfang des 2. Teilthemas`
tung ist der Sprecher <u>keineswegs</u> der mitleidsfähige Beobachter eines `Themasatz`

Unfalls auf der Autobahn. Seine Wahrnehmung des menschlichen
75 Leidens wird überlagert und deutlich eingeschränkt durch die technischen
Bilder von Auto, Rettungseinsatz und Unfallbeseitigung, die ihm durch
den Kopf gehen.

⊙ Im Gedicht **wird** dieser Zwiespalt des lyrischen Ich für den Leser
zunächst im Bewusstseinsstrom des Sprechers **erkennbar**. Der Sprecher
80 gibt seine Gedanken, Sinneseindrücke und – gelegentlich – auch Gefühle
auf der Fahrt wie am Unfallort und auf der Weiterfahrt in rascher Folge
wieder. **Hierauf lassen** Einzelwörter („Alu-Motoren", „Ersatzteilprobleme"), substantivische Wendungen („Flüche beim Überholen", „Alles
Stereo" etc.) und elliptische Sätze („Nur jetzt um keinen Preis/zurückbli-
85 cken" etc.) **schließen**. Auch der schnelle Wechsel zwischen Beschreiben
(z. B. Einzelheiten der Auto- und medizinischen Technik), Erzählen (vgl.
die vollständigen Sätze mit Handlungsverben) und Kommentieren (vgl.
Z. 1: „Tiraden", „erbittert"; Z. 11: „tut weh") **vermittelt** Lesern **den Eindruck**, unmittelbar am inneren Erleben des Sprechers beteiligt zu sein.
90 Zwar könnte man meinen, dass die Wahrnehmung von menschlichem
Leiden auch als „Knirschen" in seinem „Kopf" stattfindet (Z. 9). Denn an
dieser Stelle scheint der Sprecher innezuhalten in seinen Gedanken. **Dies
ist eine Deutung, die** das Metrum **nahelegt**. Auf den daktylischen Versfuß mit dem Wort „Kopf" folgt nach dem Punkt als Satzzeichen eine
95 Zäsur (UU — ‖), bevor der Vers mit jambischen Versfüßen fortgesetzt
wird („Nur jetzt um keinen Preis": U —/U —/U —). Doch selbst wenn der
Sprecher im Stau in Ruhe beobachten kann, also seinen Gedanken auch
in vollständigen Sätzen freien Lauf lässt, **ist** seine Gedankenfolge doch
eher assoziativ, **wie sich** im raschen Wechsel seiner Wahrnehmungen
100 **widerspiegelt** (Autotechnik – Unfallopfer – medizinische Technik etc.).
Obwohl dieser Bewusstseinsstrom dem Leser eine gewisse Innensicht
eröffnet, bleibt ihm eine persönliche Sicht des Sprechers verborgen.
Denn für einen inneren Monolog fehlt im Gedankenstrom des Sprechers
das Personalpronomen „ich". **Dies** könnte **bedeuten, dass** alle seine
105 Wahrnehmungen flüchtig sind, nicht tiefer in sein Bewusstsein dringen,
ihn nicht als Individuum prägen.

Die zwiespältige Bewusstseinslage des Sprecher **wird** auch **durch** Mittel
der Montagetechnik **zum Ausdruck gebracht**. In den frühen 1980er-
Jahren **zählt** Enzensberger **zu** den bekanntesten Vertretern der Montage-
110 lyrik. Der Begriff „Montage" **kommt ursprünglich aus** der Filmkunst
und **bezieht sich** dort **auf** Rückblenden, Einblenden, szenische Gleich-
zeitigkeit usw. Er **bezeichnet** aber auch eine Darstellungstechnik in
Gedichten, Romanen und Dramen. Eine Kurzdefinition **kann genaueren
Aufschluss geben. Unter** Montagetechnik **versteht man** „die offen-
115 demonstrative oder verdeckte, verfremdende Einbeziehung, Zusammen-
fügung und Nebeneinanderstellung verschiedener Wirklichkeitsebenen
[...] zur Erzielung von Diskontinuität, Verfremdung, Überraschungsef-

---

Margin notes:

⊙ **Mitte** des 2. Teilthemas
Bewusstseinsstrom

unvollständiger Satzbau

Beschreiben/Erzählen/Kommentieren

vollständiger Satzbau

Metrum/Rhythmus

Satzzeichen in der Zeilenmitte

assoziative Wahrnehmungen

Innensicht

Montagetechnik

Kurzdefinition „Montage" aus einem literarischen Sachbuch

Interpretation von Gedichten

fekten, Provokation" (Gero v. Wilpert, *Sachwörterbuch der Literatur*, Stuttgart ^{8}2001, S. 531).

120 In Enzensbergers Gedicht werden im Sinne des literarischen Montagebegriffs Versatzstücke aus anderen Wirklichkeitsausschnitten (hier: Technik, Luxus, Konsum, Unterhaltung) in einen neu erlebten Erfahrungsbereich (hier: menschliches Leiden und Sterben) „montiert", **d. h.** übertragen. Menschliches Leiden und Sterben, das hier durch Autotechnik und Stra-

125 ßenbau verursacht wird, nimmt der Sprecher nur mittelbar oder medial vermittelt wahr. Er hat eine Konsumhaltung entwickelt, **worauf** die Luxusausstattung seines Autos **hinweist**; er hat sogar die Hochwertwörter der Werbung (**vgl.** „Alu-Motoren", „Zentralverriegelung", „alles Stereo" etc.) in seine Sprache und sein Bewusstsein übernommen. Mit Hilfe sei-

130 nes Luxusfahrzeugs wird er überhaupt erst in die Nähe eines Verletzten und Sterbenden gebracht. **Dass** er angesichts eines Verkehrsunfalls mit Schwerverletzten die beeindruckende Technik medizinischer Geräte dominant in seiner Vorstellung vor Augen hat (**vgl.** Versgruppe III), **zeigt**, **wie** wenig ihm ein Mitleiden möglich ist. Auch eine Hilfeleistung, die

135 möglicherweise von ihm am Unfallort verlangt werden könnte, wäre er wohl nicht bereit zu geben. Er verschanzt sich im Isolationsraum seines Autos (**vgl.** Z. 10: „Zentralverriegelung"), der ihn vor beunruhigenden Eindrücken und Emotionen schützt (**vgl.** Z. 9 f.: „Nur jetzt um keinen Preis/in den Rückspiegel sehen"). Trotz seiner menschlich unbeteiligten

140 Haltung ist der Beobachter dennoch zwangsweise – weil im „Stau" festgehalten – auch sensationsbewusst. Seine Teilnahmslosigkeit wiederholt sich in der Figur der Krankenschwester, die lautlos „fernsieht, den weißen Knopf im Ohr" (Z. 7), während sie bei der Notoperation assistiert. Ihr „Gesicht" wird für den Sprecher bildhaft zum empfindungslosen Fern-

145 sehschirm für „Dramen" (Z. 7) – hier für das tatsächliche Drama eines notdienstlich versorgten und sterbenden Unfallopfers wie auch für die medial durch TV vermittelten Unterhaltungsdramen (Soaps etc.).

Der durch Motorisierung erlebte Geschwindigkeitsrausch hat sich offensichtlich auch auf den hektischen Lebensstil des Sprechers übertra-

150 gen. **Darauf verweisen** die elliptischen Sätze in den Rahmen bildenden Versgruppen I und V in der Gedichtkomposition. Bei der durch einen Stau verursachten Ruhepause gelingt es ihm zwar, zusammenhängende Beobachtungen zu machen, **wie** die mehrheitlich vollständigen Sätze in den mittleren Versgruppen II–IV **zeigen.** Keineswegs aber ist er fähig, die

155 menschliche Bedeutung des beobachteten Zwischenfalls zu erkennen. Immer wieder wird seine Wahrnehmung des menschlichen Schicksals durch Gedanken an medizinische Apparaturen und Fahrtechnik überlagert.

In diesem Zusammenhang fallen die durchgehenden Metaphern bzw.

160 Begriffe für Farbe und Licht auf. So erscheint dem Sprecher die Unfallszene im künstlichen Schein des „Blaulicht[s]" (Z. 4). Die Notoperation beein-

---

Marginalien:

- Anwendung der Definition auf das Gedicht
- Sprache der Werbung
- Sachbereich „medizinische Technik"
- Sachbereich „Autotechnik"
- Sachbereich „Fernsehtechnik"
- elliptische Sätze
- Rahmenbildung in der Gedichtkomposition
- vollständige Sätze
- Sachbereiche „Mensch" und „Technik"
- Metaphern/Begriffe für Farbe und Licht

druckt ihn als technisches Spektakel (Z. 5–8: „die Instrumente funkeln",
„Schwester in Weiß", „Dramen/flackern"). Selbst den Tod (Z. 11 f.: „stei-
gen/Bläschen auf, glänzende Perlen im Schlauch"), die Bergung des
165 Unfallopfers (Z. 17: „das Zischen der blauen Flamme") und die Bestattung (Z. 18 f.: „Erdreichs,/das von der funkelnden Schaufel fällt") kann
er sich im Licht der technologischen Errungenschaften vorstellen. Aus
der Sicht der Technik verliert der Verkehrsunfall mit seinen katastropha-
len Folgen für das Opfer für diesen Beobachter seinen Schrecken. <u>Deshalb</u>
170 klingen paradoxerweise selbst der Wehlaut „au" in der Assonanz „der …   Assonanz
Stau, das Blaulicht" (Z. 4) und der harte Anfangskonsonant „k" in der
Alliteration „Ein Knirschen im Kopf" (Z. 9) wie Wohllaute.   Alliteration

⏶ <u>Als Ergebnis</u> dieser Untersuchung <u>lässt sich festhalten, dass</u> der Spre-   ⏶ **Schluss** des 2. Teilthemas
cher unter einer <u>Reizüberflutung</u> durch die ihn umgebende technisierte   schlussfolgernde Wendungen
175 Welt steht. Ein <u>unkritischer Konsum von technischen Gütern</u> und eine   verallgemeinernde Deutung
<u>unreflektierte Fortschrittsgläubigkeit</u> (**vgl.** die übertragene Bedeutung
von „es geht zügig voran", Z. 13) haben <u>menschliche Anteilnahme</u> aus
seinem Bewusstsein weitgehend getilgt. Er ist unempfindlich geworden
für menschliches Versagen, das durch Technik ausgelöst wird.

180 ⏶ Die Untersuchung der beiden Teilthemen <u>kann die</u> eingangs formu-   ⏶ **SCHLUSS DER**
lierte <u>Deutungshypothese bestätigen</u>. Der Sprecher sieht in der Rolle   **INTERPRETATION**
eines Autofahrers seine Umwelt mit den Augen eines Technologiebegeis-   **Schlussbetrachtung**
terten. Der gesellschaftskritische Aspekt dieses Montagegedichts **tritt**   schlussfolgernde Wendungen
also deutlich zu Tage: Lesern wird das Bild einer gesellschaftlichen   Rückbezug zur Deutungshypothese
185 Wirklichkeit vor Augen geführt, in der das Individuum im Zuge einer   verallgemeinernde Deutung
fortschreitenden Technisierung seiner Lebensbereiche seine ursprüng-
liche Fähigkeit verloren hat, ein mitfühlender und verantwortlich den-
kender Mensch zu sein.

Kommentar
zur Thematik des Gedichts

In schriftlichen Prüfungsaufgaben wird von Schülerinnen und Schülern häufig erwartet, dass sie sich
nach der Interpretation abschließend auch kritisch mit der Thematik des Textes auseinandersetzen.
Im folgenden Text werden einleitende Sätze für verschiedene Möglichkeiten eines persönlichen Kommentars zum Themenaspekt „Mensch und Medien im elektronischen Zeitalter" vorgestellt.

Für einen persönlichen **Kommentar**
- wählt man einen teilthematischen Aspekt aus der Interpretation des Ausgangstextes,
- nutzt man sein <u>Fachwissen</u> oder sein allgemeines (aktuelles/historisches) <u>Weltwissen</u>,
- verwendet man sprachliche Wendungen für ***erklärende*** und **kommentierende** Texte.

I Interpretation von Gedichten

(1)

| Mensch und Medien im elektronischen Zeitalter | Teilthematischer Aspekt |

Wenn ich meine eigene Vorliebe für <u>elektronische Technik und Medien</u> betrachte, **kann** ich Enzensbergers indirekte Warnung vor „virtuellen
5 Welten" **gut verstehen**. <u>Computer und Werbung</u> können <u>Konsumenten</u> durchaus gefühlsarm und unsensibel für gesellschaftlich wichtige Beziehungen machen. **Zwar teile ich … nicht**. … [Begründung; Erklärungen als Belege] **Doch in gewisser Weise hat er Recht, wenn** … [Begründung; Erklärungen als Belege]

Persönliche Erfahrungen
Aktualisierter Kontext

10 **Insgesamt finde ich** Enzensbergers Versuch, …., gelungen/mutig/notwendig/…

Persönliche Bewertung

(2)

| Die Mikroelektronische Revolution der 1980er-Jahre | Teilthematischer Aspekt |

Der Sprecher in Enzensbergers Gedicht *stellt* **für mich** einen <u>typischen</u>
15 <u>Menschen der 1980er-Jahre</u> *dar*. In einem Jahrzehnt, in dem die <u>Mikroelektronische Revolution</u> viele Lebensbereiche der Menschen zu erfassen und zu beherrschen beginnt, *ist* der Einzelne hin- und hergerissen zwischen seiner wirklichen Erfahrungswelt und der virtuellen Welt, wie sie durch <u>Computertechnik und Medien</u> geschaffen wird. … [weitere
20 Erklärungen]

Persönliche Kenntnisse
Zeitgeschichtlicher Kontext

Nach meiner Einschätzung/Erfahrung *hat* Enzensbergers gesellschaftliche Kritik in seinem <u>Montagegedicht aus den frühen 1980er-Jahren</u> auch heute *noch Gültigkeit*/heute *zum Teil ihre Schärfe verloren*. … [Begründung; Erklärungen als Belege]

Persönliche Bewertung

25 **(3)**

| Der Dichter als Seher | Teilthematischer Aspekt |

Mit seiner <u>kunstvollen Machart</u> und seiner <u>gesellschaftskritischen Intention</u> *erinnert* mich Enzensbergers <u>Montagegedicht</u> *an* die <u>verschlüsselten Botschaften</u> einiger <u>Expressionisten</u> zu <u>Beginn des 20. Jahrhunderts</u>, die
30 ebenfalls ihre Leser vor bevorstehenden <u>gesellschaftlichen und kulturellen Gefahren</u> warnen wollten. …[weitere Erklärungen]

Fachliche Kenntnisse
Historischer Kontext

Allerdings meine ich, dass … [Begründung; Erklärungen als Belege]

Formulierungshilfen für die Interpretation von Gedichten

Vgl. die in den Beispieltexten markierten sprachlichen Wendungen für erklärende und argumentative Texte und weitere Formulierungshilfen unter ↗ **Interpretation – Basiskapitel** (S. 150 f.).

Interpretation von Geschichten

Auf einen Blick

Die **Interpretation** einer **Geschichte** gehört zu den **erklärenden Textformen**. Vgl. genauere Informationen in ↗ **Interpretation – Basiskapitel** (S. 134 – 136).

So wird's gemacht

Um die **Interpretation einer Geschichte** zu schreiben, bieten sich zwei Schritte an:

LESESTRATEGIE:
- den Ausgangstext **gliedern**
- auffällige Gestaltungsmittel **markieren** und in Notizen auf einem Arbeitsblatt **deuten**

SCHREIBPLAN:
- den **Inhalt** strukturiert zusammenfassen (↗ **Inhaltsangabe**, ↗ **Zusammenfassung**)
- eine **Deutungshypothese** als **Schreibziel** aufstellen (↗ **Interpretation – Basiskapitel,** S. 148 f.)
- den eigenen **Textaufbau** für die Analyseschritte entwerfen (↗ **Gliederung**)

Lesestrategie: Schritte bei der Vorbereitung

In der Geschichte „An einem Abend und fremd" von Nadja Einzmann lässt sich die **Gliederung** erkennen, wenn man auf den **Wechsel der Raumperspektive** achtet, die die beobachtende Erzählerin einnimmt.

In Einzmanns Geschichte helfen die folgenden **Begriffe** (vgl. ↗ **Interpretation – Basiskapitel**, S. 143 – 146, 137), die auffälligen Elemente **erzählerischer, literarischer** und **allgemeiner Textgestaltung** zu erkennen, zu benennen und zu deuten:

➤ typische Elemente der ERZÄHLENDEN LITERATUR
- **Erzählform**: Ich-Erzählung
- **Erzählverhalten**: personal
- **Sichtweise der Erzählerin**
  - **Innensicht: innerer Monolog,** in dem die Ich-Erzählerin ihre Gedanken und Gefühle zur berichteten Handlung wiedergibt (vgl. z. B.: „erinnert er mich an einen", „denke ich", „Meine Gedanken nehmen eine andere Richtung")

Interpretation von Geschichten

- **Außensicht: Erzählerbericht**, der weitgehend auf eine subjektive Sichtweise der Geschehnisse verzichtet (vgl. z. B.: „… balgen und boxen kleine Jungen", „Eine junge Frau erscheint")
- ■ **Erzähltempo**: **Zeitdeckung** (Außensicht), **Zeitdehnung** (Innensicht)
- ■ **Einführung in Handlungsort und -zeit**: (klein)städtischer Wohnbereich mit „Kirche", Kirchplatz zum Spielen und umgebenden Wohnhäusern; Abend
- ■ **unvermittelter Einstieg**: Selbsteinführung der Ich-Erzählerin
- ■ **offenes Ende**: Urteilsbildung der Ich-Erzählerin als Abschluss und Herausforderung an den Leser, sich ein eigenes Urteil zu bilden
- ■ **Konflikt**: traditionelles Elternbild der Erzählerin vs. beobachtete Vaterfigur

➤ typische Elemente von LITERATUR ALLGEMEIN
- ■ **Farb-/Lichtmetaphorik**: „seine aufgestützten Arme leuchten orange im Licht", „Abendstimmung in den Mienen", „das Vertraute im Fremden und das Abendlicht"

➤ typische Elemente von TEXTEN ALLGEMEIN
- ■ **Beschreibung** von Personen und Gegenständen: mit Form-, Farb-, Größen- und Materialadjektiven (z. B. „kleine Jungen mit nackten Oberkörpern", „Dunkelblondes Haar zu einem Zopf zurückgebunden", „muskelbepackt, tätowiert", „Eine junge Frau …, zart, lange braune Haare", „Milch in bauchigen, blaulackierten Tassen")
- ■ **Satzbau**:
  - **Nachstellung** von Attributen („Ein Ringrichter, etwas größer als die anderen und in weißem T-Shirt, …"; „Eine junge Frau erscheint, zart, lange braune Haare, und beugt sich …")
  - **Voranstellung** von Attributen („Dunkelblondes Haar zu einem Zopf zurückgebunden, erinnert er mich an einen: …")
- ■ **nonverbale Kommunikation:**
  - **Laute**: „Großes Geschrei dann, Jubel auch"; „Boxgeschreis"; „und er pfeift, pfeift kräftig auf zwei Fingern"
  - **Körperhaltung**: „Eine junge Frau … beugt sich über dem Mann aus dem Fenster, ihre Arme rechts und links seines Gesichts, Kopf über Kopf beobachten sie die spielenden Jungen"
  - **Gestik**: „Manchmal wird ein Arm in die Luft gehalten"; „Ein kleines Mädchen … gestikuliert bittend zum Fenster hinauf"; „Er schüttelt den Kopf"

Für die **Textmarkierung** wählt man eine überschaubare Anzahl an grafischen Mitteln und Farben nur für die wesentlichen Gestaltungsmittel und hält sie in einer **Legende** übersichtlich fest.

Schlüsselwort „fremd"

handschriftlich: farbiger Textmarker
Zeitangaben

handschriftlich: Randmarkierung
Außensicht, Erzählerbericht

Innensicht, innerer Monolog

Interpretation von Geschichten

handschriftlich: schwarze und farbige Unterstreichung
sprachliche Merkmale des inneren Monologs

schwarze Schrift	Erzählerkommentar
rote Schrift	Raumbeschreibungen
blaue Schrift	**nonverbale Kommunikation**
//	Gliederungsabschnitt in der Geschichte

In der Kommentarspalte werden **Gliederungsabschnitte** der Geschichte aufgeführt.

Ausgangstext
Nadja Einzmann, „An einem Abend und fremd"

Nadja Einzmann (geb. 1974) veröffentlichte diesen Text in ihrem ersten Sammelband *Da kann ich nicht nein sagen* (2001), für den sie 2002 mit einem Förderpreis ausgezeichnet wurde. Die Geschichte bezieht sich an einigen Stellen auf die 1960er-/1970er-Jahre, in denen Hippies alternative Lebensstile als Gegenkultur zur bürgerlichen Welt ihrer Elterngeneration entwickelten.

An einem Abend und fremd

Ich sitze auf den Stufen der Kirche, Walkman auf den Knien und strecke
die nackten Beine ins Abendlicht. Joan Baez[1] singt mir Folksongs ins
Ohr, und auf einer Bühne, aufgebaut für den nächsten Tag, balgen und
boxen kleine Jungen mit nackten Oberkörpern. Ein Ringrichter, etwas

5 größer als die anderen und in weißem T-Shirt, trennt immer wieder die
zu einem Knäuel verbissen am Boden Liegenden. Großes Geschrei dann,
Jubel auch, manchmal wird ein Arm in die Luft gehalten, und von unten
klatschen kleine Mädchen in die Hände. // Mir gegenüber und über den
Platz, im Dachgauben, ein Mann; er hat sich ein Kissen aufs Fensterbrett

10 gelegt, und **seine aufgestützten Arme** leuchten orange im Licht. Dunkelblondes Haar zu einem Zopf zurückgebunden, erinnert er mich an
einen: nicht so muskelbepackt, nicht tätowiert, brav, mit weichen
Gesichtszügen, und hat mich nie überzeugt. Jetzt aber – **das Vertraute
im Fremden** und das Abendlicht ... // Eine junge Frau erscheint, zart,

15 lange braune Haare, und **beugt sich über** dem Mann aus dem Fenster,
ihre Arme rechts und links seines Gesichts, Kopf über Kopf beobachten sie die spielenden Jungen, Abend**stimmung in den Mienen. Junge
Liebe**, denke ich. Sonntags fahren sie mit dem Motorrad über die Dörfer
und geben ein reizendes Paar ab in ihren Ledermonturen. Gelassen,

20 selbstsicher und brauchen niemanden und nichts und sich auch nie
jemals Sorgen machen über irgend etwas, nur diese zwei Zimmer im
Dach, die jetzt verschattet daliegen. Lesen werden sie später noch oder
schreiben, und dann einander in den Armen liegend einschlafen, ruhig
und gedankenlos in den nächsten Tag. //

1 Die Beobachtungen der Ich-Erzählerin auf dem Kirchplatz

2 Ihre Beschreibung und Deutung des jungen Mannes im Dachgeschoss

3 Ihre Beschreibung der jungen Frau im Dachgeschoss und Deutung des Paares

Interpretation von Geschichten

25 Die junge Frau zieht sich *ins Zimmer zurück*, und er **pfeift, pfeift kräftig** auf zwei Fingern in Richtung des Gebalges und Boxgeschreis. Ein kleines Mädchen löst sich aus der Menge und **gestikuliert bittend** *zum Fenster hinauf*: Noch kurz? Er **schüttelt den Kopf**, und nach einigem Zögern und Trotzen **winkt** sie einem noch kleineren Mädchen, und beide **trotten** –
30 nicht ohne manchmal zurückzuschauen – *Richtung Haus*. Da fällt mir auch das winzige grün-rote Fahrrad auf, das *an der Hauswand* lehnt. //
Meine Gedanken nehmen eine andere Richtung. Einen Abendbrottisch sehe ich vor mir: Tomaten, Radieschen und Milch in bauchigen, blaulackierten Tassen. *So einen Vater*, denke ich, so jung, so stark und kann
35 auf zwei Fingern pfeifen.

4 Die unerwartete Beziehung zwischen dem Mann im Fenster und den Kindern auf dem Kirchplatz

5 Die Vorstellung der Ich-Erzählerin vom Familienleben in der Dachgaube

In: Nadja Einzmann (2004): Da kann ich nicht nein sagen. Geschichten von der Liebe. Fischer, Frankfurt [2001], S. 37f.

---

[1]**Joan Baez** (geb. 1941 in New York) US-amerikanische Sängerin mexikanischer Abstammung, eine der einflussreichsten Stimmen der internationalen Pop-Szene in den 1960er-Jahren und Leitfigur der Hippie-Bewegung; Folksongs mit Kritik an der Beteiligung der USA am Vietnamkrieg (1955–1975) und an der Diskriminierung von Minderheiten; auch heute noch politisch engagiert (z. B. gegen den Irak-Krieg) und musikalisch aktiv: USA-Tournee 2004, Deutschland-Tourneen 2005 und 2006.

Schreibplan: Schritte bei der Ausformulierung

Um eine **Interpretation** der Geschichte zu schreiben, greift man auf seine Vorarbeit zurück:
- die **strukturierte Wiedergabe des Inhalts** auf der Grundlage einer Gliederung (s. o.: Kommentarspalte),
- die **Textmarkierung** für die wesentlichen stilistischen und kompositorischen Gestaltungsmittel (s. o.: Text der Geschichte),
- **Stichwortnotizen** während der Untersuchung der einzelnen Gestaltungsmittel der Geschichte.

Als wichtige Vorbereitung für die Ausformulierung der Interpretation von Einzmanns Geschichte stellt man einen **Schreibplan** auf. Hierzu gehören im Beispieltext Überlegungen

- ➤ zum **Thema**: widersprüchliche Rollenbilder von Eltern,
- ➤ zur **Deutungshypothese**: Rollenerwartungen aus den 1960er-/1970er-Jahren, die das Elternbild der Ich-Erzählerin prägen,
- ➤ zum **Untersuchungsverfahren**: deduktiv, linear (vgl. „Methodenwissen" in ↗ **Interpretation – Basiskapitel**, S. 148 f.),
- ➤ zu **Quellen**: Fachbuch zu Erziehungsstilen, zur Generation der 1960er-/1970er-Jahre,
- ➤ zur **Leser-/Adressatengruppe**: eine literarisch vorgebildete Leserschaft, die sich fachlich mit der Sprache und den Gestaltungsmitteln in erzählenden Texten beschäftigt, also etwa Lernende in der Oberstufe oder im Studium,
- ➤ zur **Sprache**: sachliche, neutrale Sprache mit Fachbegriffen aus dem Bereich „Literaturwissenschaft", speziell der Gattung „Epik" (Geschichte), ebenso Begriffe aus dem Themenbereich „Erziehungsstile", der in Einzmanns Geschichte angesprochen wird,

Interpretation von Geschichten

➤ zum **Textaufbau**
- ■ Anfang: **Überblickssatz**
  - mit Publikationsdaten und Angaben zur literarischen Gattung
  - mit (gesellschaftlichem/literarischem) **Entstehungskontext** (Entstehungszeit, literarische Epoche etc.)

  ggf. **strukturierte Inhaltsangabe**

  Themasatz

  Deutungshypothese

  Wahl des **Untersuchungsverfahrens**
- ◉ Mitte: Einzeluntersuchungen wie angekündigt

  Absätze nach einzelnen ↗ **Sinnabschnitten**
- ▲ Schluss: **Schlussbetrachtung**
  - Rückkehr zur **Deutungshypothese** (verifizieren/modifizieren)
  - **verallgemeinernde Deutung** als Ergebnis
  - **Kontextwissen** zur Autorenbiografie/zur Entstehungszeit einbeziehen, das die Deutung der Geschichte stützen kann

Interpretation einer Geschichte
Nadja Einzmann, „An einem Abend und fremd"

Um den Zusammenhang zu verdeutlichen, wie aus den vorbereitenden Schritten die Interpretation einer Geschichte entstehen kann, werden in dem folgenden Beispieltext markiert:

> das Thema, das erklärt wird
> einzelne Teilaspekte des Themas
> sprachliche Wendungen für **erklärende** Texte
> sprachliche Wendungen für argumentative Texte

In der Kommentarspalte werden **Gliederungsabschnitte** der Interpretation aufgeführt und die untersuchten sprachlichen und kompositorischen **Gestaltungsmittel** benannt.

■ Die Geschichte „An einem Abend und fremd" von Nadja Einzmann **ist** ihrem ersten Sammelband *Da kann ich nicht nein sagen* **entnommen,** der 2001 mit dem Untertitel *Geschichten von der Liebe* veröffentlicht wurde. In dieser Geschichte **geht es** auch **um** Liebe, **und zwar** die Liebe, die
5 Eltern füreinander und für ihre Kinder empfinden.

■ **Anfang**
Überblickssatz:
Publikationsdaten
Entstehungskontext:
historisch, literarisch

An einem Abend sitzt die Ich-Erzählerin auf den Stufen einer Kirche und hört Musik. Dabei beobachtet sie ein Gruppe spielender Jungen und Mädchen auf dem Kirchplatz. Gegenüber im Fenster eines Dachgeschosses erblickt sie ein junges Paar, das auch den spielenden Kindern
10 zuschaut. Auf die Erzählerin wirkt dieses Paar verliebt und sorgenfrei, sie stellt sich vor, wie beide an Sonntagen ihre Freizeit in Lederkleidung auf Motorradfahrten verbringen. Als sich die junge Frau ins Zimmer zurück-

Strukturierte Inhaltsangabe

Interpretation von Geschichten

zieht, fordert der Mann mit Pfiffen zwei kleine Mädchen aus der Spielgruppe dazu auf, nach Hause zu kommen. Die Erzählerin versteht jetzt,
dass das Paar im Dachgeschoss die Eltern dieser beiden Mädchen sind,
und stellt sich vor, wie sich alle an einen appetitlich gedeckten Abendbrottisch setzen. Sie drückt ihre Bewunderung für diesen jungen Vater
aus, der gar nicht ihren Erwartungen entspricht.

Die Geschichte **thematisiert** den Konflikt zwischen vergangenen und
modernen Rollenbildern von Eltern. In ihren Rollenerwartungen scheint
die Ich-Erzählerin **von** ihrer eigenen Erfahrung mit Eltern aus den
1960er-/1970er-Jahren geprägt zu sein. Eine aktuelle Vaterrolle tritt ihr
in der Figur des jungen Mannes als „fremd" entgegen, den sie „An einem
Abend" in einer Szene auf dem Kirchplatz beobachtet. Ich werde untersuchen, wie ihr Rollenverständnis sich in den einzelnen Erzählabschnitten der Geschichte verändert.

Themasatz
Deutungshypothese

Untersuchungsgang
LINEARES VERFAHREN

⊙ Gleich zu Beginn der Geschichte (vgl. 1. Erzählabschnitt: Z. 1–8) **zeigt**
die Ich-Erzählerin, **dass** sie aus den äußeren Merkmalen von Personen auf
die Rolle schließen kann, die sie in einer Situation einnehmen. Sie
beschreibt die Spielszene auf dem Kirchplatz als personale Erzählerin mit
genauem Blick für Details wie Größe, Kleidung und Bewegung der spielenden Kinder, Position der Jungen „auf einer Bühne" (Z. 3) und die Stellung
der Mädchen „unten" (Z. 7) auf dem Platz. Aus ihrem Erzählerbericht über
die äußere Handlung leitet die Erzählerin die jeweiligen Rollen ab, die die
Kinder im Spiel einnehmen: Boxer, Ringrichter und Zuschauerinnen. Sie
hat eine schnelle und genaue Beobachtungsgabe, **wie** die nachgestellten
Attribute in Reihung **erkennen lassen** (Z. 4 ff.: „Ein Ringrichter, etwas
größer als die anderen und in weißem T-Shirt, trennt …").

⊙ **Mitte**
1. Erzählabschnitt

Erzählverhalten
Beschreibung
Ortsadverb(ial)
Erzählerbericht

Die Raumperspektive der Erzählerin wechselt im zweiten Erzählabschnitt
(**vgl.** Z. 8–14) vom Kirchplatz hinauf zu einem „Dachgauben" (Z. 9).
Schnell weitet sich ihr Blickfeld, **so deutet** die Reihung von Ortsadverbialen in einem elliptischen Satz **an**, und ihr Blick fokussiert auf ihr nächs-
tes Beobachtungsobjekt (Z. 8 f.: „Mir gegenüber und über den Platz, im
Dachgauben, ein Mann"). Bei der Beschreibung und Einschätzung des
jungen Paares im Dachgeschoss verfährt die Erzählerin ähnlich genau wie
bei den spielenden Kindern. Sie beschreibt, aus der Außensicht und in
normalem Erzähltempo, die Frisur, die kurzärmelige oder ärmellose Ober-
bekleidung und die Frisur des Mannes. Diese äußeren Eindrücke werden
zum Auslöser für schnell aufeinanderfolgende Einzelheiten, die sich zu
einem Erinnerungsbild aufbauen, **was man an** der Reihe der nachgestellten Attribute (vgl. Z. 10 f.) **ablesen kann**. Die beobachtete Szene im Fenster der Dachgaube erinnert sie „an einen" (Z. 11 f.) offensichtlich ganz
anderen Mann, der außer der langhaarigen Frisur das krasse Gegenbild
dieses Mannes ist, ohne dessen trainierten, tätowierten Arme und ausge-
prägten Gesichtszüge. Mit dieser Erinnerung wechselt sie in verlangsam-
tem Erzähltempo zur Innensicht und zum inneren Monolog („erinnert er

2. Erzählabschnitt
Raumsubstantive

Raumperspektive
Ellipse

Außensicht
Zeitdeckung

nachgestellte Attribute

nonverbale Kommunikation
Wechsel zur Innensicht und zum inneren Monolog

Interpretation von Geschichten

mich…", „… hat mich nie überzeugt"). In dieser Innensicht deutet sie das „Fremde" auf dem Hintergrund ihrer eigenen <u>vertrauten Bilder von jungen Männern</u> (Z. 13 f.: „das Vertraute im Fremden").

Zeitdehnung

60 Im dritten Erzählabschnitt (Z. 14–24) verbindet die Erzählerin wiederum äußere Beobachtung mit <u>Bildern ihrer Vorstellungswelt</u>. Sie nimmt Körperbau, Haarfarbe und –länge einer jungen Frau wahr, die sich am Fenster neben dem Mann zeigt (vgl. Z. 14). Ebenso bemerkt sie die einander zugewandte, vertraute Körperhaltung des Paares (vgl. Z. 15 f.) und **deutet**
65 ihre Beziehung **als** entspannt und harmonisch (Z. 17: „Abendstimmung in den Mienen").

3. Erzählabschnitt
Wechsel zur Außensicht

nonverbale Kommunikation

Mit erneutem Wechsel zur Innensicht, der durch den Einschub „denke ich" (Z. 18) eingeleitet wird, blendet die Erzählerin einen weiteren inneren Monolog ein. Sie überträgt <u>Vorstellungen von „Junge[r] Liebe"</u>
70 (Z. 17 f.), die sie aus eigener Erfahrung oder Anschauung kennt, auf das Paar in der Dachgaube. **Von** deren bescheidener Unterkunft in „zwei Zimmer[n] im Dach" (Z. 21 f.) und Abendmuße **schließt sie auf** ein sorgenfreies, ungebundenes Leben mit Freizeitaktivitäten, die sie aus ihrem begrenzten Wohnbereich hinausführen (Z. 18: „mit dem Motorrad über
75 die Dörfer", Z. 19: „in ihren Ledermonturen"). **Dass** sich die Erzählerin mehr und mehr von der Wirklichkeit entfernt und eine <u>vorgefasste Meinung</u>, also ein <u>Stereotyp</u>, auf dieses junge Paar überträgt, **lässt sich** auch am Tempuswechsel **nachweisen**. Während sie im Erzählerbericht das Präsens gebraucht, um ihre unmittelbaren, einmaligen Beobach-
80 tungen zu vermitteln (vgl. Erzählabschnitte 1, 2), geht sie im dritten Erzählabschnitt zu einem dauerhaft gültigen Präsens über, das Gewohnheiten angibt (vgl. Z. 18: „Sonntags fahren sie …"), und wählt dann ein Futur, das ihre subjektiven Vermutungen ausdrückt („Lesen werden sie später noch …", Z. 22 ff.).

Wechsel zur Innensicht und zum inneren Monolog
Zeitdehnung

Tempuswechsel

85 Die <u>Rollenvorstellung</u>, die die Erzählerin von jungen Leuten wie dem Paar im Fenster hat, **ist** <u>offenbar</u> **geprägt durch** den Lebensstil ihrer eigenen Eltern, die das ungebundene, sorglose Leben im Stil der 1960er-/1970er-Jahre (Z. 18 f.: „Motorrad", „Ledermonturen") auch noch fortsetzten, als sie bereits Verantwortung für Kinder hatten.

Kontextwissen:
Lebensstil der 1960er-/1970er-Jahre

90 Die Erzählerin korrigiert ihre <u>Rollenbilder</u>, als sie sich zügig erzählend wieder der realen Umgebung zuwendet und zu ihrer Außenperspektive zurückkehrt (**vgl.** 4. Erzählabschnitt, Z. 25–31). Das kräftige Pfeifen des Mannes in der Dachwohnung führt zu einer überraschenden Personenkonstellation. Zwei kleine Mädchen aus der Spielgruppe auf dem Platz
95 werden <u>offenkundig</u> zum Abendessen nach Hause gerufen. Es sind <u>offenbar</u> die Töchter des Mannes im Dachgauben. Er ist <u>also keineswegs</u> der „ruhig und gedankenlos in den nächsten Tag" (Z. 23 f.) hinein lebende junge Mann, für den sie ihn gehalten hat. Die nonverbale Kommunikation zwischen den Töchtern und ihrem jungen Vater (Z. 27 f.:
100 „gestikuliert bittend zum Fenster hinauf: Noch kurz? Er schüttelt den

4. Erzählabschnitt
Wechsel zur Außensicht
Zeitdeckung

Personenkonstellation

nonverbale Kommunikation

Interpretation von Geschichten

Kopf") **zeigt**, **dass** dieser Mann sich energisch durchsetzen kann und verantwortungsvoll handelt. Die Erzählerin verfolgt ein stummes Eltern-Kind-Gespräch, in dem es um Regeln geht, **und zwar** um die Ausgehzeit bis vor dem Abendessen. Dieser Vater verhält sich unnachgiebig, was das
105 Ende des abendlichen Spiels anbelangt, und sein Wort (bzw. Pfiff) gilt. Seine Kinder respektieren ihn allem Anschein nach als Vaterfigur. Er hat seinen Töchtern vermutlich Mitspracherecht bei Entscheidungen eingeräumt (**vgl.** Z. 27 f.), geht demnach demokratisch mit ihnen um. Dafür spricht auch, dass sie, wenn auch nur als Zuschauerinnen, an rauen Spie-
110 len wie dem Boxen teilnehmen dürfen, die traditionell nur für Jungen bestimmt sind. Aber er scheint auch Wert darauf zu legen, dass Regeln beachtet werden, **etwa** dass sich die gesamte Familie zu einer bestimmten Zeit zum Abendessen und zum Gespräch am Tisch versammelt.

Mit einem letzten Wechsel zur Innenansicht im fünften Erzählabschnitt
115 (Z. 32 – 35) gewinnt die Erzählerin eine neue Einsicht in die Rolle von Eltern. In verlangsamter Erzählweise stellt sie sich vor (Z. 32: „Meine Gedanken nehmen eine andere Richtung"), wie die junge Familie um einen liebevoll und fürsorglich gedeckten Abendbrottisch sitzt, mit einladendem Geschirr (Z. 33 f.: „bauchigen, blaulackierten Tassen") und
120 gesunder Kost (Z. 33: „Tomaten, Radieschen und Milch"). Die sorglose „[j]unge Liebe" (Z. 17) eines Paares, **so erkennt** die Erzählerin ebenso wie der Leser jetzt, ist vielmehr eine verantwortungsvolle Fürsorge junger Eltern gegenüber ihren Kindern.

🔺 Die Untersuchung der einzelnen Erzählabschnitte in dieser Geschichte
125 **zeigt** also, **dass** die Ich-Erzählerin ihre Rollenvorstellungen von jungen Erwachsenen ändert. Aufgrund ihrer eigenen genauen Beobachtungen ist es ihr möglich, stereotype Rollenbilder aufzugeben oder verfremden zu lassen (vgl. den Titel: „An einem Abend und fremd"), um eine neue Sicht auf die Wirklichkeit zu gewinnen. In der Figur des jungen Vaters
130 erkennt sie eine Mischung aus Rollenbildern. Zum einen trägt dieser Vater äußerliche Züge eines ungezwungenen Lebensstils, der die Erzählerin an die vorhergehende, möglicherweise sogar die eigene Elterngeneration der 1960er-/1970er-Jahre erinnert. Zum anderen hat dieser Vater seinen eigenen Erziehungsstil gefunden. Er verhält sich anders als anti-
135 autoritäre Eltern aus der Hippie-Generation, die ihre Kinder möglichst zwangfrei heranwachsen ließen und darauf vertrauten, dass sie selbst die richtigen Entscheidungen treffen würden. Dieser Vater **zeigt sich** hier **als** ein verantwortungsbewusster Erzieher seiner Kinder, mit denen er Regeln verabredet hat, die ihnen Freiheiten geben, aber auch Verpflich-
140 tungen auferlegen.

---

5. Erzählabschnitt
Wechsel zur Innensicht und zum inneren Monolog
Zeitdehnung

🔺 **Schluss**
Schlussbetrachtung
schlussfolgernde Wendungen
Rückbezug zur Deutungshypothese
verallgemeinernde Deutung (Titel)

Kontextwissen:
Erziehungsstile

Interpretation von Geschichten

Kommentar
zur Thematik der Geschichte

In schriftlichen Prüfungsaufgaben wird von Schülerinnen und Schülern häufig erwartet, dass sie sich nach der Textinterpretation abschließend in einem persönlichen **Kommentar** kritisch mit der Thematik auseinandersetzen. In dieser Geschichte stellt der Abschlusskommentar der Erzählerin einen geeigneten „Aufhänger" für eine eigene Stellungnahme dar. Überraschenderweise steht in dem unvollendeten Schlusssatz („*So* einen Vater …") der Akkusativ statt der Nominativ („So ein Vater").

In einem Kommentar könnte man
- zunächst den unvollständigen Satz aus der Rolle der Ich-Erzählerin weiterschreiben,
- dann seine eigene Einschätzung der Erzählerin geben,
- dabei sein allgemeines (aktuelles wie historisches) Weltwissen einbeziehen, z.B. zu Erziehungsstilen und zur Hippie-Generation der 1960er-/1970er Jahre,
- sprachliche Wendungen für **kommentierende** Texte verwenden.

„*So* einen Vater, denke ich, …" hätte ich mir auch gewünscht: der jung ist, sich fit hält und mir gezeigt hätte, wo's lang geht, der mir Grenzen gesetzt und mir gesagt hätte, dass es Regeln und Absprachen in der Erziehung gibt, die von beiden Seiten, Kindern und Eltern, eingehalten
5 werden sollten, der mir aber auch Rechte und Freiräume zugestanden hätte.

Vervollständigter Satz

Meiner Meinung nach spricht die Ich-Erzählerin in der Rolle eines inzwischen erwachsenen Kindes von Eltern der 1960er-/1970er-Jahre. Sie erinnert sich „an einen" (Z. 11), möglicherweise ihren eigenen Vater,
10 der in der Erziehung seiner Kinder ziemlich „weich" (Z. 12) war, ihnen also selten Grenzen setzte. Hippie-Eltern vertrauten vielmehr darauf, dass ihre Kinder „frei von Zwängen" selbstständig in ihren Entscheidungen und Handlungen werden würden. Von ihren Eltern, **so scheint mir**, hat die Erzählerin durchaus eine Reihe von Vorstellungen der
15 1960er-Jahre übernommen, wie Musikrichtung (vgl. Joan Baez), Freizeitverhalten (vgl. Walkman, Abendmuße) und einen ungezwungenen Lebensstil (vgl. ihre lässige Bekleidung und zwanglose Sitzhaltung auf den Kirchenstufen), die in meiner Generation auch sehr verbreitet sind. Aber sie **ist wohl** weniger mit dem strengeren Erziehungsstil vertraut,
20 den der junge Vater in der Geschichte für seine Kinder gewählt hat. **Ich könnte mir gut vorstellen, dass** sie aus eigener Erfahrung nicht einmal ein geregeltes Familienleben kennt, wie ihre verklärte Vorstellung von einem fürsorglich gedeckten „Abendbrottisch" (Z. 32 ff.) zeigt.

Persönliche Einschätzung

Kontextwissen:
Lebensstil, Erziehungsstil
von Eltern der 1960er-/1970er-Jahre

Formulierungshilfen für die Interpretation von Geschichten

Vgl. die in den Beispieltexten markierten sprachlichen Wendungen für erklärende und argumentative Texte und weitere Formulierungshilfen unter ↗ **Interpretation – Basiskapitel** (S. 150 f.).

Interpretation von Parabeln

Auf einen Blick

Die **Interpretation** einer **Parabel** gehört zu den **erklärenden Textformen**. Vgl. genauere Informationen unter ↗ **Interpretation – Basiskapitel** (S. 134 – 136).

Eine **Definition der Parabel** (gr. *Vergleich*) als literarische Gattung gibt diese literaturwissenschaftliche Quelle:

„Die Parabel ist eine **Gleichniserzählung** und wird häufig zur didaktischen Literatur beziehungsweise zur sogenannten Lehrdichtung gezählt. Im Unterschied zu der verwandten Kleinform der Fabel, in der die Bedeutung des Erzählten formelhaft und explizit zugespitzt wird, werden in der Parabel Begebenheiten der menschlichen Welt erzählt, deren Bedeutung der Leser durch **Analogieschluss** ermitteln muss. […] Mit dem wichtigsten **Strukturmerkmal des Vergleichs** von zwei unterschiedlichen Gegenstandsbereichen ist die Parabel besonders dazu geeignet, den Rezipienten zu aktivieren und auf eine künstlerische Weise verschiedene Erkenntnisprozesse zu befördern."

In: **http://www.uni-essen.de/literaturwissenschaft-aktiv/Vorlesungen/epik/parabel.htm** (15. 8. 2007)

So wird's gemacht

Um eine **Parabelinterpretation** zu schreiben, bieten sich zwei Schritte an:

LESESTRATEGIE:
- den Ausgangstext **gliedern**
- auffällige stilistische, kompositorische und visuelle Gestaltungsmittel **markieren** und in Notizen auf einem Arbeitsblatt **deuten**

SCHREIBPLAN:
- den **Inhalt** strukturiert zusammenfassen (↗ **Inhaltsangabe**, ↗ **Zusammenfassung**)
- eine **Deutungshypothese** als **Schreibziel** aufstellen (↗ **Interpretation – Basiskapitel**, S. 148 f.)
- den eigenen **Textaufbau** für die Analyseschritte entwerfen (↗ **Gliederung**)

Lesestrategie: Schritte bei der Vorbereitung

In der Parabel „Gibs auf!" von Franz Kafka lässt sich die **Gliederung** erkennen, wenn man auf den **Wechsel der Ortsangaben** achtet. Hier wird der Raum nicht nur durch Raumsubstantive oder Ortsadverbien gestaltet, sondern auch indirekt durch Bewegungsverben.

Interpretation von Parabeln

In Kafkas Parabel helfen die folgenden **Begriffe** (vgl. ↗ **Interpretation – Basiskapitel**, S. 143 – 146, 137), die auffälligen Elemente **erzählerischer, literarischer** und **allgemeiner Textgestaltung** zu erkennen, zu benennen und zu deuten:

➤ typische Elemente der ERZÄHLENDEN LITERATUR
- **Kurzprosa:** offene Form (offenes Ende)
- **Erzählform:** Ich-Erzählung, Ich-Erzähler als handelndes Figuren-Ich
- **Erzählverhalten: personal** (Erzählerbericht); **neutral** (indirekte Rede, direkte Rede als Figurenrede)
- **Sichtweise des Erzählers**
  - **Außensicht:** begrenzte Sicht auf das äußere Geschehen
  - **Innensicht:** begrenzte Sicht auf das eigene Innenleben
- **Erzählstrukturen: Raum**gestaltung (Raumsubstantive für städtisches Milieu; Bewegungsverben), **Zeit**gestaltung (fortschreitende Tageszeit)
- **klimaktische Handlungsentwicklung: Exposition** (Gang durch die Stadt am Morgen) – **steigende Handlung** (Verspätung) – **Höhe- und Wendepunkt** (Orientierungslosigkeit und rettende Figur des Schutzmanns) – **fallende Handlung** (Frage nach dem Weg) – **Lösung** (Auskunftsverweigerung)
- **Ursache-Wirkungs-Kette:** der Vergleich der Uhrzeiten führt zur Eile, diese zur Orientierungslosigkeit, diese zur Hilfesuche, diese schließlich zur (unerwarteten) verweigerten Wegauskunft
- **Gleichnisdichtung** „Parabel": Übertragung einer konkreten Handlung auf der **Bildebene** durch **Analogieschluss** auf eine umfassendere Bedeutung auf der **Sachebene**

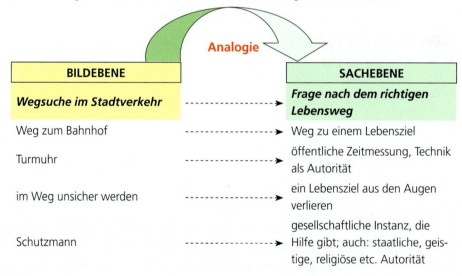

Analogiesignale: Damit Leser erkennen können, dass die konkrete Handlung in einer Parabel noch nicht ihr eigentlicher Sinn ist, muss der Parabeltext Hinweise enthalten, die ihnen sagen, dass sie die erzählten Ereignisse durch **Analogieschluss** auf eine entsprechende gedankliche Ebene übertragen sollen. Solche Analogiesignale findet man in zwei Bereichen:
  - auf der **Textebene** (hier: in der Mehrdeutigkeit des zentralen Schlüsselwortes „Weg" und seiner Wortverbindungen wie „im Weg unsicher werden", „nach dem Weg fragen" etc.)
  - im **Weltwissen** des Lesers (hier: im ungewöhnlichen Verhalten des Schutzmanns)

Interpretation von Parabeln

➤ typische Elemente von LITERATUR ALLGEMEIN
- ■ **rhetorische Frage** (des Schutzmanns), **echte Frage** (des Passanten)
- ■ **zentrale Metapher** (Weg)
- ■ **Symbolfigur** (Schutzmann)

➤ typische Elemente von TEXTEN ALLGEMEIN
- ■ **Satzbau:** Parataxe, Satzreihen ohne Konjunktionen
- ■ **Sender-Empfänger-Verhältnis**: der Passant als Fragender in der Senderrolle, der Polizist als Zurückfragender nicht in der Empfänger-, sondern ebenfalls in der Senderrolle

Für die **Textmarkierung** wählt man eine überschaubare Anzahl an grafischen Mitteln und Farben nur für die wesentlichen Gestaltungsmittel und hält sie in einer **Legende** übersichtlich fest.

☐	Schlüsselwort „Weg"
	<u>handschriftlich: farbige Textmarker</u>
▮ (blau)	direkte Zeitgestaltung (Zeitadverbien, -adverbiale, temporale Konjunktion)
▮ (rot)	direkte Raumgestaltung (Raumsubstantive, Ortsadverbien)
	<u>handschriftlich: schwarze und farbige Unterstreichung</u>
___	Wortverbindungen mit dem Schlüsselwort „Weg"
rote Schrift	indirekte Raumgestaltung (Bewegungsverben)
blaue Schrift	indirekte **Zeitgestaltung** („rein und leer", „Uhr" etc.)
//	Gliederungsabschnitte in der Parabel

In der Kommentarspalte werden **Gliederungsabschnitte** der Parabel aufgeführt.

Ausgangstext
Franz Kafka, „Gibs auf!"

Franz Kafka (1883 – 1924), deutschsprachiger Schriftsteller, der in Prag, im Vielvölkerstaat der k.u.k. Monarchie Österreich-Ungarn, lebte. Als promovierter Jurist arbeitete er, bevor und nachdem er als Prosaautor in Erscheinung trat, als Beamter im Büro einer Versicherungsgesellschaft. Bürokratische Abläufe und Regelungen gaben ihm Zeit seines Lebens Anlass für harte Kritik. So kreisen Kafkas Romane (z. B. *Das Schloss, Der Prozess*) und Erzählungen (z. B. *Das Urteil*) sowie viele seiner Parabeln um Erfahrungen von Menschen, die ihre Gesellschaft als undurchsichtig und entfremdet erleben. Man sagt von seinen Parabeln, dass sich aufgrund der Zweideutigkeit, die mit dieser literarischen Form verbunden ist, eine einzige schlüssige Interpretation kaum ermitteln lässt.
Die Parabel „Gibs auf!" wurde 1922 geschrieben und erstmals im Nachlass des Dichters 1936 von seinem Freund und Herausgeber Max Brod veröffentlicht, der ihr auch den Titel gab.

Interpretation von Parabeln

Gibs auf!

Es war früh am Morgen, die Straßen rein und leer, ich ging zum Bahnhof.
// Als ich eine Turmuhr mit meiner Uhr verglich, sah ich, dass es schon
viel später war, als ich geglaubt hatte, //ich musste mich sehr beeilen, der
Schrecken über diese Entdeckung ließ mich im Weg unsicher werden, ich

5 kannte mich in dieser Stadt noch nicht sehr gut aus, glücklicherweise war
ein Schutzmann[1] in der Nähe, // ich lief zu ihm hin und fragte ihn atemlos nach dem Weg. Er lächelte und sagte: „Von mir willst du den
Weg erfahren?" „Ja", sagte ich, „da ich ihn selbst nicht finden kann." //
„Gibs auf, gibs auf", sagte er und wandte sich mit einem großen Schwunge

10 ab, so wie Leute, die mit ihrem Lachen allein sein wollen.

In: Franz Kafka (1985): Sämtliche Erzählungen. Hg. v. Paul Raabe, Fischer, Frankfurt a. M., S. 358

---

[1] **Schutzmann** Polizeibeamter im Außendienst

1 Exposition: Ein Passant ist auf dem Weg zum Bahnhof.

2 Steigende Handlung: Er bemerkt seine Verspätung.
3 Höhe- und Wendepunkt: Er verliert seine Orientierung in einer ihm wenig vertrauten Stadt und hofft auf die Hilfe eines Schutzmanns.

4 Fallende Handlung: Er fragt den Schutzmann nach dem Weg.

5 Lösung: Der Schutzmann gibt ihm keine Auskunft auf seiner Wegsuche.

Schreibplan: Schritte bei der Ausformulierung

Um eine **Interpretation** der Parabel zu schreiben, greift man auf seine Vorarbeit zurück:

- die **strukturierte Wiedergabe des Inhalts** auf der Grundlage einer Gliederung (s. o.: Kommentarspalte),
- die **Textmarkierung** für die wesentlichen stilistischen und kompositorischen Gestaltungsmittel (s. o.: Parabeltext),
- **Stichwortnotizen** während der Untersuchung der einzelnen Gestaltungsmittel der Parabel.

Als wichtige Vorbereitung für die Ausformulierung der Interpretation von Kafkas Parabel stellt man einen **Schreibplan** auf. Hierzu gehören im Beispieltext Überlegungen

- ➤ zum **Thema**: Orientierungslosigkeit eines Passanten in einer unbekannten Stadt,
- ➤ zur **Deutungshypothese**: Frage nach „dem richtigen Weg im Leben",
- ➤ zum **Untersuchungsverfahren**: deduktiv, linear (vgl. „Methodenwissen" in ➚ **Interpretation – Basiskapitel**, S. 148 f.),
- ➤ zu **Quellen**: literaturwissenschaftliche Quellen für eine Definition der „Parabel"; literaturgeschichtliche Quellen für den Werkzusammenhang oder die Autorenbiografie,
- ➤ zur **Leser-/Adressatengruppe**: eine literarisch vorgebildete Leserschaft, die sich fachlich mit der Sprache und den Gestaltungsmitteln in erzählenden Texten, speziell Parabeln, beschäftigt, also etwa Lernende in der Oberstufe oder im Studium,
- ➤ zur **Sprache**: sachliche, neutrale Sprache mit Fachbegriffen aus dem Bereich „Literaturwissenschaft", speziell der Gattung „Epik" (Parabel), ebenso Begriffe aus den Themenbereichen „nach dem Weg fragen"/„Sinnsuche", die in Kafkas Parabel angesprochen werden,

Interpretation von Parabeln

➤ zum **Textaufbau**
- ■ Anfang: **Überblickssatz**
  - – mit Publikationsdaten und Angaben zur literarischen Gattung
  - – mit (gesellschaftlichem/literarischem) **Entstehungskontext** (Entstehungszeit, literarische Epoche etc.)

    ggf. **strukturierte Inhaltsangabe**

    Themasatz

    Deutungshypothese

    Wahl des **Untersuchungsverfahrens**
- ◉ Mitte: Einzeluntersuchungen wie angekündigt:
  - – **Bildebene** und **Sachebene** getrennt untersuchen,
  - – durch **Analogieschluss** von der konkreten Handlungsebene der Parabel auf die übertragene Bedeutungsebene führen

    Absätze nach einzelnen ↗ **Sinnabschnitten**
- ▲ Schluss: **Schlussbetrachtung**
  - – Rückkehr zur **Deutungshypothese** (verifizieren/modifizieren)
  - – **verallgemeinernde Deutung** als Ergebnis
  - – **Kontextwissen** zur Autorenbiografie/zur Entstehungszeit, das die Deutung der Parabel stützen kann

Interpretation einer Parabel
Franz Kafka, „Gibs auf!"

Um den Zusammenhang zu verdeutlichen, wie aus den vorbereitenden Schritten eine Parabelinterpretation entstehen kann, werden in dem folgenden Beispieltext markiert:

das ~~Thema~~, das erklärt wird

einzelne Teilaspekte des Themas

sprachliche Wendungen für **erklärende** Texte

sprachliche Wendungen für argumentative Texte

In der Kommentarspalte werden **Gliederungsabschnitte** der Interpretation aufgeführt und die untersuchten sprachlichen und kompositorischen **Gestaltungsmittel** benannt.

■ Die Parabel „Gibs auf!" von Franz Kafka wurde 1985 in einer Gesamtausgabe seiner Erzählungen veröffentlicht. Sie **stammt aus** dem Spätwerk des Dichters und wurde erstmals 1936 bekannt.

Der Ich-Erzähler in der Parabel **ist** ein Passant auf seinem morgendlichen
5 Weg zum Bahnhof in einer ihm unvertrauten Stadt. Er bemerkt, dass die Turmuhr eine spätere Zeit anzeigt als seine eigene Uhr, und beeilt sich, um rechtzeitig an sein Ziel zu kommen. In seiner Eile verliert er die Orientierung, trifft einen Verkehrspolizisten, den er nach dem Weg fragt, erhält aber nicht die gewünschte Auskunft, sondern wird von ihm ausgelacht.

■ **Anfang**
Überblickssatz:
Publikationsdaten
Entstehungskontext:
historisch, literarisch
Strukturierte Inhaltsangabe

Interpretation von Parabeln

189

₁₀ Kafkas Parabel **handelt von** einem orientierungslosen Passanten in einer Stadt, der nach dem Weg fragt. Im übertragenen Sinne **kann man** auch **von** der Suche des Menschen nach dem rechten Weg im Leben sprechen. Zur näheren Untersuchung dieser Deutungshypothese **sollen** auf der Bildebene verschiedene sprachliche Mittel in den fünf Abschnitten ₁₅ des Textes **analysiert werden**. Anschließend **übertrage** ich meine Ergebnisse **auf eine weiterführende Bedeutungsebene**.

Themasatz

Deutungshypothese

Untersuchungsgang
LINEARES VERFAHREN

⊙ Eine Parabel **wird** in der Literaturwissenschaft **als** lehrhafte Dichtung **definiert**, die von unserer Welt erzählt, deren Bedeutung der Leser jedoch durch einen Analogieschluss selbst ermitteln muss. Der Vergleich von ₂₀ zwei unterschiedlichen Gegenstandsbereichen **ist das wichtigste Strukturmerkmal** dieser literarischen Gattung. In meiner Interpretation **gehe** ich daher **von der Unterscheidung zwischen** Bildebene und Sachebene **aus**.

⊙ *Mitte*
Kontextwissen:
Literaturwissenschaftliche Definition

Auf der Bildebene betrachtet, stellt sich in den einzelnen Erzählab- ₂₅ schnitten eine Alltagssituation dar. Die Szene spielt in einer städtischen Umgebung, **wie** die Raumsubstantive „Straßen", „Bahnhof" (Z. 1), „Turmuhr" (Z. 2) und die Figur des „Schutzmann[s]" (Z. 6) **zu erkennen geben**. Im ersten und zweiten Erzählabschnitt befindet sich der Ich-Erzähler in der Rolle eines Passanten, als die „Straßen [noch] rein und ₃₀ leer" (Z. 1) sind, also zu einer frühen Morgenstunde, auf dem Weg zum Bahnhof. Möglicherweise ist er jemand, der auf dem Weg zur Arbeitsstelle seinen Zug erreichen will.

BILDEBENE
1. und 2. Textabschnitt
Raumsubstantive

indirekte Zeitangaben

Im dritten Erzählabschnitt macht der Erzähler eine weitere alltägliche Erfahrung: Er bemerkt, dass es nach seiner (Taschen-) Uhr früher ist als ₃₅ auf der „Turmuhr" (Z. 2). Aus Angst, sich zu verspäten, beschleunigt er seinen Schritt. Der Satzbau in diesem Abschnitt **ist entsprechend gekennzeichnet durch** eine Abfolge einzelner kurzer Hauptsätze, die durch Kommata abgetrennt sind und unverbunden ohne Konjunktionen schnell aufeinanderfolgen. Dieser parataktische Satzbau **bedeutet** ₄₀ eine beschleunigte Gangart des Erzählers, den der „Schrecken" über seine ungewollte Verspätung antreibt, schneller ans Ziel zu kommen. In seiner Eile verliert er den Überblick über seinen Weg. Die fehlenden Konjunktionen **zeigen** auch, **dass** der Passant in dieser Krisensituation keine Zeit bzw. Ruhe hat, seine Gedanken zu ordnen. **Mit anderen Worten**: ₄₅ Dass er nicht überlegt, wie das Straßennetz aussieht, durch das er gehen muss, um zum Bahnhof zu gelangen. Die Stadt ist ihm noch nicht so vertraut, dass er allein sicher seinen Weg finden kann (vgl. Z. 4 f.). Das personale Erzählverhalten in dieser Parabel **macht** die eingeschränkte Sicht des Figuren-Ich **deutlich**, auf das äußere Geschehen ebenso wie auf ₅₀ sein eigenes Innenleben.
Die zunehmende Orientierungslosigkeit des Passanten versetzt ihn in eine Lage, in der er seine Handlungen nicht mehr selbst bestimmen

3. Textabschnitt

Satzbau: Parataxe

fehlende Konjunktionen

personales Erzählverhalten
Sichtweise

Interpretation von Parabeln

kann. So erscheint er als Ich zunächst noch in der Subjektstelle des Satzes, aber wie unter einem Zwang stehend, fremdbestimmt in seinem Han-
55 deln (vgl. das Hilfsverb „müssen" in Z. 3.: „Ich musste mich sehr beeilen"). Wenn er auch noch Subjekt seines Handelns ist, dann nur noch in negativer Hinsicht, wie die mehrfachen Negationen andeuten (Z. 4 f.: „unsicher", „kannte mich … noch nicht sehr gut aus"). Und schließlich, auf dem Höhepunkt seiner Verunsicherung, erscheint er gar nicht mehr
60 in der Subjektstelle des Satzes, sondern in der Objektstelle (Z. 3 f.: „der Schrecken […] ließ mich […] unsicher werden"). Der rettenden Figur des Schutzmanns begegnet der Wegsuchende rein zufällig, nicht etwa, weil er gezielt nach ihr gesucht oder überlegt hätte, wo Hilfe zu finden ist (vgl. den weiterhin parataktischen Satzbau und das Adverb „glücklicher-
65 weise" in Z. 5).

Im vierten Textabschnitt beginnt sich die Aufregung des Passanten zu legen. Seine Frage nach dem Weg, die er dem „Schutzmann" (Z. 6) stellt, ist das, was man vernünftigerweise tut, wenn man sich verlaufen hat. Ein „Schutzmann" ist für die öffentliche Ordnung auf Straßen und Gehwe-
70 gen zuständig. Er kann Auskunft geben, wo Straßen oder öffentliche Gebäude liegen, auch Schutz für Passanten vor Gefahren. Doch der Leser erfährt nicht den genauen Wortlaut der Frage, die der Erzähler nur in indirekter Rede wiedergibt (Z. 6 f.: „und fragte ihn atemlos nach dem Weg"). Der sich anschließende kurze Gesprächswechsel mit dem Polizis-
75 ten durchbricht die Erwartungen, die ein neu hinzugezogener Stadtbewohner wie der Ich-Erzähler einem Vertreter der städtischen Polizei entgegenbringt. Statt mit einer Wegauskunft zu antworten, stellt der „Schutzmann" eine Gegenfrage mit leicht ironischem Unterton (Z. 7 f.: „Er lächelte und sagte: ‚Von mir willst du den Weg erfahren?'"). Er ver-
80 steht seine Erwiderung als rhetorische Frage, so als wäre er gar nicht zuständig für Wegauskünfte und könnte annehmen, dass der Passant dies auch weiß. Der Auskunftsuchende jedoch fasst die Gegenfrage als echte Frage auf, die er aufrichtig beantwortet, indem er seine Hilflosigkeit eingesteht und in gewisser Weise auch seine Unterlegenheit, was die
85 Kenntnis dieser Stadt anbelangt (vgl. Z. 8: „‚Ja', sagte ich, ‚da ich ihn selbst nicht finden kann'"). Anstatt sich durch die gestellte Frage des Passanten in die erwartete Empfängerrolle zu begeben, übernimmt der Polizist also die Senderrolle, mit der er sich eine gewisse Überlegenheit über den Fragenden sichert.
90 Die endgültige Befreiung des Passanten aus seiner hilflosen Lage erfolgt im fünften Erzählabschnitt, allerdings nicht in Form der erbetenen Hilfestellung. Statt eine Wegbeschreibung zu geben, weist der „Schutzmann" den Wegsuchenden ab. Mit seinem doppelten Imperativ (Z. 9: „Gibs auf, gibs auf") gibt er zu verstehen, dass er sich weigert, die
95 gewünschte Wegauskunft zu geben und seiner Rolle als Polizist entsprechend zu handeln. Die nonverbalen Reaktionen des Polizisten unterstreichen sein ungewöhnliches Verhalten. Indem er sich „mit einem

Marginalien:

Satzbau: Subjekt-Objektstelle
Hilfsverb „müssen"

Negationen

Parataxe

4. Textabschnitt

Worterklärung

direkte/indirekte Rede

rhetorische Frage

echte Frage

Sender-Empfänger-Verhältnis

5. Textabschnitt

Imperativ

nonverbale Kommunikation

Interpretation von Parabeln

großen Schwunge" (Z. 9) abwendet, **signalisiert** er das Ende des Gesprächs und bemüht sich, seine Belustigung über den Passanten zu verbergen
100 (Z. 7: „Er lächelte und sagte …"; Z. 10: „so wie Leute, die mit ihrem Lachen allein sein wollen"). Mit der indirekten und direkten Redewiedergabe wechselt der Ich-Erzähler zum neutralen Erzählverhalten. Damit verzichtet er darauf, aus seiner Sicht das ungewöhnliche Verhalten des Schutzmanns zu erklären und seine eigenen Reaktionen auf diese Abfuhr
105 zu schildern. Die Deutung dieses offenen Endes liegt beim Leser.
    Auf der Sachebene betrachtet, erhält die Parabel **eine umfassendere Bedeutung**. Der Text enthält Hinweise, dass sie sich auf etwas anderes bezieht als auf eine alltägliche Wegauskunft im Stadtverkehr. Ein erster Hinweis liegt auf der Textebene, **und zwar** im Schlüsselbegriff „Weg".
110 Die im Text auftretenden Wortverbindungen wie „im Weg unsicher werden", „nach dem Weg fragen", „den Weg erfahren" sowie die Bewegungsverben „gehen" und „laufen" lassen sich gut auf eine <u>analoge Wegsuche im Leben</u> übertragen. Während der „Weg" in den ersten drei Erzählabschnitten konkret **als** Weg durch eine unbekannte Stadt, genauer
115 als der Weg zum Bahnhof, **gemeint ist, wird** in den beiden letzten Erzählabschnitten der „Weg" **allgemeiner gefasst, wie man an** dem bestimmten Artikel **erkennen kann** (vgl. Z. 6 f.: „fragte ihn atemlos nach dem Weg"; Z. 7 f.: „Von mir willst du den Weg erfahren?"). **Dadurch kann man** den „Weg", der gesucht wird, im Analogieschluss **als** den
120 rechten Lebensweg **auffassen** und den Ich-Erzähler als jemanden, der Rat braucht, welche <u>Richtung</u> er <u>in seinem Leben einschlagen</u> soll.
    Ein zweiter Hinweis auf eine analoge Bedeutungsebene ist das Verhalten des Polizisten. Ein Leser wird sein überhebliches Lachen und seine Auskunftsverweigerung auf dem Hintergrund seines eigenen Weltwissens
125 **als** ungewöhnlich **einordnen** und nach dem tieferen Sinn dieses Parabelelements fragen. Im Zusammenhang mit der <u>Suche nach dem Lebensweg</u> **gewinnt** auch die Figur des Schutzmanns **eine übertragene Bedeutung**. Der Name „Schutzmann" **ist mehr als** eine Amtsbezeichnung. Er **symbolisiert** eine staatliche Ordnungsgröße, eine Autorität, die
130 für einen bestimmten Lebensbereich in der Gesellschaft zuständig ist, sachlich kompetente Auskunft geben kann und auf die Einhaltung von bestimmten Regeln, Gesetzen oder Normen achtet. Diese Symbolfigur der staatlichen Macht durchbricht in dieser Parabel <u>jedoch</u> die Erwartungen des Erzählers wie des Lesers: Sie verweigert einem <u>Rat suchenden</u>
135 <u>Bürger</u> die Auskunft, die dieser von einer solchen gesellschaftlichen Instanz erwarten kann. Das Lächeln des „Schutzmann[s]", das sich zum „Lachen" (Z. 10) steigert, <u>könnte</u> **dabei bedeuten, dass** staatliche, <u>aber auch</u> geistige, moralische oder religiöse Autoritäten für die Sorgen und Nöte normaler Bürger nicht zuständig sind. Sie können **im übertra-**
140 **genen Sinne** keinen „Schutz" geben, etwa vor <u>Orientierungslosigkeit</u> oder falschen <u>Entscheidungen auf ihrem Lebensweg</u>.

Randnotizen:

neutrales Erzählverhalten
Sichtweise

offenes Ende
SACHEBENE

Schlüsselbegriff „Weg"
Wortfeld

Bewegungsverben

bestimmter Artikel

Analogieschluss

Symbolfigur

Interpretation von Parabeln

▲ Die oben formulierte Deutungshypothese kann jetzt genauer bestimmt werden. Abschließend **lässt sich festhalten**: Die Parabel **gibt** Lesern **zu**
145 **verstehen, dass** jeder Einzelne die Frage nach dem rechten Lebensweg selbst beantworten muss. Gesellschaftliche Autoritäten, von denen man traditionell erwarten konnte, dass sie Orientierung für den richtigen Lebensweg geben können, **gelten nicht mehr als** vertrauenswürdig. Der Einzelne fühlt sich fremd in seiner Gesellschaft. Leser könnten diese
150 Parabel **als** Appell **verstehen**, staatliche, geistige oder andere Autoritäten zu hinterfragen, sie anzuzweifeln und ihnen nicht ebenso „blind" zu folgen wie der Ich-Erzähler, der „atemlos" und ratsuchend auf den „Schutzmann" zuläuft oder auf die Technik der öffentlichen Zeitmessung (**vgl.** „Turmuhr") vertraut.

155 **Von** Kafka **ist bekannt, dass** die Protagonisten in vielen seiner Werke sich anonymen Mächten ausgeliefert fühlen und sich im gesellschaftlichen Leben nicht zurechtfinden. Das Schloss im gleichnamigen Roman wie auch die Gerichtsgebäude in *Der Prozess* **bestehen aus** einem weit verzweigten Gewirr unübersichtlicher Räume. Offensichtlich **schlägt**
160 **sich** die frustrierende Erfahrung mit staatlichen Ordnungsgrößen auch **in** der negativen Zeichnung der Figur des „Schutzmanns" in dieser Parabel **nieder. Von** Kafka selbst, der in Prag geboren ist und ein deutschsprachiger Jude war, **kann man sagen**: er „kannte [s]ich in dieser Stadt noch nicht sehr gut aus". Denn seine deutsche Sprache trennte ihn von der
165 tschechischen Bevölkerung und seine jüdische Abstammung machte ihn in österreichischen Kreisen nicht sehr willkommen.

Marginalspalte:

▲ **Schluss**
Schlussbetrachtung
Rückkehr zur Deutungshypothese
schlussfolgernde Wendung
verallgemeinernde Deutung

Parabel als lehrreiche Dichtung

Kontextwissen:
Werkzusammenhang

Autorenbiografie

Kommentar
zur Thematik der Parabel

In schriftlichen Prüfungsaufgaben wird von Schülerinnen und Schülern häufig erwartet, dass sie sich nach der Textinterpretation abschließend auch kritisch mit der Thematik auseinandersetzen. Für einen persönlichen **Kommentar**

- wählt man einen teilthematischen Aspekt aus der Interpretation des Ausgangstextes,
- nutzt man sein Fachwissen oder sein allgemeines (aktuelles/historisches) Weltwissen,
- verwendet man sprachliche Wendungen für *erklärende* und **kommentierende** Texte.

Im folgenden Text wird ein persönlicher Kommentar zum Themenaspekt „der richtige Weg im Leben" vorgestellt.

Die Frage nach dem richtigen Weg im Leben, wie sie in der Metaphorik des „Weges" in Kafkas Parabel anklingt, *lässt sich auch auf* meine gegenwärtige Lebenssituation *beziehen*. Ich denke zur Zeit immer wieder darüber nach, wie mein eigener „Lebensweg" aussehen wird und wen ich
5 um Rat fragen könnte, um sicher zu sein, welchen Weg ich einschlagen soll. Ich *verstehe* den „Weg" *als* meinen Ausbildungsgang mit dem Ziel,

Marginalspalte:

Teilthematischer Aspekt

Persönliche Erfahrungen

Interpretation von Parabeln

einen Berufszugang zu erreichen. **Aber** die Frage, welcher Beruf es sein soll, ist nicht einfach zu beantworten. Welche berufliche Richtung soll ich einschlagen? Ich habe ganz unterschiedliche Stärken, *zum Beispiel*
10 in Mathematik, aber auch in Fremdsprachen. Daneben bin ich auch praktisch veranlagt, ich kann ganz gut mit Holz und anderen Werkstoffen umgehen. Es gibt vom <u>Arbeitsamt</u> immer wieder <u>Berufsberatungen</u> für zukünftige Schulabgänger. Das sind Beispiele für <u>die staatlichen Autoritäten aus Kafkas Parabel</u>. Solche Beratungsangebote habe ich
15 schon mehrmals wahrgenommen. **Doch** meine Berufsorientierung ist dadurch nicht unbedingt klarer geworden (<u>vgl. den „Schutzmann" und die Auskunft, die er dem Wegsuchenden nicht gibt</u>). Ebenso war das <u>Berufspraktikum</u> in der Klasse 9 eine wichtige Erfahrung. Dort habe ich meine praktische Veranlagung entdeckt. **Aber** einfacher hat das meine
20 Entscheidung nicht gemacht. Auch meine Eltern habe ich um Rat gefragt. Sie sagen, ich solle nach meinen Fähigkeiten und Neigungen gehen. Da stehe ich wieder ratlos wie am Anfang meiner Suche nach dem „richtigen" Berufsziel. Wer sagt mir, welches Ziel ich anstreben soll?

Ich denke, dass Auszubildende sich heute – <u>wie der Wegsuchende in</u>
25 <u>Kafkas Parabel</u> – vertrauensvoll an „Autoritäten" wie Ämter, Ausbildungsbetriebe, Eltern oder Lehrer wenden können, dass sie **aber** – anders als in Kafkas Parabel – auch gut gemeinten und professionellen Rat von ihnen erhalten. Hier sieht man, wie sich unsere gesellschaftlichen Verhältnisse gegenüber Kafkas Zeit verändert haben. In einem <u>demokrati-</u>
30 <u>schen Staat</u> sind die Institutionen **offensichtlich** bürgernäher. Eltern beraten heute ihre Kinder, nehmen ihre beruflichen Wünsche und Interessen ernst, setzen sich mit ihnen auseinander anstatt ihnen vorzuschreiben, wie sie leben sollen. **Auf der anderen Seite** sind <u>Jugendliche</u> <u>heute</u> kritischer geworden, sie hinterfragen zum Beispiel die Autoritäten,
35 die in der Generation ihrer Großeltern noch kritiklos anerkannt wurden, wie zum Beispiel Eltern, Erzieher und auch Vertreter der Kirchen. *In diesem Sinne* ist die <u>autoritätsgläubige Haltung des Ich-Erzählers</u> in <u>Kafkas</u> <u>Parabel, die im frühen 20. Jahrhundert entstand</u>, **meiner Meinung nach** heute im Allgemeinen **nicht mehr zeitgemäß. Doch** die Entscheidung,
40 welche Richtung man seinem Leben geben will, z. B. durch die Wahl des „richtigen" Berufs, liegt bei jedem Einzelnen selbst. *Insofern*, **meine ich**, **trifft** die Grundaussage der Parabel auch **auf** die heutige Zeit noch **zu**: „Gibs auf", die Verantwortung für deinen Lebensweg auf andere zu übertragen. Übernimm sie selbst!

Aktualisierung der Parabel (Randnotiz)

Formulierungshilfen für die Interpretation von Parabeln

Vgl. die in den Beispieltexten markierten sprachlichen Wendungen für erklärende und argumentative Texte und weitere Formulierungshilfen unter ↗ **Interpretation – Basiskapitel** (S. 150 f.).

Interpretation von Romanauszügen

Auf einen Blick

Eine **Interpretation** eines **Romanauszugs** gehört zu den **erklärenden Textformen**. Vgl. genauere Informationen in ↗ **Interpretation – Basiskapitel** (S. 134 – 136).

So wird's gemacht

Um eine **Interpretation** eines **Romanauszugs** zu schreiben, bieten sich zwei Schritte an:

LESESTRATEGIE:
- den Ausgangstext **gliedern**
- auffällige stilistische, kompositorische und visuelle Gestaltungsmittel **markieren** und in Notizen auf einem Arbeitsblatt **deuten**

SCHREIBPLAN:
- den **Inhalt** strukturiert zusammenfassen (↗ **Inhaltsangabe**, ↗ **Zusammenfassung**)
- eine **Deutungshypothese** als **Schreibziel** aufstellen (↗ **Interpretation – Basiskapitel,** S. 148 f.)
- den eigenen **Textaufbau** für die Analyseschritte entwerfen (↗ **Gliederung**)

Lesestrategie: Schritte bei der Vorbereitung

In der Eröffnungsszene aus Max Frischs Roman *Stiller* lässt sich die **Gliederung** erkennen, wenn man auf den **Wechsel der Zeit** achtet.

In Frischs Romanszene helfen die folgenden **Begriffe** (vgl. ↗ **Interpretation – Basiskapitel**, S. 143 – 146, 137), die auffälligen Elemente **erzählerischer, literarischer** und **allgemeiner Textgestaltung** zu erkennen, zu benennen und deuten:

➤ typische Elemente der ERZÄHLENDEN LITERATUR
- **Erzählform:** Ich-Erzählung, Ich-Erzähler als Figuren-Ich
- **Erzählverhalten: personal** (Teil 1, Teil 2), **neutral** (Teil 2: Figurenrede)
- **Sichtweise des Erzählers**
  - **präsentische Innensicht** für die Identitätsproblematik (Teil 1)
  - **Außensicht** für die Darstellung der vergangenen **äußeren Handlung** (Teil 2)
- **Raumgestaltung**
  - präsentischer Handlungsort: „Gefängnis", „Zelle"

Interpretation von Romanauszügen

- – unmittelbar zurückliegender Handlungsort (vor „eine[r] Woche"): „Bahnsteig" an der Schweizer Grenze („Zöllner", „in seinem schweizerischen Tonfall")
- – weiter zurückliegender Handlungsort („amerikanischer Pass", „um die halbe Welt"): USA/ Ausland
- ■ **Zeitgestaltung**
  - – präsentische Zeit: „heute"
  - – unmittelbar zurückliegende Handlungszeit: „eine Woche"
  - – weiter zurückliegende Handlungszeit („amerikanischer Pass")
- ■ **Figureneinführung**
  - – Selbsteinführung der Hauptperson
    - – in Form von Negationen („Ich bin nicht ...")
    - – in unterschiedlichen Bewusstseinslagen (nüchtern/betrunken)
  - – Wahrnehmung anderer Romanfiguren aus der Sicht des Ich-Erzählers
    - – der Verwaltung („Zöllner")
    - – der Justiz („sie", „mein amtlicher Verteidiger")

➤ typische Elemente von LITERATUR ALLGEMEIN
  - ■ **Ironie:** Verkleinerungsform für staatliche Hoheitszeichen („Schweizerkreuz-Wäppchen"), Gegensätze (Unfreundlichkeit, fehlende Bürgernähe als berufliche Qualifikation: „mit der Miene eines gesetzlich geschützten Hochmuts")

➤ typische Elemente von TEXTEN ALLGEMEIN
  - ■ **thematische Schlüsselwörter** für
    - – Justiz („Gefängnis", „Zelle", eine Aussage verweigern, „beweisen", „Verteidiger", „Protokoll" etc.)
    - – Bahnhof („Bahnsteig", „Zug" etc.)
    - – Grenzabfertigung („Zöllner", „Pass", „Beamter", „Pässe der Reisenden stempeln" etc.)
    - – Uniform („dunkelblaue Mütze", „Schweizerkreuz-Wäppchen")
  - ■ **Pronomen** („ich" gegenüber „sie")
  - ■ **Satzbau**
    - – **Negationen** („Ich bin nicht Stiller/ich selbst", „nichts mit mir zu tun", „niemand anderes zu sein als ...", „nichts Wahres" etc.)
    - – **Hypotaxe** mit **Konjunktionen** der **Begründung**, des **Gegensatzes**, der **Schlussfolgerung** (Teil 1)
    - – **Parataxe** für Handlungsfolgen (Teil 1)
    - – in Parataxe eingeschobene **Erzählerkommentare** (Teil 2)
  - ■ **Metaphern** der Alltagssprache (hier: Identitätsmetaphern wie „eine Rolle spielen", „jdn in eine fremde Haut stecken")

Für die **Textmarkierung** wählt man eine überschaubare Anzahl an grafischen Mitteln und Farben nur für die wesentlichen Gestaltungsmittel und hält sie in einer **Legende** übersichtlich fest.

Pronomen der 3. Person Plural („sie", „ihnen", „ihr" etc.)

handschriftlich: farbige Textmarker
Zeitangaben

Interpretation von Romanauszügen

	Raumangaben
	Identitäts-Metaphorik/-Wendungen

handschriftlich: schwarze und farbige Unterstreichung
Negationen
Wörter aus den Sachbereichen „Justiz" und „Verwaltung"

blaue Schrift   **Handlungsverben (Zöllner)**
rote Schrift   Handlungsverben (Stiller)
//   Gliederungsabschnitt im Romanausschnitt

In der Kommentarspalte werden **Gliederungsabschnitte** der Romanszene aufgeführt.

Ausgangstext
Max Frisch, „Stiller" (Romaneröffnung)

Max Frisch (1911 – 1991) studierte Germanistik und Architektur in der Schweiz. Er verfasste Dramen, die die aktuelle Nachkriegszeit teils direkt thematisieren, teils verfremden, darunter *Nun singen sie wieder* (1946) und *Die Chinesische Mauer* (1947). Durch ein Rockefeller Stipendium wurde Frisch 1951 ein einjähriger Aufenthalt in den USA ermöglicht. Mit der Veröffentlichung des Romans *Stiller* (1954) gelang Frisch der literarische Durchbruch. Er gab sein Architekturbüro auf und lebte als freier Schriftsteller. Spätere Romane, wie *Homo faber* (1957) und *Mein Name sei Gantenbein* (1964), und Dramen, wie *Biedermeier und die Brandstifter* (1959) und *Andorra* (1961), brachten Frisch auch internationale Anerkennung, eine Reihe von Literaturpreisen sowie die Ehrendoktorwürde an verschiedenen deutschen, englischen und amerikanischen Universitäten ein.

Die folgende Szene bildet den Anfang des Romans *Stiller* (1954).

Stiller
Erster Teil:
Stillers Aufzeichnungen im Gefängnis
Erstes Heft

Ich bin nicht Stiller! – Tag für Tag, seit meiner Einlieferung in dieses
Gefängnis, das noch zu beschreiben sein wird, sage ich es, schwöre ich
es und fordere Whisky, ansonst ich jede weitere Aussage verweigere.
Denn ohne Whisky, ich hab's ja erfahren, bin ich nicht ich selbst, son-
5 dern neige dazu, allen möglichen guten Einflüssen zu erliegen und eine
Rolle zu spielen, die ihnen so passen möchte, aber nichts mit mir zu tun
hat, und da es jetzt in meiner unsinnigen Lage (sie halten mich für einen
verschollenen Bürger ihres Städtchens!) einzig und allein darum geht,
mich nicht beschwatzen zu lassen und auf der Hut zu sein gegenüber
10 allen ihren freundlichen Versuchen mich in eine fremde Haut zu stecken, unbestechlich zu sein bis zur Grobheit, ich sage: da es jetzt einzig

TEIL 1:
Die aktuelle Situation
1 Stiller weigert sich im Gefängnis, ohne Whisky Angaben zu seiner Person zu machen

Interpretation von Romanauszügen

und allein darum geht, niemand anders zu sein als der Mensch, der ich
in Wahrheit leider bin, so werde ich nicht aufhören, nach Whisky zu
schreien, sooft sich jemand meiner Zelle nähert. // Übrigens habe ich
15 bereits vor Tagen melden lassen, es brauche nicht die allererste Marke zu
sein, immerhin eine trinkbare, ansonst ich eben nüchtern bleibe, und
dann können sie mich verhören, wie sie wollen, es wird nichts dabei
herauskommen, zumindest nichts Wahres. Vergeblich! // Heute bringen
sie mir dieses Heft voll leerer Blätter: Ich soll mein Leben niederschrei-
20 ben! Wohl um zu beweisen, dass ich eines habe, ein anderes als das Leben
ihres verschollenen Herrn Stiller.
„Sie schreiben einfach die Wahrheit", sagt mein amtlicher Verteidiger,
„nichts als die schlichte und pure Wahrheit. Tinte können Sie jederzeit
nachfüllen lassen!" //

25 Heute ist es eine Woche seit der Ohrfeige, die zu meiner Verhaftung
geführt hat. Ich war (laut Protokoll) ziemlich betrunken, weswegen ich
Mühe habe, den Hergang zu beschreiben, den äußeren. „Kommen Sie
mit!" sagte der Zöllner.
„Bitte", sagte ich, „machen Sie jetzt keine Umstände, mein Zug fährt
30 jeden Augenblick weiter – "
„Aber ohne Sie", sagte der Zöllner.
Die Art und Weise, wie er mich vom Trittbrett riss, nahm mir vollends
die Lust, seine Fragen zu beantworten. Er hatte den Pass in der Hand. Der
andere Beamte, der die Pässe der Reisenden stempelte, war noch im Zug.
35 Ich fragte:
„Wieso ist der Pass nicht in Ordnung?"
Keine Antwort.
„Ich tue nur meine Pflicht", sagte er mehrmals, „das wissen Sie ganz
genau."
40 Ohne auf meine Frage, warum der Pass nicht in Ordnung sei, irgendwie
zu antworten – dabei handelt es sich um einen amerikanischen Pass,
womit ich um die halbe Welt gereist bin! – wiederholte er in seinem
schweizerischen Tonfall:
„Kommen Sie mit!"
45 „Bitte", sagte ich, „wenn Sie keine Ohrfeige wollen, mein Herr, fassen Sie
mich nicht am Ärmel; ich vertrage das nicht."
„Also vorwärts!" //
Die Ohrfeige erfolgte, als der junge Zöllner, trotz meiner ebenso höflichen wie deutlichen Warnung, mit der Miene eines gesetzlich
50 geschützten Hochmuts behauptete, man werde mir schon sagen, wer ich
in Wirklichkeit sei. Seine dunkelblaue Mütze rollte in Spirale über den
Bahnsteig, weiter als erwartet, und einen Atemzug lang war der junge
Zöllner, jetzt ohne Mütze und somit viel menschlicher als zuvor, derma-
ßen verdutzt, auf eine wutlose Art einfach entgeistert, dass ich ohne
55 Weiteres einfach hätte einsteigen können. Der Zug begann gerade zu

---

2 Stiller besteht auf billigen Whisky, wenn ein Verhör die Wahrheit ans Licht bringen soll.

3 Stiller erhält leere Blätter, um seinen Lebensbericht aufzuschreiben.

TEIL 2:
Die Vorgeschichte
1 Vor einer Woche wurde er auf dem Bahnhof von einem Schweizer Zöllner bei der Grenzabfertigung an der Weiterfahrt gehindert.

2 Stiller wehrt sich gegen die handgreifliche Art des Zöllners mit einer Ohrfeige.

Interpretation von Romanauszügen

rollen, aus den Fenstern hingen die Winkenden; sogar eine Wagentür
stand noch offen. Ich weiß nicht, warum ich nicht aufgesprungen bin.
Ich hätte ihm den Pass aus der Hand nehmen können, glaube ich, denn
der junge Mensch war derart entgeistert, wie gesagt, als wäre seine Seele
60 ganz und gar in jener rollenden Mütze, und erst als sie zu rollen aufge-
hört hatte, die steife Mütze, kam die begreifliche Wut. // Ich bückte mich
zwischen den Leuten, beflissen,[1] seine dunkelblaue Mütze mit dem
Schweizerkreuz-Wäppchen wenigstens einigermaßen abzustauben,
bevor ich sie ihm reichte. Seine Ohren waren krebsrot. Es war merkwür-
65 dig; ich folgte ihm wie unter einem Zwang von Anstand. Durchaus wort-
los und ohne mich anzufassen, was gar nicht nötig war, führte er mich
auf die Wache, wo man mich fünfzig Minuten warten ließ.

In: Max Frisch (⁴1965): Stiller. Suhrkamp, Frankfurt a. Main [1954], S. 9f.

> **3** Stiller hebt die Mütze des Zöllners vom Boden auf und folgt ihm widerstandslos auf die Wache.

---

[1] **beflissen** eifrig bemüht

Schreibplan: Schritte bei der Ausformulierung

Um eine **Interpretation** des Romansauszugs zu schreiben, greift man auf seine Vorarbeit zurück:

- die **strukturierte Wiedergabe des Inhalts** auf der Grundlage einer Gliederung (s. o.: Kommentarspalte),
- die **Textmarkierung** für die wesentlichen stilistischen und kompositorischen Gestaltungsmittel (s. o.: Romantext),
- **Stichwortnotizen** während der Untersuchung der einzelnen Gestaltungsmittel im Romanausschnitt.

Als wichtige Vorbereitung für die Ausformulierung der Interpretation stellt man einen **Schreibplan** auf. Hierzu gehören im Beispieltext Überlegungen

- ➤ zum **Thema:** Stillers Ablehnung seiner Schweizer Identität,
- ➤ zur **Deutungshypothese:** Identitätskrise,
- ➤ zu möglichen **Teilthemen:** Einführung der Romanfigur Stiller, Stillers gegenwärtige Situation und Vorgeschichte, Stillers Haltung gegenüber Vertretern des Staates,
- ➤ zum **Untersuchungsverfahren:** deduktiv, aspektorientiert (vgl. „Methodenwissen" in ↗ **Interpretation – Basiskapitel**, S. 148 f.),
- ➤ zu **Quellen:** literaturwissenschaftliche Quellen zu „Erzählformen", literaturgeschichtliche Quellen zur Autorenbiografie, geschichtliche Quellen zur Nachkriegszeit als Entstehungszeit und zur amerikanischen Verfassung (vgl. Kommentar),
- ➤ zur **Leser-/Adressatengruppe:** eine literarisch vorgebildete Leserschaft, die sich fachlich mit der Sprache und den Gestaltungsmitteln in Romanen beschäftigt, also etwa Lernende in der Oberstufe oder im Studium,
- ➤ zur **Sprache:** sachliche, neutrale Sprache mit Fachbegriffen aus dem Bereich „Literaturwissenschaft", speziell der Gattung „Roman", ebenso Begriffe aus dem Themenbereich „Identitätssuche", der in Frischs Romanszene angesprochen wird,

Interpretation von Romanauszügen

199

➤ zum **Textaufbau**

■ Anfang: **Überblickssatz**

– mit Publikationsdaten und Angaben zur literarischen Gattung

– mit (gesellschaftlichem/literarischem) **Entstehungskontext** (Entstehungszeit, literarische Epoche etc.)

ggf. **strukturierte Inhaltsangabe**

Themasatz

Deutungshypothese

Wahl des **Untersuchungsverfahrens**

◉ Mitte: Einzeluntersuchungen wie angekündigt

Absätze nach einzelnen ↗ **Sinnabschnitten**

▲ Schluss: **Schlussbetrachtung**

– Rückkehr zur **Deutungshypothese** (verifizieren/modifizieren)

– **verallgemeinernde Deutung** als Ergebnis

– **Kontextwissen** zur Autorenbiografie/zur Entstehungszeit, das die Deutung des Romanauszugs stützen kann

---

Interpretation eines Romanauszugs
Max Frisch, „Stiller"

Um den Zusammenhang zu verdeutlichen, wie aus den vorbereitenden Schritten eine Interpretation der Romanszene entstehen kann, werden in den folgenden Beispieltexten markiert:

das |Thema des Textes| bzw. die drei |Teilthemen| , die erklärt werden

einzelne Aspekte der Teilthemen

sprachliche Wendungen für **erklärende** Texte

sprachliche Wendungen für argumentative Texte

In der Kommentarspalte werden **Gliederungsabschnitte** der Interpretation aufgeführt und die untersuchten sprachlichen und kompositorischen **Gestaltungsmittel** benannt.

■ Der Text **ist** der Anfang des Romans *Stiller* von Max Frisch, der 1954 zum ersten Mal veröffentlicht wurde. Frisch **thematisiert** in diesem Roman die damals aktuelle Nachkriegszeit. **Als** Nachkriegsroman **gehört** *Stiller* **zu** den moderneren Erzählformen. **Eine Besonderheit** des Romanaufbaus **liegt**
5 **darin, dass** im Ersten Teil des Werks die Geschehnisse als „Aufzeichnungen" der Titelfigur Stiller „im Gefängnis" dargestellt werden. Der Romanauszug steht zu Beginn der „Aufzeichnungen" im „Ersten Heft".

■ **ANFANG DER INTERPRETATION**
Überblickssatz
Publikationsdaten
Entstehungskontext:
historisch, literarisch

Der Ich-Erzähler namens Stiller schildert in diesem Romananfang zunächst seinen jetzigen Aufenthalt in einem Schweizer Gefängnis (vgl.
10 Teil 1 der Romaneröffnung) und stellt anschließend in einem Rückblick die Vorgeschichte dar (vgl. Teil 2), die zu seiner Festnahme geführt hat. In seiner Haft verweigert er seit einer Woche jede Aussage zu seiner Per-

Strukturierte Inhaltsangabe
Überblick

TEIL 1.1

Interpretation von Romanauszügen

son, bevor man ihm nicht Whisky besorgt hat. Ein Verhör, das die Wahr- — 1.2
heit über ihn an den Tag bringen soll, ob er ein verschollener Bürger der
15 Stadt ist oder nicht, kann erst stattfinden, wenn seine Forderung nach
Alkohol erfüllt wird. Statt Whisky bringt man ihm leere Blätter, auf die — 1.3
er seinen Lebensbericht schreiben soll. Zur Verhaftung kam es, als ein — TEIL 2.1
Zöllner bei der Passkontrolle an der Schweizer Grenze Stillers amerikanischen Pass beanstandete. Im Befehlston und dann mit handgreiflicher
20 Gewalt wollte dieser ihn auf die Wache führen. Stiller wehrte sich mit — 2.2
einer Ohrfeige, hob dann aber die heruntergefallene Mütze des Zollbe- — 2.3
amten auf und folgte ihm widerstandslos auf die Wache.

Die Thematik des Romananfangs **kreist um** die Titelfigur Stiller. Leser — **Themasatz**
werden in die Ausgangssituation der Hauptfigur Stiller eingeführt. Nach
25 seiner Festnahme an der Schweizer Grenze weigert er sich, sich zu „Stiller" als seinem offiziellen Namen und damit zu seiner Schweizer Identi-
tät zu bekennen. Der Ich-Erzähler **befindet** sich <u>offensichtlich</u> **in** einer — **Deutungshypothese**
Identitätskrise. Um die Situation der Romanfigur näher zu untersuchen,
bieten sich drei Themenaspekte an: (1) die Einführung der Romanfigur — **Untersuchungsgang**
30 Stiller, (2) Stillers gegenwärtige Situation und Vorgeschichte und (3) Stil- — ASPEKTORIENTIERTES VERFAHREN
lers Haltung gegenüber Vertretern des Staates.

⊙

■ Im ersten Satz |führt| der Ich-Erzähler |sich selbst| als Figuren-Ich, **d. h.**
als handelnde Person |ein|. <u>Anders jedoch, als</u> Leser es von einem Roma-
35 nanfang gewöhnlich erwarten, sagt er nicht, wer er ist, <u>sondern</u> <u>wer er</u>
<u>nicht ist</u>. ⊙ **Darauf verweisen** wiederholte Negationen. Er verneint, dass
sein bürgerlicher Name „Stiller" ist (Z. 1: „Ich bin nicht …"). Er leugnet
fortgesetzt, jemand zu sein, für den die Öffentlichkeit ihn hält (Z. 7: „sie
halten mich für …"), und wehrt alle Versuche ab, sich als ein
40 „verschollene[r] Herr[ ] Stiller" (Z. 21) <u>identifizieren</u> zu lassen (Z. 6:
„nichts mit mir zu tun", Z. 9: „mich nicht beschwatzen zu lassen"). Als
Inhaber eines „amerikanischen Pass[es]" (Z. 41) und Weltreisender (vgl.
Z. 42) bestreitet er, ein „verschollene[r] Bürger" des Schweizer „Städtchens" (Z. 8) zu sein, in dem sein Zug wegen der Passkontrolle Halt
45 gemacht hat. Seiner <u>gesellschaftlichen Identität</u>, die ihm von den Behörden zugewiesen wird, setzt er sein eigenes <u>Selbstverständnis</u> entgegen,
<u>allerdings</u> in wenig klar definierter Form: „niemand anders zu sein als der
Mensch", der er „in Wahrheit" ist (Z. 12 f.).
Sein wiederholter Gebrauch von Identitätsmetaphern **zeigt** seine — Identitätsmetaphern
50 Abwehrhaltung gegenüber einer bürokratischen Einordnung (Z. 5 f:
„eine Rolle zu spielen", Z. 10 f.: „mich in eine fremde Haut zu stecken").
<u>Zwar</u> empfindet er das Bild, das andere sich von ihm gemacht haben,
nicht als Zwang oder Versuch der Beeinflussung, **wie** die positiv besetzten Attribute in den Formulierungen „allen möglichen guten Einflüssen — Attribute
55 zu erliegen" (Z. 5) und „allen ihren freundlichen Versuchen" (Z. 10) **zu**
verstehen geben. <u>Und doch</u> **fasst** er diese Sicht der staatlichen Verwal-

---

⊙ **MITTE DER INTERPRETATION**
1. Teilthema: Einführung der
Romanfigur/Stiller
■ **Anfang des 1. Teilthemas**
Themasatz

⊙ **Mitte des 1. Teilthemas**
Negationen

tung **als** Fremdbild **auf**, als eine Rolle, die er spielen soll (vgl. die Identitätsmetaphern). Zugleich schätzt er <u>aber</u> auch sein <u>Selbstbild</u>, seine „wahre"
Identität, nicht als vorteilhaft ein. Er bedauert <u>offenbar</u>, der zu sein, der er
60 geworden ist (Z. 12 f.: „der Mensch, der ich in Wahrheit leider bin").
<u>Trotz</u> seiner Weigerung, zu seiner gesellschaftlichen Identität zu stehen,
bekennt Stiller weder vor sich noch vor den Lesern, wer er denn „in Wahrheit" ist. Im nüchternen Zustand ist er nicht er selbst (vgl. Z. 4) und kann
auch keine zutreffende Auskunft über seine Person geben (Z. 17 f.: „es wird
65 nichts dabei herauskommen, zumindest nichts Wahres"). Nur im Rausch,
<u>also</u> bei getrübtem Bewusstsein, erlebt er sich als Individuum.

△ <u>Zusammenfassend</u> **lässt sich** zur Identität des Ich-Erzählers in der
Romaneröffnung **Folgendes sagen**: Er befindet sich zur Zeit in einem
Zustand, den man **als** <u>Bewusstseinsspaltung</u> **beschreiben kann**. <u>Denn</u>
70 <u>einerseits</u> lehnt er seine <u>objektive Identität</u>, die ihm als Bürger einer
staatlichen Gemeinschaft zugewiesen wird, als <u>Fremdbild</u> ab. <u>Und</u>
<u>andererseits</u> behauptet er, dass sich seine <u>subjektiv empfundene Identität</u>,
sein <u>Selbstbild</u>, nur im Rauschzustand zeigt.

■ Die Titelfigur des Romans präsentiert in der zweiteiligen Romaneröff-
75 nung ihre gegenwärtige Situation im Gefängnis (Teil 1) und ihre Vorgeschichte auf einem Schweizer Bahnhof (Teil 2). Stiller erzählt in der
Ich-Form, **d. h.** als zugleich erlebendes und erzählendes Figuren-Ich, und
wechselt in den beiden Teilen des Romananfangs sein <u>Erzählverhalten</u>.
◉ Im ersten Teil (vgl. Z. 1–24) gibt der <u>personale Ich-Erzähler</u> Lesern
80 Einblick in seine Gedanken zur „Einlieferung in dieses Gefängnis" (Z.
1 f.). Aus seiner Innensicht erfährt man etwas über seine Bewusstseinslage, **und zwar** über seinen Zwiespalt zwischen seiner öffentlichen Persönlichkeit, die er ablehnt, und seinem subjektiven Selbstverständnis,
von dem er noch nicht viel preisgibt. <u>Es scheint, als</u> wolle er seine „wahre"
85 Identität in seinem komplizierten Gedankengang verbergen. **Dies legt**
sein hypotaktischer Satzbau **nahe**, der sich über zehn Zeilen erstreckt
(**vgl**. Z. 4–14), in dem er seine Aussageverweigerung rechtfertigt.

Im zweiten Teil (**vgl**. Z. 25–67) wechselt der Erzähler sein personales
Erzählverhalten und geht über zu <u>neutralem Erzählen</u>, wenn er „den
90 Hergang [...], den äußeren" (Z. 27), beschreibt, der zu seiner Verhaftung
geführt hat. In seiner <u>szenischen Darstellung</u> des Grenzkonflikts **verwendet** er die direkte Rede (Z. 27–47), um möglichst glaubwürdig für
Leser sein Streitgespräch mit dem Zöllner darzustellen. Mehrmals unterbricht der Erzähler <u>jedoch</u> seinen <u>distanzierten Erzählerbericht</u>. <u>So</u> kom-
95 mentiert er aus seiner subjektiven Perspektive das formelle Verhalten des
Zollbeamten als unmenschlich (**vgl**. Z. 49 f., 53). Auch sein eigenes Verhalten versucht er im Rückblick zu deuten. Er versteht nicht (Z. 57: „Ich
weiß nicht, ..."), warum er mögliche Handlungsalternativen nicht
gewählt hat (vgl. den Konjunktiv II in Z. 58: „Ich hätte [...], glaube ich,
100 ..."), um sich seiner Festnahme zu entziehen. Der mit vielen Substanti-

▲ **Schluss** des 1. Teilthemas
Wiederaufnahme des Themas
schlussfolgernde Wendungen
verallgemeinernde Deutung

2. Teilthema: Stillers gegenwärtige
Situation und Vorgeschichte
■ **Anfang** des 2. Teilthemas
Themasatz

◉ **Mitte** des 2. Teilthemas
personales Erzählverhalten

Innensicht

Satzbau

neutrales Erzählverhalten

direkte Rede

Verben des Wissens/Meinens
Konjunktiv II

Interpretation von Romanauszügen

ven geschilderte Verwaltungs- und Justizapparat **soll** die Zwangslage **verdeutlichen**, in der der Erzähler sich befindet: Dass sein Pass „nicht in Ordnung" (Z. 36) sein soll, ist eine Behauptung des Zöllners, der seine „Pflicht" (Z. 38) als formale Überprüfung von Ausweispapieren auffasst,

105 ohne dem betroffenen Bürger eine Erklärung zu geben. Dass diese unbegründete Einschätzung eines „Beamte[n]" (Z. 34) auf der unteren Verwaltungsebene ihm automatisch die Macht gibt, einen Einzelnen seiner Freiheit zu berauben (**vgl.** die Imperative in Z. 27 f., 44: „Kommen Sie mit!"), **empfindet** der Ich-Erzähler <u>offenbar</u> **als** Willkür und unangemes-

110 senen Eingriff in seine Bewegungsfreiheit. Er fühlt sich den Regelungen in einem Verwaltungsstaat hilflos ausgeliefert.

⬆ **Eine mögliche Deutung** der wechselnden Sichtweise des Erzählers könnte die folgende sein: Mit einem Einblick in sein Innenleben (**vgl.** Teil 1 des Romananfangs) will der Erzähler <u>vermutlich</u> Leser für sich und

115 seine Identitätsproblematik gewinnen. Mit seinem Bericht über die äußeren Geschehnisse (**vgl.** Teil 2) <u>scheint</u> er Leser selbst unmittelbar in den Handlungszusammenhang hineinversetzen zu wollen. Leser sollen aus seiner Sicht nachvollziehen können, dass er sich hartnäckig der Vorstellung widersetzt, ein „verwaltetes" Individuum zu sein.

120 ■ Das Verhältnis des Ich-Erzählers zur staatlichen Obrigkeit ist zwiespältig. ⊙ <u>Einerseits</u> **spricht** eine starke <u>Ablehnung gegenüber Vertretern der Verwaltung und der Justiz</u> aus all seinen Reaktionen auf dem Bahnhof und im Gefängnis sowie **aus seiner Wortwahl**. So **gebraucht** er durchgehend die gegensätzlichen Pronomina „sie" und „ich". [usw.]

125 ⬆ Mit seiner widersprüchlichen Haltung gegenüber staatlicher Autorität beugt sich der Ich-Erzähler am Ende widerspruchslos den Schweizer Verwaltungsvorschriften. Diese Romanfigur **trägt** <u>offensichtlich</u> trotz ihres vehement verteidigten Freiheitsdranges und deutlichen Ich-Bewusstseins auch **Charakterzüge**, die an einen gefügigen Befehlsempfänger in

130 einem Obrigkeitsstaat erinnern.

⬆ Die Untersuchung der drei Teilthemen <u>kann die</u> eingangs formulierte <u>Deutungshypothese bestätigen</u>. Die Identitätskrise des Ich-Erzählers **kann** <u>demnach</u> als <u>Konflikt zwischen Fremd- und Selbstbild, zwischen objektiver und subjektiver Identität</u> **aufgefasst werden**. Von den nach-

135 folgenden Romankapiteln können Leser erwarten, dass der inhaftierte Stiller einen schriftlichen Lebensbericht verfassen wird, um diesen <u>Zwiespalt in seiner Persönlichkeit</u> mit Vorfällen und Erlebnissen in seiner Vergangenheit zu klären.

Mit der Einführung der Hauptfigur und ihres Konflikts sowie des Hand-

140 lungsorts **erfüllt** dieser Romananfang **die** traditionelle **Funktion einer Exposition**. Die Ich-Form des Romans **passt zur** Identitätsproblematik eines Individuums, das personale Erzählverhalten mit seinem begrenzten Überblick **entspricht** der Hauptfigur auf der Suche nach ihrer „wahren" Identität. Dieses Menschenbild und diese Erzähltechniken **sind**

145 **allgemeine Merkmale in** moderner Erzählliteratur der Nachkriegszeit.

Seitliche Randnotizen:

Substantive aus den Sachbereichen „Verwaltung" und „Justiz"

Imperative

⬆ **Schluss** des 2. Teilthemas
Wiederaufnahme des Themas
schlussfolgernde Wendungen

verallgemeinernde Deutung

3. Teilthema: Stillers Haltung gegenüber Vertretern des Staates
■ **Anfang** des 3. Teilthemas
Themasatz
⊙ **Mitte** des 3. Teilthemas

⬆ **Schluss** des 3. Teilthemas
Wiederaufnahme des Themas
schlussfolgernde Wendungen
verallgemeinernde Deutung

⬆ **SCHLUSS DER INTERPRETATION**
Schlussbetrachtung
Rückkehr zur Deutungshypothese
schlussfolgernde Wendung
verallgemeinernde Deutung

Kontextwissen
Einschätzung des Romananfangs mit Hilfe von Fachwissen
■ Gattung
■ Erzählformen
■ Erzählverhalten

Einbettung des Romans in seinen

Interpretation von Romanauszügen

Da Stiller die Titelfigur in einem Roman der Nachkriegszeit ist, könnte sein persönlicher Konflikt auf die historischen Verhältnisse in Europa anspielen. Dort waren in den 1950er-Jahren Menschen und Staaten damit beschäftigt, die autoritären Strukturen eines Überwachungsstaates
150 zu überwinden, die der Zweite Weltkrieg auch auf neutrale Staaten wie die Schweiz übertragen hatte.

Entstehungskontext

Kommentar
zur Thematik des Romanauszugs

In schriftlichen Prüfungsaufgaben wird von Schülerinnen und Schülern häufig erwartet, dass sie sich nach der Textinterpretation abschließend auch kritisch mit der Thematik auseinandersetzen. In diesem Romananfang bietet sich der Themenaspekt „Stillers amerikanische Vergangenheit" an.
In einem persönlichen Kommentar könnte man
- zunächst den Sachverhalt nennen,
- dann seine eigene Einschätzung als **These** äußern,
- anschließend seine Meinung begründen,
- dabei sein Fachwissen oder sein allgemeines (aktuelles/historisches) Weltwissen einbeziehen und
- sprachliche Wendungen für **kommentierende** Texte verwenden.

■ „Whisky" und „amerikanischer Pass" werden vom Ich-Erzähler als Elemente aus seiner amerikanischen Vergangenheit erwähnt, die ihn charakterisieren und einen Blick auf seine Vorgeschichte werfen. **Nach meinem Verständnis** der Romaneröffnung haben diese Elemente Bedeu-
5 tung für die Identitätsproblematik, mit der Stiller sich am Anfang des Romans konfrontiert sieht.
⊙ Der Ich-Erzähler ist **offensichtlich** durch Einbürgerung amerikanischer Staatsbürger geworden. Er hat, **so lässt sich** aus den Publikationsdaten des Romans **schließen**, in den USA in einer Zeit gelebt, als
10 Europa in den Zweiten Weltkrieg verstrickt war. In der Kriegs- und Nachkriegszeit galten die USA als Modelldemokratie, besonders für Exileuropäer. Stiller muss in seiner Wahlheimat nicht nur amerikanische Gewohnheiten kennengelernt und übernommen haben, wie den Whisky als Drink auf Partys und in der Freizeit, der zu einem gelockerten gesell-
15 schaftlichen Umgang gehört. Vor allem aber scheint er von den demokratischen Freiheitsrechten der Amerikaner geprägt worden zu sein, die jeden Einzelnen vor Übergriffen durch den Staat schützen. In dem Vorfall an der Schweizer Grenze wird deutlich, wie sehr in Stillers Denken und Handeln der „Schutz der persönlichen Unversehrtheit" als Bürger-
20 recht Eingang gefunden hat. Dieses Grundrecht wird allen Amerikanern in den Bill of Rights von 1791 garantiert: „The right of the people to be secure in their persons, houses, papers, and effects against unreasonable searches and seizures" (First Ten Amendments, Article IV). Als eingebürgerter Amerikaner ist Stiller bereit, dieses Grundrecht gegen die Über-

■ **Anfang des Kommentars**
SACHVERHALT
und **THESE**

⊙ **Mitte des Kommentars**
BEGRÜNDUNG mit
Text- und **Kontextwissen**
Entstehungszeit

gesellschaftlicher Umgang

amerikanische Demokratie

Freiheitsrechte
US-amerikanische Verfassung

Interpretation von Romanauszügen

25 griffe auf seine Person durch den Zollbeamten zu verteidigen. Seine Weigerung vor den Justizbeamten, seine „wahre" Identität preiszugeben, hängt auch mit der Freiheit von Amerikanern im öffentlichen Leben zusammen, denen bis heute kein Gesetz in 50 Bundesstaaten vorschreibt, *aktuelles Kontextwissen* ihre persönlichen Daten verbindlich in Form eines Personalausweises

30 aufnehmen zu lassen und als Dokument mit sich zu führen. Dass Frisch *Autorenbiografie* selbst nach dem Krieg ein Jahr lang in den USA gelebt hat und offenbar Erfahrungen aus erster Hand sammeln konnte, gibt seiner literarischen Figur Stiller eine gewisse Authentizität als Bürger mit europäischen Wurzeln und amerikanischer Landeserfahrung.

35 ▲ Stillers Auslandserfahrungen **lassen den Schluss zu, dass** er zu einer **▲ Schluss des Kommentars**
Art Weltbürger geworden ist, als man ihn ohne erkennbaren Grund an **SCHLUSSFOLGERUNG**
der Schweizer Grenze verhaftet. Mich als Leser erstaunt es, dass er trotz
seiner Erfahrungen, die er unter freiheitsliebenden Amerikanern und mit
uneingeschränkter Reisefreiheit in Ländern in der „halbe[n] Welt"

40 gemacht hat, sich schließlich doch willig den Übergriffen durch die
Schweizer Staatsvertreter fügt. Diese unterwürfige Haltung deutet schon *Einschätzung der weiteren*
hier zu Beginn des Romans an, dass er eine noch nachhaltiger wirkende *Romanhandlung*
frühere Identität in sich trägt, möglicherweise die Mentalität eines auf
Befehle unfrei gehorchenden Menschen, von der er sich zwar distanziert

45 hat („Ich bin nicht Stiller"), die er jedoch zu Beginn seiner „Aufzeichnungen" noch nicht überwunden hat.

Formulierungshilfen für die Interpretation von Romanauszügen

Vgl. die in den Beispieltexten markierten sprachlichen Wendungen für erklärende und argumentative Texte und weitere Formulierungshilfen unter ↗ **Interpretation – Basiskapitel** (S. 150 f.).

Karikatur

Auf einen Blick

Eine **Karikatur** gehört zu den **argumentativen Textformen**. Anders als ein geschriebener Text ist die Karikatur eine illustrative Darstellungsform. Im Gegensatz zu Bildern, Fotos oder Grafiken (Tabellen, Diagramme etc.) will eine Karikatur einen Sachverhalt nicht bloß illustrieren, sondern auch kommentieren. Als kritisches Zeitdokument ist sie praktisch ein ↗ **Kommentar** in Bildform oder eine visuelle Form der **Satire**.

Unter einem **erweiterten Textbegriff** versteht man auch eine Karikatur als Text, der nicht aus sprachlichen Zeichen wie in sprachlichen Texten, sondern aus grafischen Zeichen besteht. Linien, Formen, Farben, Medium usw. in einer Karikatur entsprechen den sprachlichen Zeichen in einem Text; Bildaufbau und Verbindungslinien können mit Satzbau und Textaufbau verglichen werden. Mit einem grammatischen Begriff spricht man auch von der **Bildsyntax**.

Der Name „Karikatur" leitet sich vom Lateinischen *carrus* (dt. „der Karren") ab und bedeutet so viel wie „Überladung eines Bildes". Im Deutschen spricht man auch von **Zerrbild**, im Englischen von Comic oder Cartoon. In komisch, oft auch ironisch überzeichneter Darstellung von Menschen, politischen Tagesereignissen oder aktuellen wie anhaltenden gesellschaftlichen Entwicklungen wollen Karikaturisten wesentliche Mängel der dargestellten Menschen oder Sachverhalte aufdecken, sie der Lächerlichkeit preisgeben und Betroffenheit bei den Betrachtern auslösen, sodass diese beginnen, über mögliche Änderungen nachzudenken.

Durch überspitzte zeichnerische Darstellung von Personen und Sachverhalten und übertrieben dargebotene Inhalte wollen Karikaturisten **belustigen**, **kommentieren** oder **angreifen**. Eine gut gezeichnete Karikatur kommt ohne (viel) Worte aus, zumindest in der Zeichnung selbst. Dort sind im Allgemeinen keine sprachlichen Hinweise enthalten, die erklären, was einzelne Bildelemente symbolisieren sollen. Ein Untertitel oder eine Sprechblase, wenn überhaupt notwendig, ist entsprechend humorvoll-bissig formuliert.

Vorläufer der gesellschaftskritischen Karikatur ist zum Beispiel im 18. Jahrhundert in England der Maler William Hogarth, der mit sozialkritischen **Gemäldekarikaturen** wie „Gin Lane" oder „Beer Alley" auf gesellschaftliche Missstände im zeitgenössischen London aufmerksam machen wollte. In den 1920er-Jahren wurden in Deutschland die Maler George Grosz und Otto Dix auch als Karikaturisten bekannt, die Krieg, Großstadtleben, Klassengegensätze und soziale Verhältnisse in der Weimarer Republik provokativ ins Bild setzten.

In den **Printmedien** (Zeitung, Zeitschrift) gehört die Karikatur zu den **meinungsbetonten journalistischen Darstellungsformen**. Hier unterscheidet man drei Arten:
- die **politische** Karikatur (engl. *political cartoon*; vgl. den Beispieltext unten), die ein zeitnahes politisches Ereignis oder eine aktuelle gesellschaftliche Entwicklung in den Nachrichten kritisch

bewertet und für das Lesepublikum als Problem dargestellt; meistens erscheint sie auf der **Meinungsseite** einer Zeitung, zusammen mit ↗ **Kommentar**, ↗ **Leitartikel** oder ↗ **Porträt**, oder an einem festen Platz in Zeitschriften,

■ die **humoristische** Karikatur (auch **Witzzeichnung**, häufig auch Comic oder Cartoon genannt), die alltägliche menschliche Verhaltensweisen karikiert, und

■ die **Personenkarikatur** mit zwei Varianten:

  – **Typenkarikatur**, die Eigenarten von nationalen, ethnischen oder religiösen Gruppierungen überspitzt darstellt, z. B. den Michel für Deutsche, Marianne für Franzosen, den Yankee für US-Amerikaner,

  – **Individualkarikatur**, die mit individuellen, unverwechselbaren Eigenschaften (Gesicht, Körper, Kleidung etc.) eine identifizierbare öffentliche Persönlichkeit im Zerrbild darstellt, also abweichend von ihrem tatsächlichen Erscheinungsbild und dem allgemeinen Schönheitsideal, z. B. im Zusammenhang mit einem journalistischen ↗ **Porträt**.

Karikaturen werden **beschrieben** und **interpretiert** in der Schule:

■ im **Kunstunterricht**, wenn an ausgewählten Gemäldekarikaturen (z. B. von George Grosz, Otto Dix) das Verständnis für bestimmte künstlerische Darstellungsweisen und Intentionen in verschiedenen Epochen geschult wird,

■ im **Deutschunterricht**, auch in fächerverbindenden Projekten mit dem Kunstunterricht, wenn literarische Werke einer Epoche (z. B. die Lyrik des Expressionismus) mit Karikaturen dieser Epoche deutend verglichen werden; wenn im Rahmen eines Zeitungsprojekts oder einer Unterrichtsreihe zu Medien auch politische und humoristische Karikaturen der Tagespresse als meinungsorientierte journalistische Darstellungsformen besprochen werden.

Bei der Beschreibung und Interpretation einer Karikatur geht man ähnlich vor wie bei einer ↗ **Bildbeschreibung**. Man

■ schreibt im Allgemeinen im **Präsens**; im **Präteritum** nur bei Angaben zu einem vorangegangenen Ereignis, zur historischen Entstehungszeit oder – bei künstlerischen Karikaturen – zur Künstlerbiografie,

■ stellt aus einer überwiegend **subjektiven Perspektive** dar, d. h., die Wirkung des Beschriebenen auf den Betrachter wird mit einbezogen,

■ verwendet **Fachbegriffe** aus der Kunst, z. B. zu den Gestaltungsmitteln, zur Stilrichtung oder – bei künstlerischen Karikaturen – zur Gattung und Epoche,

■ folgt einer bestimmten **Beschreibungsrichtung**, wenn man die einzelnen Bildelemente beschreibt; man versucht dabei, die **dominante Linienführung** des Karikaturisten zu entdecken; z. B.:

  – vom Gesamteindruck über einzelne Bildelemente zurück zu einem dominanten Bildelement (meist im Bildmittelpunkt),

  – vom Vordergrund zum Mittelgrund und Hintergrund,

  – von links unten nach rechts oben,

  – von oben nach unten,

  – vom Mittelpunkt der Karikatur nach außen.

Um eine Karikatur verstehen zu können, muss ein Betrachter bereits vorhandenes **Weltwissen** (z. B. über Personen, Ereignisse oder Symbole) mit den Bildelementen in Beziehung setzen. Nur so kann er herausfinden, was die **beschriebenen** Bildelemente **bedeuten** bzw. was oder wen sie symbolisieren.

Karikatur **K**

Beim Schreiben über eine **Karikatur** werden verschiedene **Textformen** miteinander **kombiniert**. Für den **Aufbau** kommen die folgenden TEXTBAUSTEINE in Frage:

- ↗ BESCHREIBUNG: wenn man das Einzelwerk mit seinen Bildelementen und seinem Bildaufbau aus vorwiegend objektiver Perspektive darstellt,
- ↗ INTERPRETATION: wenn man Bildelemente aus überwiegend subjektiver Perspektive deutet,
- ↗ KOMMENTAR: wenn man die kritische Kernaussage einer Karikatur auf den Punkt bringt oder wenn man seine eigene Meinung zur Auffassung des Karikaturisten äußert,
- NACHRICHT (möglicherweise): wenn man ein aktuelles Ereignis nennt, das Anlass für die Bildbeschreibung ist (z. B. bei einer Gemäldekarikatur: eine Ausstellung oder Versteigerung; bei einer politischen Karikatur: ein aktuelles oder zeitnahes Ereignis),
- ↗ BERICHT (möglicherweise): wenn man z. B. faktische Angaben macht über die historische Entstehungszeit der Karikatur und die Lebenssituation des Karikaturisten (↗ **Bericht: biografische Notiz**); bei einem zeitgenössischen Karikaturisten aus der Tagespresse wird man im Allgemeinen nur wenige Informationen dazu finden und möglicherweise auf diesen Textbaustein verzichten.

Die einzelnen Textbausteine werden im Allgemeinen in verschiedenen Textabschnitten getrennt verwendet. Der **Aufbau** einer Karikatur kann variieren. Das heißt, dass die **Reihenfolge** der Textbausteine geändert werden kann. Man kann z. B. mit der Nachricht anfangen, dann mit den Bausteinen 1–3 fortfahren; oder mit dem Kommentar beginnen und dann Beschreibung und Interpretation anhängen; usw.

So wird's gemacht

Um eine Karikatur zu beschreiben und zu interpretieren, bieten sich zwei Schritte an:

- **LESESTRATEGIE**: **Notizen** zu auffälligen Zeichen (Grafik, ggf. Farbe, Form, Bildaufbau) machen
- **SCHREIBPLAN**: den **Aufbau** der (Bild-)BESCHREIBUNG planen
  den **Aufbau** der INTERPRETATION planen

Lesestrategie: Schritte bei der Vorbereitung

Ausgangstext
Skott, „Und jetzt ganz langsam und vorsichtig ..."

Die Karikatur von Skott erschien am 19. Februar 2007 in den RUHR NACHRICHTEN, einer regionalen Tageszeitung im Ruhrgebiet in Nordrhein-Westfalen. Vorausgegangen war eine Diskussion in Regierungskreisen und in der Presse über ein Rauchverbot auch in privaten PKWs.

Bernd A(rno) Skott (geb. 1943, Königsberg/Ostpreußen) lebt und arbeitet als freier Karikaturist in Düsseldorf. Seine Arbeiten erscheinen regelmäßig in regionalen und überregionalen deutschen Zeitungen.

Karikatur

In der Karikatur von Skott lassen sich die folgenden auffälligen **Elemente der Bildgestaltung** feststellen:

- **Raumgestaltung**: Straßenszene mit Cabrio, Autofahrer, Polizisten und Polizeihubschrauber
- **Linienführung**: vom Bildelement Cabrio im Bildmittelpunkt nach außen (Gruppe der Polizisten) und oben (Polizeihubschrauber) zurück zur Bildmitte mit der Gruppe Fahrer/Polizisten (und Sprechblase) als dem dominanten Bildelement
- **Formen**: vermummte anonyme Gesichter der Polizisten, individualisiertes Gesicht des Autofahrers; alle Figuren mit Körperhaltung und Maschinenpistolen nach unten auf den Autofahrer gerichtet, dieser mit erhobenen Händen und gespreizten Fingern im „Kreuzfeuer" der Polizisten
- **Farben**: dunkel schraffierte Flächen für Polizeiuniformen, schwarz gefüllte Flächen für Helme und Gesichtstücher als Masken; PKW nur in Umrissen, keine Farbfüllung

Karikatur

209

Schreibplan: Schritte bei der Ausformulierung

Als wichtige Vorbereitung für die Beschreibung und Interpretation einer Karikatur stellt man einen **Schreibplan** auf. Hierzu gehören im Beispieltext Überlegungen

- ➤ zum **Thema**: Rauchverbot im PKW,
- ➤ zur **Deutungshypothese**: übertriebene staatliche Vorschriften für die Gesundheitserhaltung der Bürger,
- ➤ zu **Quellen**: tagespolitische Meldungen für den nachrichtlichen Kern der Karikatur, Hintergrundinformationen von Webseiten nach Suchbegriffen wie „Rauchverbot", „Bundesgesundheitsschutz", „Drogenbeauftragte" etc.,
- ➤ zur **Leser-/Adressatengruppe**: eine allgemein durch tagespolitische Nachrichten informierte Leserschaft,
- ➤ zur **Sprache**: kleinere Auswahl an Fachbegriffen zur Thematik und zu ihrem politischen Hintergrund, klare Trennung von objektiv beschreibenden und subjektiv deutenden Angaben,
- ➤ zur **Beschreibungsrichtung** oder **Raumperspektive**: von der Bildmitte nach außen und oben: Gesamtüberblick mit Einzelheiten; zurück zur Bildmitte mit der Gruppe „Fahrer und Polizist" als dominantem Bildelement,
- ➤ zum **Textaufbau**
  - ■ ANFANG: aktuelle NACHRICHT (Vorschlag aus Regierungskreisen zum Rauchverbot im PKW)
  - ◉ MITTE: BESCHREIBUNG und INTERPRETATION der Bildelemente der Karikatur
    - ■ Anfang der Bildbeschreibung:
      Überblickssatz mit Gesamteindruck der Karikatur
    - ◉ Mitte der Bildbeschreibung:
      BESCHREIBUNG
      Bildelemente und **Bildaufbau** im Einzelnen, mit Beschreibungsrichtung
      INTERPRETATION der Karikatur, schwerpunktmäßig auf eines der Bildelemente bezogen, das man als besonders wichtig oder dominant empfunden hat
    - ▲ Schluss der Bildbeschreibung:
      KOMMENTAR des Karikaturisten zu dem dargestellten politischen Ereignis
  - ▲ SCHLUSS: Einordnung der Karikatur in die Gattung (politische Karikatur)

Beschreibung und Interpretation
Skott, „Und jetzt ganz langsam und vorsichtig …"

Um den Zusammenhang zu verdeutlichen, wie nach den vorbereitenden Schritten eine Karikatur beschrieben und interpretiert werden kann, werden im folgenden Beispieltext markiert:

- ■ die beschriebene Szene als Ganzes
- ■ Strukturwörter für Farbe und Form, Ausdehnung oder Lage der Bildelemente
- ■ sprachliche Wendungen für **beschreibende** Texte
- ■ Strukturwörter für die gewählte Beschreibungsrichtung
- ■ **Fachbegriffe** aus der Kunst

Karikatur

In der Kommentarspalte werden **Gliederungsabschnitte** der Bildbeschreibung aufgeführt und die verwendeten TEXTBAUSTEINE benannt.

Skott, „Und jetzt ganz langsam und vorsichtig ..."

■ Die Karikatur von Skott erschien am 19. Februar 2007 in NRW in der regionalen Tageszeitung RUHR NACHRICHTEN. Der **Karikaturist** bezieht sich auf Nachrichten, die im Februar 2007 aus Regierungskreisen an die Öffentlichkeit gelangten. Demnach soll Rauchen in Deutschland
5 zukünftig nicht nur in öffentlichen Gebäuden und Restaurants gesetzlich verboten werden. Die Bundesdrogenbeauftragte Sabine Bätzing (SPD) und der SPD-Gesundheitsexperte Karl Lauterbauch fordern weiter, dass auch in Autos das Rauchen untersagt werden soll, um mitfahrende Nichtraucher und vor allem Säuglinge oder Kleinkinder zu schützen.
10 ◉

■ Die Karikatur **zeigt** eine Straßenszene mit einer Polizeikontrolle. ◉ In der Bildmitte **sieht man** ein Cabriolet mit offenem Verdeck, das gerade angehalten worden ist. Es **steht** mit schräg gestellten Rädern, wie nach einer Vollbremsung, **auf dem Asphalt**. Links und rechts umstellen
15 drei Polizisten den Autofahrer, einer **links vom** Auto und **zwei rechts** auf der Fahrerseite. Alle sind wie eine Spezialeinheit der Polizei für den Einsatz gegen bewaffnete Schwerverbrecher ausgerüstet – mit schwarzem Schutzhelm und schwarzer Gesichtsmaske, Mundmikrofon und kugelsicherer Weste, mit Handschellen und Handgranaten am Gürtel. Die **dun-**
20 **kel schraffierten Flächen** ihrer Ausrüstung, vor allem Helme, Gesichtsmasken und Gewehre, wirken bedrohlich auf den Autofahrer und den Betrachter. Die **kantigen Formen** ihrer Schutzwesten, die **gerade Linienführung** ihrer Gewehre sowie die **abgewinkelte Stellung** ihrer Beine vermitteln den Eindruck, dass diese Polizeieinheit fest entschlossen ist,
25 ihre Waffengewalt und körperliche Kraft im Ernstfall gegen den Autofahrer einzusetzen. Die Einsatzbeamten halten ihre Maschinenpistolen im Anschlag, direkt auf den Fahrer gerichtet und mit dem Finger am Abzug. **Über** dieser Straßenszene schwebt seitlich vom Cabrio, **in der linken oberen Bildecke**, ein Polizeihubschrauber, aus dessen Kabinenfenstern
30 sich **rechts und links** zwei behelmte Köpfe herauslehnen. Die Polizisten zielen mit ihren Maschinenpistolen nach unten auf den Autofahrer. Der Fahrer hat die Hände hochgerissen. Aus angstverzerrtem Gesicht blickt er die beiden Polizisten **zu seiner Rechten** an. Der **vordere** hat sich mit seiner Waffe bedrohlich **weit nach vorn** auf den Fahrer hinun-
35 ter gebeugt, dieser weicht mit den erhobenen Händen und dem Körper **zur Seite nach links** aus. Der Polizist brüllt ihn an: „UND JETZT GANZ LANGSAM UND VORSICHTIG MIT EINER HAND DEN ASCHENBECHER RAUS!"

Kommentarspalte:

■ **ANFANG**
Überblickssatz:
Publikationsdaten
TEXTBAUSTEIN NACHRICHT
Zeitnahes Ereignis
als Anlass für die Karikatur

◉ **MITTE**
TEXTBAUSTEIN BESCHREIBUNG
■ **Anfang der Bildbeschreibung**
Gesamteindruck
◉ **Mitte der Bildbeschreibung**
Einzelheiten
der Situation in zwei
Beschreibungsrichtungen:

■ zuerst von der Bildmitte nach außen und oben, mit der gesamten Straßenszene

■ dann zurück zur Bildmitte mit der Kleingruppe „Fahrer und Polizist" (dominantes Bildelement)

Klimax: Die sprachliche Äußerung in der Situation

Karikatur **K**
211

⬥ Der **Karikaturist** bezieht sich auf die jüngsten Vorschläge aus Regie-
40 rungskreisen zum Rauchverbot. Durch gezielte Übertreibung des Polizei-
einsatzes stellt er den Vorschlag, das Rauchen auch im Auto zu verbieten,
als unzumutbaren staatlichen Eingriff in die Privatsphäre der Bürger dar.
Zur Überwachung der Bürger, so lässt sich die **realistisch anmutende**
Straßenkontrolle verstehen, erweitert ein solches Rauchverbot unange-
45 messen die Polizeibefugnisse. Ein Missbrauch polizeilicher Waffengewalt
und Schikane könnten die Folge sein – wie hier im Falle eines Autofahrers, der *ohne* Mitfahrer unterwegs ist, der offensichtlich zum Zeitpunkt
des Autostopps *nicht* geraucht hat und im Übrigen mit *offenem* Verdeck
fährt. Das offene Cabrio, das nur in **seinen Umrissen gezeichnet** ist, also
50 ohne **Füllfarben**, und das deutlich erkennbare Gesicht des Autofahrers
symbolisieren dabei die Transparenz, die jeder PKW der anonymen
Staatsgewalt geben muss, d. h. Einblick in seinen privaten Fahrgastraum
und in seinen privaten Tabakgenuss. Der Privatmann wird wie ein poten-
tieller Schwerverbrecher behandelt, der benutzte Aschenbecher in sei-
55 nem privaten PKW als Indiz für ein Kapitalverbrechen eingefordert.

Mit dieser überzogenen Sicht von Polizeigewalt stellt sich der **Karikaturist** auf die Seite der Gegner, die eine übermäßige Einmischung des Staates in das Leben seiner Bürger durch Verbote ablehnen.

⬥ In seiner **politischen Karikatur** bezieht der **Zeichner** eindeutig Stel-
60 lung gegen überzogene staatliche Verbote. Mit der **humorvoll-iro-
nischen Wirkung** seines **Zerrbildes** von Polizeigewalt verbindet er
offensichtlich noch eine tiefere Absicht. Er will Betroffenheit bei Zei-
tungslesern hervorrufen, auf dass sie über den Sinn und die Notwendig-
keit von Verboten im öffentlichen gesellschaftlichen Leben nachdenken
65 und ihre Freiheitsrechte gegenüber staatlicher Bevormundung verteidigen. Dies können sie erreichen über persönliche Meinungskundgebung
(z. B. in Leserbriefen, Blogbeiträgen), Bürgerinitiativen oder ihre gewählten politischen Vertreter.

⬥ **Schluss** der Bildbeschreibung
TEXTBAUSTEIN
INTERPRETATION
Deutung der Bildelemente

TEXTBAUSTEIN
KOMMENTAR

⬥ **SCHLUSS**
Einordnung der Karikatur in die
Gattung („politische Karikatur")

Formulierungshilfen für die Beschreibung einer Karikatur

➤ für eine **sachliche Darstellung** der Bildelemente
- ▪ sachlich beschreibende **Substantive/Adjektive** für einzelne Bildelemente und deren Lage, Umriss, Farbe usw.: *Autofahrer, Polizisten, Einsatzbeamte, Cabriolet mit offenem Verdeck; kugelsichere Weste; behelmte Köpfe; erhobene Hände*
- ▪ **Fachbegriffe** aus der Malerei für
  - – Gestaltungsmittel: *Bildaufbau, Form- und Farbgebung, Linienführung, Darstellungstechnik* etc.
  - – Karikaturen/Zeichnungen: *realistisch (anmutend), dunkel schraffiert, stark stilisiert, stark/ grob verzerrende Konturen in Bleistift-/Tinten-/Kugelschreiberzeichnung, leichte/kräftige Linienführung, schraffiert/schattiert* etc.

Karikatur

- – Gattungen: *politische/humoristische Karikatur* etc.
- – Epochen: *Expressionismus* etc.

■ neutrale **Zustandsverben** für die Ausdehnung oder Lage der Elemente im Bild: *sich befinden, liegen, stehen, sich erstrecken, ausgerüstet sein mit …, auf X gerichtet sein*

■ neutrale **Verben des Sehens** oder des **Erscheinens**: *sehen, erblicken, betrachten, wahrnehmen; erscheinen, auftauchen*

■ sachliche **Ortsadverbien** und **Ortsadverbiale** für die Lage der Elemente im Bild wie *oben, oben rechts, zu seiner Rechten; unten/unten links im Bild; in der linken oberen Bildecke, in der Mitte, im Zentrum; im Vordergrund/Mittelgrund/Hintergrund*

■ **präpositionale Wendungen** für die Beschaffenheit der Bildelemente, vor allem mit der Präposition *mit*: *… ausgerüstet mit schwarzem Schutzhelm und schwarzer Gesichtsmaske; mit dem Finger am Abzug*

➤ für eine **lebendige Darstellung** von Dingen oder Menschen im Raum

■ mit **Handlungs- und Bewegungsverben**, die eine räumliche Vorstellung vermitteln: *gestoppt werden, umstellen, im Anschlag halten, über X schweben, sich herauslehnen aus …, nach unten zielen;* damit kann man es vermeiden, immer wieder neutrale oder Zustandsverben (s. o.) zu gebrauchen

■ **Vergleiche** oder **Metapher** für die subjektive Bezeichnung eines Bildelements: *wie für einen Einsatz gegen bewaffnete Schwerbrecher*

■ **adjektivische**, **verbale** und **substantivische Wendungen** für eine persönliche Wahrnehmung des Betrachters: *aus angstverzerrtem Gesicht; bedrohlich auf den Betrachter wirken; den Eindruck erwecken, als würde …; eine (+ Adjektiv) Stimmung erzeugen; es entsteht der Eindruck, als wäre …; ein Gefühl von … im Betrachter hinterlassen*

■ **Nachstellung** von besonders wichtig empfundenen Einzelheiten: *Alle sind wie eine Spezialeinheit der Polizei für den Einsatz gegen bewaffnete Schwerverbrecher ausgerüstet – mit schwarzem Schutzhelm und schwarzer Gesichtsmaske, Mundmikrofon und kugelsicherer Weste …* (statt: „Alle sind mit schwarzem Schutzhelm und … wie eine Spezialeinheit … ausgerüstet")

Vgl. zu weiteren Formulierungshilfen ↗ **Beschreibung** (S. 48), ↗ **Bildbeschreibung** (S. 63 f.), ↗ **Porträt** (S. 245 f.), ↗ **Schilderung** (S. 309 f.).

Kommentar

Auf einen Blick

Der **Kommentar** gehört zu den **argumentativen Textformen**. In einem Kommentar stellt man seine **persönliche Meinung** zu einem Sachverhalt dar, der von anderen Menschen durchaus auch anders eingeschätzt werden kann, der also umstritten oder kontrovers ist.

Kommentare werden schriftlich formuliert

- in der Schule: in Aufgaben wie ↗ **Erörterung**, ↗ **Referat** oder ↗ **Facharbeit**, wenn man dargestellte Sachverhalte oder Meinungsbilder beurteilt; oder im Anschluss an eine ↗ **Interpretation** (von literarischen Texten) oder eine ↗ **Sachtextanalyse**, wenn man z. B. die Denk- oder Verhaltensweise eines Menschen, die Autorenintention etc. kritisch betrachtet,
- in der Ausbildung/im Studium: in schriftlichen Hausarbeiten und Prüfungsaufgaben, wenn zu einem Sachverhalt unterschiedliche Positionen dargestellt werden und ein eigener Standpunkt im Meinungsfeld bezogen wird,
- in Alltagssituationen: als persönliche **Stellungnahme**, die man z. B. als Beschuldigter in einem Verkehrsrechtsstreit zu Aussagen der Gegenseite oder von Zeugen abgibt,
- in öffentlichen Situationen: als fachkundige **Stellungnahme**, die z. B. Interessensverbände, Fach- und Untersuchungsausschüsse oder Arbeitskreise zu gesellschaftlichen, politischen, kulturellen oder wissenschaftlichen Entwicklungen abgeben,
- in der Presse: als meinungsbetonte journalistische Darstellungsform der Printmedien und Online-Nachrichtendienste; neben anderen Meinungsbeiträgen wie ↗ **Leitartikel**, ↗ **Rezension**, ↗ **Kritik**, **Leserbrief**, ↗ **Glosse** und ↗ **Karikatur.**

Kommentare werden mündlich vorgetragen

- in der Schule: in **Streitgesprächen** oder **Rollenspielen** über behandelte Themen innerhalb des Unterrichts,
- in der Ausbildung/im Studium: in **Gesprächsrunden** in Ausbildungsgruppen und Seminaren, in denen zu Sachverhalten und Forschungsergebnissen eines Fachgebiets kritische Fragen gestellt werden,
- in Alltagssituationen: in persönlichen **Stellungnahmen**, etwa in Konfliktgesprächen oder Entscheidungssituationen in Familie, Nachbarschaft, Schule und Freundeskreisen,
- in öffentlichen Situationen: in **Konferenzen**, **Sitzungen** und **Debatten** (z. B. im Beruf, Verein, Bundestag),
- in der Presse: im Anschluss an Nachrichtensendungen (im Radio und Fernsehen) zu tagesaktuellen Ereignissen.

In einem **Kommentar**

- schreibt (bzw. spricht) man im **Präsens**; im **Präteritum** mit Bezug auf vergangene Sachverhalte/ Standpunkte,

- argumentiert man aus einer überwiegend **subjektiven Perspektive**,
- bezieht man **Stellung** zu einem **Sachverhalt**, der **umstritten** ist,
- **erklärt** man diesen Sachverhalt knapp und **sachlich**,
- bemüht man sich trotz seiner **persönlichen Parteinahme** um einen **sachlichen, neutralen Stil**, der Andersdenkende nicht verletzt,
- **begründet** man die eigene Position für (pro) oder gegen (kontra) einen Sachverhalt knapp mit **Argumenten** und klammert mögliche Fremdmeinungen aus (vgl. unten: **einsträngiger Kommentar**),
- stellt man einer (fremden) **Position** seine eigene Meinung als **Gegenposition** entgegen und führt entsprechend **Argumente** und **Gegenargumente** an (vgl. unten: **mehrsträngiger Kommentar**),
- veranschaulicht man seine Argumente mit **Beispielen** oder Erläuterungen,
- wägt man die vorgebrachten Argumente und Gegenargumente ab und **entscheidet** sich in einer **Schlussfolgerung** für eine der beiden Seiten oder nimmt eine vermittelnde Position ein,
- schließt man eventuell mit einem **Lösungsvorschlag** und einer **Handlungsempfehlung** ab.

Der **Aufbau** eines Kommentars
- kann **einsträngig** und **steigernd** sein (vgl. unten: Beispieltext 1):
Man formuliert zu einem Sachverhalt nur **seine eigene Meinung** – entweder mit **Argumenten** für eine Position (gewöhnlich die eigene Meinung) oder **Argumenten gegen** eine Position (gewöhnlich eine fremde Meinung). Dabei ordnet man die einzelnen Argumente nach zunehmender Wichtigkeit (also **steigernd**) an:

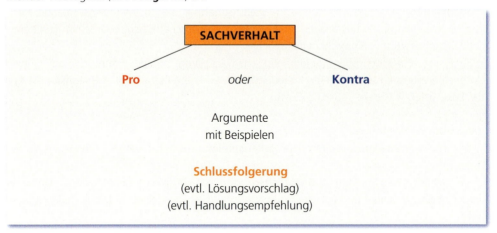

- kann **mehrsträngig** und **dialektisch** (oder antithetisch) sein (vgl. unten: Beispieltext 2):
Man stellt zu einem Sachverhalt (eine) **fremde Meinung**(en) oder **These**(n) dar und formuliert seine eigene Position als **Gegenmeinung (Antithese)**.

In einer **mehrsträngigen** Argumentation kann man unterschiedlich vorgehen:
- In einer **fortlaufenden** Anordnung werden **Argumente** der (gegnerischen) Position A im Wechsel mit **Gegenargumenten** der eigenen Position B angeführt, die jeweils aufeinander bezogen sind:

➤ zu **Argumenttypen**, um Leser von der Richtigkeit und Wichtigkeit der eigenen Begründungen zu überzeugen, z. B.:
- **Erfahrungsargumente:**
  Ich kenne Pressefotos von Missbildungen bei geklonten Tieren, wie sie auch beim Klonen von Menschen auftreten können. (Beispieltext 1)
  Doch wie reagiert das Publikum …; im Volksmund heißt das … (Beispieltext 2)
- **Faktenargumente:**
  Denn Dolly [das Klon-Schaf] starb nach nur fünf Jahren, unter anderem, weil lebenswichtige Organe viel schneller degenerierten, als es bei normalem Altern üblich ist. (Beispieltext 1)
  Die meisten Menschen dieses Landes …; in Umfragen …; von mehr als der Hälfte der Bundesbürger …; Vielen Deutschen …; setzen … immer mehr Firmen und Marken auf …; verwechselten zu viele Menschen mit … (Beispieltext 2)
- **analogisierende Argumente:**
  Und müssten wir dann nicht auch bedenken, dass geklonte Menschen – ähnlich wie Tierklone – sicherlich nicht nur mit körperlichen Missbildungen und organischen Schwächen zur Welt kommen könnten, sondern auch mit geistigen Behinderungen? (Beispieltext 1)
- **logische Argumente:**
  Wenn Ergebnisse der Stammzellenforschung veröffentlicht werden, dann muss man auch befürchten, dass sie für die Manipulation von Embryonen missbraucht werden könnten. (Grund und Folge) (Beispieltext 1)
  Wenn Werbung nicht in Englisch formuliert würde, „müsste es für jedes Land eine eigene Werbung geben". (Ursache und Wirkung) (Beispieltext 2)
- **Autoritätsargumente:**
  Der Philosoph Peter Sloterdijk würde sagen: … (Beispieltext 2)
- **normative Argumente:**
  Dürfen Stammzellen wirklich ganz ohne ethische Bedenken aus menschlichen Embryonen gewonnen werden, denen mit diesem Eingriff die weitere Entwicklung zu Individuen verwehrt bleibt? Wird hier nicht die Würde des Menschen verletzt? (Beispieltext 1)

➤ zum **Argumentationsziel**, z. B.:
- seine Ansicht zu einem Sachverhalt begründen (Beispieltext 1)
- seine Handlungsweise rechtfertigen
- Leser zu einer Meinung oder Handlungsweise veranlassen, indem man sie von der Richtigkeit oder Angemessenheit seines Denkens (oder Handelns) überzeugt (Beispieltexte 1 und 2)
- Lesern die Unsinnigkeit bestimmter Entwicklungen im öffentlichen Leben vor Augen führen, auch mit Hilfe von Ironie und herabsetzender Metaphorik (Beispieltext 2)

Beispieltexte

Um den Zusammenhang zu verdeutlichen, wie aus den vorbereitenden Schritten ein Kommentar entstehen kann, werden in den folgenden Beispieltexten markiert:

Kommentar

Antithese und **Gegenargumente**
Synthese
sprachliche Wendungen für **argumentative** Texte
Strukturwörter für die <u>Verknüpfung von einzelnen Sätzen</u>
// Gliederungsabschnitte im Text

In der Kommentarspalte werden **Gliederungsabschnitte** des Kommentars aufgeführt und **Argumentationsstrategien** benannt.

Beispieltext 1: Einsträngiger Kommentar
Klonen – eine strittige Frage in der Humanmedizin

Klonen – eine strittige Frage in der Humanmedizin

■ Der bahnbrechende Erfolg in der Gentechnologie begann, als es einem schottischen Forscherteam 1996 mit dem Klonschaf Dolly gelang, der Welt ein lebensfähiges geklontes Lebewesen zu präsentieren. Seitdem **haben sich unterschiedliche Lager in der öffentlichen Debatte gebil-**
5 **det. Es mehren sich die Stimmen, die fordern, dass** die Stammzellenforschung uneingeschränkt auch in der Humanmedizin betrieben werden sollte, also ohne staatliche Einmischung und rechtliche Auflagen. **Ich bin jedoch der Ansicht, dass** auf dem gegenwärtigen Forschungsstand das Klonen von menschlichen Stammzellen aus unterschiedlichen
10 Perspektiven sehr kritisch **beurteilt werden muss**. //

◉ **Für mich ist** die Stammzellenforschung noch **mit** viel zu vielen **Risiken und Bedenken verbunden. Es ist sicher wünschenswert, wenn** bislang unheilbare Krankheiten durch geklonte menschliche Zellen geheilt werden könnten. **Doch** das betrifft nur die therapeutische
15 Verwendung von Stammzellen. // **Wenn aber** die Embryonenforschung ganz freigegeben würde, **dann könnte** diese Liberalisierung **meiner Meinung nach** auch größere Freiheit für das reproduktive Klonen bedeuten. Das würde heißen, dass Klonen zu einer Alternative für die natürliche Fortpflanzung der Menschen werden könnte. **Dagegen spre-**
20 **chen** <u>mehrere</u> Überlegungen. //
<u>Zunächst</u> **sollte** aus unserer heutigen Sicht das Klonen von Lebewesen (wie des weltweit bekannt gewordenen Schafes Dolly) allen Genforschern **zu denken geben, weil** nicht abzusehen ist, unter welchen körperlichen Schwächen das geklonte Lebewesen zu leiden hat. **Denn** Dolly starb nach
25 nur fünf Jahren, unter anderem, weil lebenswichtige Organe viel schneller degenerierten, als es bei normalem Altern üblich ist. // Und **müssten** wir dann nicht <u>auch</u> bedenken, dass geklonte Menschen – ähnlich wie Tierklone – sicherlich nicht nur mit körperlichen Missbildungen und organischen Schwächen zur Welt kommen könnten, sondern auch mit geisti-
30 gen Behinderungen? // Ich kenne Pressefotos von Missbildungen bei

---

■ Anfang
Einführung in den problematischen
<u>Sachverhalt</u>
■ zeitnahes Beispiel
■ die gegnerische Position als
These: Befürwortung
■ die eigene Position als **Antithese:**
Ablehnung

◉ Mitte
ARGUMENTATION für die
ANTITHESE
EINSTRÄNGIGE und STEIGERNDE
Anordnung der Arg.
Arg. 1: Einräumung eines
logischen Arguments der
gegnerischen Seite (Ursache und
Wirkung)
Gegenarg. 1: logisches
Argument (Grund und Folge:
„Wenn …, dann …")
Erklärung des Sachverhalts:
„therapeutische Verwendung"
„reproduktives Klonen"
Gegenarg. 2: Faktenargument
mit Beispiel (Gebrechen und
vorzeitiger Tod des Klonschafs)

**Gegenarg. 3: analogisierendes
Argument** (Übertragung des
Tierbeispiels auf den Menschen)

Gegenarg. 4:
Erfahrungsargument (Fotos von
geklonten Tieren)

geklonten Tieren, wie sie auch beim Klonen von Menschen auftreten können. // Wie sollen die Eltern und die **Gesellschaft** mit ihnen umgehen**?** Brauchen verunstaltete menschliche Klone nicht eine besondere **Förderung**, um angemessen leben und sich entwickeln zu können, und einen
35 besonderen **Schutz** vor Diskriminierung, um nicht wie Aussätzige behandelt zu werden**?** // **Wenn** Ergebnisse der Stammzellenforschung veröffentlicht werden, **dann muss man** vor allem **befürchten, dass** sie für die **Manipulation von Embryonen** missbraucht werden könnten. Autoritäre Regime **etwa** könnten Interesse an der Serienproduktion kampffähiger oder
40 sogar kampfwilliger Soldaten haben. Dies ist **in meinen Augen** eine **abwegige** Vorstellung. Und Eltern könnten **zum Beispiel** ein Designer-Baby in Auftrag geben wollen, mit wünschenswerten Eigenschaften wie Intelligenz, sportliche oder geistige Talente, gutes Aussehen usw. // Und schließlich: Dürfen Stammzellen **wirklich ganz ohne ethische Bedenken** aus mensch-
45 lichen Embryonen gewonnen werden, denen mit diesem Eingriff die weitere Entwicklung zu Individuen verwehrt bleibt? Wird hier nicht die **Würde des Menschen** verletzt**?** Denn dass die Würde des Menschen unantastbar ist, ist ein **Grundrecht**, das auch für ungeborenes menschliches Leben **gelten sollte**. **Ethisch betrachtet, gibt es** entscheidende **Bedenken, wenn** es
50 um uneingeschränkte Embryonenforschung geht. //

🔺 Wie also diese wenigen Beispiele schon zeigen, ist reproduktives Klonen **aus meiner Sicht** mit viel zu vielen und **völlig inakzeptablen** körperlichen und gesellschaftlichen **Risiken** und vor allem ethischen **Bedenken verbunden. Ich bin überzeugt, dass** man diese Technik nur
55 mit großen Einschränkungen für die Forschung freigeben darf. **Was in dieser Diskussion gefordert ist, das sind** Überlegungen aller Parteien im Parlament, die politische Verantwortung tragen, die gesetzlichen Auflagen für diesen Forschungszweig weiterzuentwickeln.

(Autorentext)

Gegenarg. 5: normatives Argument als **rhetorische Fragenkette** (gesellschaftliche Verantwortung für missgebildete menschliche Klone)

Gegenarg. 6: logisches Argument mit Beispielen (Grund und Folge: Missbrauch)

| Beispiele

Gegenarg. 7: normatives Argument als **rhetorische Fragenkette** („ethische Bedenken", „Würde des Menschen", „Grundrecht")

🔺 **Schluss**
Synthese/Schlussfolgerung
▪ Rückgriff auf Sachverhalt
▪ Zusammenfassung der wesentlichen Argumente
▪ zusammenfassende Beurteilung des umstrittenen Sachverhalts
Handlungsempfehlung und **Lösungsvorschlag**

Beispieltext 2: Mehrsträngiger Kommentar
Jürgen Sussenburger, „Ein imposantes Nichts"

Der folgende Kommentar erschien als Wirtschaftskolumne im *Kölner Stadt-Anzeiger*.

MARKTPLÄTZCHEN – WIRTSCHAFTSKOLUMNE

Ein imposantes Nichts

Die Tücken fremdsprachiger Werbebotschaften

Von JÜRGEN SUSSENBURGER

■ Die Probe aufs Exempel wäre lustig: Wer verbirgt sich eigentlich hinter Mobility Networks Logistics? Tatsächlich ist es die gute alte Deutsche Bahn. // Die meisten Menschen dieses Landes **werden sich allerdings**

Titel: verrätselnd
Untertitel: problematischer
Sachverhalt

■ **Anfang**
Einführung in die Problematik
■ „lustiges" Beispiel

K Kommentar

fragen, wer auf die Wahnsinns-Idee mit den englischen Bahn-Schlag-
worten kommen konnte. Sicher: Die Bahn (oder besser ihr Chef) will um
jeden Preis internationale Geldgeber ködern. Die Investoren sollen einige
Milliarden Euro locker machen für den (noch fernen) Börsengang des
Weltkonzerns. Das Schienenungetüm Deutsche Bahn ist somit nur
bemüht, sich mit Mobility, Networks und Logistics einen globalen
Anstrich zu geben. //

Sachverhalt
- eigene Position als **Antithese**: Ablehnung, Parteinahme des Verf. für die Gegenseite: Verbraucher
- gegnerische Position als **These**: Befürwortung

⊙ **Doch** wie reagiert das Publikum auf diese Taktik? Der Philosoph Peter
Sloterdijk[1] würde sagen: „Das ruft an einem Ich-haften Pol des seelischen
Feldes eine Energieansammlung hervor"; im Volksmund heißt das
schlicht „Zorn". Vielen Deutschen gehen englische Werbesprüche und
Anglizismen nämlich mächtig gegen den Strich. Warum wird nicht
einfach Klartext geredet? //

⊙ **Mitte**
MEHRSTRÄNGIGE **Pro-Kontra-Argumentation**
BLOCKBILDENDE Anordnung der Argumente
BLOCK 1: Argumente GEGEN „englische Werbesprüche und Anglizismen"
Gegenarg. 1: Autoritäts-argument (Sloterdijk)
Gegenarg. 2: Faktenargument („Umfragen")
| Beispiel

Unternehmen, die auf Englisch daherkommen, setzen sich nicht nur
leichtfertig dem Unwillen der Adressaten aus. Es ist auch sehr wahrscheinlich, dass der Verbraucher die englischen Botschaften für böh-
mische Dörfer hält. Die Aufforderung einer Fluglinie „Fly Euro Shuttle",
also „Fliege mit dem Europa-Pendeldienst", übersetzt in Umfragen[2]
mancher mit „Schüttle den Euro zum Fliegen". //

Der Spruch einer Sportartikel-Firma „Impossible is Nothing" (Nichts ist
unmöglich) wird immerhin von mehr als der Hälfte der Bundesbürger
für „ein imposantes Nichts" gehalten. Dem ist kaum etwas hinzuzufügen.
Höchstens „Feel the Difference" (Erlebe den Unterschied), der Spruch
eines rheinischen Autoherstellers, der oft als „fühle das Differenzial"
oder „ziehe die Differenz ab" verstanden wird. // Trotz der Gefahr von
Missverständnissen setzen jedoch immer mehr Firmen und Marken auf
Werbesprüche in der Weltsprache. Diese haben dadurch einen hohen
Wiedererkennungswert und sind universal einsetzbar. Ansonsten müsste
es für jedes Land eine eigene Werbung geben. //

Auflösung des ‚verrätselnden' Titels
| Beispiele

BLOCK 2: Argumente FÜR „Werbesprüche in der Weltsprache"
Arg. 1: log. Arg. (Grund und Folge: Weil Werbesprüche in E. formuliert werden, haben sie einen „hohen Wiedererkennungswert")
Arg. 2: log. Arg. (Ursache und Wirkung: Wenn Werbung nicht in E. formuliert würde, „müsste es für jedes Land eine eigene Werbung geben")

▲ **Doch** es gibt auch Hoffnung. So lautet das Motto einer Parfümerie-
kette mittlerweile: „Douglas macht das Leben schöner". Deren früheres
Marketing-Kauderwelsch „Come in and find out" verwechselten zu
viele Menschen mit der unsinnigen Aufforderung: „Komm herein und
finde wieder heraus." Zudem ist ein Mobilfunk-Anbieter[3] tatsächlich
von „Freedom of speech" auf „Die neue Redefreiheit" umgeschwenkt.
//

▲ **Schluss**
Synthese/Schlussfolgerung
Handlungsempfehlung: Werbung in der Muttersprache
| Beispiele: Douglas,
| Mobilfunkmarke BASE

---

[1]**Peter Sloterdijk** (geb. 1947) deutscher Kulturwissenschaftler. In seinem Buch *Zorn und Zeit* (2006) argumentiert er, dass „Zorn" (Z. 14) die westliche Kulturentwicklung zerstöre – [2]**Umfrage** Untersuchung von ENDMARK (Agentur für Benennungsmarketing), die 2003/2006 über 1000 Personen zwischen 14 und 49 Jahren in deutschen Großstädten befragte, was sie unter verschiedenen aktuellen englischen Werbeslogans in den deutschen Medien verstünden – [3]**Mobilfunk-Anbieter** gemeint ist BASE.

Kommentar

K

Übrigens: Den „Cologne City-Advertiser" wird es trotz vereinzelter Fremdwörter darin auch in Zukunft nicht geben. Es bleibt beim „Kölner Stadt-Anzeiger".

Selbstironischer Ausblick

Das Sensibelchen HANEL

In: Kölner Stadt-Anzeiger, 08. Januar 2007

Formulierungshilfen für Kommentare

➤ für die **eigene Meinung**
- ■ **Verben** des **Meinens, Denkens, Urteilens**: *Ich meine/denke/bin der Ansicht/Meinung/Auffassung/Überzeugung, dass ...; Ich vertrete die These/Ansicht/Auffassung/den Standpunkt, dass ...; Ich bin überzeugt, dass ...; Ich kann nicht akzeptieren, dass ...*
- ■ **präpositionale/substantivische** Wendungen und **Partizipien**:
  meiner Meinung/Ansicht nach/für mich/in meinen Augen/aus meiner Sicht
  nach meiner Überzeugung/Ansicht/Auffassung/Einschätzung
  meines Erachtens
  Ethisch betrachtet,/So gesehen, gibt es entscheidende Bedenken.
- ■ **wertende/ablehnende/zustimmende** Wendungen, häufig mit dem Verb ***halten für***:
  Ich halte X für gelungen/akzeptabel/bedenklich/risikoreich/verfehlt/gescheitert; für mich stellt sich X als gelungen dar; X gibt mir zu denken; X ist mit (zu vielen) Risiken/Bedenken verbunden; X muss (sehr) kritisch beurteilt werden
  Ich kann eine Auffassung (nicht) teilen/mich einer Meinung (nicht) anschließen. Ich bin der gleichen/anderer/gegenteiliger Ansicht. Ich lehne eine Position ab/stimme ihr zu/schließe mich einer Meinung an.
- ■ **typische Satzmuster** für Kommentare: **Verb *sein* + wertendes Adjektiv** oder **Substantiv**:
  X ist gut/richtig/gelungen/bedenklich/falsch/verwerflich/unzureichend/abwegig/inakzeptabel/ eine abwegige Vorstellung/eine unsinnige Aufforderung
  Es ist (sehr) wahrscheinlich/unwahrscheinlich, dass .../wünschenswert, wenn ...

➤ für **Lösungen** in einer Streitfrage
- ■ **verbale Wendungen**, die zu **Handlungen auffordern** oder **Ausblicke auf die Zukunft geben**
  Als Lösung/Alternative empfehle/fordere/schlage ich vor, dass ...; Ich appelliere an ...; Was gefordert ist, das sind Überlegungen ... Doch es gibt auch Hoffnung: ...

Vgl. zu weiteren Formulierungshilfen ↗ **Argumentation** (S. 32 ff.), ↗ **Leitartikel** (S. 239 f.).

Kritik

Auf einen Blick

Eine **Kritik** ist eine **journalistische** Variante des ↗ **Kommentars**. Neben der ↗ **Rezension** gehört sie zur Kulturberichterstattung in einer Zeitung, aber auch im Rundfunk und Fernsehen. Sie bewegt sich zwischen **Tatsachenbericht** und **subjektiver Betrachtung** eines Kunstereignisses. In einer Kritik werden künstlerische Darbietungen wie Theateraufführungen, Filmvorführungen, Konzerte oder Ausstellungen der bildenden Kunst (Gemälde, Skulpturen etc.) besprochen und aus der persönlichen Perspektive eines Kritikers beurteilt. In diesem Sinne spricht man von Theaterkritik (vgl. Beispieltext), Filmkritik, Musikkritik etc. Grundlage ist dabei eine erkennbare **fachliche Kompetenz** des Kritikers auf dem jeweiligen kulturellen Gebiet.

Eine Kritik will künstlerisches Schaffen bekannt machen. Sie lenkt die Aufmerksamkeit von Lesern auf ein aktuelles künstlerisches Ereignis, mit der Absicht, eine Empfehlung auszusprechen bzw. ihnen eine Entscheidungshilfe für ihr eigenes Urteil zu geben.

Eine Buchkritik wird im Allgemeinen ↗ **Rezension** genannt.

Eine **Kritik** wird geschrieben
- in der Schule: im Deutschunterricht, wenn die Theateraufführung eines im Unterricht behandelten Dramas kommentiert wird; für die Schulzeitung, wenn über die Theateraufführung einer Klasse oder eines Literaturkurses kritisch berichtet wird; als Teil eines ↗ **Referats** oder einer ↗ **Facharbeit**,
- in der Ausbildung/im Studium: in einer **wissenschaftlichen Abhandlung**, z.B. in einer Seminararbeit, schriftlichen Hausarbeit oder Dissertation (Doktorarbeit),
- in der Presse: im **Kulturteil** (Feuilleton) von **Tages-** oder **Sonntagszeitungen**, in **Zeitschriften** und **Fachzeitschriften** oder (mündlich vorgetragen) auch in **Rundfunksendungen**, in denen ausgewählte neue aktuelle Aufführungen im Theater, in der Oper oder im Konzerthaus sowie Ausstellungen in Museen und Galerien vorgestellt werden,
- in Veröffentlichungen: in einer **wissenschaftlichen Zeitschrift** oder einem **Fachbuch**.

Eine **Kritik**
- wird im **Präsens** verfasst; es sei denn, man bezieht sich auf Fakten der Vergangenheit (z.B. Biografie des Künstlers, Veranstaltungsdaten), die im **Präteritum** wiedergegeben werden,
- wird mit Hilfe von **Fachwissen** geschrieben, über das der Kritiker verfügt, etwa zu Regie, Rollenbesetzung und Dramentext in einer Theaterkritik, und das es ihm ermöglicht, eine künstlerische Darbietung fachlich glaubwürdig zu beurteilen,
- wird aus einer überwiegend **subjektiven Perspektive** verfasst, bis auf Textabschnitte, in denen man sich auf überprüfbare, **objektive** Tatsachen bezieht, wie zum Beispiel auf Ort und Zeit der Aufführung, auf Namen und Biografie des Autors/des Regisseurs/des Künstlers etc.,
- **beurteilt** ein künstlerisches Ereignis mit der Absicht, Leser/innen in ihrem Urteil zu beeinflussen.

Eine Kritik ist eine **Kombination** aus verschiedenen **Textformen**. In einer **Theaterkritik** kann man die folgenden TEXTBAUSTEINE verwenden:

- ↗ INHALTSANGABE, wenn man die Handlung eines Theaterstücks zusammenfasst,
- ↗ BERICHT, wenn man faktische Angaben zu Ort, Zeit, Personen etc. der Inszenierung macht,
- ↗ BESCHREIBUNG/SCHILDERUNG, wenn man Bühnenbild, Figuren, Kostüme, Requisiten etc. Lesern genauer vorstellt, aus vorwiegend objektiver oder subjektiver Sicht,
- ↗ KOMMENTAR, wenn man die Leistung der Beteiligten aus seiner persönlichen Sicht beurteilt: z.B. der Schauspieler/innen (wie sie ihre Rolle spielen), des Regisseurs/der Regisseurin (welche Interpretation eines Dramas sie mit ihrer Inszenierung beabsichtigen), der Bühnenbildner etc.

Der **Aufbau** einer Kritik kann variieren. D.h., dass man die **Reihenfolge** der Textbausteine ändern kann. Man kann z.B. diese Varianten wählen:

- Bericht – Inhaltsangabe – Beschreibung/Schilderung – Kommentar
- Bericht – Beschreibung/Schilderung – Inhaltsangabe – Kommentar
- Beschreibung/Schilderung – Inhaltsangabe – Kommentar – Bericht
- Kommentar – Bericht – Beschreibung/Schilderung – Inhaltsangabe – Kommentar etc.

So wird's gemacht

Schreibplan: Schritte bei der Vorbereitung und Ausformulierung

Als wichtige Vorbereitung für eine Kritik stellt man einen **Schreibplan** auf. Hierzu gehören im Beispieltext Überlegungen:

- ➤ zum **Thema**: zerstrittene Familie, Aktualisierung eines amerikanisches Stücks aus dem frühen 20. Jahrhundert für deutsche Theaterbesucher im 21. Jahrhundert,
- ➤ zur **Leser-/Adressatengruppe**: Leserschaft einer regionalen Tageszeitung, die an kulturellen Ereignissen in der eigenen Stadt oder in der näheren Umgebung interessiert ist,
- ➤ zur **Sprache**: Fach-/Hochsprache und gezielte alltagssprachliche Wendungen,
- ➤ zu seiner **Position** als **Kritiker**: großes Lob für die Inszenierung/Interpretation des Regisseurs und Mitgefühl für die Figuren in einem Familiendrama, das dem Zuschauer „unter die Haut geht",
- ➤ zur **Überschrift** als Leseanreiz: „Die Schuld tragen immer die anderen" – Redensart/Lebensweisheit aus dem Alltag, die unmittelbar die Zustimmung der Leser gewinnen kann,
- ➤ zum **Textaufbau**
  - ■ Anfang: SCHILDERUNG einer Alltagssituation als **„Aufhänger"**
  - ⊙ Mitte: – knappe INHALTSANGABE zur Aufführung
    - KOMMENTAR zur Thematik
    - BERICHT zur Inszenierung und Intention des Regisseurs
  - ▲ Schluss: – KOMMENTAR zur Inszenierung und zur Schauspielergruppe
    - BERICHT zur Rollenbesetzung und zum Handlungsverlauf
    - abschließender KOMMENTAR zur Inszenierung

Kritik

Beispieltext
„Die Schuld tragen immer die anderen.
Elmar Goerden daheim mit O'Neill zu Gast"

Diese Theaterkritik zur Aufführung eines Dramas des amerikanischen Dramatikers Eugene O'Neill, *Eines langen Tages Reise in die Nacht*, erschien unter der Rubrik „Kultur" in den RUHR NACHRICH-TEN, einer regionalen Tageszeitung im Ruhrgebiet Nordrhein-Westfalens.

Eugene O'Neill (1888–1953) ist einer der bedeutendsten amerikanischen Dramatiker. Er erhielt mehrere Pulitzer Preise und 1936 den Nobelpreis für Literatur. Der Dreiakter *Long Day's Journey into Night* (1941, veröffentlicht 1956) gilt als sein Meisterwerk. Die Handlung spielt 1912 in der Familie Tyrone und handelt von zerrütteten Familienbeziehungen.

Um den Zusammenhang zu verdeutlichen, wie aus den vorbereitenden Schritten eine **Kritik** entstehen kann, werden im folgenden Beispieltext markiert:

> **Fachbegriffe** aus dem Sachbereich „Theater"/„Drama"
> sprachliche Wendungen für <u>schildernde</u> Texte
> sprachliche Wendungen für **argumentative** Texte

In der Kommentarspalte werden **Gliederungsabschnitte** der Kritik aufgeführt und die verwendeten TEXTBAUSTEINE benannt.

Die Schuld tragen immer die anderen Elmar Goerden daheim mit O'Neill zu Gast	**Titel** mit Leseanreiz **Untertitel** Angaben zum Regisseur und Autor
Bochum ■ ■ Alle <u>leiden</u>. Und alle <u>klagen</u>. ☉ Im <u>schäbigen</u> Sommerhaus der Familie Tyrone ist die Atmosphäre von <u>Vorwürfen, Neid und Misstrauen</u> geprägt. <u>Süchte, Empfindlichkeiten und Krankheiten</u> tun ein Übriges. Doch nichts ändert sich. Ständig schiebt jeder die Schuld für die 5 eigene Unzulänglichkeit auf die anderen. Eine kritische Selbstbefragung **findet** in Eugene O'Neills Drama „Eines langen Tages Reise in die Nacht" **nicht statt.**	■ **Anfang** **„Aufhänger"**: SCHILDERUNG einer Alltagssituation aus dem aufgeführten Stück ☉ **Mitte** Knappe INHALTSANGABE: Schauplatz, Handlung, Konflikt, Figuren KOMMENTAR zur Thematik des Stücks
Elmar Goerden konzentrierte sich in seiner **großartigen** Münchner Inszenierung (2004), die in dieser Woche im Schauspielhaus Bochum 10 zu sehen war, ganz auf die **heillos verstrickten** Figuren.	BERICHT im Präteritum: Ort und Zeit der Inszenierung, Intention des Regisseurs
▲ Ein **grandioses** Darstellerensemble **machte aus** der Tragödie **einen Triumph.** Während die Herren Hans Peter Hallwachs (Vater), Jens Harzer (Edmund) und Rainer Bock (Jamie) dem Alkohol zusprechen, sucht Cornelia Froboes (Foto) **in der Rolle der** Mutter Zuflucht im Morphium. 15 **Berührend.** ■ **WEC**	▲ **Schluss** KOMMENTAR: Inszenierung, Leistung des Ensembles BERICHT: Rollenbesetzung, Handlungsverlauf abschließender KOMMENTAR
Am 11.2.2007 ist die Inszenierung erneut zu sehen. Kartenvorverkauf ab 12.1.2007 unter Tel. (0234) 33 33-55 55. In: RUHR NACHRICHTEN, 23. Dezember 2006	Information der Redaktion

Kritik **K**

Formulierungshilfen für Kritiken

➤ für **sachliche, objektive** Eindrücke von der Aufführung
- **Fachbegriffe** aus dem Sachbereich „Theater"/„Drama": *Inszenierung, Schauspielhaus, Figuren, Darstellerensemble, Tragödie, X in der Rolle der …*
- **faktische Angaben** zu Ort, Zeit und Personen: Name des Regisseurs/wichtiger Schauspieler, *Münchner Inszenierung (2004), in dieser Woche im Schauspielhaus Bochum*

➤ für **subjektive** Eindrücke von der Aufführung
- **substantivische** und **verbale Wendungen** für die **Gefühlslage** der handelnden Figuren: *Alle leiden/klagen, Atmosphäre geprägt von Vorwürfen/Neid/Misstrauen*
- **wertende Adjektive** für eine anschauliche räumliche Vorstellung der Inszenierung: *Im schäbigen Sommerhaus*

➤ für eine **persönliche** und **sachlich fundierte Beurteilung**
- **wertende Adjektive** (+ **Adverbien**), **Substantive**: *großartige Inszenierung, grandioses Darstellerensemble, heillos verstrickte Figuren, berührend, aus der Tragödie einen Triumph machen*

Vgl. zu weiteren Formulierungshilfen ↗ **Rezension** (S. 290 f.).

Lebenslauf

Auf einen Blick

Ein **Lebenslauf** (auch Curriculum Vitae oder kurz CV genannt) gehört zu den **berichtenden Text-formen**. Er bildet neben dem ↗ **Bewerbungsschreiben** das Kernstück einer Bewerbung. In einem Lebenslauf informiert man den Adressaten (z. B. einen Ausbildungsbetrieb oder einen Arbeitgeber) über seinen beruflichen Werdegang und seine fachlichen Qualifikationen. Viele Personalentscheider lesen den Lebenslauf noch vor dem Anschreiben einer Bewerbung, denn hier finden sie die wichtigsten Informationen über die Bewerberin oder den Bewerber. Es lohnt sich also, Aufbau und Inhalte seines Lebenslaufs gut zu überlegen, um zu dem erhofften Vorstellungsgespräch eingeladen zu werden. Die wesentlichen Inhalte müssen bereits beim Querlesen erfassbar werden.

Lebensläufe werden im Zusammenhang mit Bewerbungen geschrieben:
- in der Schule: im Rahmen einer Unterrichtsreihe zum Berufspraktikum oder allgemeiner zum Berufsleben, in der für zukünftige Bewerbungssituationen auch ↗ **Bewerbungsschreiben** eingeübt werden,
- im Studium/in der Ausbildung: wenn man sich um eine erste berufliche Anstellung nach der Abschlussprüfung bemüht,
- im Beruf: wenn man einen Berufseinstieg plant bzw. einen Wechsel des Arbeitgebers oder der gegenwärtig ausgeübten Tätigkeit beabsichtigt.

Ein **Lebenslauf** wird
- sachlich geschrieben, d. h. aus weitgehend **objektiver Perspektive**,
- im Umfang auf das **Wesentliche** beschränkt,
- auf die jeweils angestrebte Stelle zugeschnitten, d. h., der Bewerber nimmt Schlüsselbegriffe einer aktuellen **Stellenausschreibung** auf und streicht alle für die Stelle unwichtigen Aspekte aus einer früheren Version seines Lebenslaufs,
- im Allgemeinen in **substantivischen Wendungen**, nicht in vollständigen Sätzen verfasst,
- meist in **maschinenschriftlicher** und **tabellarischer Form** dargeboten,
- nur im Ausnahmefall, wenn ein Adressat dies wünscht, **handschriftlich** verfasst; dabei wählt man als Tempus das Präteritum, schreibt vollständige Sätze und einen zusammenhängenden Fließtext (also nicht in Tabellenform),
- mit **Ort** und **Datum** sowie der **eigenhändigen Unterschrift** des Verfassers (am besten in blauer oder schwarzer Tinte, nicht mit roter oder grüner Kulimine) beendet.

Der Lebenslauf enthält eine Fülle wichtiger persönlicher Daten und Fakten. Deshalb ist es besonders wichtig, dass er leserfreundlich gestaltet ist, d. h., ein optisch ansprechendes **Layout** und einen übersichtlichen **Aufbau** hat. Je nach Lebensalter und Berufserfahrung können die folgenden Punkte in einem Lebenslauf enthalten sein; Ausbildungsdaten und berufliche Stationen werden jeweils mit Zeitangaben versehen:

Lebenslauf

- **Überschrift: Lebenslauf**
- **persönliche Angaben** (Vor- und Zuname, Adresse, Kontaktdaten, Tag und Ort der Geburt; nicht zwingend, aber üblich: Familienstand; ggf. Nationalität, Religionszugehörigkeit)
- **Schulbildung** (besuchte Schulen, Abschlüsse)
- **Hochschulstudium** (Universität, Fächer, Abschlüsse, Abschlussarbeit)
- **Berufsausbildung** (Fachrichtung, Ausbildungsstelle, Abschlüsse)
- **Berufspraxis** (Arbeitsstelle, Art der Tätigkeit, berufliche Erfolge)
- **(außer-)berufliche Weiterbildung/Zusatzqualifikation** (Fachgebiet, Ausbildungsstelle, Abschlüsse)
- **besondere Kenntnisse** (z. B. EDV, Fremdsprachen)
- **Mitgliedschaften/ehrenamtliche Tätigkeiten** (z. B. in Gemeinde, Sportverein, Politik)
- **Interessen/Hobbys**
- **Ort, Datum** und **eigenhändige Unterschrift**

Diese Angaben (bis auf die beiden ersten und den letzten Punkt) können in unterschiedlicher **Reihenfolge** und in unterschiedlichem **Layout** angeboten werden. Dies sind die gängigsten **Formate** des Lebenslaufs:

- **ausführlicher Lebenslauf:** Dies ist ein ausformulierter **Bericht** über das Leben des Verfassers in mehreren, **chronologisch** angeordneten Abschnitten. Er wird maschinenschriftlich verfasst. Besonders Berufsanfänger/innen wählen diese Form. Nur in ganz wenigen Fällen – auf besonderen Wunsch des Adressaten – wird diese Art des Lebenslaufs handschriftlich geschrieben.
- **tabellarischer Lebenslauf:** Diese knappe, stichwortartig geschriebene **Tabellen**-Form wählt man heute als **Standard**, es sei denn, ein Arbeitgeber oder eine Ausbildungsbehörde verlangt ausdrücklich einen ausführlichen Lebenslauf (in hand- oder maschinenschriftlicher Form). Dabei nutzt man im Textverarbeitungsprogramm eines Computers die Tabellenfunktion. Vor allem Berufswechsler neigen dazu, in **chronologischer** Anordnung tabellarisch zu schreiben (vgl. Beispieltext 1).
- **„amerikanischer" Lebenslauf:** Diese Form setzt sich immer mehr durch, vor allem bei Bewerberinnen und Bewerbern, die schon über Berufserfahrung verfügen. Sie beginnen mit ihrer aktuellen Position und stellen alle weiteren Stationen ihres Lebens in umgekehrter zeitlicher Reihenfolge, also **anti-chronologisch**, dar (vgl. Beispieltext 2).
- **„Patchwork"-Lebenslauf** („bunter Flickenteppich, der aus unterschiedlichen Teilen zusammengenäht ist"; auch: Lebenslauf im Zickzackkurs): Diese Form des **thematisch** aufgebauten Lebenslaufs eignet sich, wenn ein Werdegang nicht geradlinig ist, also Lücken aufweist. Gründe für diese Lücken in der Chronologie der Ausbildung oder beruflichen Tätigkeit können zum Beispiel Job-Hopping, Umschulung, Erziehungsurlaub, vorübergehende Arbeitslosigkeit oder einfach eine „Auszeit" sein. Hier wäre es wichtig, auch die sozialen Kompetenzen (oder **„soft skills"** ↗ **Bewerbungsschreiben**) anzugeben, die man etwa durch einen Auslandsaufenthalt, seinen Einsatz für die Familie oder im Erziehungsurlaub erworben hat (vgl. Beispieltext 3).

L Lebenslauf

So wird's gemacht

Schreibplan: Schritte bei der Vorbereitung und Ausformulierung

Für seinen **Schreibplan** wählt man eines der **Formate** des Lebenslaufs (s. o.), das der eigenen Ausbildungssituation entspricht.

Beispieltext 1
Tabellarischer Lebenslauf für Auszubildende, Studierende und Berufseinsteiger (chronologisch)

Dieses Format eignet sich für alle Bewerberinnen und Bewerber mit **kurzen Lebensläufen**. Es kann zum Beispiel gut von Schülerinnen und Schülern genutzt werden, die nach ihrem schulischen Ausbildungsabschluss (z. B. Mittlerer Schulabschluss, Abitur) eine Ausbildungsstelle oder einen Studienplatz suchen. Auch Auszubildende und Studierende ohne Berufserfahrung wählen häufig diese Art des Lebenslaufs, wenn sie sich nach der Abschlussprüfung oder dem Examen um eine erste Anstellung bewerben.

Da die Lebensläufe dieser Bewerbergruppe noch nicht sehr umfangreich sind, gehen die Verfasser am besten verstärkt auf ihre Hobbys und Interessen ein, gegebenenfalls auch auf Auslandsaufenthalte im Rahmen von Schüleraustauschprogrammen oder auf Studiensemester im Ausland und Studentenjobs.

Lebenslauf

(**Foto** hier oder auf dem Deckblatt der Bewerbungsmappe, ↗ **Bewerbungsschreiben**)

Name

Vorname

Wohnort

(Auf die Nennung von Namen und Berufen der Eltern sowie die Aufzählung weiterer Familienmitglieder kann verzichtet werden.)

Geburtsdatum		
Geburtsort		
Familienstand	(wahlweise)	
Nationalität	(nur bei Bewerbung außerhalb Deutschlands, bei nichtdeutscher Herkunft oder bei doppelter Staatsangehörigkeit)	
Konfession	(nur bei Bewerbung bei einer konfessionellen Einrichtung, z.B. Kindergarten, Schule)	
Schulbildung	8/1992 – 6/1996 8/1996 – 6/2005 5/2005	Grundschule XX in … XX-Gymnasium in … Abitur
Schwerpunktfächer	Deutsch Englisch Geschichte	
Studium	10/2005 – 6/2010: Germanistik, Anglistik, Publizistik 6/2010: Staatsexamen	XY-Universität in … XY-Universität in …
Praktikum	2/2007 – 3/2007: 5/2009 – 6/2009: Schulpraktika 8/2009 – 10/2009: Volontariat	XY-Gymnasium in … XY-Gesamtschule in … Zeitungshaus XY in …
Auslandserfahrung	Sommersemester 2006: Multicultural Studies Wintersemester 2008: Assistant Teacher	Stanford University, Palo Alto, California, USA King's College, Oxford, GB
Wehr-/Zivildienst		
Zusatzqualifikation	Computerkurs Wirtschaftsenglisch	XY in … XY School of Business in …
Berufswunsch	Lehrerin an der Europa-Schule/ Europa-Universität	 in …

…........................, den ….

……………………………..
Unterschrift

Lebenslauf

Beispieltext 2
Tabellarischer Lebenslauf für Berufsanfänger und Berufswechsler
(anti-chronologisch oder „amerikanisch", mit Themenschwerpunkten)

Dieses Format eignet sich für alle Bewerberinnen und Bewerber mit **längeren Lebensläufen**, vor allem **mit beruflicher Erfahrung**. Aber auch Schüler und Schülerinnen sowie Auszubildende und Studierende können dieses Format wählen. Für sie entfallen die Themenschwerpunkte „Berufliche Praxis" und „Berufliche Weiterbildung".

Im Vergleich zum chronologischen Lebenslauf steht hier das **Bewerbungsziel** bzw. der Berufswunsch an erster Stelle nach den „Persönlichen Angaben". Dann folgt die aktuelle berufliche Stellung, alle weiteren Stationen im beruflichen wie schulischen Werdegang in umgekehrter chronologischer Reihenfolge. Je länger man schon im Berufsleben ist, umso eher verzichtet man auf „seine Anfänge", also auf Detailangaben zur Schulausbildung und zu früheren Interessen.

Lebensläufe werden dem jeweiligen Bewerbungsanlass angepasst. Ändert sich das Bewerbungsziel, ordnet und akzentuiert man seine Daten neu, um dem jeweiligen Stellenprofil in einer Stellenanzeige zu entsprechen.

Lebenslauf	oder:	Lebenslauf
Name		PERSÖNLICHE ANGABEN
Straße, Hausnummer		Name
Postleitzahl, Stadt		Straße, Hausnummer
(ggf. Land)		Postleitzahl, Stadt
		(ggf. Land)
Telefon: …		
Mobil: …		Telefon: …
E-Mail: jemand@provider.de		Mobil: …
Homepage: http://www.jemand.com		E-Mail: jemand@provider.de
		Homepage: http://www.jemand.de
PERSÖNLICHE ANGABEN		
Geburtstag: …		Geburtstag: …
Geburtsort: …		Geburtsort: …
Familienstand: …		Familienstand: …
etc.		etc.

oder:

Name | Straße, Hausnummer | PLZ Wohnort | ggf. Land
E-Mail | Homepage | Mobil | Telefon |

Lebenslauf

PERSÖNLICHE ANGABEN

Geburtstag: …
Geburtsort: …
Familienstand: …
(Konfession:) …
(Nationalität:) …

(Hier mache ich Angaben zu meiner Person: Tag und Ort der Geburt, Familienstand. Die Nationalität wird nur angegeben, wenn man sich außerhalb Deutschlands bewirbt, nichtdeutscher Herkunft ist oder eine doppelte Staatsangehörigkeit besitzt. Die Religionszugehörigkeit wird nur erwähnt, wenn sie für die angestrebte Stelle eine Rolle spielt, z. B. für die Bewerbung einer Erzieherin im Katholischen Kindergarten.)

BERUFLICHE ZIELE

(Auszubildende nennen hier ihren Berufswunsch, Berufsanfänger die angestrebte Stellung in einem Unternehmen, Kandidaten mit längerer Berufserfahrung ihr Karriereziel.)

BERUFLICHE PRAXIS

Seit XX/20xx   [Meine jetzige Position, Name der Firma]

(Ich beschreibe, für welche Tätigkeiten/Abteilungen/Arbeitsgruppen ich bei meiner letzten Stelle verantwortlich war, vor allem auch meinen Beitrag zum Erfolg dieser Firma.)

X/20xx – X/20xx   [Meine früheren Positionen, Namen der Firmen]

(in umgekehrter Chronologie; Beschreibung in der gleichen Weise wie oben. Auch längere Zeiten der Berufsunterbrechung/Arbeitslosigkeit gehören in diese Rubrik.)

BERUFLICHE WEITERBILDUNG

X/20xx – X/20xx   [Art der Qualifikation, Ort/Institution des Erwerbs]

ZUSATZQUALIFIKATIONEN

X/20xx – X/20xx   [Weitere beruflich nützliche Erfahrungsbereiche]

(Ich nenne nur die Zusatzfähigkeiten, die wichtig sind für die angestrebte Position, z. B. Praktikum, Auslandsaufenthalt, PC-Kurs; auch die Güte ist wichtig, z. B.: „Englisch flüssig in Wort und Schrift", „Französisch: gut" oder „Power Point: sehr gut". Nur die aktuellsten Zusatzfähigkeiten werden ausgewählt: Was ich vor 5 Jahren in einem PC-Seminar gelernt habe, ist vermutlich heute nicht mehr interessant. Zeiten bei der Bundeswehr oder im Zivildienst können hier ebenfalls angeführt werden.)

AUSBILDUNGSDATEN

X/20xx – X/20xx   [Name der Institution, Art des Abschlusses, Jahr des Abschlusses]

X/20xx – X/20xx   [Name der Institution, Art des Abschlusses, Jahr des Abschlusses]

(Berufseinsteiger können hier mit ihrer Grundschulzeit beginnen; „Professionals", deren Schulzeit schon etliche Jahre zurückliegt, führen hier nur den letzten Bildungsabschluss an. Auch Titel von Magister-, Staats-, Diplom- oder Doktorarbeiten sowie die Abschlussnote sollten erwähnt werden.)

MITGLIEDSCHAFTEN und HOBBYS

Seit X/20xx   [Art/Ort der Tätigkeit]

(Hier mache ich Angaben, die dem Leser es ermöglichen, mich persönlicher kennenzulernen. Ehrenamtliche Tätigkeiten können viel über mein soziales Engagement aussagen. Aber nicht jeder Verein, nicht jede Freizeitaktivität ist wissenswert. Auch hier wähle ich mit Blick auf die angestrebte Position in einem Unternehmen oder eine Ausbildungsstelle aus. Vor allem gilt es zu vermeiden, dass der Leser den Eindruck gewinnt, dass meine Freizeit oder mein außerberufliches Engagement mich derart ausfüllen, dass die weitere Ausbildung oder der Beruf nur eine untergeordnete Rolle spielt.)

[Ort, Datum]

[Unterschrift]

Beispieltext 3
Tabellarischer Lebenslauf für Berufsanfänger und Berufswechsler ("Patchwork"-Lebenslauf mit Themenschwerpunkten)

Dieses Format ist geeignet für Bewerberinnen und Bewerber, die in ihrem Werdegang Lücken in der Ausbildung oder im Berufsleben "kaschieren", also überdecken wollen. Sie bringen deshalb neben ihren beruflichen Fähigkeiten vor allem auch ihre **"soft skills"** zur Geltung, die sie in den Unterbrechungszeiten erworben haben (z. B. in wechselnden Arbeits- und Freizeitgruppen: Flexibilität, Teamfähigkeit, Zeitmanagement; im Ausland: Toleranz im Umgang mit Menschen unterschiedlicher Nationalität; in Erziehungs- oder Betreuungszeiten: Verantwortung für Kinder oder ältere Angehörige).

"Patchwork"-Lebensläufe sollten einen lückenhaften beruflichen Werdegang nicht "schönschreiben". Personalentscheider erkennen mit geübtem Blick Unterbrechungen in der Ausbildung oder Berufsausübung und legen derartige Bewerbungsunterlagen zügig auf den Stapel der Absagen. Denn mit einem solchen Lebenslauf stößt man häufig auf Vorurteile: Man habe kein Durchhaltevermögen, könne sich nicht anpassen, sei insgesamt eine schwierige Persönlichkeit. Lücken von mehr als drei Monaten sollte man dem Bewerbungsempfänger erklären: im Anschreiben, auf der Dritten Seite oder im Lebenslauf selbst. Erklärungen sollten jedoch nie an die erste Stelle treten, nicht übermäßig lang sein oder als Schuldeingeständnis formuliert werden.

Zickzackkurse im Leben werden meist nicht freiwillig genommen. Ein "Patchworker" sollte darauf vertrauen, dass sein Leben mehr als ein "bunter Flickenteppich" ist, und sich überlegen, wo seine Stärken liegen. Am besten kann er seine Qualifikationen ins rechte Licht rücken, wenn er seinen Lebenslauf **thematisch** gliedert, neben **fachlichen** vor allem auch seine **sozialen Kompetenzen** hervorhebt, die er in den sogenannten "Karriereunterbrechungen" erworben hat, z. B. im Ausland oder in der Familie, und von seinem **aktuellen** Berufs- oder Ausbildungsstand ausgeht, also **antichronologisch** verfährt.

Die Gliederung könnte dann z. B. so aussehen, wie auf der rechten Seite gezeigt.

Lebenslauf

L

233

Name | Straße, Hausnummer | PLZ Wohnort | ggf. Land
E-Mail | Homepage | Mobil | Telefon |

Lebenslauf

PERSÖNLICHE ANGABEN

Geburtstag: …
Geburtsort: …
Familienstand: …

ARBEITSERFAHRUNG/EINZELNE ARBEITSSTATIONEN/ EXEMPLARISCHE FACHLICHE TÄTIGKEITEN

(die letzte Tätigkeit an erster Stelle aufführen, alle anderen in umgekehrter zeitlicher Reihenfolge; dabei die Art der Tätigkeit/Funktion betonen; ähnliche Tätigkeiten bündeln und unter eine thematische Überschrift stellen, z. B.: „Mitarbeit in Zeitungsredaktionen", „Volontariat in der Rundfunkredaktion", „Moderation von Unterhaltungssendungen im Fernsehen", „Assistent in Multimedia-Agenturen"; jeweils Zeitraum und Arbeitsstelle angeben)

BERUFS-/AUSBILDUNGS-/STUDIUMBEGLEITENDE AKTIVITÄTEN

(z. B. Neben-/Saisonjobs, um sein Studium zu finanzieren, Arbeitslosigkeit zu überbrücken, die Familie zu unterstützen; den fachlichen Zugewinn nennen, z. B. elektronische, handwerkliche Kenntnisse, ebenso die sozialen Kompetenzen, z. B. Flexibilität; Kompromissbereitschaft bei häufigem Wechsel der Arbeitsstelle, Umgang mit Kunden in einem Dienstleistungsjob;
z. B. Auslandsaufenthalt mit fachlichen und sozialen Kompetenzen: Fremdsprachenkenntnisse, interkulturelle Kompetenz, Offenheit für Neues, Lern-, Risikobereitschaft;
z. B. Bildungsurlaub, Umschulmaßnahmen mit fachlichen und sozialen Kompetenzen)

SOZIALES/AUSSERBERUFLICHES ENGAGEMENT

(z. B. ehrenamtliche Tätigkeit in einem Verein, freiwillige Arbeit in einer gemeinnützigen Verbindung [in Kirche, Schule, Lokalpolitik], Erziehungszeit, Betreuung von älteren Angehörigen; dabei die erworbenen sozialen Kompetenzen herausstellen: etwa „family skills" wie Organisationsfähigkeit, Sensibilität für die Bedürfnisse anderer; Einsatz für das Gemeinwohl, für den Schutz von sozial Schwachen, der Umwelt etc.)

BILDUNGSHINTERGRUND

Berufsausbildung
Studium an Hochschule/Fachhochschule
Höhere Schulbildung
Grundschule

SONSTIGE KENNTNISSE UND INTERESSEN

…

[Ort, Datum]

[Unterschrift]

Lebenslauf

Formulierungshilfen für tabellarische Lebensläufe

➤ für **knappe Informationen** über seinen Werdegang
  - **substantivische Wendungen** anstelle ganzer Sätze:
    Besuch des XY-Gymnasiums (statt: *Ich besuchte …*)
    Mitarbeit bei der Weiterentwicklung von X (statt: *Ich war Mitarbeiterin/arbeitete mit …*)
    Qualifizierung für ein Stipendium in Oxford (statt: *Ich bewarb mich erfolgreich für ein …*)
  - **Substantive** für die **Art und Intensität** seiner Arbeit:
    Mitarbeit in der X-Kommission/an dem Y-Projekt
    Zusammenarbeit mit dem Amt für …
    Beitrag zur Öffentlichkeitsarbeit/Forschungsbeitrag zur …
    Planung/Konzeption/Durchführung/Betreuung/Leitung eines Projekts
    Beratung/Leitung/Organisation/Moderation/Koordination von Arbeitsgruppen
    Teilnahme an …
    Vorbereitung/Erarbeitung/Entwicklung/Gestaltung/Unterstützung/Umsetzung von … Plänen
  - **Zeitleisten** zu den einzelnen Stationen im schulischen und beruflichen Werdegang:
    8/2002–6/2006 (statt: *von August 2002 bis Juni 2006*)

Vgl. zu weiteren Formulierungshilfen ↗ **Bewerbungsschreiben** (S. 56ff.)

Leitartikel

Auf einen Blick

Ein **Leitartikel** gehört zu den **argumentativen Textformen**. Im Unterschied zur abwägenden Pro-Kontra-Argumentation eines ↗ **Kommentars** bezieht der im Umfang längere Leitartikel eindeutiger und auch kompromissloser **Stellung** zu seinem behandelten Thema. Meist stammen die Themen aus dem politischen Bereich. Ein Journalist reagiert jedoch nicht zwangsläufig auf tagespolitische Meldungen, sondern kann durchaus weitere gesellschaftliche Zusammenhänge beleuchten, die allerdings einen klaren Zeitbezug aufweisen. Diese **journalistische Darstellungsform** gibt die Meinung der Chefredaktion wieder und kennzeichnet damit die politische Ausrichtung einer Zeitung. Sie wird von einem festen Stamm an Leitartiklern verfasst.

Ein **Leitartikel** wird häufig geschrieben
- in der Schule: als kreative Schreibform in **Zeitungsprojekten** wie „Zeitung macht Schule" oder ZEUS („Zeitung und Schule") und im Deutsch- und Literaturunterricht, etwa zu Problemfragen in Sachtexten und literarischen Texten,
- in der Presse:
  - an einem unveränderlichen Platz: entweder als „Aufmacher" auf der Titelseite einer **Zeitung** (mit Balkenüberschrift und Foto) oder als regelmäßiger Beitrag im Inneren einer Zeitung, z. B. an herausgehobener Stelle auf der Meinungsseite,
  - als regelmäßiger Beitrag in **Nachrichtenmagazinen**,
  - als Online-Beitrag in **Webforen** verschiedener Zeitungen, der auch von jugendlichen Amateur-Journalisten verfasst wird (z. B. in „Junge Zeiten" des *Kölner Stadt-Anzeigers*).

Ein **Leitartikel**
- wird im Allgemeinen im **Präsens** verfasst,
- wird an bestimmten Stellen im **Präteritum** geschrieben, wenn es um Ereignisse der unmittelbaren oder weiter zurückliegenden Vergangenheit geht,
- aus weitgehend **subjektiver** Perspektive geschrieben,
- kann kurze **Gesprächsinhalte** als Zitate enthalten, um Meinungen von Beteiligten oder Experten einfließen zu lassen.

Ein Leitartikel ist eine **Kombination** aus verschiedenen **Textformen**. Man kann die folgenden TEXT-BAUSTEINE verwenden:
- ↗ ERKLÄRUNG: wenn der zu kommentierende Sachverhalt dargestellt wird,
- ↗ BERICHT: wenn über ein politisches Ereignis oder eine gesellschaftlich wichtige Entwicklung gesprochen wird,
- ↗ KOMMENTAR: wenn der Sachverhalt aus einem bestimmten politischen Blickwinkel beurteilt wird.

L Leitartikel

Beim **Aufbau** eines Leitartikels kann man

- mit einer **aktuellen Meldung** oder einer provozierenden (fremden oder eigenen) Meinung beginnen,
- im Mittel- und Schlussteil dem Muster eines **einsträngigen** oder **mehrsträngigen** ↗ **Kommentars** folgen.

So wird's gemacht

Schreibplan: Schritte bei der Vorbereitung und Ausformulierung

Als wichtige Vorbereitung für einen Leitartikel stellt man einen **Schreibplan** auf. Hierzu gehören im Beispieltext Überlegungen

- ➤ zum **Thema**, einem aktuellen politischen Ereignis oder einer aktuellen gesellschaftlichen Entwicklung: Stammzellenforschung,
- ➤ zum angesprochenen **Problem**: Embryonenschutz in der Stammzellenforschung,
- ➤ zu den **Positionen** in dieser Frage, zu denen man persönlich Stellung beziehen will: zur These der Wissenschaftler (Freiheit der Forschung, Bekämpfung von Krankheiten), zur Antithese der Bio-Ethiker (Schutz des Lebens, auch von Embryonen), zur Synthese der Politiker („Stichtagsregelung"),
- ➤ zur **Position**, die man **selbst** einnimmt: Parteinahme für die Wissenschaftler aus aktueller Sicht, „fünf Jahre später", aufgrund einer neuen Sachlage (effektivere jüngere Stammzellen aus dem Ausland),
- ➤ zu einem möglichen **„Aufhänger"**, mit dem man das Interesse seiner Leser für eine ernsthafte Diskussion gewinnen kann: Überschrift „Nach der Hysterie" als übertreibende und leicht abwertende Darstellung des alten Diskussionsstandes,
- ➤ zum **Textaufbau**: mehrsträngiger Kommentar
  - ■ Anfang: Alte Debatte:
    Darstellung des problematischen **Sachverhalts** (Stammzellenforschung) und der drei kontroversen Positionen:
    - – **These** (Wissenschaftler),
    - – **Antithese** (Bio-Ethiker),
    - – **Synthese** (Politiker im Bundestag)
  - ◉ Mitte: Neue Debatte:
    - – **Parteinahme** für die Wissenschaftler
    - – **Überprüfung** der Antithese (Bio-Ethiker) aus heutiger Sicht
    - – **Argumente gegen** die Antithese nach neuer Sachlage
    - – **Schlussfolgerung** und **Lösungsvorschlag**
  - ▲ Schluss: **Handlungsempfehlungen**
- ➤ zu **Argumenttypen**, z. B.:
  - ■ **Faktenargument**: _Im Ausland_ gebe es heute Linien, die effektiver erzeugt wurden und sich besser für die Forschung eigneten.
  - ■ **analogisierendes Argument**: _Bei Spätabtreibungen_ stoßen die Forderungen nach besserem

Schutz für das Ungeborene auf wachsenden Rückhalt, _bei der Sterbehilfe_ besteht Konsens über den Vorrang des Lebens.

- **logisches Argument** (Gegensatz): _Es ist eben anders als bei der Abtreibung: Da bestreitet niemand, dass ein nicht abgetriebener Fötus ein geretteter Mensch ist [...]. Weit weniger einzusehen ist, warum eine künstlich befruchtete Eizelle, die nicht zu Stammzellen entwickelt wird, aber mangels Implantierungschance im Kühlschrank bleibt, ein geretteter Mensch sei._

- **Autoritätsargument**: _Erst recht nicht einleuchten will die Menschenwürde-These Philosophen in der Aufklärungstradition. Bischof Huber ist nicht unprotestantisch, wenn er den Stichtag verlegen will._

- **normatives Argument:** _... das katholische Dogma, dass menschliches Leben in voller Würde unmittelbar mit der Verschmelzung von Ei- und Samenzelle gegeben sei._

Vgl. weitere Argumenttypen mit Beispielen unter ↗ **Kommentar** (S. 217).

➤ zum **Argumentationsziel**, z. B.:

- zu einem Sachverhalt persönlich Stellung nehmen, auch eine eindeutige politische Position beziehen,

- Leser zu einer Meinung oder Handlungsweise veranlassen, indem man sie von der Richtigkeit oder Angemessenheit seiner politischen Sichtweise überzeugt.

Beispieltext
Matthias Kamann, „Nach der Hysterie"

Der folgende Text erschien als Leitartikel auf der Meinungsseite in DIE WELT. Matthias Kamann (geb.1961) ist seit 2003 Redakteur im Meinungsteil „Forum".

Um den Zusammenhang zu verdeutlichen, wie aus den vorbereitenden Schritten ein Leitartikel entstehen kann, werden in dem folgenden Beispieltext markiert:

> der Sachverhalt
> These und deren Vertreter mit Argumenten
> Antithese und deren Vertreter mit **Gegenargumenten**
> Synthese und deren Vertreter
> sprachliche Wendungen für **argumentative** Texte
> Strukturwörter für die Verknüpfung von Sätzen
> // Gliederungsabschnitte im Text

In der Kommentarspalte werden **Gliederungsabschnitte** des Leitartikels aufgeführt und **Argumentationsstrategien** benannt.

Leitartikel: Neue Debatte über Stammzellen/Von Matthias Kamann

Nach der Hysterie

■ Keine fünf Jahre sind vergangen, und schon steht ein Bundestagsbeschluss zur Disposition[1], der als historisch galt: der Stammzellenkompromiss von 2002. Er sollte den Bioethik-**Streit beenden** und **einen Ausgleich zwischen** Genforschung und Lebensschutz **stiften.** Doch der war
5 nicht von Dauer: **Immer lauter werden die Stimmen, die** den damaligen Königsweg, die Stichtagsregelung, **infrage stellen.** //

◉ Bisher darf in Deutschland nur an solchen Stammzellenlinien geforscht werden, die vor dem 1.1.2002 im Ausland aus künstlich befruchteten Eizellen hergestellt wurden. **Das hat zur Folge,** erklären deutsche Wis-
10 senschaftler, **dass** sie mit veraltetem und verunreinigtem Material arbeiten müssen. Im Ausland gebe es heute Linien, die effektiver erzeugt wurden und sich besser für jene Forschung eigneten, die das Wachstumspotenzial embryonaler Stammzellen für die Therapie zerstörter Organe nutzbar zu machen versucht. Dringend **müsse man** Zugang zu jenen
15 Linien erhalten. //

Brechen somit unter dem Druck der Gentechnik-Lobby die Dämme des Lebensschutzes? Wohl kaum. Bei Spätabtreibungen **stoßen die Forderungen** nach besserem Schutz für das Ungeborene **auf wachsenden Rückhalt,** bei der Sterbehilfe besteht Konsens über den Vorrang des
20 Lebens. **Statt von** einem Dammbruch **ist** im Stammzellenstreit **eher von** einer Entspannung jener bioethischen Verkrampfung **zu sprechen,** die rund um die Jahrtausendwende die Öffentlichkeit erfasste. //

Es ging damals ja **nicht nur um** die Menschenwürde der befruchteten Eizelle. **Es ging auch,** oft **vor allem um** Ängste vor Gen-Manipulationen,
25 vor Klonen und Menschenversuchen. Diese Ängste **waren** zuweilen **hysterisch,** stets aber **diffus:** Um gesetzgeberisch relevant[2] zu werden, brauchten sie einen argumentativen Anker. Den lieferte dann auch Atheisten das katholische Dogma[3], dass menschliches Leben in voller Würde unmittelbar mit der Verschmelzung von Ei- und Samenzelle gegeben sei.
30 //

Fünf Jahre später haben **sich** die meisten jener Ängste **als überzogen erwiesen** und gelegt, **weil** sie nicht mehr **durch** Feuilleton-Debatten **angeheizt werden. Das hat zur Folge, dass** ihr Anker – die These von der Menschenwürde der befruchteten, nicht eingenisteten Eizelle – allein
35 dasteht und sich aus sich heraus rechtfertigen muss. // Das aber will schon bei evangelischen Christen kaum gelingen. Bischof Huber ist nicht unprotestantisch, wenn er den Stichtag verlegen und damit implizit akzeptieren will, dass im Ausland weiterhin Stammzellenlinien hergestellt werden. // Erst recht nicht einleuchten will die Menschenwürde-

---

[1]**etw. steht zur Disposition** etw. muss neu überdacht, entschieden werden – [2]**relevant** erheblich, wichtig – [3]**Dogma** Glaubenssatz, v. a. in der Kirche, Lehrmeinung

---

TITEL: Bewertung der alten „Debatte über Stammzellen" („Hysterie")
■ **Anfang**

Sachverhalt
Mehrsträngiger Kommentar
ALTE DEBATTE: **Synthese** der Politiker im „Bioethik-Streit":
These der Wissenschaftler: Freiheit der Forschung
Antithese der Ethiker: „Lebensschutz"
◉ **Mitte**
NEUE DEBATTE:
Erklärung des Sachverhalts: „Stichtagsregelung"
These: neues **Faktenargument** (effektivere Nutzung jüngerer Stammzellenlinien im Ausland)

BLOCKBILDENDE Argumentation:
Überprüfung der **Antithese** aus heutiger Sicht
BLOCK 1: alte Arg. FÜR Bio-Ethiker
Gegenarg. 1: analogisierendes Argument („Spätabtreibung", „Sterbehilfe")
Schlussfolgerung („Entspannung …")

Gegenarg. 2: normatives Argument („katholisches Dogma" als rechtlicher Schutz gegen „Gen-Manipulationen")

Schlussfolgerung (aus BLOCK 1): alte **Antithese** („Menschenwürde der befruchteten … Eizelle") ohne Rechtfertigung aus heutiger Sicht
BLOCK 2: neue Arg. GEGEN Bio-Ethiker
Arg. 1: Autoritätsargument (Bischof Huber)

Arg. 2: Autoritätsargument („Philosophen …")

Leitartikel L

40 These **Philosophen in der Aufklärungstradition**. **Es ist eben anders als** bei der Abtreibung: Da **bestreitet** niemand, **dass ein nicht abgetriebener Fötus ein geretteter Mensch ist** und dass ein striktes Abtreibungsverbot **nur deshalb unmöglich ist**, **weil** sich eine Geburt nicht erzwingen lässt. // Weit weniger einzusehen ist, warum eine künstlich befruchtete Eizelle,
45 die nicht zu Stammzellen entwickelt wird, aber mangels Implantierungschance im Kühlschrank bleibt, ein geretteter Mensch sei. //

Arg. 3: analogisierendes Arg. („Abtreibung")

Arg. 4: logisches Argument (eine künstlich befruchtete Eizelle, die NICHT für die Stammzellenforschung genutzt wird, sondern im Kühlschrank bleibt, ist KEIN „geretteter Mensch")

Das muss man glauben. **Wie schwierig dies ist, zeigt sich auch daran, dass** viele **Verteidiger** der geltenden Stammzellenregelung nur noch **argumentieren**, die Gesellschaft versichere sich über den strikten Embry-
50 onenschutz der **Würde des menschlichen Lebens**. **Das ist dünn:** Der Embryo ist dann nicht mehr unmittelbar aus sich schutzwürdig, sondern nur wegen seiner Funktion im gesellschaftlichen Diskurs[1], also mittelbar. **Daraus folgt aber, dass** man seine Rechte abwägen darf gegen andere Güter wie die Forschungsfreiheit und die Aussicht auf Heilung schwerer Krankheiten. //
55

Schlussfolgerung (aus BLOCK 2): Ablehnung der alten Antithese („strikter Embryonenschutz")

Lösungsvorschlag Kompromiss (Lebensschutz vs. „Forschungsfreiheit")

⬢ **Man sollte** diese **Abwägung** dann auch **treffen** und **damit die Konsequenz aus** dem Abklingen der Gentechnik-Hysterie **ziehen. Man eröffne also** seriösen Wissenschaftlern Zugang zu Stammzellenlinien, die nach dem Stand der Technik erzeugt wurden. Zeit für die nötigen
60 Kontrollen lässt sich durch einen Stichtag schaffen, der entweder einmal verschoben wird oder mitwandert. // **Wenn man** aber schon kontrollieren will, **kann man** es auch richtig machen: **indem man** die Herstellung von Stammzellenlinien auch im Inland gestattet und sie deutschen Normen unterwirft, statt wie bisher das Ausland produzieren zu lassen, was man selbst gern hätte.

⬢ Schluss mit neuer Synthese (1) Handlungsempfehlung Zugang zu neueren Stammzellenlinien aus dem Ausland

(2) Handlungsalternative Herstellung von Stammzellenlinien im Inland

In: DIE WELT, 30. Dezember 2006, S. 8

---

[1]**Diskurs** Erörterung, methodisch aufgebaute Abhandlung

Formulierungshilfen für Leitartikel

➤ für **Widerspruch** gegen eine Position
- **typische Satzmuster** für Argumentationen: **die Verben *sein/sich erweisen/gelten als* + wertendes Adjektiv/Substantiv**: *Fünf Jahre später haben sich X und Y als überzogen erwiesen; ..., der als historisch galt; X ist schwierig/hysterisch/diffus/ein Kompromiss;* **Verb *sein*** mit ***nicht*** bzw. ***kein***: *nicht von Dauer sein; kein geretteter Mensch sein*

➤ für die Darstellung der eigenen/einer fremden **Meinung**
- **Verben des Meinens, Denkens, Behauptens**: *etw. favorisieren/infrage stellen/bezweifeln/bestreiten; argumentieren, dass ...; Zustimmung signalisieren; es geht ja nicht nur um X; es geht auch/vor allem um X*
- **metaphorische Wendungen** für die Intensität einer Auseinandersetzung: *im Stammzellen-*

streit, einen Streit entfachen/beenden/schlichten; Verteidiger argumentieren, dass …; durch Debatten angeheizt werden; einen argumentativen Anker brauchen/liefern; nach der Hysterie/ dem Abklingen der Gentechnik-Hysterie

➤ für ein **kontroverses Meinungsbild**
  ▪ **verbale und substantivische Wendungen**: *Immer lauter werden die Stimmen, die …; eine Forderung stößt auf (erstaunliche) Offenheit/(wachsenden) Rückhalt; X signalisiert Zustimmung; bei X besteht Konsens über …*

➤ für **Kompromisse**
  ▪ **Verben des Forderns/Empfehlens**: *(als Lösung/Handlungsalternative) fordern/vorschlagen/ empfehlen; einen Ausgleich stiften zwischen X und Y; appellieren an …, damit …*

Vgl. zu weiteren Formulierungshilfen ↗ **Argumentation** (S. 32 ff.), ↗ **Kommentar** (S. 221), ↗ **Rede** (S. 269 f.).

Porträt

Auf einen Blick

Ein **Porträt** (franz. „Bildnis") gehört zu den **beschreibenden Textformen**. Anders als in einer Biografie (↗ **Bericht: biografische Notiz**), die sich auf objektive Lebensdaten einer historischen Persönlichkeit stützt, schreibt man ein Porträt aus einer weitgehend **subjektiven Perspektive** und schildert die äußere Erscheinung, die Charaktereigenschaften und die Wirkung eines Menschen, z. B. in Familie, Beruf oder Öffentlichkeit. Oft deckt man dabei auch solche Eigenschaften auf, die sich hinter dem öffentlichen Bild eines Menschen verbergen. Auf diese Weise kann man Lesern einen Einblick in den Charakter eines Menschen vermitteln.

Ein **Porträt** wird in unterschiedlichen Zusammenhängen geschrieben:
- in der Schule: als **Charakteristik** (zu unterscheiden von der eher sachlichen **Personenbeschreibung**) in verschiedenen Formen des **kreativen Schreibens**, z. B. als Charakteristik
  - einer literarischen Figur (aus Drama oder Roman) oder einer schriftstellerischen Persönlichkeit,
  - einer Mitschülerin in der Abiturzeitung oder eines pensionierten Lehrers im Jahresbericht der Schule,
- in der Presse: als **journalistisches Porträt** (vgl. Beispieltext), das zu Persönlichkeiten des öffentlichen Lebens verfasst wird. Das Porträt, so sagen viele Redakteure, spricht über das Interessanteste, über das eine Zeitung ihre Leser informieren kann, nämlich über Menschen. Dokumentiert wird vor allem der öffentliche Lebensweg eines Menschen, aber auch Interessantes aus seinem Privatleben. Anlass (oder „Aufhänger") kann eine aktuelle Nachricht sein: z. B. Amtsantritt, Preisverleihung, Geburtstag, Tod, Jahrestag oder ein anderes Aufsehen erregendes Ereignis im öffentlichen Leben der porträtierten Person. Entscheidend bei der Auswahl, wer porträtiert wird, ist nicht der gesellschaftliche Rang: Wer auffällt, kommt ins Porträt;
- in der Dichtung: als **literarisches Porträt**, das Schriftstellerinnen und Schriftsteller als Mittel der Charakterzeichnung in Romanen und Dramen nutzen,
- in der Lyrik: als **Porträtgedicht**, in dem Lyriker eine Persönlichkeit des öffentlichen Lebens würdigen oder kritisieren (z. B. Georg Trakl, „Karl Kraus"; Gottfried Benn, „Chopin") oder auch auf die eigene Person und ihren Werdegang zurückblicken (z. B. R. M. Rilke, „Selbstbildnis aus dem Jahre 1906").

Ein **Porträt**
- wird im Allgemeinen im **Präsens** geschrieben, wenn es z. B. um Eigenschaften, Ansehen oder Leistungen der porträtierten Person geht; in Zeitformen der Vergangenheit, wenn z. B. zurückliegende Ereignisse (im **Präteritum**) oder noch davor liegende Begebenheiten (im **Plusquamperfekt**) zu ihrer Charakterisierung angeführt werden,
- wird aus einer vorwiegend **subjektiven Perspektive** verfasst,
- kann eigene **Aussagen** der porträtierten Person enthalten (z. B. aus einem aktuellen Interview oder einer älteren Archivquelle), als Zitat oder in indirekter Rede.

Porträt

Ein Porträt ist eine **Kombination** von verschiedenen **Textformen**. Man kann die folgenden TEXT-BAUSTEINE verwenden:

- ↗ SCHILDERUNG bzw. ↗ BESCHREIBUNG: wenn das äußere Erscheinungsbild, das private oder berufliche Umfeld eines Menschen aus weitgehend subjektiver Perspektive bzw. mit vorwiegend objektiven Angaben beschrieben wird,

- ERZÄHLEN: wenn man einen bemerkenswerten Vorfall hauptsächlich aus subjektiver Perspektive erzählt, wie in einer ↗ **Geschichte** oder ↗ **Anekdote**,

- ↗ BERICHT: wenn man über biografische Ereignisse im Leben der porträtierten Person durchgehend sachlich informiert,

- ↗ ERKLÄRUNG: wenn man einzelne Eigenschaften der Person im Porträt für Leser erklärt oder von ihr selbst erklären lässt (in direkter oder indirekter Rede), z. B. ihre Berufsauffassung, ihren beruflichen Erfolg, ihr soziales Engagement, ihre privaten Ziele,

- ↗ KOMMENTAR: wenn man Eigenarten, Ansehen, Leistungen oder Erfolge des porträtierten Menschen persönlich beurteilt bzw. von diesem selbst oder von anderen (Kollegen, Kritikern, Freunden etc.) einschätzen lässt.

Der **Aufbau** eines Porträts kann

- **chronologisch** sein: d. h., man orientiert sich am Werdegang eines Menschen, auch in zeitlicher Umkehrung (z. B. von heute zurück bis zu den Anfängen),

- **kontrastiv** sein: d. h., man deckt nach einem eröffnenden ersten Eindruck die verborgenen anderen Seiten eines Menschen auf oder stellt fortlaufend widersprüchliche Eigenschaften gegenüber; oder man kontrastiert das öffentliches Bild eines Menschen mit seinen privaten Interessen,

- **kreisförmig** sein: d. h., man geht von einem ersten Gesamteindruck aus, greift dann einzelne Eigenschaften auf und kehrt am Schluss zu einem vertieften Gesamteindruck zurück,

- **linear** sein: d. h., man stellt einzelne Lebensbereiche (z. B. Herkommen, Ausbildung, Beruf, Öffentlichkeit, Familie) der Reihe nach vor und lässt so Schritt für Schritt ein Gesamtbild entstehen,

- **klimaktisch** sein: d. h., man führt biografische Einzelheiten auf einen Höhepunkt (eine Klimax) im Leben der porträtierten Person hin.

So wird's gemacht

Schreibplan: Schritte bei der Vorbereitung und Ausformulierung

Als wichtige Vorbereitung für ein Porträt stellt man einen **Schreibplan** auf. Hierzu gehören im Beispieltext Überlegungen

- ➤ zum **Thema**: Besonderheiten des porträtierten Menschen; der Regisseur Bieito als widersprüchlicher Mensch: einerseits bescheidener, unauffälliger Privatmann, andererseits Provokateur auf der Opernbühne, der konservative Zuschauer und die (Boulevard-)Presse gegen sich aufbringt,

- ➤ zu **Quellen**: persönliche Interviews, Allgemeinwissen, Papier- und Online-Archive oder Nachschlagewerke,

Portrait

P
243

- ➤ zur **Leser-/Adressatengruppe**: Kenner, Liebhaber der Oper oder des Theaters; Leser einer über-regionalen Tageszeitung der Qualitätspresse,
- ➤ zur **Sprache**: Standardsprache mit Fachbegriffen des Theaters; umgangssprachliche und bildhafte Ausdrücke für die provozierende Wirkung des Regisseurs,
- ➤ zur eigenen **Position**, zur **subjektiven Perspektive** des Porträtisten: Gefallen an der Widersprüchlichkeit des Menschen im Porträt, gleichzeitig aber auch die abwägende Haltung eines Journalisten, der die Reaktionen der Öffentlichkeit wahrnimmt,
- ➤ zum **Textaufbau**
  - ▪ verstreut eingeblendete biografische Einzeldaten, die für das Thema (s. o.) wichtig sind, keine chronologisch angeordneten biografischen Daten und Lebensstationen
  - ▪ Dreiteilung des Textes: Privatmann – berufliches Ansehen mit biografischen Angaben – abschließende Gesamteinschätzung
    - ■ Anfang: erster, aber **vorläufiger Gesamteindruck**: die Person im Porträt als bescheidener und bürgerlicher **Privatmann**
    - ◉ Mitte: Kontrastierung mit der **öffentlichen Person** aus der unterschiedlichen Sicht anderer (Zuschauer, Presse, Berufskollegen) mit biografischen Angaben und Erläuterungen
    - ▲ Schluss: **Gesamteindruck** der kontroversen Persönlichkeitsmerkmale mit Beurteilung des Porträtisten

Beispieltext
Manuel Brug, „Der Regisseur Calixto Bieito ist der Sex-Moralist der Oper"

Der folgende Text ist ein journalistisches Porträt aus dem Feuilleton der Tageszeitung DIE WELT, das anlässlich einer bevorstehenden Opernaufführung des Regisseurs verfasst wurde.

Um den Zusammenhang zu verdeutlichen, wie aus den vorbereitenden Schritten ein Porträt entstehen kann, werden im folgenden Beispieltext markiert:

- – Gesamteindruck von der porträtierten Person als Thema
- – sprachliche Wendungen für objektive, faktische Angaben zur Person (äußere Erscheinung, Familie, Biografie, Beruf, berufliche Ereignisse)
- – sprachliche Wendungen für eine **subjektive Beschreibung** und **Beurteilung** der porträtierten Person

In der Kommentarspalte werden **Gliederungsabschnitte** des Porträts aufgeführt und die verwendeten TEXTBAUSTEINE erläutert.

Der Regisseur Calixto Bieito ist der Sex-Moralist der Oper

Nacktes Fleisch, Sex, Folter, Mord, Leichenschändung und Vergewaltigung: So manchem gilt der Katalane als der leibhaftige Luzifer[1] und tödliche Terminator[2] des Musiktheaters

Calixto Bieito

Von Manuel Brug

■ Er ist **ein lieber kleiner Mann**, mit wenig Haar und **warmen Augen**. Er spricht leise, **treuherzig** und **um Verständnis werbend**. Was er sagt, **ist klug, zeugt von** Respekt gegenüber den Werken anderer, von Wissen und großem handwerklichen Verständnis. Er ist ein **treuer Ehemann** und **lieber Vater**. Er ist 10 **brav** katholisch und wurde von den Jesuiten[3] erzogen.

⊙ Und trotzdem **gilt** der 40 Jahre alte katalanische[4] Regisseur Calixto Bieito nicht wenigen **als** der **leibhaftige** 15 **Luzifer und tödliche Terminator** des Musiktheaters. Nacktes Fleisch, Sex, Folter, Mord, Leichenschändung, Vergewaltigung, Verbrennung bei lebendigem Leib, der Umgang mit diversen menschlichen Ausscheidungen, das sind noch die harmlosesten Tatsachen, mit denen er seine oft **nach seliger Entspannung süchtigen** 20 Zuschauer **konfrontiert** und **schockiert**.

Seit er mit seinem Shakespeare-„Macbeth" 2001 bei den Salzburger Festspielen **für Aufruhr sorgte** (was dort verhältnismäßig leicht ist), **haftet** Calixto Bieito besonders in England und Deutschland **der Ruf des Provokateurs an**. Wo er auftaucht, da **hinterlässt er eine Spur von** Skan- 25 dalen, Schlagzeilen, bösen Leserbriefen, Abonnementskündigungen und Diskussionen darüber, wie weit man auf einer Theaterbühne gehen darf.

Sehr weit darf man gehen, findet er – angesichts einer immer grausameren, uns aus allen Fernsehkanälen und Gazetten[5] entgegenschlagenden Welt der Gewalt und Perversion. Außerdem hat er es mit Opern 30 zu tun, die vielfach von nichts anderem handeln als von menschlichen Abgründen, Eifersucht, Niedertracht und tödlicher Rache, schaut man einmal hinter die Oberfläche des schönen Gesangs.

---

[1]**Luzifer** ursprünglich „Lichtbringer", später Name des Teufels – [2]**Terminator** Serie eines US-amerikanischen Science-Fiction-Films (seit 1984), in der Arnold Schwarzenegger einen Cyborg, ein Mischwesen aus Mensch und Maschine, darstellt, der Menschen auf Befehl tötet („terminiert") – [3]**Jesuiten** „Gesellschaft Jesu": katholische Ordensgemeinschaft – [4]**katalanisch** aus Katalonien im Nordosten Spaniens stammend – [5]**Gazette** (medizinische, literarische etc.) Zeitung

Sein „Don Giovanni" **trieb es als** desillusioniertes Sexmonster auf einem Autorücksitz und **wurde** am Ende von einem Kollektiv in aller Langsam-
35 keit **abgemurkst**. Sein „Maskenball" begann mit einem Männerklo, wo sich die Mörder auf ihren Schüsseln wie in einem Kreis drehten. [Es folgen weitere provokante Opernbeispiele.]

■ BIOGRAFISCHE **Beispiele**, die die provozierende Wirkung des Regisseurs illustrieren

Theater macht Bieito übrigens, seit er 20 ist, er leitet selbst zwei Bühnen, trägt Verantwortung und hatte einen **exzellenten** Ruf als Regisseur vor-
40 zuweisen. Nur seit er **die Oper aufmischt**, kommt er **aus den Schlagzeilen nicht heraus**.

■ KURZBERICHT über seine qualifizierte berufliche Entwicklung

Bieito ist **Sozialist** und **radikal**. Und **klug**. Er befragt seine Stoffe sehr genau, kann Personen führen. Sänger, die sich auf seine Arbeit einlassen, **sind begeistert**, sie **schwärmen** von seiner Fantasie und seinem Einfüh-
45 lungsvermögen.

■ Abwägender KOMMENTAR des Verf. zum öffentlichen Ruf und zu beruflichen Fähigkeiten
■ Hohe MEINUNG der Berufskollegen

▲ Gerne beruft er sich auf Surrealisten[1] wie Luis Bunuel. „Ich zeige die Welt in ihren poetisch überhöhten Extremen, aber keiner soll sagen, dass es in der Realität anders zugeht." **Aber eben nicht** auf einer Opernbühne, wo sich die Traditionalisten und die Progressiven **als unversöhnliche**
50 **Lager gegenüberstehen** und die Schönheit der Kunst mit dem Ruf nach ungeschminkter Wahrheit konfrontiert wird.

▲ **Schluss**
ZUSAMMENFASSUNG des Persönlichkeitsbildes durch
■ ERKLÄRUNG des Regisseurs zu seiner Berufsauffassung (in direkter Rede)

Mal abwarten, wann **am Sonntag** die ersten Trillerpfeifen zum Einsatz **kommen**.

In: DIE WELT, 19. Juni 2004, S. 9

■ KOMMENTAR des Verf.
■ Anlass des Porträts

---

[1]**Surrealisten** nach dem 1. Weltkrieg (1914–1918) in Paris entstandene Richtung der modernen Literatur und Kunst, die das Unbewusste, Träume, Visionen etc. als Ausgangspunkt künstlerischer Produktion ansieht

Formulierungshilfen für Porträts

➤ für **sachliche biografische Angaben**
  - ■ **Substantive** und **Attribute** für sachliche **biografische** Angaben (Alter, Herkommen, Konfession, Ausbildung, Beruf, Karriere, Familienstand etc.): *Er ist … Ehemann und … Vater/ katholisch/von den Jesuiten erzogen; der 40 Jahre alte katalanische X*
  - ■ beschreibende **Substantive** und **Adjektive** für das äußere Erscheinungsbild, häufig durch *mit* oder *von* angeschlossen: *ein kleiner Mann, mit wenig Haar; von kleiner Gestalt*

➤ für eine **subjektive Wahrnehmung** der porträtierten Person
  - ■ **Adjektive, Adverbien** und **Substantive** für persönliche Eindrücke vom äußeren Erscheinungsbild: *ein lieber Mann/Vater, mit warmen Augen, ein treuer Ehemann; brav katholisch*
  - ■ **Nachstellung** von **Eigenschaften** zur Betonung (häufig eingeleitet durch *mit*): *ein … Mann, mit wenig Haar und warmen Augen*

➤ für eine **subjektive Darstellung** von **biografischen** Daten

■ **Handlungsverben** für eine **lebendige** Darstellung, z. B.

– der engagierten beruflichen Tätigkeit eines Menschen: *X macht … (Theater)/leitet … (zwei Bühnen)/trägt Verantwortung* (statt des Verbs „sein", das lediglich einen beruflichen Status ausdrückt: „X ist Regisseur/Leiter von Schauspielhäusern/verantwortlich für …")

– der Wirkung eines Menschen in der Öffentlichkeit: *X konfrontiert/schockiert jdn. mit …/ sorgt mit … für Aufruhr/hinterlässt eine Spur von (Skandalen/Schlagzeilen/bösen Leserbriefen …)*

■ **substantivische Wendungen in Reihung**, um die **Vielseitigkeit** des porträtierten Menschen (z. B. seiner künstlerischen Leistungen auf der Bühne) zu vermitteln: *Nacktes Fleisch, Sex, Folter, Mord, Leichenschändung, Vergewaltigung, Verbrennung bei lebendigem Leib, der Umgang mit diversen menschlichen Ausscheidungen, das sind noch die harmloseren Tatsachen, mit denen er …*

➤ für eine **persönliche Beurteilung** der porträtierten Person

■ **Verben des Urteilens**: *X gilt als …/wird als … (Moralist) verstanden; X haftet der Ruf des … (Provokateurs) an; (seine Sprechweise) zeugt von … (Respekt/Wissen/…)*

■ **wertende Adjektive**: *ein exzellenter Ruf, nach seliger Entspannung süchtige Zuschauer*

■ typische **Satzmuster** für Beschreibungen: mit dem **Verb *sein* + Adjektiv/+ Substantiv**: *X ist … (klug, treuherzig, radikal)/ein … (lieber) Vater/Sozialist/der Sex-Moralist der Oper*

■ **Metaphorik** (auch der **Umgangssprache**, ggf. mit **Alliteration**) für eine einprägsame positive oder negative Einschätzung der porträtierten Person: *der **l**eibhaftige **L**uzifer, der **t**ödliche **T**erminator; … seit er die Oper aufmischt, kommt er aus den Schlagzeilen nicht mehr heraus; sich als unversöhnliche Lager gegenüberstehen; wann die Trillerpfeifen zum Einsatz kommen*

Vgl. zu weiteren Formulierungshilfen ↗ **Bericht: biografische Notiz** (S. 41), ↗ **Beschreibung** (S. 48), ↗ **Bildbeschreibung** (S. 63 f.), ↗ **Schilderung** (S. 309 f.).

Protokoll

Auf einen Blick

Ein **Protokoll** gehört zu den ↗ **erklärenden Textformen**. Es wird immer dann geschrieben, wenn die Ergebnisse und der Verlauf eines Gesprächs für alle Teilnehmer wie auch für nicht Anwesende in verständlicher Form festgehalten werden sollen. Ein Protokoll dokumentiert also eine Kommunikationssituation: Es gibt den Inhalt einer Diskussion, einer Unterrichtsstunde, einer Sitzung, Besprechung, Versammlung oder Verhandlung wieder. Ein Protokoll ist sowohl **Gedächtnisstütze** und **Informationsquelle** als auch **Arbeitsunterlage** und **Dokument**, das alle Beteiligten verpflichtet, sich an die getroffenen Vereinbarungen oder verabredeten Aufgaben und Ziele zu halten.

In **übersichtlich gegliederter Form** zeichnet ein Protokollant **Sprechbeiträge** meist **zusammengefasst** und **sinngemäß** (nicht wörtlich) auf, **ohne subjektive Bewertungen**. Ein Protokoll dient dazu, Besprochenes, Arbeitsergebnisse, Ziele, Beschlüsse oder Vereinbarungen aufzuzeichnen, und zwar so, dass alle Beteiligten auf dieser Grundlage weiterarbeiten bzw. nicht Anwesende sich über den erreichten Diskussionsstand informieren können.

Protokolle werden nicht nur zu **Sprechhandlungen** (auf Sitzungen, in Besprechungen etc.), sondern auch zu **Vorgängen** und **Handlungen** geschrieben. In diesem Fall spricht man jedoch eher von ↗ **Berichten** (z. B. Unfall-, Augenzeugen-, Polizeiberichten, Berichten über Streitfälle), die zu Protokoll gegeben werden.

Protokolle werden geschrieben
- in der Schule:
    - in Form von **Unterrichts-** oder **Stundenprotokollen** zu Stundeninhalten, die in Gruppenarbeit oder im Plenum erarbeitet wurden (vgl. Beispieltext 2); sie dienen als **Erinnerungs-** und **Arbeitsgrundlage** und als **Klausur-** und **Prüfungsvorbereitung**,
    - in Form von **Prüfungs-** und **Sitzungsprotokollen** (auf Schülerrats-, Klassenpflegschaftssitzungen etc.) oder **Konferenzprotokollen** (auf Lehrer-, Schul-, Fach-, Versetzungskonferenzen etc.); sie dienen als rechtliches **Dokument**, das die Weiterarbeit der Gremien bestimmt bzw. ihre Entscheidungen (z. B. über eine Note in mündlichen Prüfungen) absichert,
- im Studium:
    - (von Studierenden) in Form von **Seminarprotokollen** zu Themen, die in Seminarsitzungen besprochen und diskutiert wurden; sie dienen als **Informationsquelle** und der Prüfungsvorbereitung,
    - (von Prüfern) in Form von **Prüfungsprotokollen**; sie dienen als rechtliches **Dokument**, das die Beurteilung einer Prüfungsleistung begründet,
- im Alltag: z.B. in Mieter- oder Eigentümerversammlungen oder in Vereinssitzungen, in denen verbindliche Beschlüsse für alle Mitglieder gefasst werden,
- im Berufsleben: in Form von **Vernehmungs**(-Polizei) oder **Sitzungsprotokollen** als **beweiskräf-**

tiges Dokument, z. B. zu Konferenzen, Sitzungen oder Vernehmungen, die aus rechtlichen Gründen verfasst werden müssen und durch Unterschriften (des/der Protokollierenden und der Sitzungsleiterin oder des Konferenzvorsitzenden) in ihrer Gültigkeit bestätigt werden,
- in öffentlichen Gremien: in Form von **stenografierten wörtlichen Mitschriften** (Wortprotokollen) als **beweiskräftige Dokumente**, wie sie z. B. in Debatten des Bundestages, in Vernehmungsprotokollen oder in Gerichtsverhandlungen üblich sind.

In einem **Protokoll**
- schreibt man im Allgemeinen im **Präsens**,
- schreibt man im **Präteritum**, wenn es als rückblickender **Bericht** verfasst werden soll, beispielsweise als ein **Unfallbericht** im Rahmen eines Polizeiprotokolls oder Sportunfalls,
- verwendet man einen **sachlichen, neutralen Stil**, d. h., man schreibt aus vorwiegend **objektiver Perspektive**,
- wählt man den **Indikativ** für Tatsachen, den **Konjunktiv** für Meinungen,
- kann man je nach Art des Protokolls (s. u.) einzelne Sprechbeiträge **zusammenfassend in eigenen Worten** wiedergeben oder wortgetreu in **indirekter Rede** oder – in der Ausnahme – wortgenau in **direkter Rede**.

Beim **Aufbau** eines Protokolls folgt man
- einem vereinbarten **Aufbaumuster**: in privaten oder nicht öffentlichen Gesprächskreisen (s. u.: Beispieltext 2).
- einem weitgehend festgelegten **Aufbaumuster**: in öffentlichen Gremien wie Konferenzen, Verhandlungen, Besprechungen etc.
    - **Protokollkopf**
    - Art des Gremiums (z. B. Fachkonferenz)
    - Ort, Datum
    - Beginn, Ende
    - Anwesende (auch nicht teilnehmende eingeladene Personen)
    - Leiter/in/Vorsitz
    - Protokollant/in
    - **Hauptteil**
    - Tagesordnungspunkte in nummerischer Anordnung (TOP 1: …, TOP 2: …, …)
    - systematische Ordnung der Redebeiträge (im **Ergebnisprotokoll**)
    oder:
    - chronologische Abfolge der Redebeiträge (im **Verlaufsprotokoll**)
    - Ergebnisse (Abstimmungsergebnisse bei Beschlüssen, Beschlüsse im Wortlaut)
    - **Protokollschluss**
    - Unterschrift des Protokollanten/der Protokollantin
    - Unterschrift des/der Vorsitzenden
    - Datum der Abfassung
    - evtl. Anlagen: Unterlagen, die zur Vorbereitung auf die Sitzung oder während der Sitzung an alle Teilnehmer verteilt wurden

Je nachdem, was protokolliert wird (eine Handlung, ein Vorgang oder ein Gespräch mit Sachthemen), erhält das Protokoll im **Hauptteil** eine andere Struktur:

- bei Handlungen und Vorgängen: eine **zeitliche** (wie in ↗ **Berichten**),
- bei Gesprächen mit Sachthemen: eine **erklärende** (wie in ↗ **Erklärungen**) oder eine **argumentative** (wie in einer ↗ **Argumentation** oder ↗ einem **Kommentar**).

Ein Protokoll kann auch eine **Kombination** aus diesen verschiedenen **Textformen** sein, d. h., ERKLÄRENDE, BERICHTENDE und ARGUMENTATIVE Abschnitte als TEXTBAUSTEINE enthalten.

Um ein **Protokoll** zu schreiben, durchläuft man zwei Schritte:
- **Mitschrift**: Sprechbeiträge und Ergebnisse in einer Kommunikationssituation in einem **Stichwortprotokoll** (vgl. Beispieltext 1) aufzeichnen,
- **Schreibplan**: den Inhalt der stichwortartig aufgezeichneten Kommunikationssituation **strukturiert** in einem Verlaufs- oder Ergebnisprotokoll **zusammenfassen** (vgl. Beispieltext 2: **Unterrichtsprotokoll** als Mischform aus beiden Protokollarten).

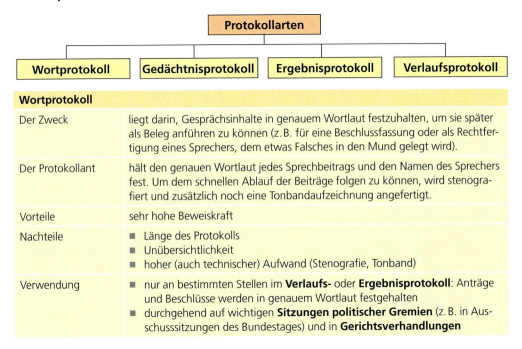

Wortprotokoll	
Der Zweck	liegt darin, Gesprächsinhalte in genauem Wortlaut festzuhalten, um sie später als Beleg anführen zu können (z. B. für eine Beschlussfassung oder als Rechtfertigung eines Sprechers, dem etwas Falsches in den Mund gelegt wird).
Der Protokollant	hält den genauen Wortlaut jedes Sprechbeitrags und den Namen des Sprechers fest. Um dem schnellen Ablauf der Beiträge folgen zu können, wird stenografiert und zusätzlich noch eine Tonbandaufzeichnung angefertigt.
Vorteile	sehr hohe Beweiskraft
Nachteile	■ Länge des Protokolls ■ Unübersichtlichkeit ■ hoher (auch technischer) Aufwand (Stenografie, Tonband)
Verwendung	■ nur an bestimmten Stellen im **Verlaufs-** oder **Ergebnisprotokoll**: Anträge und Beschlüsse werden in genauem Wortlaut festgehalten ■ durchgehend auf wichtigen **Sitzungen politischer Gremien** (z. B. in Ausschusssitzungen des Bundestages) und in **Gerichtsverhandlungen**

Gedächtnisprotokoll	
Der Zweck	liegt darin, Inhalte von Gesprächen nachträglich festzuhalten.
Der Protokollant	fertigt ohne handschriftliche Notizen unmittelbar nach dem Ereignis aus der Erinnerung ein Protokoll an.
Nachteile	geringere Beweiskraft als andere Protokollarten
Verwendung	■ wenn bei dem Gesprächsanlass (z. B. Besprechung, Telefongespräch) kein Protokollant anwesend war oder bestimmt wurde ■ wenn bei einem Ereignis im Alltag (z. B. Unfall), das rechtliche Konsequenzen haben kann, kein Protokollant vorgesehen ist ■ wenn es um **Auseinandersetzungen im Alltag** geht (z. B. mit dem Vermieter, Mieter, Nachbarn etc.)

Ergebnisprotokoll

Der Zweck	besteht darin, die wesentlichen Diskussionsinhalte und **Ergebnisse** eines Gesprächs **knapp** und in **systematischer Ordnung** festzuhalten. Es gibt den **sachlogischen** Zusammenhang der diskutierten Inhalte wieder.
Der Protokollant	ordnet einzelne Gesprächsbeiträge nach sachlichen Oberbegriffen, fasst gleiche oder ähnliche Meldungen verschiedener Sprecher zusammen, lässt Nebensächliches weg und stellt so eine übersichtlich strukturierte Gliederung des Gesprächs her. Anforderungen: Fähigkeit, zusammenzufassen, zu gliedern, die Mitschrift strukturiert anzulegen; Fähigkeit, rasch zu erkennen, was wichtig und was unwichtig ist; hoher Aufwand an Konzentration während der Mitschrift
Vorteile	■ Kürze des Protokolls und übersichtliche Gliederung ■ schnelle Orientierung (auch für nicht anwesende Mitglieder)
Nachteile	■ Weg, wie Ergebnisse gewonnen wurden, entfällt ■ Gefahr der subjektiven Einmischung des Protokollanten in seiner Ordnung der einzelnen Gesprächsbeiträge ■ Gefahr der Bewertung durch den Protokollanten in seinem Verzicht auf das, was er für nebensächlich hält
Verwendung	■ in **geisteswissenschaftlichen (Unterrichts-)Fächern** für die systematische Zusammenfassung von Gesprächsbeiträgen, häufig auch als Mischform aus Ergebnis- und Verlaufsprotokoll (vgl. **Unterrichts-** und **Seminarprotokolle**) ■ in **Konferenzen**, Sitzungen, Besprechungen etc.

Verlaufsprotokoll

Der Zweck	besteht darin, nicht nur die **Ergebnisse** eines Gesprächs festzuhalten, sondern in **ausführlicher** Form auch den **tatsächlichen Gesprächsverlauf**. Diese Art des Protokolls ähnelt in seiner zeitlichen Strukturierung einem ↗ **Bericht**. Es gibt den **chronologischen** Ablauf eines Gesprächs wieder.
Der Protokollant	hält die Sprechbeiträge einzelner Redner in ihrer **zeitlichen Abfolge** möglichst genau fest, entweder sachlich in eigenen Worten zusammengefasst, in indirekter Rede oder – in der Ausnahme – in wörtlicher Rede. Er kann, wenn es sachlich wichtig ist, auch die Namen der Sprecher mit aufnehmen. Anforderungen: schnelle Mitschrift, u. U. Stenografie, hoher Aufwand an Zeit während der Abfassung des Protokolls
Vorteile	■ Weg, wie Ergebnisse gewonnen wurden, ist nachvollziehbar ■ Auffassungen einzelner Sprechern werden deutlich (konstruktiv, engagiert, widerspruchsfrei, parteilich, entwicklungsfördernd/-hemmend etc.) ■ hohe Beweiskraft als Dokument in rechtlichen Zusammenhängen
Nachteile	■ Länge des Protokolls ■ fehlende Gliederung ■ Gefahr der Unübersichtlichkeit durch Wiederholungen, Abschweifungen, Nebensächlichkeiten
Verwendung	■ in **naturwissenschaftlichen (Unterrichts-)Fächern** für die genaue Beschreibung von Versuchsanordnungen und Experimenten ■ in **Konferenz-** oder **Sitzungsprotokollen**, wenn es z. B. wichtig ist, darzulegen, wie im Gesprächsverlauf ein Ergebnis gewonnen wurde, etwa aus einer argumentativen Auseinandersetzung mit Pro- und Kontrastimmen ■ in **Gerichtsprotokollen** (entscheidende Aussagen werden wörtlich aufgenommen)

So wird's gemacht

Mitschrift: Schritte bei der Vorbereitung

Als wichtige Vorarbeit für das Schreiben eines Protokolls fertigt man eine **Mitschrift** oder ein **Stichwortprotokoll** an. Diese bestehen im Allgemeinen aus **handschriftlichen Notizen**. Wer schon geübt ist im Schreiben von Notizen und Protokollen, kann sich auch zutrauen, eine **computergestützte** Mitschrift herzustellen.

Ein Protokollant, der in einer Unterrichtsstunde, (Seminar-)Sitzung, Konferenz, Besprechung usw. eine Mitschrift der laufenden Diskussionsbeiträge erstellen will, kann sich auf diese Aufgabe vorbereiten, indem er die folgenden Hinweise berücksichtigt:

Vorbereiten

➤ Über das **Thema** der Sitzung, der Unterrichtsstunde, der Seminarveranstaltung etc. sollte ein Protokollant sich vorher sachlich informieren, sodass er den Sachaspekten und den thematischen Zusammenhängen des Gesprächs, das er aufzeichnen soll, folgen kann. Auf Konferenzen hilft es, die **aktuelle Tagesordnung** vor Augen zu haben.

➤ Die **Teilnehmer**
  - sollten dem Protokollanten namentlich bekannt sein,
  - in beruflichen Zusammenhängen auch ihre Dienstbezeichnungen.

➤ **Papier**
  - in großzügigen Vorräten mitbringen,
  - mit Rand, auf dem man Zusätze ergänzen kann,
  - ggf. mit Fußzeile, z. B. für selbst gewählte Abkürzungen.

➤ **Schreibgeräte** umfassen neben einem Kuli für die fortlaufende Mitschrift auch farbige Stifte oder Textmarker für die besondere Kennzeichnung einzelner Stichworte oder wichtiger Ergebnisse.

➤ **Technische Geräte** können erfahrenen Protokollanten helfen, die Mitschrift zu erleichtern. Hierzu gehören
  - ein **PC** mit entsprechender Software, um Formate für Mitschriften zu nutzen oder Mind Maps zu erstellen,
  - eine **Digitalkamera**, um z. B. Tafelbilder oder Aufzeichnungen auf Folien, Wandzeitungen oder Flipcharts festzuhalten.

Zuhören

➤ **Aktiv zuhören** bedeutet,
- das **Thema**/den **Tagesordnungspunkt** im Auge zu behalten,
- den wechselnden **Gesprächsbeiträgen** aufmerksam zu folgen,
- mitzudenken, aber **keine eigenen Sprechbeiträge** zu machen,
- **sprachliche Signale** der Sprecher zu beachten (Betonung, Hervorhebung von Wichtigem, Bewertungen, Eingehen auf bzw. Anknüpfen an vorhergehende Sprecher etc.),
- in den Sprechbeiträgen **Wichtiges von Unwichtigem zu unterscheiden**, auf der Grundlage seiner eigenen Sachkenntnisse.

Mitschreiben

➤ **Zeitlich versetzt** mitzuschreiben ist die Grundregel. Dies bedeutet z. B.:
- **nach einem kurzen Sprechbeitrag**, wenn dieser wichtig war,
- **während eines längeren Sprechbeitrags**, wenn die Kernaussage bzw. der Standpunkt des Sprechers deutlich wird,
- **nach einem Sinnabschnitt**, wenn es nur einen Redner gibt (z. B. bei Referaten und Vorträgen oder in Vorlesungen).

➤ **In Stichworten**

mitzuschreiben, also **keine wörtliche** Mitschrift vorzunehmen, ist notwendig, wenn man den Anschluss an die schnell aufeinanderfolgenden Sprechbeiträge nicht verpassen will.

Eine **wortwörtliche** Mitschrift aller Beiträge ist nur in Ausnahmefällen in bestimmten beruflichen Zusammenhängen (Bundestag, Gericht) nötig und gelingt nur, wenn der Protokollant stenografieren kann und zusätzlich noch ein Aufnahmegerät laufen lässt.

Protokolltechniken

➤ **Seiten**
- **einseitig beschriften**: Die Rückseite des Papiers leer lassen, das verschafft einen besseren Überblick.
- **durchnummerieren**: Das erleichtert später das Sortieren der losen Blätter und die Herstellung des Gesprächsverlaufs.
- **strukturieren**: Mit Schrift, Grafik, Farbe, Einrückung, Freiraum, Seitenrand etc. die Seite „räumlich" einteilen: So verschafft man sich einen besseren Überblick von dem Mitgeschriebenen, und die sachlichen Zusammenhänge werden deutlicher.

➤ **Mitschrift**
- **nicht linear anlegen:** d. h., Notizen nicht in vollen Zeilen als Fließtext niederschreiben, stattdessen Stichpunkte untereinander anordnen, dabei grafische Symbole nutzen, z. B.
  - Punkte
  - Spiegelstriche
- **übersichtlich ordnen:**
  - die **Ziffern der Tagesordnungspunkte** voranstellen, z. B.:
    TOP 1: ....
    TOP 2: ....

- den **Gesprächsgegenstand** einer Unterrichtsstunde oder Seminarsitzung voranstellen, z. B.: *Georg Trakl, „In Venedig" – Gedichtinterpretation*
- die **Untersuchungsaspekte** oder Arbeitsaufträge in einer Unterrichtsstunde/Seminarsitzung als **Überschriften** aufführen und **nummerieren**, z. B.:
  1. Die Raumerfahrung des Sprechers in Trakls Gedicht
  2. Die Zeiterfahrung
  3. Das Selbstbild des lyrischen Ich

■ **ökonomisch aufzeichnen:**
- **Stichwörter**, keine vollständigen Sätze aufschreiben, z. B. verbale oder substantivische Wendungen, verkürzte Sätze
- **Wiederholungen** in verschiedenen Sprechbeiträgen nicht mit aufnehmen
- **Unwesentliches** weglassen, Zwischenrufe überhören
- mit **Abkürzungen** arbeiten, aber nur solchen, die man später beim Protokollschreiben selbst noch versteht, z. B.:
  - allgemein gebräuchliche (dt.: „deutsch", v.: „von", Entf.: „Entfernung", Z.: „Zeile", Zus. f.: „Zusammenfassung", räuml.: „räumlich", Bsp.: „Beispiel" etc.)
  - eindeutige (T. für den besprochenen Autor „Trakl", Initialen oder bekannte Namenskürzel für die namentliche Kennzeichnung einzelner Sprecher)
  - selbst festgelegte, die man in einer Legende unten auf dem Mitschreibpapier zusammenstellt (FA = Folienanschrieb, TA = Tafelanschrieb, GA = Gruppenarbeit, TN = Teilnehmer, PL = Plenum, AH = Arbeitshypothese, TT 1 = Teilthema 1 etc.)

■ **in genauem Wortlaut festhalten:**
- Tagesordnungspunkte (in öffentlichen Gremien)
- Gesprächsgegenstand (in Unterrichtsstunden und Seminarsitzungen)
- Arbeitshypothese (z. B. zu einer Textbesprechung in einer Deutschstunde)
- Fachbegriffe, Eigennamen
- Zitate und Zeilenangaben als Belege, Literaturhinweise
- Ergebnisse
- Anträge und Beschlüsse in öffentlichen Gremien, Beschlüsse zusätzlich mit den Abstimmungsverhältnissen (z. B.: *einvernehmlich/einstimmig/mit … Gegenstimmen/bei … Enthaltungen*)

➤ Eine **Sachordnung** aus der **zeitlichen** Abfolge der einzelnen **Gesprächsbeiträge** herstellen:
■ **mit sprachlichen Mitteln**, z. B.:
- ähnliche Beiträge **zusammenfassen**
- längere Ausführungen **raffend mit Begriffen wiedergeben**
- tatsächliche **Abfolge** der Beiträge **umstellen** (z. B. mit Ziffern in der Mitschrift), wenn dadurch die Sache klarer wird (z. B. in Pro-Kontra-Diskussion)
- **Zwischenüberschriften einfügen**, wenn sich ein neuer Teilaspekt oder Unterpunkt ergibt
■ **mit grafischen Mitteln**, z. B.:
- **auflistende Symbole**: Punkte, Spiegelstriche etc.
- (wenige) **Farben** (z. B. Textmarker) zur punktuellen Hervorhebung von wichtigen Beiträgen, gleiche Farbe für Ähnliches
- einfache/doppelte **Unterstreichung, Umrandung** für Hervorhebungen, **Pfeile** für Ergebnisse, Schlussfolgerungen etc.

- **Plus-** bzw. **Minuszeichen** für Pro-Stimmen/Vorteile bzw. für Kontra-Stimmen/Nachteile
- **Einrückungen** zu einem Stichpunkt, um weitere, untergeordnete Einzelheiten anzugeben
- **Strukturskizze/-diagramm**, um die Beziehung zwischen Sachaspekten aufzuzeigen
- **Cluster** für Brainstorming-Phasen, um spontane, noch ungeordnete Sprechbeiträge im Überblick festzuhalten
- **Mind Map**, um Ordnung in ein diskutiertes Thema zu bringen

Ausgangstext
Georg Trakl, „In Venedig"

Das folgende Protokollbeispiel bezieht sich auf eine Interpretation des Gedichts von Georg Trakl (1887–1914) in einer Deutschstunde. Das Gedicht bezieht sich auf eine Venedig-Reise des Dichters im Jahr 1913. Nach einer ersten Gesprächsrunde im Plenum, in der die Kursmitglieder gemeinsam das Thema des Gedichts ermitteln und eine Deutungshypothese aufstellen, erfolgt die weitere Diskussion in Arbeitsgruppen, die jeweils ein eigenes Teilthema arbeitsteilig erarbeiten und anschließend dem Plenum vorstellen.

Wenn im Unterricht in Gruppen gearbeitet wird, bietet es sich an, dass alle Gruppenmitglieder einer Arbeitsgruppe stichpunktartig Aufzeichnungen zu ihrem Arbeitsprozess und zu ihren Ergebnissen machen. Ein solches **Stichwortprotokoll** ist die Grundlage für den anschließenden **mündlichen Vortrag** im Plenum und für das **schriftliche Unterrichtsprotokoll**, das jede Arbeitsgruppe für ihr Thema anfertigt.

In Venedig

Stille in nächtigem Zimmer.
Silbern flackert der Leuchter
Vor dem singenden Odem
Des Einsamen;
5 Zaubrisches Rosengewölk

Schwärzlicher Fliegenschwarm
Verdunkelt den steinernen Raum
Und es starrt von der Qual
Des goldenen Tags das Haupt
10 Des Heimatlosen.

Reglos nachtet das Meer.
Stern und schwärzliche Fahrt
Entschwand am Kanal.
Kind, dein kränkliches Lächeln
15 Folgte mir leise im Schlaf.

In: Georg Trakl (1969): Dichtungen und Briefe. Historisch-kritische Ausgabe. 2 Bde. Bd. 1. Hg. v. Walther Killy und Hans Szklenar, Otto Müller Verlag, Salzburg, S. 131

Protokoll

P
255

Beispieltext 1: Stichwortprotokoll

Um den Zusammenhang zu verdeutlichen, wie aus den vorbereitenden Schritten ein Stichwortprotokoll entstehen kann, werden im folgenden Beispieltext einige der grafischen und farblichen Markierungen angewandt, die oben vorgestellt wurden und die auch in einer handschriftlichen Mitschrift angewandt werden können. Zusätzlich werden markiert:

- **thematische Schlüsselwörter** (die zeigen, dass der Protokollant aktiv zuhört und der Sachdiskussion folgen kann)
- Strukturwörter für die argumentative Auseinandersetzung im Verlauf der Erarbeitung (die zur Deutung des Gedichts führt)

Zur Veranschaulichung wird exemplarisch das Stichwortprotokoll der ersten Arbeitsgruppe aufgeführt. Die Notizen werden dabei auszugsweise wiedergegeben.

In der Kommentarspalte werden die verwendeten **Protokolltechniken** aufgeführt.

Deutschstunde vom …	**Mitschrift**
■	■ **ANFANG**
	Stundeneröffnung
Gegenstand: Georg Trakl, „In Venedig"	■ in **Stichworten**
Eindrücke v. Ged.: Zauber der Stadt, Sommer, einbrechende Dunkelheit,	■ mit **Ziffern** für die vereinbarten
Verfall, bedrückendes Gefühl, in der Fremde, … (TA)	Teilthemen/Tagesordnungspunkte
5 Thema: Die Stadt Venedig als Ort des Verfalls	(TOP)
AH: Das lyrische Ich erfährt eine Stadtlandschaft, die für gewöhnliche	■ mit allgemein gebräuchlichen,
Besucher mit südländischem Charme ausgestattet ist, als Ort des kultu-	selbst festgelegten oder im Kurs
rellen Verfalls. (TA)	verabredeten **Abkürzungen**
Teilthemen (TT)	
10 1. Die Raumerfahrung des Sprechers } heute	
2. Die Zeiterfahrung } heute	
3. Die Rolle des lyrischen Ich } Montag, 15.11.	
4. Verfall als Thema im } Stefan, 22.11.	
15 Expressionismus } Kurzreferat	
◉	◉ **MITTE**
■ 1. TT (Gr. I):	**Notizen während der**
Raumerfahrung	**Gruppenarbeit**
● keine direkte Beschreibung/Schilderung des **Stadtraums**: z.B. kon-	■ **Anfang Teilthema 1**
20 krete Architektur	■ Teilthema
● sondern: persönlicher Eindruck – mit Wörtern für **räuml. Umgebung**	■ thematische Schlüsselwörter
# Leseerwartung (Tourist)	
◉	◉ **Mitte Teilthema 1**
Bspe: allgemeine Begriffe für **Naturraum**:	■ Zitate und Zeilenangaben als
25 – Z. 5: „Rosengewölk"	Belege
– Z. 6: „Fliegenschwarm"	■ grafische Symbole (= für „gleich",
konkretere Bez. für **Landschaftsraum**:	# für „ungleich") und Farben als
	Ordnungs-/Strukturierungshilfen

Protokoll

- Z. 9: „goldenen Tags" (Farbsymbol f. Sonne)
- Z. 11: „Meer"

30 aber: Z. 13: „Kanal": **Lagunenstadt**, von Kanälen durchzogen = **südländische Landschaft/Topografie**

Diskussion: Raumerfahrung des Spr. in Ven.
$\qquad$ Pro/Kontra

(+)pos., heitere Sicht der Stadt

35 Belege:

- „Rosengewölk": Abendstimmung, Sonnenuntergang
- „goldenen Tags": Sommer od. sonniger Tag
- → Charme d. Südens

(–) neg./bedrück. Erfahrungen

40 Belege:

- „Fliegenschwarm": **Verwesung**
- „Zimmer" (Z. 1), „Leuchter" (Z. 2), „steinerner Raum" (Z. 7):
  - geschlossener Wohnraum
  - Standort d. Spr.: Rückkehr am Abend (→ TT 2)
45 - Innenansicht
  - beobachtet von hier aus d. Stadt
  - überwieg. ‚dunkle' Aussichten

[weitere Textbelege]

▲   ↓ ↓ ↓

50 Eindruck von **Verfall** überwiegt:
  - **Architektur** verfällt (Lagunenstadt)
  - V. **kulturell** verfallend

> ■ Kennzeichnung der argumentativen Gesprächsentwicklung
> ■ vorläufige Ordnung durch Markierung mit (+) für These, (–) für Antithese

> ▲ Schluss Teilthema 1

Schreibplan: Schritte bei der Ausformulierung

Beispieltext 2: Unterrichtsprotokoll

Der Protokollant stützt sich auf seine handschriftlichen Aufzeichnungen im **Stichwortprotokoll** für ein später ausführlich verfasstes **Unterrichtsprotokoll**. Mit der Anfertigung dieses Protokolls sollte man nicht zu lange warten. Denn die Zusammenhänge zwischen den einzelnen Notizen sind am frischesten und genauesten in Erinnerung kurz (also ein oder zwei Tage) nach dem Gesprächsanlass.

Ein Unterrichtsprotokoll wie auch ein Seminarprotokoll ist eine **Mischform** aus **Ergebnis-** und **Verlaufsprotokoll**. Es hält in knapper Form die Ergebnisse einer Diskussion fest und zeigt auch, auf welchem Weg diese Einsichten gewonnen wurden. Dabei kann und sollte ein Unterrichtsprotokoll von der tatsächlichen zeitlichen Abfolge der Sprechbeiträge abweichen, um eine **klare sachliche Ordnung** herzustellen. Ein Unterrichtsprotokoll ist darum häufig übersichtlicher als die lebhafte oder ausschweifende Diskussion in einer Arbeitsgruppe oder im Plenum. Es strukturiert die behandelten Gesprächsgegenstände, statt die Vielfalt der Einzelbeiträge aufzunehmen.

Um den Zusammenhang zu verdeutlichen, wie auf der Grundlage des oben angeführten **Stichwort-protokolls** ein **Unterrichtsprotokoll** ausformuliert werden kann, werden im folgenden Beispieltext markiert:

> **raffende thematische Begriffe** für die diskutierte Sache
> Techniken des Ergebnisprotokolls
> Techniken des Verlaufsprotokolls

In der Kommentarspalte werden die **Gliederungsabschnitte** und die verwendeten **Protokolltech-niken** im Einzelnen aufgeführt.

■ Protokoll der Deutschstunde vom …

[Klasse/Kurs:]
[Ort: Schule und Stadt]
[Zeit:]

Gegenstand:	Georg Trakl, „In Venedig"
Thema:	Kultureller Verfall in einem expressionistischen Gedicht
Teilthemen:	1. Die Raumerfahrung des Sprechers
	2. Die Zeiterfahrung des Sprechers
	3. Die Rolle des lyrischen Ich
	4. Verfall als Thema im Expressionismus

⊙ Die Klasse/Kursgruppe ermittelt nach einer ersten kurzen Aussprache über ihre Eindrücke von Georg Trakls „In Venedig" das Thema des Gedichts. Aus der Sicht des Sprechers geht es um die Schönheit der Stadt, aber auch um Anzeichen von Krankheit und Verwesung.

5 Für die Textuntersuchung wird anschließend die folgende Deutungshy-pothese aufgestellt:
Das lyrische Ich erfährt eine Stadtlandschaft, die für gewöhnliche Besucher mit südländischem Charme ausgestattet ist, als Ort des **kultu-rellen Verfalls**.

10 Das Gedicht lässt sich anhand von vier thematischen Einzelaspekten untersuchen (s. o.). Die Kursmitglieder einigen sich vor Beginn der Arbeitsphase, in der zur Verfügung stehenden Zeit (Doppelstunde) zunächst die ersten beiden Teilthemen in arbeitsteiliger Gruppenarbeit zu untersuchen.

15 Im Folgenden fassen wir die Untersuchungen und Ergebnisse der Arbeits-gruppen zu den Teilthemen 1 und 2 zusammen, die im Plenum vorge-stellt wurden.

> **■ 1. Die Raumerfahrung des Sprechers** (Arbeitsgruppe I)
> Die Arbeitsgruppe I stellt ihre Untersuchungen und Ergebnisse vor:

Kommentarspalte:

■ **PROTOKOLLKOPF**
Reduzierter Schriftkopf
- im Kurs vereinbarte **Überschrift**
- Angaben in [ ] können entfallen, da sie weitgehend unverändert für die Lerngruppe bleiben

- Zeile für den **Gegenstand** der Stunde
- Zeilen für **Thema** und **Teilthe-men** (Tagesordnungspunkte)

⊙ **HAUPTTEIL PROTOKOLL**
Angaben zur Stundeneröffnung
Themenfindung

Deutungshypothese

Arbeitsplan

Strukturierte Wiedergabe der Beiträge und Argumente im **Gesprächsverlauf**

Nummerierte Zwischenüberschriften
■ **Anfang Teilthema 1**

20 ⊙ Anders, als man als Leser oder Tourist erwarten würde, stellt der Sprecher den Stadtraum, den er in Venedig erlebt hat, nicht in einer direkten
Beschreibung oder Schilderung dar, also etwa mit konkreten **architekto-
nischen** oder **räumlichen Bezeichnungen**. Er vermittelt vielmehr seinen
ganz persönlichen Eindruck durch Wörter, die sich allgemein auf Erschei-
25 nungen in seiner räumlichen Umgebung beziehen. In diesem Gedicht
zählen dazu Substantive für einen Naturraum wie „Rosen*gewölk*" (Z. 5)
und „Fliegen*schwarm*" (Z. 6), aber auch konkretere Raumvorstellungen
wie „*goldenen* Tags" (Z. 9), wobei man das Adjektiv als Farbsymbol für
‚Sonne' auffassen kann, und „Meer" (Z. 11). Nur das Wort „Kanal" ver-
30 weist in diesem Gedicht eindeutiger auf die **südländische Topografie** der
kanaldurchzogenen Lagunen- und Wasserstadt Venedig.

Welchen Eindruck Venedig als Stadtraum auf den Sprecher macht, wird
kontrovers diskutiert.

Einige Gruppenmitglieder sind der Ansicht, dass der Sprecher in Trakls
35 Gedicht durchaus auch den Charme der Lagunenstadt genieße, wie er
sich etwa bei untergehender Sonne am Ende eines (Sommer-)Tages erleben lässt (vgl. „Rosengewölk" und „goldenen Tags"). Auch der „Leuchter" (Z. 2) im Zimmer des Sprechers, der „silbern flackert", erzeugt eine
stimmungsvolle Szene bei Kerzenlicht. Vor allem steht ein silberner Ker-
40 zenleuchter für eine **geschmackvolle und teure Wohnkultur**. Man
fühlt sich dadurch an die prunkvollen Zeiten der Lagunenstadt als **Han-
delsmacht** zur Zeit der 1000-jährigen Dogenherrschaft erinnert.

Mehrheitlich überwiegt jedoch in der Arbeitsgruppe der Eindruck, dass
der Sprecher „[i]n Venedig" hauptsächlich **pessimistisch stimmende**
45 Erfahrungen macht. ...

[weitere Textbelege für diesen Diskussionsstand]

▲ Die Arbeitsgruppe kommt zu dem Ergebnis, dass der Sprecher Venedig
als einen **Ort des baulichen wie kulturellen Verfalls** erlebt.

■ **2. Die Zeiterfahrung des Sprechers** (Arbeitsgruppe II)
50 Die zweite Arbeitsgruppe des Kurses stellt dar, dass ... [usw.]

Im Plenum werden die Ergebnisse der Gruppenarbeit weiter ausgewertet:
Der Sprecher macht „In Venedig" die Erfahrung, dass er fremd ist in dieser Stadt. Darauf deutet auch seine Selbstbezeichnung hin (Strophe I, 4:
„Des Einsamen" und II, 9: „Des Heimatlosen"). Der besondere Charme
55 dieser südländischen Stadtlandschaft, wie eine gängige Vorstellung von
Venedig lautet (vgl. auch unsere Arbeitshypothese), wird aus der Sicht
des Sprechers ganz überlagert durch Anzeichen ihres **kulturellen Verfalls** (vgl. Arbeitsgruppe I). Den fortschreitenden **Niedergang Venedigs
als Kulturstätte** empfindet der Sprecher als unaufhaltsam. Dies lässt sich
60 an dem zeitlichen Ablauf in den drei Strophen vom Sonnenuntergang

---

Randspalte:

⊙ **Mitte Teilthema 1**

Übersichtliches Layout

Leerzeilen zwischen einzelnen
Teilthemen

Absätze zwischen Sinnabschnitten

Techniken des Ergebnisprotokolls
zusammenfassende Benennung für
einzelne Gesprächsbeiträge

Verzicht auf namentliche Nennung
von Sprechern

Auflistung einzelner Sachaspekte

raffende Begriffe für die diskutierte
Sache

Techniken des Verlaufsprotokolls
zeitlicher Verlauf des Gesprächs

Weg, auf dem Ergebnisse gewonnen
werden (hier: Pro-Kontra-Diskussion;
Abfolge der untersuchten Textstellen)

▲ **Schluss Teilthema 1**

■ **Anfang Teilthema 2**
[...]

Zusammenfassung und
Auswertung der
Gruppenergebnisse im
Plenumsgespräch

Protokoll **P**

bis in die tiefe Nacht ablesen (vgl. Arbeitsgruppe II). **Wir formulieren abschließend** als Schlussfolgerung aus unseren Arbeitsergebnissen: Im nächtlichen Venedig erkennt der Sprecher ein **Endstadium der einstigen kulturellen und wirtschaftlichen Größe** dieser Stadt.

65 ▲ Der Kurs verabredet, die noch ausstehenden Untersuchungsaspekte wie folgt zu behandeln: ...

...., den ...

Britta Franke (Arbeitsgruppe I zum Teilthema 1)
Boris Funke (Arbeitsgruppe II zum Teilthema 2)

▲ **PROTOKOLLSCHLUSS**
Verabredungen

- ■ Datum der Abfassung des Protokolls
- ■ Name(n) der/des Protokollierenden

Formulierungshilfen für Protokolle

➤ für eine **raffende Wiedergabe** einzelner Gesprächsbeiträge
- ■ **Zusammenfassung** von **Einzelbeiträgen** durch **Oberbegriffe**: *Ort des baulichen wie kulturellen Verfalls; pessimistisch stimmende Erfahrungen*
- ■ **Zusammenfassung** von **ähnlichen Beiträgen** durch **Zahlwörter** (z. B. zu Pro- oder Kontra-Positionen): *Einige Kursmitglieder sind der Ansicht, dass ...; Mehrheitlich überwiegt jedoch der Eindruck, dass ...*

➤ für eine **sachliche** Wiedergabe einzelner Gesprächsbeiträge
- ■ **Sachaspekte** (keine Sprecher) in der **Subjektstelle**: *Ein silberner Kerzenleuchter steht für eine geschmackvolle und teure Wohnkultur (statt: Markus hält X für/deutet X als ...)*
- ■ **unpersönliches Pronomen** *man*: *Man fühlt sich dadurch an ... erinnert; ..., wobei man das Adjektiv als ... auffassen kann.*
- ■ **Verbalgruppen im Passiv**: *X wird kontrovers diskutiert.*

➤ für Phasen im **Gesprächsverlauf**
- ■ **zeitliche** oder **sachliche** Angaben für den **Beginn** oder das **Ende** eines Diskussionspunktes: *Die Arbeitsgruppe 1 stellt ihre Untersuchungen und Ergebnisse vor: ...; Im Plenum werden die Ergebnisse der Gruppenarbeit weiter ausgewertet: ...; Die Arbeitsgruppe kommt zu dem Ergebnis, dass ...; Wir formulieren abschließend als Schlussfolgerung aus unseren Arbeitsergebnissen: ...*

Vgl. zu weiteren Formulierungshilfen ↗ **Interpretation – Basiskapitel** (S. 150 f.).

Rede

Auf einen Blick

Aus der griechischen wie der römischen Redepraxis sind **drei Redearten** bekannt. Je nach Gegenstand oder Thema und je nach Redeabsicht unterscheidet man die **politische** oder **Staatsrede**, die juristische oder **Gerichtsrede** und die **Gelegenheitsrede**. Die beiden ersten Redearten basieren auf einem **argumentativen** Grundmuster.

Der Beispieltext (Neujahrsansprache der Bundeskanzlerin) gehört zur Redegattung der **Staatsrede**. Eine politische Rednerin spricht über ein Thema, das für die Öffentlichkeit von Interesse ist, weil es aktuell, informativ oder kontrovers ist. Sie stellt zu diesem Thema ihre **subjektive** Auffassung dar. Ihr Ziel ist es, ihre Zuhörer von ihrem Standpunkt zu **überzeugen** und sie zu einer bestimmten Denkweise oder Handlungsbereitschaft zu bewegen. Der **Appell** (Aufruf zu einem bestimmten Verhalten) ist eines der grundlegenden Merkmale jeder Rede.

Ein Redner verfasst seine Rede **schriftlich**. Er prägt sich seine Rede ein. Sein Manuskript dient ihm als Grundlage für seinen **mündlichen Vortrag**, den er mehr oder weniger frei hält. Ähnlich wie für ein ↗ Referat sind für einen weitgehend freien Redevortrag markierte Manuskriptseiten, Karteikarten und ähnliche Hilfsmittel nützliche **Merkhilfen**, wenn ihm ein Publikum gegenübersitzt. Bei Auftritten vor laufender TV-Kamera können Redner, wie Nachrichtensprecher, elektronische Prompter nutzen.

Der Wortlaut von Reden von bekannten öffentlichen Persönlichkeiten, wie Staatsoberhäuptern (vgl. Beispieltext), Politikern, Wissenschaftlern, Managern, Schriftstellern und Nobelpreisempfängern, ist im Allgemeinen auch in **schriftlicher Form** über Printmedien und Onlinequellen zugänglich.

Im **Redeaufbau** einer politischen Rede können verschiedene TEXTBAUSTEINE miteinander kombiniert werden:
- ↗ ARGUMENTATION als Grundstruktur im Mittelteil einer Rede,
- ↗ BERICHT (über Sachverhalte),
- ↗ DEFINITION (z. B. von abstrakten Begriffen wie „Meinungsfreiheit", „Menschenwürde"),
- ↗ ERKLÄRUNG (z. B. eines komplizierten Sachverhalts wie „Globalisierung"),
- ↗ GESCHICHTE oder kurze ERZÄHLUNG (als Illustration z. B. für ein vorgetragenes Argument in der politischen Rede oder für die besondere Leistung, Charaktereigenschaft etc. eines Menschen in der Lobrede),
- ↗ ANEKDOTE (z. B. als Einstimmung des Publikums zu Beginn einer Rede, als Auflockerung in einer längeren Rede oder als Kennzeichnung eines Persönlichkeitsmerkmals in der Lobrede),
- WITZ (z. B. als publikumswirksamer Einstieg, als Auflockerung in einer längeren Rede oder als kritischer Kommentar zu einer politischen Situation oder öffentlichen Persönlichkeit, wobei die Persönlichkeitsrechte gewahrt werden),

- ↗ ANWEISUNG (z. B. als Handlungsempfehlung oder Appell, die ein Redner an sein Publikum richtet, vor allem am Schluss seiner Rede).

Die Anfänge der **Rhetorik** (Redekunst) liegen in der Antike, und bis heute richten sich Redner nach bestimmten Prinzipien der klassischen Rhetorik:

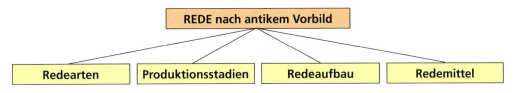

Redearten

Reden werden nach ihren Gegenständen und Intentionen unterschieden. Dies ist die Einteilung der antiken Rhetoriklehrbücher in **drei Redearten**:
- **Gerichtsrede**: eine Anklage- oder Verteidigungsrede vor Gericht,
- **politische Rede**: hierzu gehören Varianten wie die **Neujahrsansprache** (vgl. Beispieltext), in der ein Staatsoberhaupt die gegenwärtige gesellschaftliche Situation seines Landes beurteilt; oder die Wahlrede, in der ein Kandidat seine Ansichten und Ziele vertritt sowie seine Qualifikationen für das angestrebte politische Amt bekannt machen will,
- **Gelegenheitsrede**: hierzu gehören Varianten wie z. B. die Festrede, die Lobrede (Laudatio) auf eine öffentliche Person, die Preisrede (die der Empfänger einer öffentlichen Auszeichnung hält), die Abiturrede, die Geburtstagsrede oder die Grabrede.

Produktionsstadien

Ein Redner durchläuft **fünf Phasen**, wenn er eine Rede verfassen und schließlich auch vortragen will. Dieser Schreibprozess, mit lateinischen Begriffen aus der antiken Rhetorik bezeichnet, hat auch heute noch Gültigkeit in Handreichungen zum Schreiben. Im Folgenden werden den deutschen und lateinischen Rhetorikbegriffen die entsprechenden Bezeichnungen gegenübergestellt, die in diesem Schreiblexikon verwendet werden:

Drei TEXTPRODUKTIONSPHASEN
- **(1) Redeinhalt**   **Themenfindung** mit Materialsammlung
  (lt. *inventio*: Er/Finden der Gedanken)
- **(2) Redeaufbau**   **Schreibplan** mit Materialordnung und Gliederung
  (lt. *dispositio*: Anordnung der Gedanken)
- **(3) Redemittel**   **Formulierungshilfen** für bestimmte Textbausteine in einer Rede
  (lt. *elocutio*: sprachlicher Ausdruck)

Zwei VORTRAGSPHASEN
- **(4) Redeeinprägung**
  (lt. *memoria*: Gedächtnis)
- **(5) Redevortrag**   **Vortragstechniken** mit Merkhilfen für Reden und ↗ **Referate**
  (lt. *pronuntiatio*: Vortrag)

Redeaufbau

Für den Redeaufbau schlagen Rhetoriker **vier Redeteile** vor. Das Modell hierzu liefert die antike Gerichtsrede. Ein Gerichtsredner setzt sich zum Ziel, die gegnerische Partei wie auch die Geschworenen und den Richter in einem Streitfall mittels Beweisführung und Überzeugungskraft von der Richtigkeit des eigenen Standpunktes zu überzeugen. Diese Gliederungsprinzipien der antiken Gerichtsrede lassen sich auch auf andere Redearten übertragen und entsprechen allgemein dem **dreigliedrigen Aufbaumuster** für Texte:

- ■ Anfang **Redeanfang**   ■ Aufmerksamkeit des Publikums für Inhalte und Redeziele wecken
  - *lt. exordium*   ■ Gunst des Publikums erwerben (*captatio benevolentiae*), auch wiederholt an verschiedenen Stellen des Redeganzen
  -   ■ Hauptteil inhaltlich vorbereiten
- ◉ Mitte   **Erzählung**   ■ Sachverhalt/Thema so darstellen, dass es den eigenen Interessen
  - *lt. narratio*   dient
  - **Beweisführung** ■ das Rede- oder Beweisziel als These nennen
  - *lt. argumentatio* ■ Argumentationsschritte entwickeln (z.B. linear, pro-kontra, klimaktisch)
  -   ■ Argumente und Beispiele anführen
- ▲ Schluss **Redeschluss** ■ Hauptteil mit Hauptpunkten zusammenfassen
  - *lt. peroratio*   ■ gegnerische Behauptungen als unbegründet zurückweisen
  -   ■ Richtigkeit der eigenen Beweisführung bekräftigen
  -   ■ Redeziel durch Appelle im Gedächtnis der Zuhörer verankern

Dieser Redeaufbau nach antikem Vorbild ist das Grundmuster, das in heutigen Reden variiert wird.

Redemittel

Nicht immer reicht ein gut überlegter Redeaufbau aus, um Zuhörern einen (kontroversen) Sachverhalt einsichtig zu machen. Ebenso wichtig für einen Redner ist der **Gefühlsappell**. Dazu dienen ihm Redemittel: **stilistische Mittel** und **rhetorische Figuren**. Hierzu gehören auch sogenannte **Merkbilder**: kurze, treffende Erzählungen, anschauliche Beispiele oder wiederkehrende sprachliche Wendungen oder Bilder, die Zuhörer beim Redevortrag speichern und sie nachhaltig als **Motto** (Leitspruch) an bestimmte Redeinhalte erinnern sollen.

Ein Redner hat die Aufgabe, auch schwierige Sachverhalte so zu formulieren, dass sie **allgemein verständlich** sind. Das heißt nicht, dass er ein komplexes Thema stark vereinfacht, also trivialisiert. Er wird seine Worte so wählen, dass ein ganz unterschiedlich zusammengesetztes Publikum mit uneinheitlichen Voraussetzungen sein Anliegen verstehen kann.

Redemittel sollen **angemessen** sein: für die Sache/das Thema, für das Publikum sowie für Ort und Zeit, Anlass und Absicht der Rede. Es macht einen Unterschied, ob man in der Öffentlichkeit oder privat, vor Kindern oder Erwachsenen, vor Vorgesetzten oder Arbeitskollegen, vor Studenten oder Handwerkern redet; ob man in einem großen oder in einem kleineren Kreis auftritt; ob man direkt vor einem anwesenden Publikum spricht oder in einem Aufnahmestudio ohne Blickkontakt ein anonymes Medienpublikum anspricht (vgl. Beispieltext); ob der Redeanlass erfreulich oder bedrückend ist; ob man informieren, appellieren oder belehren will.

Rede R
263

Stilarten: Je nach Redeart und Redeabsicht kann man zwischen diesen Stilarten wählen:

- **Schlichte Stilart**: alltäglicher Sprachgebrauch, der schlicht in Wortwahl und Satzbau ist; Rede-schmuck wie Abwechslung in Satzbau und Ausdruck, ausgefallener Ausdruck und Redefiguren können verwendet werden, sollen aber nicht in den Vordergrund treten; diese Stilart ist angemessen für **belehrende** Zwecke wie z. B. in einer **politischen Rede** oder **Gerichtsrede**.
- **Mittlere Stilart**: höherer Anteil an Metaphern und Redefiguren, Abschweifungen oder Sen-tenzen (Sinnspruch); diese Stilart ist angemessen, um ein Publikum zu **unterhalten** und zu gewin-nen, z. B. in den verschiedenen Arten der **Gelegenheitsrede**.
- **Großartige/gehobene Stilart**: umfassende Nutzung rhetorischer Mittel, um an die Gefühle der Zuhörer zu appellieren; diese Stilart ist angemessen vor allem für eine **emotionale** Bewegung der Zuhörerschaft, letztlich auch für **belehrende** Zwecke.

Stilarten können **kombiniert** werden: je nach der Redeabsicht in verschiedenen Teilen der Rede (vgl. Beispieltext: Mischung von schlichter und gehobener Stilart).

Rhetorische Figuren: Dies sind Redemittel, die von der üblichen Sprechweise abweichen. Redner setzen sie gezielt ein, um eine bestimmte Wirkung bei den Zuhörern hervorzurufen, etwa um zu überreden, zu überzeugen, an ihre Gefühle zu appellieren und auch um zu erreichen, dass sie sich bestimmte Redeinhalte oder das Motto der Rede einprägen. Hierzu zählen etwa:

- **Wortfiguren**, z. B.:
  - **(sprachliche) Bilder** (Metapher, Vergleich, Symbol)
  - **Euphemismus** (beschönigender Ausdruck für einen inhaltlich unangenehmen, z. B.: *entschla-fen* für *gestorben*)
  - **Hyperbel** (Übertreibung, z. B.: *Mund wie ein Scheunentor, eine Ewigkeit warten*)
  - **Ironie** (Über-/Untertreibung, Nebeneinanderstellen von unvereinbaren Dingen)
  - **Metonymie** (das gebräuchliche Wort wird durch ein anderes ersetzt, das mit diesem in einer sachlichen Beziehung steht, z. B.: *Traube* für *Wein; Deutschland* für *die Menschen in Deutsch-land*)
  - *pars pro toto* (Teil für das Ganze, z. B.: *ein kluger Kopf*)
  - **Personifikation** (Übertragung des Merkmals „belebt" oder „Person" auf einen abstrakten oder Sammelbegriff, z. B.: *Die Welt wird auf Deutschland schauen, Die Welt zu Gast bei Freun-den*)
  - **Wortwiederholung** im laufenden Text (z. B. von Schlüsselwörtern, zentralen Bildern: *Ideen in die Tat umsetzen, Schritt für Schritt*)
- **Satzfiguren**, z. B.:
  - **Chiasmus** (Überkreuzstellung: *Arbeit braucht Wachstum und Wachstum braucht Freiheit*)
  - **Ellipse** (Weglassen des Unwichtigen im Satz, z. B.: *Aber mir? – Und auch in der Politik. – Uner-reichbare Ziele setzen? – Viele kleine Schritte gehen, aber in die richtige Richtung.*)
  - **Worthäufung** (z. B.: *Menschen aller Art, jeden Alters, jeder Schicht, jeder Nationalität*)
  - **Parallelismus** (Wiederholung gleichlautender Wörter in aufeinanderfolgenden Sätzen oder Satzteilen, z. B.: *Es kamen … . Es kamen … . Und es kamen … .*)
  - **Umstellungen im Satz**: Voranstellung (z. B.: *Die Finanzen haben wir beim letzten EU-Gipfel in Ordnung gebracht. – Genau das hat sich meine Regierung vorgenommen*), Nachstellung (z. B.: *Nach monatelangem Prozess erging das Urteil.*)
  - **Wortreihung** (klimaktisch, antiklimaktisch, z. B.: *Das kann jeder von uns – zu Hause, in der Familie, mit Kindern, in der Schule, am Arbeitsplatz, mit Kranken, mit Behinderten, mit bei uns*

R Rede

lebenden Ausländern, in Vereinen, in Selbsthilfegruppen, in Bürgerinitiativen, in Kirchen und vielem mehr)

- **Gedankenfiguren**, z. B.:
  - **Antithesen** (z. B.: *Ohne ein starkes Europa ist auch Deutschland schwach*)
  - **rhetorische Frage** (Frage, auf die keine Antwort erwartet wird, weil der Redner mit der Zustimmung seiner Zuhörer rechnen kann, z. B.: *Aber sollte 2006 nicht das Jahr sein, in dem Sie versuchen, diese Idee in die Tat umzusetzen?*)
  - **Paradox** (scheinbarer Widerspruch mit tieferer Wahrheit, z. B.: *Weniger ist mehr.*)
  - **Widersprüchlichkeit** (z. B. Oxymoron: *die armen Reichen, ein beredtes Schweigen*)
- **Klangfiguren**, z. B.:
  - **Anapher** (Wiederholung desselben Wortes zu Beginn mehrerer aufeinanderfolgender Sätze oder Satzteile: *Dazu werden wir Sie nach Kräften unterstützen, aber dazu müssen wir auch …*)
  - **Alliteration** (Verbindung von Wörtern durch gleichlautende Konsonanten am Wortanfang: *Freund oder Freundin, in Frieden und Freiheit, Millionen Menschen, Wie wäre es, wenn wir …*)
  - **Assonanz** (Gleichklang nur der Vokale/Umlaute/Doppellaute in aufeinanderfolgenden Wörtern, z. B.: *seinen Beitrag leisten, wir haben uns an die Arbeit gemacht, an eine einfache Weisheit erinnern*)

Vgl. weitere rhetorische Figuren unter ↗ **Interpretation – Basiskapitel** (S. 139, 142 f.: Lyrik).

- **Denksprüche**, z. B.:
  - **Sprichwort** (Ausdruck allgemeiner Erfahrung, z. B.: *Der Klügere gibt nach*)
  - **Sentenz** (leicht einprägsamer, lehrhafter Sinnspruch, z. B.: *Ernst ist das Leben, heiter ist die Kunst*)
  - **Aphorismus** (kurzer, gehaltvoller Prosasatz eines einzelnen Sprechers, überspitzt formuliert, persönliches Werturteil mit dem Anspruch auf Allgemeingültigkeit, z. B.: *„Der Gescheitere gibt nach! Eine traurige Wahrheit; sie begründet die Weltherrschaft der Dummheit"* – Marie v. Ebner-Eschenbach)
- **Argumenttypen:** ↗ **Kommentar** (S. 217), ↗ **Leitartikel** (S. 236 f.)

So wird's gemacht

Schreibplan: Schritte bei der Vorbereitung und Ausformulierung

Als wichtige Vorbereitung für eine Rede stellt man einen **Schreibplan** auf. Hierzu gehören im Beispieltext Überlegungen

- ➤ zur **Redesituation**, zum **Redeanlass** und zur **Adressatengruppe**: Neujahrsansprache für Bürgerinnen und Bürger aus allen Bevölkerungsgruppen und Bildungsschichten Deutschlands,
- ➤ zur **Rolle** als Redner: Bundeskanzlerin als Regierungschefin,
- ➤ zu den **Redemitteln**, die zu Redeanlass, Redesituation und Publikum passen: formelle Sprache in der offiziellen Redesituation, mit gezielten informellen Einschüben für ein Massenpublikum; Allgemeinsprache mit allgemein verständlichen Fachbegriffen; kurze Sätze, einfache, parataktische Reihungen bei längeren Satzgebilden; **Argumenttypen**: Erfahrungs-, Fakten- und logische Argumente,

Rede **R**

- ➤ zum **Thema**: im neuen Jahr gemeinsam neue Ideen in die Tat umsetzen,
- ➤ zum **Redeziel**: Deutsche davon überzeugen, dass in einem Jahr „überall noch ein wenig mehr als bisher" erreicht werden kann,
- ➤ zu **Quellen** für die **Recherche** zum Thema: u. a. Statistiken zur Arbeitslosigkeit, zur Zahl der Ausbildungsplätze, zu Konkursen von Firmen; Berichte verschiedener Regierungsabteilungen
- ➤ zum **Redeaufbau**
  - ■ Anfang: <u>situativer Teil der Rede</u>
    - – gewinnende **Anrede** der Adressatengruppe
    - – Bezug auf den **Redeanlass**
    - – **Redeziel**, formuliert als **Appell** an das Gemeinschaftsgefühl („Wie wäre es, wenn wir uns heute Abend das Ziel setzen, …")
  - ◎ Mitte: <u>argumentativer Teil der Rede</u>
    mehrsträngiger, **antithetischer** Aufbau:
    - – **These** zum **Sachverhalt** (es ist möglich, „im kommenden Jahr überall noch ein wenig mehr als bisher zu vollbringen")
    - – (aus taktischen Gründen) antizipierte **Antithese** aus dem Publikum („dass vielen bereits sehr viel abverlangt wird")
    - – **Argumente** für die These
    - – **Schlussfolgerung** („wir können gemeinsam so viel erreichen") und **Handlungsempfehlung** („Jeder kann seinen Beitrag leisten! … dann müssen wir noch mehr als bisher tun")
  - ▲ Schluss: <u>situativer Teil der Rede</u>
    - – **Appelle** an die Handlungsbereitschaft des Publikums
    - – Rückkehr zur **Redesituation**
    - – Neujahrswünsche als **Verabschiedung**

Kreisstruktur in Mitte und Schluss der Rede:
Mit Bürgerinnen/Bürgern beginnt die Rednerin den argumentativen Teil ihrer Rede und beendet sie ihre Rede. Aber sie berücksichtigt deren private Interessen aus ihrer verantwortlichen, übergeordneten politischen Perspektive als Regierungschefin: <u>Bürger/innen</u> – <u>Regierung</u> – <u>Land</u> – <u>Europa</u> – <u>Welt</u> – <u>Land</u> – <u>Regierung</u> – <u>Bürger/innen</u>.

Beispieltext
„Neujahrsansprache von Bundeskanzlerin Angela Merkel zum Jahreswechsel 2005/2006"

Der folgende Text ist die ungekürzte Rede, die Angela Merkel (geb. 1954) am Ende ihres ersten Regierungsjahres als deutsche Bundeskanzlerin (2005) hielt. Sie bezieht sich darin u. a. auf die bevorstehende Fußballweltmeisterschaft, die im Sommer 2006 in Deutschland stattfinden sollte. Die traditionellen Neujahrsansprachen aller Bundeskanzler/innen seit Gründung der Bundesrepublik Deutschland im Jahr 1949 werden im Archiv des Bundeskanzleramtes als schriftliche Dokumente gesammelt.

Rede

Um den Zusammenhang zu verdeutlichen, wie aus den vorbereitenden Schritten eine Rede entstehen kann, werden im folgenden Beispieltext markiert:

Sachverhalt/Thema/Redeziel
These mit Argumenten und Beispielen
Antithese mit Gegenargumenten und Gegenbeispielen
Publikumsanrede, „Wir"-Anrede
Metaphern des Weges/der Schritte
Schlüsselwörter **Ideen, Ziele, Tat**
Appelle
rhetorische Figuren
// die einzelnen Abschnitte im Redeaufbau

In der Kommentarspalte werden **Gliederungsabschnitte** im **Redeaufbau** aufgeführt und die **Argumentationsstrategien** benannt.

Neujahrsansprache von Bundeskanzlerin Angela Merkel zum Jahreswechsel 2005/2006

Sa, 31.12.2005

■ Liebe Mitbürgerinnen und Mitbürger,

was kann man alles in einem Jahr erreichen? Es ist eine ganze Menge! **Wie wäre es, wenn** wir uns heute Abend das **Ziel** setzen, im kommenden Jahr überall noch ein wenig mehr als bisher zu vollbringen? //

◉ Sie hat gut reden, wird jetzt vielleicht der eine oder andere sagen. Ihr
5 geht es gut, sie hat in diesem Jahr doch einiges von dem erreicht, was ihr wichtig war. Aber mir? Wie soll es weitergehen nach dem Verlust meines Arbeitsplatzes? Wann finde ich endlich einen Ausbildungsplatz? Wie können wir die Pleite unseres Betriebes verhindern? Was wird aus mir und meiner Familie?

10 Ich verstehe diese Fragen. Ich weiß, dass vielen bereits sehr viel abverlangt wird. //

Ich wage es dennoch noch einmal: **Ich möchte uns ganz einfach ermuntern** herauszufinden, was in uns steckt! **Ich bin überzeugt,** wir werden überrascht sein!

15 Sie haben schon lange eine **Idee**? Es muss gar nichts Überragendes sein, aber sollte 2006 nicht das Jahr sein, in dem Sie versuchen, diese **Idee** in die **Tat** umzusetzen? **Fangen** wir **einfach an!** Jeder Weg beginnt mit einem ersten Schritt. Sie werden sehen, wie viel Freude es macht, wenn man Schritt für Schritt vorangeht. Das kann jeder von uns – zu Hause, in
20 der Familie, mit Kindern, in der Schule, am Arbeitsplatz, mit Kranken, mit Behinderten, mit bei uns lebenden Ausländern, in Vereinen, in Selbsthilfegruppen, in Bürgerinitiativen, in Kirchen und vielem mehr. //

◉ Anfang
Redesituation:
■ Adressatengruppe
■ Redeanlass
  TEXTBAUSTEIN ARGUMENTATION
  Redeziel als These

◉ Mitte
Antithese: Private Bürger können nicht mehr leisten
|
|
| Beispiele

Gegenarg. 1
Bürger/innen haben bereits wirtschaftliche/familiäre Sorgen

These: Bürger/innen haben doch noch versteckte Energien

Arg. 1
Bürger/innen
rhetorische Frage
zentrale Weg-Metaphorik

|
| Beispiele
|

Und auch in der Politik.

So ist die neue Bundesregierung an die Arbeit gegangen. Unerreichbare
25 Ziele setzen? Das ist nicht unsere Art. Unhaltbare Versprechungen
machen? Davon haben Sie zu Recht genug. Viele kleine Schritte gehen, die
aber in die richtige Richtung. So haben wir angefangen. Und dabei ein Ziel
fest im Blick: unser Land in 10 Jahren wieder an die Spitze Europas zu
führen, und zwar weil jeder von uns ganz persönlich etwas davon hat.
30 Wir haben uns an die Arbeit gemacht, um die Arbeitsvermittlung zu
stärken, die öffentlichen Finanzen zu stabilisieren, das, was an Arbeit
rings um den privaten Haushalt getan wird, steuerlich besser zu stellen,
die Investitionsbedingungen für die Betriebe zu verbessern, neue Tech-
nologien stärker als bisher zu fördern. Denn unser Land wird im Wettbe-
35 werb mit anderen Ländern nur mithalten können mit immer neuen
Ideen. Die Regierung der großen Koalition wird daher angesichts der
überaus schwierigen Haushaltslage überall sparen – nur nicht bei Forschung, Entwicklung, Bildung und Ausbildung. //

Im kommenden Jahr haben wir als Land alle gemeinsam eine große
40 Chance! Die Welt wird auf Deutschland schauen wie zuletzt vor 16 Jahren beim Fall der Mauer. Natürlich, die Dinge sind in ihrer Bedeutung
überhaupt nicht zu vergleichen, aber dennoch: Im Ergebnis werden Milliarden Menschen die Fußballweltmeisterschaft am Fernseher verfolgen
und Millionen Menschen werden uns besuchen kommen.

45 Natürlich drücken wir unserer Mannschaft die Daumen, und ich glaube,
die Chancen sind gar nicht schlecht. Die Frauenfußball-Nationalmann-
schaft ist ja schon Fußballweltmeister, und ich sehe keinen Grund,
warum Männer nicht das Gleiche leisten können wie Frauen.

Ein Sieger der WM steht für mich schon heute fest: Das sind wir, die Men-
50 schen in diesem Land, weil wir mit der ganzen Welt ein Fest feiern können.

Die WM hat, wie ich finde, ein wunderbares Motto: Die Welt zu Gast bei
Freunden. Werden Sie Freund oder Freundin! Lassen Sie uns alle
gemeinsam Freunde unserer Gäste werden. //

Das ist mein größter Wunsch für das neue Jahr: Dass Deutschland wieder
55 in Freundschaft mit seinen Nachbarn und Partnern, in Frieden und Freiheit leben kann. Europa hat große Erwartungen an unser Land. Ohne ein
wirtschaftlich und sozial starkes Deutschland kommt Europa nicht
voran. Und ohne ein starkes Europa ist auch Deutschland schwach.
Die Finanzen haben wir beim letzten EU-Gipfel in Ordnung gebracht.
60 Aber weil Europa insgesamt handlungsfähiger werden muss, weil wir uns
auch unserer gemeinsamen Werte bewusst sein müssen, sollte es nach
der Denkpause beim europäischen Verfassungsprozess bald zu greifbaren
Ergebnissen kommen. //

Arg. 2
Politiker, Bundesregierung

TEXTBAUSTEIN BERICHT
Sachlage

|
|
| Beispiele
|
|
|
|

Arg. 3
Land

|
| Beispiel

Sieges-Metapher

Personifikation

Arg. 4
Europa

|

Antithese als rhetorische Figur
| Beispiele

Auch **außerhalb Europas** gibt es große Erwartungen an unser Land – bei den Verhandlungen um den freien **Welt**handel, beim Auslandseinsatz von deutschen Soldaten und Polizisten oder bei der Reform der Vereinten Nationen.	**Arg. 5** **Welt** Beispiele
Wir denken auch bei großen Naturkatastrophen an andere. Für die beim Tsunami[1] einzigartige Spendenbereitschaft danke ich Ihnen sehr. **Ich möchte Sie zugleich bitten**, auch an die stillen Tsunamis zu denken, also an die zum Teil vergessene Not. Zum Beispiel durch Hungersnöte in Afrika, an die Opfer des verheerenden Erdbebens in Pakistan oder an die Tragödien in manchen Regionen unserer Welt, die durch Kriege, Bürgerkriege, Migrationsströme und Krankheiten verursacht werden. **Vergessen wir sie nicht, öffnen wir** auch hierfür unsere Herzen – wie auch für Menschen, die bei uns zu Hause in Not leben. //	Natur-Metapher Beispiele
Liebe Mitbürgerinnen und Mitbürger, wir sehen, wir können gemeinsam so viel erreichen! **Jeder kann seinen Beitrag leisten! Und wenn wir** auch **bei uns zu Hause** künftig unsere Probleme in den Griff bekommen wollen, und zwar auch das Problem Nr. 1, das ist ohne Zweifel die erschreckend hohe Arbeitslosigkeit – **dann müssen wir noch mehr als bisher tun.** Genau das hat sich meine Regierung vorgenommen.	**Schlussfolgerung** ■ Wiederaufnahme des Themas ■ Rückkehr zum Personenkreis in **Arg. 3**: **bei uns zu Hause**/Redeziel („so viel erreichen") ■ Bestätigung und Erweiterung der These
Dazu werden wir Sie nach Kräften unterstützen, aber **dazu müssen wir alle** auch überkommene Rituale in Politik und Verbänden **überwinden. Und wir sollten uns** an eine einfache Weisheit **erinnern**, sie lautet: **Arbeit braucht Wachstum und Wachstum braucht Freiheit.**	**Handlungsempfehlung** Chiasmus/merkfähige Sentenz
Deshalb machen wir Bürokratieabbau, eine wettbewerbsfähige Unternehmensbesteuerung, eine Reform von Bund und Ländern. **Und wir arbeiten für** eine echte Reform der Kranken- und Pflegeversicherung im nächsten Jahr – für eine überzeugende **Idee** auch dort, und die wird **in die Tat umgesetzt**. //	**Lösungsvorschlag** ■ **Appell** an Handlungsbereitschaft der **Regierung** (Personenkreis in **Arg. 2**) ■ Rückbezug auf Thema/Redeziel
▲ Liebe Mitbürgerinnen und Mitbürger, **ich möchte, dass** Sie Ihre **Ideen für sich und Ihre Familien** verwirklichen können. Deutschland ist das Land der Ideen. Aber von unseren Ideen leben – das können wir nur, wenn wir sie auch in die Tat umsetzen. Überraschen wir uns damit, was möglich ist! **Fangen wir einfach an** – ab morgen früh.	▲ **Schluss** ■ Rückbezug auf den Personenkreis in **Arg. 1**: **Bürger und ihre Familien** ■ **Appelle** an die Handlungsbereitschaft der Zuhörer ■ Rückbezug auf Thema/Redeziel

---

[1]**Tsunami** (jap. Hafenwelle) sich schnell ausbreitende Meereswoge, überwiegend durch Erdbeben auf dem Meeresgrund ausgelöst; auf offenem Meer kaum sichtbar, in Ufernähe verursacht sie jedoch katastrophale Schäden und Verwüstungen. Eine solche Naturkatastrophe mit über 200 000 Todesopfern ereignete sich am 26.12.2004 im Indischen Ozean in den Küstenregionen Südostasiens.

Rede **R**
269

Heute Abend aber feiern wir erst einmal oder wir sind mit den Menschen zusammen, die unsere Hilfe, ein liebendes Wort brauchen oder die umge-
100 kehrt uns Zuspruch und Trost geben.

■ Rückbezug auf **Redesituation**

Ich wünsche Ihnen ein gutes, ein erfülltes und gesegnetes neues Jahr 2006.

Neujahrswünsche als
Verabschiedung

In: Presse- und Informationsamt der Bundesregierung (Hg.), Pressemitteilung NR. 471, 31.12.2005

Formulierungshilfen für Reden

➤ für einen **persönlichen Kontakt** zu den Zuhörern
  ■ angemessene **Anredeformen**
    – **informelle Begrüßungsformel** (für ein gemischtes Radio-/Fernseh-/Internetpublikum aus allen Bevölkerungs- und Bildungsschichten Deutschlands): *Liebe Mitbürgerinnen und Mitbürger* (statt der distanzierenden, formellen Anrede „Sehr geehrte Bürgerinnen und Bürger")
    – **konventionelle Schlussformeln**, die auf den **Redeanlass** Bezug nehmen: *Ich wünsche Ihnen ein gutes, ein erfülltes und gesegnetes neues Jahr 2006.*
  ■ wiederholte direkte **Publikumsansprache** als **Appell** an bestimmten Strukturstellen der Rede, z. B. bei Schlussfolgerungen, Handlungsempfehlungen
  ■ persönliche **„Sie"-Anrede**, wenn es um Fragen, Bitten oder Feststellungen geht, bei denen sich jeder Einzelne in der Zuhörerschaft angesprochen fühlen soll: *Aber sollte 2006 nicht das Jahr sein, in dem Sie versuchen, diese Idee in die Tat umzusetzen?*

➤ für eine **glaubwürdige Rolle als Redner/in**
  ■ **„Ich"-Perspektive** eines selbstbewusst und selbstverantwortlich Denkenden/Handelnden: *Ich verstehe diese Fragen. Ich weiß, dass vielen bereits sehr viel abverlangt wird. Ich möchte uns ganz einfach ermuntern … Ich bin überzeugt, wir …*
  ■ **„Wir"-Perspektive** für gemeinsame Erfahrungen, Interessen und Ziele, für den Abbau der beruflichen/sozialen Ranghöhe des Redners gegenüber dem Publikum: *unser Land, bei uns zu Hause, unsere Probleme, unsere Gäste, wenn wir uns ein Ziel setzen, jeder von uns, wir können gemeinsam so viel erreichen*
  ■ **Wechsel der Stilebene** (z. B. von formellen zu informellen Stilarten), der in der **Redesituation** die Erwartungen der Zuhörer/innen durchbricht und Distanz zu ihnen abbaut: *die Pleite unseres Betriebes; Wie soll es weitergehen …? Was wird aus mir und meiner Familie? Und wenn wir unsere Probleme in den Griff bekommen wollen, …*
  ■ **Übernahme der Perspektive der Zuhörer/innen**: *Sie hat gut reden, wird jetzt vielleicht der eine oder andere sagen. Ihr geht es gut, sie hat in diesem Jahr doch einiges von dem erreicht, was ihr wichtig war. Aber mir? Wie soll es weitergehen …*

➤ für **argumentative/rhetorische Mittel der Überzeugung**
  ■ **echte Fragen**, mit denen der/die Redende anscheinend in einen **Dialog** mit dem Publikum tritt und ihre Sorgen teilt: *Wie soll es weitergehen nach dem Verlust meines Arbeitsplatzes?*

R Rede

- **taktische Fragen**, die mögliche **Widersprüche** (**Antithesen**) der Zuhörer/innen vorwegnehmen und durch **Antworten** aus dem Weg räumen: *Unerreichbare Ziele setzen? Das ist nicht unsere Art. Unhaltbare Versprechungen machen? Davon haben Sie zu Recht genug.*
- **Verben des Wissens, Verstehens, Mitfühlens** etc., die Sympathie für gegensätzliche Standpunkte ausdrücken: *Ich* verstehe *diese Fragen. Ich* weiß, dass *vielen bereits sehr viel abverlangt wird.*
- **Beispiele**, die **Optimismus** erzeugen, erheitern, Tatendrang ansprechen, Mut machen
- **Wortwiederholungen** als einprägsames **Motto** einer Rede
  - **Themawort** erreichen und seine **Wortvarianten** *vollbringen, seinen Beitrag leisten, in den Griff bekommen, fangen wir einfach an, das kann jeder von uns, an die Arbeit gegangen, handlungsfähiger werden, in die Tat umsetzen*
  - **Motto-Wörter**: *einfach, Ideen*
- **zentrales Metaphernbündel** für das **Redeziel**: Metaphorik des **Weges** mit *Weg, Schritt, Richtung, Ziel*
- ausdrucksstarke **Metaphern**, auch **Neubildungen** aus aktuellem Anlass, als **Merkbilder**: *Ein Sieger der WM steht für mich schon heute fest: Das sind wir, die Menschen in diesem Land; die stillen Tsunamis*
- **emphatische Ausrufe-/Fragesätze, Imperative** und **Ersatzformen** als **Appell**: *Ich möchte uns ganz einfach ermuntern herauszufinden, was in uns steckt! Jeder kann seinen Beitrag leisten! Wie wäre es, wenn wir uns heute Abend das Ziel setzen, …? Fangen wir einfach an!*

- **Argumenttypen**: vgl. ↗ **Kommentar** (S. 217), ↗ **Leitartikel** (S. 236 f.)

Vgl. zu weiteren Formulierungshilfen ↗ **Argumentation** (S. 32 ff.), ↗ **Kommentar** (S. 221), ↗ **Leitartikel** (S. 239 f.).

Referat

Auf einen Blick

Das **Referat** ist eine Kombination aus ↗ **Bericht** und ↗ **Erklärung**. In einem Referat stellt man Informationen zu einem Sachverhalt zusammen, die man sich in einer **Recherche** (frz. *rechercher*: erforschen) aus einer oder mehreren Quellen beschafft hat. Auf dieser Grundlage **berichtet** und **erklärt** man in leicht zugänglicher Form, was andere Verfasser auf einem Gebiet erarbeitet oder erforscht haben. Wie die ↗ **Facharbeit** ist auch das Referat eine **Großform** schulischen Schreibens, die als schriftliche Hausarbeit angefertigt wird, meist in Einzelarbeit oder in Gruppenarbeit mit erkennbaren Teilen der einzelnen Verfasser.

Obwohl man Referate mit einer eigenen Einschätzung der dargestellten Sache **kommentierend** abschließen kann, wird mit einem Referat im Allgemeinen – anders als mit ↗ **Facharbeiten** (oder Seminararbeiten) – kein Beitrag zur argumentativen Auseinandersetzung mit einem Thema geleistet. Referate dienen vielmehr dem Zweck der **sachlichen Information**. Auf dieser Grundlage kann eine weitere Beschäftigung mit dem referierten Sachverhalt erfolgen (z. B. Entscheidungen, Beurteilungen).

Referate werden geschrieben
- in der Schule: zur **Information** der Kursmitglieder über einen fachlichen Sachverhalt der Unterrichtsreihe, etwa über Leben und Werk eines Schriftstellers,
- in Ausbildung/Studium: zur Einführung von Auszubildenden/Studierenden in ein Sachgebiet, mit Informationen zum Forschungsstand, zu Fragestellungen etc. sowie Erklärungen von Fachbegriffen und Angaben zu lesenswerter Literatur zum Thema,
- im Berufsleben: zur Information für bestimmte Gruppen von Interessierten über Spezialgebiete in einem Berufszweig, etwa in der Medizin (z. B. Augenoptik, Gelenkchirurgie, Pharmazie), in der Kunstgeschichte (z. B. Schwerpunkte einer archäologischen Ausstellung), in der Geschichte (z. B. des Reichstags, der Stadt X).

In einem **Referat**
- verfasst man erklärende Abschnitte im **Präsens**, berichtende Abschnitte im **Präteritum**,
- schreibt man aus weitgehend **objektiver** Perspektive in einem **sachlichen, neutralen Stil**,
- verwendet man bestimmte **Normen** des **wissenschaftlichen** Schreibens (für Zitate, Quellenangaben, Fußnoten, Literaturverzeichnis).

Ein Referat ist eine **Kombination** von verschiedenen **Textformen**. In bestimmten Abschnitten wird ein Referat sprachlich der Textform angepasst, auf die es sich bezieht. Man verwendet vorwiegend die folgenden TEXTBAUSTEINE:
- ↗ BERICHT: wenn aus objektiver Perspektive faktische Details aufgeführt werden wie Jahreszahlen, Ortsnamen, historische Ereignisse in ihrem chronologischen Ablauf, Titel der Werke eines Autors,
- ↗ ERKLÄRUNG: wenn fachliche Zusammenhänge dargestellt werden,

Referat

- ↗ DEFINITION: wenn Fachbegriffe bestimmt werden,
- ↗ INHALTSANGABE: wenn gelesene Texte zusammengefasst werden,
- ↗ KOMMENTAR: wenn die referierten Sachverhalte mit einer kurzen persönlichen Stellungnahme abgeschlossen werden.

Der **Aufbau** eines Referats kann sein:
- **chronologisch**: man folgt dem zeitlichen Verlauf von Lebensdaten oder Ereignissen,
- **analytisch**: Zusammenhänge und gedankliche Vorstellungen eines Sachbereichs werden in einzelne Bestandteile zerlegt und erklärt.

So wird's gemacht

Lesestrategie: Schritte bei der Vorbereitung

Vgl. die methodischen Anregungen unter ↗ **Facharbeit**.

Schreibplan: Schritte bei der Ausformulierung

Vgl. die methodischen Anregungen unter ↗ **Facharbeit**.

Für den **Aufbau** eines Referats bietet sich eine Dreiteilung an:
- ■ Anfang: **Einführung** in den Sachverhalt/fachlichen Gegenstand
  Überblick über die nachfolgenden Aspekte/Gliederungspunkte
- ◉ Mitte: **Darstellung** des Sachverhalts mit Rückbezug auf die Gliederungspunkte
- ▲ Schluss: **Fazit** aus der Darstellung
  ggf. kurze **persönliche Stellungnahme**

Beispieltext
Kurt Tucholsky – Leben und Werk eines gesellschaftskritischen Schriftstellers

Der folgende Text ist ein Auszug aus einem Referat über den deutschen Schriftsteller.

Um den Zusammenhang zu verdeutlichen, wie aus den vorbereitenden Schritten ein Referat entstehen kann, werden in dem folgenden Beispieltext markiert:

fachlicher Gegenstand
Strukturwörter für den zeitlichen Verlauf in berichtenden Textbausteinen
Strukturwörter in **erklärenden** Textbausteinen

Referat R
273

In der Kommentarspalte werden **Gliederungsabschnitte** des Referats aufgeführt und die verwendeten TEXTBAUSTEINE benannt.

Kurt Tucholsky – Leben und Werk eines gesellschaftskritischen Schriftstellers

Titel mit genauer Nennung des fachlichen Gegenstandes

■

■ Anfang
ÜBERBLICK

Einleitung

Kurt Tucholsky (1890–1935) **war ein bedeutender deutscher Schriftsteller**, der sich <u>bereits vor dem Ersten Weltkrieg</u> als Jugendlicher mit
5 kritischen journalistischen Beiträgen für ein freiheitliches Deutschland
einsetzte. [...] <u>Lange bevor</u> viele seiner Mitbürger die zunehmende
Gefährdung der noch jungen deutschen Republik durch nationalkonservative Kräfte erkannten, <u>verließ</u> er das Land <u>im Jahr 1924</u>, um aus der
Distanz als Korrespondent in Paris mit satirischen Schriften seinen Zeit-
10 genossen den Blick für die politische Situation in Deutschland zu schärfen.

- ■ kurzer BERICHT über die Biografie des Schriftstellers (Lebensdaten, berufliche Stellung, literarische Würdigung)
- ■ ERKLÄRUNG seiner gesellschaftlichen Bedeutung

Im Folgenden werde ich Tucholskys Werdegang als gesellschaftskritischer Schriftsteller bis zu seinem frühen Selbstmord **darstellen: in
einem ersten Abschnitt** <u>die Jugendjahre</u>, **anschließend** <u>die Studienjahre</u>,
15 **in einem dritten Abschnitt** seine Arbeit als Publizist der *Weltbühne* und
in einem vierten und letzten Abschnitt <u>die Jahre seines Exils</u> und <u>sein
Ende im Freitod</u>. Verschiedene Auszüge aus seinem Werk **sollen dabei**
seine schriftstellerischen Intentionen **erläutern**.

Überleitungssatz
fachlicher Gegenstand
vorausweisende Gliederungspunkte

◎

◎ Mitte
Grobstruktur der Hauptkapitel: chronologischer BERICHT über Leben und Werk des Schriftstellers
Binnenstruktur der Hauptkapitel: ERKLÄRUNG der Gesellschaftskritik mit Werkauszügen

20 **1.** <u>Die Jugendjahre</u>
Kurt Tucholsky <u>wurde am 9.1.1890</u> in Berlin geboren. ...

2. <u>Die Studienjahre</u>
...

3. <u>Publizist der *Weltbühne*</u>
25 ...

4. <u>Exil und Freitod</u>
...

▲

▲ Schluss
Fazit
ggf. **persönlicher** KOMMENTAR

5. <u>Schlussbetrachtung</u>

Methodische Hilfen für den mündlichen Vortrag

➤ **Dauer und Darbietung:** Anders als ↗ **Facharbeiten** werden Referate
- ■ meistens persönlich **vorgetragen**, seltener vorgelesen; dabei achtet man auf die Zeit: Kurzreferate dauern bis zu 10 Minuten, umfangreichere Referate nicht länger als 20 Minuten,
- ■ jedoch **schriftlich abgefasst**, damit man einen zusammenhängenden Vortrag halten kann; dabei geht es nicht um wortgetreues Vorlesen der schriftlichen Vorlage, sondern um materialgestütztes und adressatenfreundliches Vortragen,

Referat

- im Allgemeinen durch den sparsamen Einsatz von **Medien** gestützt; dabei stellt man sich auf das Auffassungsvermögen der **Zuhörerschaft** ein, indem man Sachinformationen in klar verständlicher und zugleich interessanter Form anbietet (vgl. S. 275: „Medienunterstützung").

▶ **Vortragsskript**: Für einen guten Sprechvortrag erstellt man ein Vortragsskript auf der Grundlage eines schriftlich ausformulierten Referats. Je nach seiner Erfahrung mit Sprechvorträgen wählt der Vortragende eine der folgenden Methoden:

- **Die freie Art des Vortrags**
  Man stützt sich auf die **Gliederung** seines Referats, d. h. das Inhaltsverzeichnis. Ein kurzer Blick auf einzelne Gliederungspunkte (ggf. mit einigen Notizen dazu) genügt, um dem Vortragenden Orientierung zu geben. Diese Methode setzt voraus, dass man sicher über sein Thema sprechen kann und auch schon im Sprechvortrag geübt ist.
- **Der Mittelweg zwischen freiem und textgestütztem Vortrag**
  Man benutzt **Karteikarten** (↗ **Exzerpt**), auf denen man **handschriftliche Notizen** zu einzelnen Gliederungspunkten aufführt, in Form von Stichpunkten oder in Satzform. Es ist hilfreich, je eine Karteikarte für die Einleitung und den Schluss zu gestalten, für den Hauptteil je eine Karte pro Hauptkapitel und die Karten zu nummerieren.
- **Der textgestützte Vortrag**
  Man **markiert** das **Manuskript** des Referats so, dass man sich mit den Augen von der Textgrundlage lösen und nach Blickkontakt mit den Zuhörern auch wieder zurückfinden kann:
  - mit Farben, mit grafischen Symbolen (Fettdruck, einfache/doppelte Unterstreichung, Unterschlängelung, Kreise, Rechtecke etc.) und
  - mit knappen Randbemerkungen (für Betonungsstellen, Pausen, Zuschauerorientierung, Medieneinsatz, Zeitleiste etc.).

  Diese am deutlichsten durch den Referattext **gelenkte** Art des Vortragens bietet sich an, wenn man noch wenig Erfahrung als Vortragender hat.
  Dies ist ein Beispiel für die **Manuskriptmarkierung**:

---

1. Einleitung
… Im Folgenden werde ich Tucholskys Werdegang als Schriftsteller bis zu seinem frühen Selbstmord darstellen: in einem ersten Abschnitt die Jugendjahre, …   **langsam**
Verschiedene Auszüge aus seinem Werk sollen dabei seine schriftstellerischen Intentionen erläutern …

PAUSE

2. Die Jugendjahre
…
                                                                Folie 1: „Märchen" 1907

PAUSE

4. Publizist der *Weltbühne*
…   F. 2: Foto Redaktion
                                                                Weltbühne

---

▶ **Zuhörerinteresse** wecken und erhalten: Zuhörer freundlich begrüßen, ihnen für ihre Zeit und Teilnahme danken; sie gespannt machen auf das Thema des Vortrags, z. B. durch Fragen, die im nachfolgenden Sprechbeitrag beantwortet werden; zum Mitdenken anregen, durch gezielte Ansprache in den Sachzusammenhang verwickeln; mit gezielten Wiederholungen/Zwischenzusammenfassungen das Verständnis erleichtern; evtl. kurze Phasen für einen Gesprächsaustausch einplanen; allgemeine Diskussionsrunde am Ende des Vortrags eröffnen; Zuhörern für Interesse und Aufmerksamkeit danken und sie verabschieden.

Man kann einleitend ein **Thesenpapier** als abschließende Handreichung ankündigen. Vorab ausgeteilte Thesenpapiere (wie auch Fotos, Illustrationen etc.) lenken Zuhörer eher ab.

▶ **Einsatz der eigenen Stimme:** Man spricht in kurzen Sätzen, formuliert laut und deutlich und spricht flüssig, ohne zu leiern oder zu sehr zu beschleunigen. Zu vermeiden sind eine stockende Stimme sowie „Ehms" und „Ähs". Je nach Sachzusammenhang wechselt man zwischen nüchterner und mehr gefühlsbetonter **Stimmführung** und variiert die **Sprechgeschwindigkeit**. Kurze **Sprechpausen** (nach Teilkapiteln und Kapiteln) geben Zuhörern Gelegenheit, das Gehörte zu verarbeiten oder sich zu entspannen. In größeren Räumen sollte man von einem Pult aus vortragen und dabei ein Mikrofon benutzen.

▶ **Hilfsmittel für die Stimme** bereitstellen: z. B. ein Glas Wasser, Hustenbonbons, falls die Stimme wegen der ungewohnten Belastung oder wegen trockener und verbrauchter Luft versagen sollte.

▶ **nonverbale (nichtsprachliche) Kommunikation**
  ■ **Mimik, Gestik, Körperhaltung**: Man trägt lebendig vor durch variierende Mimik und überlegte Gestik, ohne wild zu gestikulieren, hektisch oder komisch zu wirken. Die Körperhaltung sollte gelockert sein und zusammen mit der Stimmführung Sicherheit, Interesse und Aufgeschlossenheit ausstrahlen.
  ■ **Natürlicher Blickkontakt** spricht Zuhörer direkt an.
  ■ **Standort im Raum:** Man überlegt, wo und wie man sich im Raum am besten positioniert: in sitzender und/oder stehender Haltung; mit Wechsel zwischen Pult/Tisch und seitlicher Position zu Medien; mit guter Sicht auf das Vortragsskript. Man sorgt für eine hinreichende Raumgröße, -beleuchtung und -belüftung.

▶ **Medienunterstützung**: Medien (Tafel, OHP, Flipchart, PC, Beamer etc.) werden dienend eingesetzt, nicht als Selbstzweck. Man schränkt die Häufigkeit und Vielfalt (visuell, akustisch, audiovisuell) des Medieneinsatzes ein, um Zuschauer nicht zu verwirren oder ihre Aufmerksamkeit zu sehr zu beanspruchen. Neben der **Veranschaulichung von Kernaussagen** sollen Medien vor allem zur **Entlastung des Aufnahmevermögens** der Zuhörer beitragen. Wenn es etwa um umfangreiches Zahlenmaterial, statistische Daten, komplizierte Zusammenhänge und räumliche oder abstrakte Vorstellungen geht, bieten sich z. B. vorbereitete Folien oder PowerPoint-Dokumente mit Diagrammen, Schaubildern, Fotos etc. an.

Formulierungshilfen für Referate

Vgl. die sprachlichen Hilfen für **erklärende** Textpassagen unter ↗ **Erklärung** (S. 72 f.), für **Inhaltsverzeichnisse** unter ↗ **Gliederung** (S. 103, 110) und ↗ **Abstract** (S. 7 f.).

Reisebericht

Auf einen Blick

Ein **Reisebericht** gehört zu den **erzählenden Textformen**. Mit ihm gibt man seine **persönlichen** Erlebnisse und Eindrücke wieder, die man auf einer Reise durch Städte, Landschaften oder Länder gemacht hat. Der Reisende erzählt aus einer überwiegend **subjektiven Perspektive**. Der Verfasser eines Reiseberichts bezieht sich auf eine geografisch vorfindbare Wirklichkeit und auf tatsächliche aktuelle wie historische Begebenheiten.

Reiseberichte werden geschrieben
- in der Schule: als **kreative Schreibform**, etwa als **Erlebniserzählung** oder als **Fahrtenbuch** (z. B. mit Kalender, Tagebucheintragungen, Texten, Zeichnungen und Bildern), um die eigenen Ferien- und Freizeiterlebnisse für Leser interessant zu machen; darüber hinaus auch in eigenen fiktionalen Reiseberichten, etwa im Anschluss an ein besprochenes Romankapitel,
- in der Dichtung: als Gattung **„Reiseliteratur"** (z. B. Goethes *Italienische Reise* oder Heinrich Heines *Reisebilder*) oder als **Reisebeschreibung** in Novellen und Romanen,
- in der Sachbuchliteratur: in Büchern, die umfassender über eine Region oder ein Land informieren; hierzu gehören etwa touristische **Reiseführer** und **Reisemagazine** für einzelne Städte, Länder oder Teile dieser Länder, aber auch umfassendere **Länderstudien**, die von politischen Journalisten verfasst werden,
- in der Presse: im **Reise- und Kulturteil** von Tages- oder Sonntagszeitungen und Zeitschriften, um Lesern bekannte Orte oder Regionen in ihren bislang noch unentdeckten Eigenschaften vor Augen zu führen, vor allem aber, um ihnen unbekannte ferne Städte oder Länder in ihrer Eigenart nahezubringen.

Ein **Reisebericht**
- wird
    - im Allgemeinen im **Präteritum** verfasst,
    - in bestimmten Abschnitten, oder auch im gesamten Text, im **Präsens** geschrieben, um Leser unmittelbarer an den Erlebnissen zu beteiligen oder um zeitlos Gültiges zu berichten,
- kann kurze **Gesprächswechsel** enthalten, um Begegnungen mit Menschen auf der Reise lebendig werden zu lassen, z. B. an Wendepunkten im Reiseverlauf, als treffender Kommentar oder lustige Bemerkung zu einem Erlebnis, als Ausruf oder als Gefühlsausdruck in entspannten oder bedrohlichen Situationen.

Ein Reisebericht ist eine **Kombination** von verschiedenen **Textformen**. Man kann die folgenden TEXTBAUSTEINE verwenden:
- ERZÄHLUNG: wenn aus der vorwiegend subjektiven Erlebnisperspektive des Reisenden erzählt wird, wie in einer ↗ **Geschichte**,
- ↗ BERICHT: wenn über die Ereignisse im Verlauf der Reise aus weitgehend objektiver Perspektive

Reisebericht **R**

informiert wird, also mit Angaben zu faktischen Details des bereisten Ortes (zu Jahreszahlen, dokumentierten aktuellen wie historischen Ereignissen etc.),

- ↗ SCHILDERUNG: wenn aus der überwiegend subjektiven Sicht des Reisenden Eigenschaften und Merkmale der bereisten Orte, Landschaften oder Länder beschrieben werden,
- ↗ BESCHREIBUNG: wenn aus hauptsächlich objektiver Perspektive überprüfbare geografische Angaben zu den räumlichen Stationen der Reise gemacht werden,
- ↗ KOMMENTAR: wenn die Reiseerlebnisse aus persönlicher Sicht bewertet werden.

Der **Aufbau** eines Reiseberichts kann

- **chronologisch** sein: d. h., dem zeitlichen Verlauf der Reise folgen, oder
- **klimaktisch** sein: d. h., in einer **Spannungskurve** auf einen Höhepunkt (eine Klimax) hin angelegt sein.

So wird's gemacht

Schreibplan: Schritte bei der Vorbereitung und Ausformulierung

Als wichtige Vorbereitung für einen Reisebericht stellt man einen **Schreibplan** auf. Hierzu gehören im Beispieltext Überlegungen

- zum **Thema**: Abenteuer in unwegsamer Vulkanlandschaft, Gefährdung durch Naturgewalten,
- zur **Leser-/Adressatengruppe**: Leser mit Interesse an geografischen Grundinformationen, vor allem aber am besonderen Reiz einer Landschaft, an Reiseerlebnissen aus erster Hand,
- zur **Publikationsform**: Reisemagazin, das Lesern eine Mischung aus sachlicher Information und Unterhaltung bietet,
- zur **Sprache**: nur die wichtigsten geografischen Fachbegriffe für die Vulkanbesteigung, überwiegend anschauliche und bildhafte Sprache für persönliche Eindrücke,
- zur eigenen **Position** im berichteten Zusammenhang: Perspektive eines abenteuerlustigen und begeisterungsfähigen und dennoch informierten Reisenden,
- zu **Quellen**: geografische Fachbücher, Landkarte mit genauen Ortsbezeichnungen,
- zum **Textaufbau**: **Handlungsgerüst** mit 6 Erzählabschnitten
  - ■ Anfang: (1) **Überblick** über den Reiseverlauf, mit Reiz und Gefährdung der Reise
  - ⊙ Mitte: **einzelne Stationen** der Reise in einem **Spannungsbogen**:
    (2) Aufbau – (3) Fortsetzung – (4) Höhepunkt – (5) Abbau der **Erzählspannung**
  - ▲ Schluss: (6) **Auflösung der Erzählspannung** mit knapper Beurteilung der Reiseerlebnisse

R Reisebericht

Beispieltext
Alban Nikolai Herbst, „Aufs Dach der Insel"

Der folgende Text ist ein geschlossener Auszug eines längeren Reiseberichts aus einem Reisemagazin. Der Verfasser stellt seinen Aufstieg zum Krater des Ätna auf Sizilien dar.

Um den Zusammenhang zu verdeutlichen, wie aus den vorbereitenden Schritten ein Reisebericht entstehen kann, werden im folgenden Beispieltext markiert:

> Strukturwörter für den **zeitlichen** Verlauf der Reise
> Strukturwörter für die einzelnen räumlichen Stationen der Reise
> **Verben**, die Bewegung und Richtung im Raum anzeigen
> allgemeine Ortsangaben, die Standort oder Richtung im Raum angeben
> // für Erzählabschnitte im Spannungsaufbau

In der Kommentarspalte werden **Gliederungsabschnitte** und **Spannungsaufbau** des Reiseberichts aufgeführt sowie die verwendeten sprachlichen Mittel benannt.

Alban Nikolai Herbst, „Aufs Dach der Insel"

■ Schon um acht bin ich am nächsten Tag auf dem Vulkan; ich habe mir einen Wagen genommen und bin über das Örtchen Nicolosi bis an den Rifugio Sapienza[1] **gefahren**, von wo aus eine Seilbahn weitere 600 Meter **hinaufführt**. Danach **geht es** nur noch mit robusten Kletterbus-
5 sen **weiter**, oder zu Fuß, über Pisten feinen Lavasands, vorbei an wuchtigen, erstarrten Magma[2]-Aufschäumungen, umgeknickten Seilbahnmasten und ausgebrannten Hausruinen. //

⊙ Das Meer glimmt, östlich, verhalten blau, und auch Innersizilien, westlich, wogt: Wellen aus Wolken und Bergen. Über die Ätnakrater jagt
10 Watte aus Eis und Dampf. Ein enorm kalter Wind schlägt durch meine Jacke.

Der Bergführer **führt** unser Grüppchen über die Absperrung unterhalb des Südost-Kraters hinweg **zu** einem frischen Lavagrat. „Das ist von gestern abend. Fühlen Sie, es ist noch warm." Jemand räumt zwei, drei
15 Magmasteine beiseite, stopft ein Papiertaschentuch in die Lücke, es fängt an zu kokeln, schon zu brennen an. „Und weiter hinauf?" – „Lassen Sie's bleiben. Es ist zu gefährlich. Sie werden sowieso nichts sehen bei dem Wetter."

Ich **stapfe** trotzdem **los**, dem schwarzen Weg nach, über tuffiges Gestein
20 mit schwefelgelben Katzengoldflecken. Ganz selten noch, festgekrallt,

[1]**Rifugio** [riˈfuːdʒo] italienische Bezeichnung für „Schutz-" oder „Berghütte", Rifugio Sapienza liegt auf ca. 2000 m Höhe – [2]**Magma** heiße natürliche Gesteinsschmelze im oder aus dem Erdinnern, aus der Erstarrungsgesteine entstehen – [3]**Bocca Nuova** (ital. „neuer Mund/Krater") Name für einen der aktiven Hauptkrater des Ätna, entstanden 1968 (3600 m ü NN)

HANDLUNGSGERÜST mit 6 Erzählabschnitten

■ **Anfang**
1 ÜBERBLICK über die Gesamtreise:
■ allgemeine Ortsangaben
■ genaue geografische und geologische Bezeichnungen, die Reiz und Gefährdung der Reise ankündigen

⊙ **Mitte**
2 AUFBAU der Erzählspannung:
■ Metaphern für Bewegung in der Landschaft

■ erste geologische Zeichen von Gefahr durch die Naturgewalten
■ Warnung in wörtlicher Rede

■ geografische Fachbegriffe für tatsächliche Orientierungspunkte in der Berglandschaft

Reisebericht

spärliches Buschwerk, ein paar Flechten. **Nach drei Viertelstunden zweigt** ein Pfad rechts ab, den Kraterrand hinauf. Ich ahne das Grollen. Im Frühjahr habe ich den Alten zischen und fauchen gehört wie eine warnende Schlange. Nun brüllt der Sturm darüber weg. //

- Metapher, Vergleich, Personifikation als Ausdruck einer subjektiv empfundenen Bedrohung

Wanderung zum Ätna, Sizilien 2007

Längst ist der letzte Rifugio außer Sicht. Da bin ich eigentümlich beruhigt, als ich über mir einen zweiten Wanderer sehe: eine schmale, auf einen Stock gestützte Silhouette in wie Stoffbahnen beiseite geschlagenem Dampf. **Im nächsten Moment** ist sie wieder untergegangen.

Ich **steige voran**, mein Pfad **macht eine Wendung** in einen Pass hinein. Bin ich oben? Da stehen zwei alte gegerbte Männer, und zwischen ihnen sitzt eine junge Frau, Mädchen fast noch, und weint. Man kann es nicht hören im Getose, aber auf ihren Wangen sind Tränen gefroren: weißlich glitzernde Bahnen aus Eis. //

3 FORTSETZUNG der Erzählspannung:
- Rückblick auf einen letzten geografischen Orientierungspunkt

- bildhafter Vergleich, Metapher für die Bedrohung des Menschen in der unwegsamen Vulkanlandschaft

Wir schreien uns Begrüßungen zu. Einer der Männer **stapft voran**, winkt uns hinter sich her, das Mädchen kreischt, will nicht weiter. Ich denke, der kennt sich schon aus, **folge** ihm **an** den Kraterrand. „Die Bocca Nuova³!", schreit er. „Und da", er schwingt den Stock, „der Zentralkrater!" Den aber sieht man in der Waschküche kaum. Heißer Dampf, Schwefel, Nebel und Wolken sind nicht mehr voneinander zu trennen. Wir haben **den Weg verloren**. //

4 HÖHEPUNKT der Erzählspannung:
- Reihung von Verbgruppen für schnell aufeinanderfolgende Handlungen
- Verben des emotionalen Sprechens
- Ausrufe in direkter Rede
- Metapher, Substantive für Verlust der Raumorientierung

▲ „Hier lang!" Der Mann **stapft** geradewegs auf den Krater zu. Das Mädchen brüllt. Eine Bö zerfetzt die weiße Masse, gibt den Blick sekundenlang frei: Nicht weit von uns zieht sich eine breite Aschenbahn die Mondlandschaft hinab, und unten, sehr klein, ist ein Jeep zu sehen. Keiner von uns gibt zu, wie erleichtert er ist. Bis zu den Knöcheln **sinken** wir **in** den Lavasand. Wir **stapfen** wie durch Schnee. //

▲ **Schluss**
5 ABBAU der Erzählspannung:
- Ankunft am Ziel
- Rückblick auf die zurückgelegte Strecke

„Na", fragt der Bergführer mit leichtem Spott, als ich die Schutzhütte betrete, „oben gewesen?" – „Ja." Ich lächle. „Dramatisch war's." Ich reibe meine Hände, puste hinein und füge wie nebenbei hinzu: „Bekomm' ich wohl einen Kaffee?"

In: Merian Sizilien, April 1999, S. 100 f.

6 AUFLÖSUNG der Erzählspannung:
- konkrete Ortsangabe als Abschluss der Reise
- Schlusskommentar
- entspannende Alltagsroutine

R Reisebericht

Formulierungshilfen für Reiseberichte

➤ für eine **sachliche Beschreibung** der räumlichen Lage oder Beschaffenheit
- **geografische** (auch: geologische, meteorologische) **Fachbegriffe** und **Ortsnamen**: *(Südost-) Krater, Kraterrand, Lavagrat, Piste, Lavasand, Magma-Aufschäumungen/-Steine, Buschwerk, Flechten, tuffiges Gestein, Schutzhütte; Nicolosi, Bocca Nuova, Rifugio Sapienza*
- **statische Verben**: *X liegt/befindet sich in/liegt nördlich von …/erstreckt sich/dehnt sich aus/ geht über in/erhebt sich/wird umgeben von/grenzt an/wird begrenzt von; eine Grenze verläuft südlich von …*
- **Ortsadverbien** und **Ortsadverbiale**: *in der Ferne, am Horizont, von weitem, am äußeren Ende/jenseits/östlich/westlich/nicht weit von …; über …, bis zu …; vorbei an …, geradewegs auf … zu; dem Weg nach/den Kraterrand hinauf*

➤ für **sachliches, neutrales Berichten**
- präzise **Zeitangaben** (Uhr-/Tages- oder Jahreszeit): *um acht, am nächsten Morgen, nach drei Viertelstunden*
- eingeblendeter **(Kurz-)Bericht**: z. B. zur Geschichte oder aktuellen Bedeutung der bereisten Gegend
- **aktuelle Nachrichten** oder **Augenzeugenberichte** in wörtlicher oder indirekter Rede

➤ für eine **lebendige** Gestaltung der **räumlichen Verhältnisse**, von **Dingen** oder **Menschen im Raum**
- **Verben des Sehens/Erscheinens**: *vor mir sehe/erblicke ich/erscheint X; wohin man blickt, sieht man …; X erscheint/taucht auf/ist zu sehen*
- **dynamische Verben**: *emporragen, thronen über, steil hinabfallen, zieht sich eine breite Aschenbahn die Mondlandschaft hinab*
- **Bewegungsverben** für Richtungen und Ziele im Raum: *los-/voran-/weitergehen/-stapfen/- steigen; hinaufführen zu, jdm. folgen zu …*
- ausdrucksstarke **Handlungsverben**, die die **Sinne** ansprechen: *zischen, fauchen* (für die ausströmenden Dämpfe des Vulkans); *brüllen* (für Sturmgeräusche); *Ein enorm kalter Wind schlägt durch meine Jacke.*
- anschauliche **Adjektive** und **Adverbien** für Farbe, Form, Größe, Material, Gewicht, Geruch, Klang etc.: *kristallklar, tiefgrün, milchig; zerklüftet, steil; kreis-/wellen-/spiralförmig, weit ausladend, gewaltig, massiv, gigantisch; beißend, schneidend; weißlich glitzernde Bahnen;*
dem Substantiv **vorangestellt**: *robuste Kletterbusse; ein enorm kalter Wind; wuchtige, erstarrte Magma-Aufschäumungen;*
dem Substantiv **nachgestellt**: *Das Meer glimmt, östlich, verhalten blau*
- **elliptische Satzmuster** und **Reihungen** für schnelle und genaue räumliche Wahrnehmungen des Reisenden: *Spärliches Buschwerk, ein paar Flechten.*
- **Voranstellung** von sinnlichen Wahrnehmungen: *Ganz selten noch, festgekrallt, spärliches Buschwerk …*
- **Metaphern, bildhafte Vergleiche** und **Personifikationen** für schöne oder bedrohliche Erlebnisse: *der Alte* (für „Vulkan"); *festgekrallt* (für „wachsen auf steinigem Boden"); *wie eine warnende Schlange; Waschküche* (für „nebelverhangene, von Vulkandämpfen durchzogene

Bergregion"); *Wellen aus Wolken und Bergen; Watte aus Eis und Dampf; weißlich glitzernde Bahnen aus Eis* (für „Tränen in Eiseskälte"); *schwefelgelbe Katzengoldflecken*

➤ für **lebendiges Erzählen**
- ■ kurze **Sätze, Reihung von Satzgliedern/Gliedsätzen** für **schnelle Handlungsfolgen** und **Höhepunkte** der Spannungskurve: *Wir schreien uns Begrüßungen zu. Einer der Männer stapft voran, winkt uns hinter sich her, das Mädchen kreischt, will nicht weiter. Ich denke, der kennt sich schon aus, folge ihm an den Kraterrand. …*
- ■ **Reihung von Sätzen, Satzgliedern** oder **Gliedsätzen** für einzelne Etappen auf einer **langen Strecke**: *Danach geht es nur noch mit robusten Kletterbussen weiter, oder zu Fuß, über Pisten feinen Lavasands, vorbei an wuchtigen, erstarrten Magma-Aufschäumungen, umgeknickten Seilbahnmasten und ausgebrannten Hausruinen.*
- ■ **Reihung von Sätzen** oder **Gliedsätzen** mit *und* für **lange anhaltende Handlungen** und zur Steigerung der Spannung: *Der Vulkan zischte und fauchte und stieß Dampf aus und dann spuckte er eine heiße Magmaladung nach der anderen aus.*
- ■ **wörtliche Rede** oder **Dialoge** an besonders spannenden Stellen

➤ für eine **persönliche Wahrnehmung** der Ereignisse
- ■ ausdrucksstarke **Handlungsverben**: *stapfen* (statt „gehen"), *kokeln* (statt „glühen und qualmen")
- ■ **Voranstellung** oder **Nachstellung** von schwierigen, gewagten oder besonders beeindruckenden Erfahrungen: *Bis zu den Knöcheln sinken wir in den Lavasand* (statt: „Wir sinken …"); *… sind Tränen geflossen: weißlich glitzernde Bahnen aus Eis.*
- ■ wertende **Adjektive** oder **Substantive**, auch mit verstärkenden **Adverbien oder Attributen**: *(extrem) gefährlich, bedrohlich, dramatisch, (ausgesprochen) friedlich, (ungeheuer) beruhigend/erleichtert, überwältigend, eindrucksvoll; ein Drama, ein (extremes) Risiko, eine Katastrophe/Herausforderung, eine (ungeahnte/unerwartete) Belohnung*
- ■ gefühlsbetonte **Ausrufe** in **direkter Rede**: *„Lassen Sie's bleiben. Es ist zu gefährlich."*
- ■ **Verben** des **emotionalen Sprechens** in aufregenden, gefährlichen oder überwältigenden Momenten: *schreien, kreischen, brüllen*

Vgl. zu weiteren Formulierungshilfen ➚ **Bericht** (S. 41), ➚ **Geschichte** (S. 100 f.), ➚ **Reportage** (S. 286) ➚ **Schilderung** (S. 309 f.).

Reportage

Auf einen Blick

Eine **Reportage** ist eine **journalistische Darstellungsform**, die **berichtende**, **beschreibende** und **argumentative** Textformen sowie **objektive** und **subjektive** Darstellungsweisen miteinander kombiniert. Die Reportage ist im Kern eine **Nachricht**, für die der Reporter ebenso recherchieren muss wie für einen Nachrichtenartikel. Anders als in einer Nachricht vermittelt der Journalist auch seine **persönlichen Erlebnisse**, als Beobachter am Ort des Geschehens, ggf. auch als selbst Handelnder. Das Thema wird so gewählt, dass aus konkreten Ereignissen interessante Erlebnisse von und mit Menschen werden. Ein Reporter fragt sich, worin die für Leser unbekannte Seite eines Ereignisses besteht, mit welchen Mitteln er einem Geschehen so nahekommt, dass er sein Publikum mit einer „packenden" Reportage daran teilhaben lassen kann.

Im Gegensatz zum ↗ **Reisebericht**, in dem die subjektiven Eindrücke des Verfassers von besuchten Orten und erlebten Geschehnissen überwiegen, orientiert sich ein Reporter am Ort des Geschehens deutlicher an tagesaktuellen Ereignissen, an Tatsachen und an recherchierten Hintergrundinformationen. Die Reportage ist also ein **tatsachenbetonter**, aber **persönlich gefärbter Erlebnisbericht**. Dennoch hält ein Reporter sich zurück, wenn er selbst im Geschehen keine Rolle spielt.

Reportagen werden geschrieben

- in der Schule: in der verwandten Form eines **Erlebnisberichts**, z. B. in einem Fahrtenbuch, in dem verschiedene Texte über eine Klassen- oder Kursfahrt zusammengestellt werden, oder als Einzelbeitrag für die Schüler- oder Schulzeitung, in dem Erfahrungen und Erlebnisse bei gemeinsamen Besuchen von Museen, Ausstellungen usw. oder auf Schulveranstaltungen und Schulfesten festgehalten werden,
- in der Presse: als tatsachen- und meinungsbetonte journalistische Darstellungsform der Printmedien und Online-Nachrichtendienste, mit der Leser an den Ort eines lokal, national oder international wichtigen Geschehens geführt werden sollen, etwa eines Stadtteilfestes, einer politischen Demonstration, eines Überfalls, eines Kriegsereignisses; ergänzend zu neutralen Berichtformen wie **Meldung**, **Nachricht** und ↗ **Bericht** und Meinungsbeiträgen wie ↗ **Leitartikel**, ↗ **Kommentar**, **Leserbrief** und ↗ **Karikatur**,
- in der Literatur: häufig als spannend erzählte Geschehnisse in geschlossenen Abschnitten eines Romans.

Eine **Reportage**

- wird im Allgemeinen im **Präteritum** verfasst, vorzeitige Handlungen im **Plusquamperfekt**,
- wird an bestimmten Stellen, oder auch im gesamten Text, im **Präsens** geschrieben, um Leser unmittelbarer an Erlebnissen zu beteiligen oder um zeitlos Gültiges zu berichten,
- kann an anderen Stellen im **Perfekt** abgefasst werden, wenn eine gewisse Nähe zum vergangenen Geschehen erzeugt werden soll, wie beim mündlichen Erzählen,

		Reportage **R**

- stellt Ereignisse **nicht chronologisch** dar, sondern beginnt mit dem interessantesten Aspekt; in den chronologischen Ablauf findet der Leser selbst zurück,
- enthält **erzählerische Mittel** wie in einer Geschichte oder Erzählung, z. B. einen szenischen Einstieg oder einen Spannungsbogen,
- wechselt zwischen **Naheinstellung** und **Gesamtsicht**, Einzelfall und Verallgemeinerung, Einzelschicksal und Situation im Lande etc.,
- wechselt die **Perspektive** (von außen/als Betroffener, von objektiv zu subjektiv),
- kann kurze **Zitate** enthalten, in denen Aussagen von Augenzeugen und Kommentatoren einen lebensnahen, spannenden Gesamteindruck von dem berichteten Geschehen vermitteln; oder mit denen Quellen aus eigenen Nachforschungen bzw. Auskünfte und Meinungen von Experten in die Reportage aufgenommen werden,
- basiert auf genauen **Hintergrundrecherchen** zu einem Ereignis und seinem Umfeld.

Eine Reportage ist eine **Kombination** aus verschiedenen **Textformen**. Man kann die folgenden TEXTBAUSTEINE verwenden:

- ERZÄHLUNG: wenn man Ereignisse wie in einer ↗ **Geschichte** lebendig und lesernah darstellt,
- ↗ BERICHT: wenn man Handlungs- und Geschehensabläufe überwiegend objektiv wiedergibt,
- ↗ BESCHREIBUNG: wenn man Menschen und Schauplätze aus überwiegend objektiver Sicht genauer vorstellt,
- ↗ SCHILDERUNG: wenn man Tatorte aus vorwiegend subjektiver Sicht darstellt,
- ↗ KOMMENTAR: wenn man Geschehnisse aus weitgehend subjektiver Perspektive beurteilt bzw. von anderen (Zeugen, Betroffenen, offiziellen Kommentatoren usw.) beurteilen lässt.

So wird's gemacht

Schreibplan: Schritte bei der Vorbereitung und Ausformulierung

Als wichtige Vorbereitung für eine Reportage stellt man einen **Schreibplan** auf. Hierzu gehören im Beispieltext Überlegungen

- ➤ zum **Thema**: umstrittene Täterschaft für das Attentat auf ein saudisches Wohnquartier,
- ➤ zur **Leser-/Adressatengruppe**: Leser/innen mit einem allgemeinen politischen Interesse an dramatischen Ereignissen und menschlichen Schicksalen in weltweiten Konfliktgebieten,
- ➤ zur **Sprache**: anschauliche Sprache für Schilderungen am Ort des Geschehens, sachliche Sprache für den Bericht mit tatsachenbetonten Informationen, wertende Sprache in meinungsbetonten Passagen,
- ➤ zur eigenen **Position** (im berichteten Sachzusammenhang): Gegenüberstellung von gegensätzlichen öffentlichen Meinungen, bei weitgehender Zurückhaltung des eigenen Standpunktes,
- ➤ zu **Quellen**: für fachkundige Hintergrundrecherche, z. B. Presseagenturen, international verbreiteter Nachrichtensender CNN und nationaler Sender Al Arabija,

R
Reportage

> zum **Textaufbau**

- ■ Anfang: **Gesamtgeschehen** im Überblick im Einleitungsabschnitts (*Intro*) eines **Nachrichten-artikels**:
  - – W-Fragen zur **Gesamtsituation** (*wann? wer? wo? was?*)
  - – regierungsnaher **Kommentar** zum Geschehen (*warum?*)
  - – **Hintergrundrecherche** (*wie? wieso?*)
- ◉ Mitte: **Einzelheiten** zu Handlungen und Schauplätzen:
  - – **Bericht** aus wechselnder objektiver/subjektiver Perspektive zum zeitlichen Ablauf des Geschehens (*wann? was? wie?*)
  - – **Informationen** aus Sekundärquellen (*wie? wieso?*)
  - – **Kommentare** von Außenstehenden (*warum?*)
  - – **Beschreibung** des räumlichen Ausmaßes des Geschehens am Tatort (*wo? was?*)
  - – eigener **Kommentar** zur Beurteilung der beschriebenen Einzelheiten
- ▲ Schluss: **Kommentar** eines Regierungskritikers zum **Gesamtgeschehen**

Beispieltext
Christiane Buck, „Der Tod kam im Polizeiwagen"

In dem folgenden Auszug aus einem längeren Artikel nimmt die Journalistin Bezug auf einen Terror-anschlag in Riad am 13. Mai 2003.

Um den Zusammenhang zu verdeutlichen, wie aus den vorbereitenden Schritten eine Reportage entstehen kann, werden in dem folgenden Beispieltext markiert:

> Wendungen für den **zeitlichen** Verlauf der Handlung
> Wendungen für eine räumliche Beschreibung des Tatorts
> Verben für Positionen/Zustände bzw. aktuelle Handlungen
> sprachliche Wendungen für **argumentative** Texte
> // für Gliederungsabschnitte im Text

In der Kommentarspalte werden **Gliederungsabschnitte** der Reportage und die verwendeten TEXTBAUSTEINE benannt sowie die *Intro*-Fragen aufgeführt.

Der Tod kam im Polizeiwagen

Zwei Selbstmordattentäter sprengten sich in der saudiarabischen Hauptstadt in die Luft – Mindestens elf Tote und rund 120 Verletzte

CHRISTIANE BUCK

■ Allein die Palmen hielten der Explosion stand, ansonsten bot sich den Rettungshelfern in der saudi-arabischen Hauptstadt Riad ein Bild des Grauens. Überall lodernde Flammen, verstreute Möbelstücke, Leichen-teile und blutüberströmte Schwerverletzte. Es war Mitternacht, als sich
5 die Selbstmordattentäter in einer Wohnanlage in die Luft sprengten. Traurige Bilanz: mindestens elf Tote und rund 120 Verletzte. Der sau-dische Geheimdienst vermutet hinter dem blutigen Anschlag das Ter-

Titel mit Leseanreiz

Untertitel als Kurzmeldung

■ **Anfang**
Gesamtgeschehen: Intro
SCHILDERUNG *(wo? was? wer?)*
BERICHT *(wann? wer? wo? was?)*

KOMMENTAR regierungsnaher
Saudis *(warum?)*

rornetzwerk Al Qaida. Am Tage zuvor hatten die USA eine Terrorwarnung an ihre Staatsangehörigen weitergegeben und ihre diplomatischen
10 Vertretungen vorübergehend geschlossen. //

⊙ **Es war Mitternacht** in Riad, **als** zwei Jeeps zur Wohnsiedlung El
Muhaija rasten, die laut CNN zuvor von der Polizei gestohlen wurden.
Trotz dieser Tarnung lieferten sich die Angreifer an der Wache einen
Schusswechsel mit den Sicherheitskräften, **bevor** sie mit einer Sprengla-
15 dung das Tor durchbrachen. In der Wohnanlage detonierten **kurz
danach** zwei weitere Autobomben, die Augenzeugen an ein Erdbeben
erinnerten. **Danach** waren Schreie von Frauen und Kindern zu hören.
Mindestens zehn Häuser fielen völlig in sich zusammen, von anderen
blieben nur noch kahle Gerippe übrig. Scheiben zerbarsten klirrend und
20 Feuer erhellten den Himmel der Vier-Millionen-Stadt. Die gewaltigen
Folgen der Explosion erinnern an einen Kriegsschauplatz. Der Fernsehsender Al Arabija zeigte einen tiefen Krater von fünf Meter Durchmesser
und zwei Meter Tiefe an der Stelle der Detonation. […] //

Das Wohnquartier mit rund 200 Villen liegt rund zehn Kilometer west-
25 lich vom Stadtzentrum Riads und war vor allem von Libanesen, Ägyptern und Syrern bewohnt. Auch einige Familien aus Deutschland, Frankreich und Großbritannien lebten dort. Es befindet sich in der Nähe des
diplomatischen Viertels, in dem auch die amerikanische Botschaft untergebracht ist. **Viel wichtiger vielleicht**: die Privathäuser des saudischen
30 Innenministers Prinz Nayef und anderer Mitglieder der Königsfamilie
sind nur knapp einen Kilometer entfernt vom Tatort. //

▲ Der saudische Dissident[1] Saad al-Faqih **glaubt, dass** […] mit dem
Anschlag das Herrscherhaus für aufkeimende Gewalt verantwortlich
gemacht werden sollte. „Indem sie den schmalen Grat für politische
35 Meinungsfreiheit geschlossen haben, hat die Regierung nichts dafür
getan, die Attacken zu verhindern. Jeder Bürger war mit einem Schlag
das Opfer einer massiven Sicherheitskampagne."

Nach dem Anschlag auf eine Wohnanlage von Ausländern in Riad im
Mai, bei dem über 35 Menschen ums Leben kamen, hatten die Behörden
40 mehrere hundert Verdächtige festgenommen. Seither gab es an jedem
Hauptknotenpunkt Checkpoints, Autos und Häuser wurden nach Waffen durchsucht. Die Razzien haben nicht für mehr Sicherheit, sondern
laut al-Faqih für Ressentiments[2] unter der Bevölkerung gesorgt. „Wer
gegen das Regime protestieren will, hat nur die Wahl zwischen Gehor-
45 sam und Gewalt", sagt der Dissident. […]

In: DIE WELT, 10. November 2003

---

[1]**Dissident** jemand, der mit der offiziellen (politischen) Meinung nicht übereinstimmt;
Andersdenkender, Abtrünniger – [2]**Ressentiment** Abneigung, die auf Vorurteilen,
Unterlegenheitsgefühl, Neid beruht

Hintergrundrecherche für
offizielle Einschätzung der
Täterschaft *(wieso?)*

⊙ **Mitte**
Einzelheiten des Geschehens
BERICHT/ERZÄHLUNG
zeitlicher Ablauf des
Terroranschlags *(wann? was?
wie?)*
Sekundärinformationen (CNN, Al
Arabija)
KOMMENTARE von Augenzeugen

BESCHREIBUNG/KOMMENTAR
räumliche Eingrenzung des Tatorts
(wo?)
Beschreibungsrichtung von
außen nach innen
Deutung durch die Journalistin
(warum?)

▲ **Schluss**
KOMMENTAR
Deutung des Geschehens durch
einen regierungsfernen Saudi, zitiert
in direkter Rede *(warum?)*

BERICHT mit **Hintergrundrecherche** für abweichende
Einschätzung der Täterschaft

R Reportage

286

Formulierungshilfen für Reportagen

➤ für eine **sachliche, neutrale Berichterstattung**
- **raffende** und **exakte Zeitangaben** für eine chronologische Abfolge: *um 4 Uhr/Mitternacht, im Mai, anfangs, zunächst, dann, später, kurz danach, bald, schließlich*
- **temporale Nebensätze**: *Es war Mitternacht, als …; …, bevor sie … das Tor durchbrachen*
- **sachliche Ortsbezeichnungen:** *Wohnquartier mit rund 200 Villen, Stadtzentrum, diplomatisches Viertel, Privathäuser, Vier-Millionen-Stadt*
- **Verben** für Positionen oder Zustände im Raum: *liegen/leben in, sich befinden, bewohnt sein von, untergebracht sein in*
- **Ortsadverbien** und **-adverbiale**: *dort, westlich/in der Nähe von, in der Wohnanlage, an der Wache, einen Kilometer entfernt vom Tatort*
- Wendungen, mit denen man sich auf **Quellen** bezieht: *laut CNN*

➤ für eine **subjektive Darstellung der Ereignisse**
- ausdrucksstarke **Handlungsverben** im Präteritum für die Gewaltsamkeit und Schnelligkeit der Handlungen: *als sich die Selbstmordattentäter in die Luft sprengten; als zwei Jeeps zur Wohnsiedlung El Muhaija rasten; …, bevor sie mit einer Sprengladung das Tor durchbrachen. In der Wohnanlage detonierten …*
- ausdrucksstarke **Sinnesverben**: *Scheiben zerbarsten, Feuer erhellten den Himmel*
- verstärkende **Adjektive** und **Adverbien** für **Sinneseindrücke**: *Scheiben zerbarsten klirrend; Häuser fielen völlig in sich zusammen*
- **Metaphorik** für das Ausmaß des Geschehens: *von (Häusern) blieben nur noch kahle Gerippe übrig; Autobomben, die an ein Erdbeben/einen Kriegsschauplatz erinnerten*
- **Reihung** von **sinnlichen Wahrnehmungen** (im **elliptischen** Satzbau), die die Intensität des Geschehens vermitteln: *Überall lodernde Flammen, verstreute Möbelstücke, Leichenteile und blutüberströmte Schwerverletzte.*

➤ für eine **persönliche Beurteilung** bzw. **Fremdbeurteilung** der Ereignisse
- **Satzmuster** mit dem **Verb *sein* + (Adverb +) wertendes Adjektiv**, auch in der Steigerungsform: *Viel wichtiger/bedauerlicher/entscheidender ist …*; oder mit dem **Verb *sein* + Substantiv**: *X ist eine traurige Bilanz/eine (ungeheure) Missachtung …*
- **Verben des Urteilens**: *X vermutet/glaubt, dass …*

Vgl. zu weiteren Formulierungshilfen ↗ **Bericht** (S. 41), ↗ **Geschichte** (S. 100 f.), ↗ **Reisebericht** (S. 280 f.) ↗ **Schilderung** (S. 309 f.).

Rezension

Auf einen Blick

Eine **Rezension** ist eine **journalistische** Variante des ↗ **Kommentars**. In Rezensionen werden Bücher besprochen und weitgehend aus der **subjektiven** Perspektive des Rezensenten beurteilt. Die Wiedergabe der Inhalte eines Buches steht häufig am Anfang einer Rezension, dies ist für Leser die Grundlage, um die nachfolgenden Bewertungen des Rezensenten verstehen zu können. Buchkritiken sind einzuordnen zwischen Tatsachenbericht und fachlicher, jedoch persönlich gefärbter Betrachtung und Interpretation.

Buchbesprechungen werden zu wichtigen oder interessanten Neuerscheinungen geschrieben, die für bestimmte Leser- oder Hörergruppen ausgewählt werden. Rezensenten wollen mit ihrer persönlichen Beurteilung auf neuere Literatur und Sachbuchliteratur aufmerksam machen und Lesern eine Entscheidungshilfe geben, ob sie das rezensierte Original selbst lesen wollen. Erkennbare **Fachkenntnisse** im Bereich von Literatur und im jeweiligen Fachgebiet eines Sachbuchs sind Voraussetzungen für eine glaubwürdige Buchkritik.

Die Besprechung einer Theateraufführung, eines Konzerts, einer Ausstellung etc. wird im Allgemeinen ↗ **Kritik** genannt.

Eine **Rezension** wird geschrieben
- in der Schule: im Deutschunterricht, als persönliche Einschätzung eines im Unterricht besprochenen literarischen Werkes, als Buchvorstellung in der Lerngruppe oder als Empfehlung einer neuen Lektüre für die Klassen- oder Schulbibliothek; als Teil eines ↗ **Referats** oder einer ↗ **Facharbeit**,
- in der Ausbildung/im Studium: in einer **wissenschaftlichen Abhandlung**, z. B. in einer Seminararbeit, schriftlichen Hausarbeit oder Dissertation (Doktorarbeit),
- in der Presse: im **Kulturteil** (auch Feuilleton genannt) von **Tages-** oder **Sonntagszeitungen**, **Zeitschriften** und **Fachzeitschriften** oder (mündlich vorgetragen) auch in **Rundfunksendungen**, in denen Lesern oder Zuhörern Buchneuerscheinungen vorgestellt werden,
- in Veröffentlichungen: in Beiträgen in einer **wissenschaftlichen Zeitschrift** oder einem **Fachbuch**.

Eine **Rezension**
- wird im **Präsens** geschrieben, wenn man die Inhalte eines Buches knapp zusammenfasst; Fakten der Vergangenheit (z. B. Autorenbiografie, Publikationsdaten) werden im **Präteritum** wiedergegeben,
- wird oft durch **Leseproben** in Form von **Zitaten** aus dem Buch illustriert, mit denen das Leserinteresse geweckt werden kann oder die persönliche Beurteilung durch den Rezensenten belegt wird,

R
Rezension

- wird mit Hilfe von **Fachwissen** verfasst, über das der Rezensent verfügt, um eine Neuerscheinung fachlich überzeugend zu beurteilen (im Beispieltext etwa zur literarischen Gattung des Romans, zu Erzähltechniken, zur Figurengestaltung), und mit Kenntnissen zum dargestellten Sachverhalt (im Beispieltext zu Lebenskrisen),
- wird aus einer überwiegend **subjektiven Perspektive** geschrieben, bis auf Textabschnitte, in denen der Rezensent sich auf überprüfbare, **objektive** Tatsachen bezieht, wie zum Beispiel auf Inhalt und Thema des Buches, Publikationsdaten, biografische Angaben zum Autor etc.,
- **beurteilt** ein Buch mit der Absicht, Leser/innen in ihrem Urteil zu beeinflussen; nicht immer fassen Rezensenten am Ende der Buchbesprechung ihre Beurteilung zusammen oder sprechen eine ausdrückliche Empfehlung für Leser aus.

Eine **Rezension** ist eine Kombination aus verschiedenen **Textformen**. Die folgenden TEXTBAUSTEINE können verwendet werden:
- ↗ INHALTSANGABE oder ↗ ZUSAMMENFASSUNG: wenn man z.B. Ort, Zeit, Figuren und Handlung (*Plot*) einer Romanhandlung zusammenfasst,
- ↗ BERICHT: wenn man einige Lebensdaten des Verfassers oder Angaben zu seinen bisherigen Buchveröffentlichungen als **biografische Notiz** anführt,
- ↗ BESCHREIBUNG oder ↗ SCHILDERUNG: wenn man z.B. Orte, Landschaften oder Länder, in denen eine Handlung spielt, Lesern genauer vorstellt, entweder objektiv beschreibend oder subjektiv schildernd,
- ↗ KOMMENTAR: wenn man z.B. Thema, Handlungsentwicklung, Figuren oder Stil eines Romans aus seiner persönlichen Perspektive beurteilt.

Die einzelnen TEXTBAUSTEINE werden im Allgemeinen in verschiedenen Textabschnitten getrennt verwendet. Der **Aufbau** einer Rezension kann variieren. D.h., dass man die **Reihenfolge** der Textbausteine ändern kann. Man kann z.B. diese Varianten wählen:
- Bericht – Inhaltsangabe – Beschreibung/Schilderung – Kommentar
- Bericht – Beschreibung/Schilderung – Inhaltsangabe – Kommentar
- Beschreibung/Schilderung – Inhaltsangabe – Kommentar – Bericht
- Kommentar – Bericht – Beschreibung/Schilderung – Inhaltsangabe – Kommentar etc.

Am Ende einer Rezension, außerhalb des Textzusammenhangs, macht man genaue **bibliografische Angaben** zu Autor, Titel, Verlag, Ort, Seitenumfang und Preis des Buches.

So wird's gemacht

Schreibplan: Schritte bei der Vorbereitung und Ausformulierung

Als wichtige Vorbereitung für eine Rezension stellt man einen **Schreibplan** auf. Hierzu gehören im Beispieltext Überlegungen

➤ zum **Thema** des Buches: Geschichte einer Lebenskrise,

Rezension R 289

- zur **Leser-/Adressatengruppe**: Leserschaft mit allgemeinem Interesse an Gesellschaftsromanen der Gegenwart,
- zur **Sprache**: neben allgemein verständlichen Begriffen aus der Fach-/Hochsprache gezielt auch alltagssprachliche Wendungen,
- zu seiner **Position** als **Kritiker**: positive Bewertung der aktuellen Thematik, weitgehend auch des Erzählstils, aber auch kritische Sicht von Schwächen in der Prosa,
- zur **Überschrift** als Leseanreiz: „Ein Mann dreht durch" – umgangssprachliches Bild, das Konfliktstoff verspricht,
- zum **Textaufbau**
  - ■ Anfang: Ein-Satz-ZUSAMMENFASSUNG des Romangeschehens als Katastrophenmeldung, als Einstimmung der Leser auf eine Spannung versprechende Lektüre
  - ◉ Mitte: – knappe INHALTSANGABE, die auf dem Höhepunkt der Erzählspannung abbricht, als Leseanreiz für die Lektüre des gesamten Romans
    – BERICHT als biografische Notiz zu Lebensdaten des Autors
    – KOMMENTAR mit positiver Beurteilung der Stärken des Romans
  - ▲ Schluss: KOMMENTAR mit abwägender Bewertung der Stärken und Schwächen des Romans

Beispieltext
„Ein Mann dreht durch"

Diese Rezension zum dritten Roman von Gregor Hens (* 1965 in Köln) erschien als Buchbesprechung im Kulturteil des SPIEGEL. Hens studierte ab 1989 in den USA und ist seit 2001 Germanistikprofessor an der Ohio State University. Er lebt und arbeitet in Columbus in Ohio und in Berlin. Bereits sein Erstling, *Himmelssturz* (2002), wurde als „meisterhafter Roman" von der *Süddeutschen Zeitung* gelobt. Hens gilt als Erzähltalent der jüngeren Generation.

Um den Zusammenhang zu verdeutlichen, wie aus den vorbereitenden Schritten eine Rezension entstehen kann, werden im folgenden Beispieltext markiert:

> Ortsangaben in der Inhaltsangabe zum besprochenen Roman
> **Zeitangaben** in der Inhaltsangabe zum besprochenen Roman
> sprachliche Wendungen für **argumentative** Texte
> **Fachbegriffe** aus dem Sachbereich „Literatur"/„Roman"

In der Kommentarspalte werden **Gliederungsabschnitte** der Rezension aufgeführt und die verwendeten TEXTBAUSTEINE benannt.

LITERATUR

Ein Mann dreht durch

■ **Drei Tage nur**, und eine ganze Welt geht unter: ◉ die Welt des weit gereisten Unternehmensberaters Karsten Matta, wohnhaft in Berlin, großes „Ausziehsofa" im Arbeitszimmer, verheiratet mit Rebecca („offene Beziehung"), zwei kleine Kinder, verliebt in Malin, eine Kunsthistorike-

Titel als Leseanreiz

■ **Anfang**
„Aufhänger":
Ein-Satz-ZUSAMMENFASSUNG als Sensationsmeldung
◉ **Mitte:**
INHALTSANGABE mit Zeit, Ort,

Rezension

5 rin, die er in einem kleinen schwedischen Museum kennengelernt hat.
An einem Freitag dreht Matta plötzlich durch: **Entnervt** von der
schleppenden Bearbeitung seiner Reiseformulare in einem stickigen
pakistanischen Konsulat („Fahrt selbst in euer Land, in dieses Scheiß-
land") verabschiedet er sich **abrupt** von Job und Familie („Ich komme
10 nicht zurück in dieses Leben"); **am Samstag** trifft er, in Hamburg, Malin,
schläft mit ihr und gesteht der Ratlosen: „Ich habe niemanden außer
dir"; die Traumreise des seltsamen Paars durch deutsche Lande, bei der
die beiden unter anderem eine deftige ländliche Hochzeit einschließlich
Feuersbrunst erleben, findet **in der Nacht zum Sonntag** ein blutiges
15 Ende …

Gregor Hens, 38, **erzählt** diese Geschichte einer Lebenskrise **einfühlsam**
und **temporeich**, **sprachlich** souverän und – trotz der **Identifikation
mit seinem Helden** – so **distanziert**, dass der Leser über den **ach so
mörderisch verliebten** und **pathetisch** am Elend der Globalisierung lei-
20 **denden** Karsten Matta schmunzeln kann. Insofern **löst** der **Autor**, der als
Germanistikprofessor in Ohio, USA, arbeitet, **durchaus ein,** was schon
sein **viel gelobter erster Roman** „Himmelssturz" (2002), eine Mischung
aus **Ehedrama** und **Campus-Story**, **versprochen hat.**

🔺 **Makellos ist** seine **Prosa** dennoch nicht: So **wunderbar suggestiv**
25 zum Beispiel die Wutausbrüche Mattas über korrupte Polizisten in aller
Welt **wirken,** so **psychologisch überzeugend** die **marodierende**[1] Phan-
tasie dieses **Helden illustriert wird** – so **eigenartig blass bleibt** das **Bild**
der fremden Frau, die angeblich **das ganze Drama auslöst**: Malin. **Wenig
plausibel ist** auch, dass der **Erzähler** seinen **Figuren** in die **Köpfe**
30 **schauen** kann („dachte sie"), dem **Leser** aber über den entscheidenden
Autounfall das Wichtigste verschweigt.

Gregor Hens: „Matta verlässt seine Kinder". S. Fischer Verlag, Frankfurt
am Main; 144 Seiten; 14,90 Euro.

In: DER SPIEGEL, 10/2004, 01.03.2004

---

[1]**marodieren** plündern

Marginalien:

Figurenkonstellation und Handlungsentwicklung

Leseanreiz durch Abbruch vor dem Schluss der Handlung

BERICHT als biografische Notiz
KOMMENTAR mit positiver Bewertung der Stärken des Romans

🔺 **Schluss**
KOMMENTAR mit abwägender Bewertung der Stärken und Schwächen des Romans

Bibliografische Angaben außerhalb des Textzusammenhangs

Formulierungshilfen für Rezensionen

➤ für **sachliche, objektive** Eindrücke von dem gelesenen Buch
- **Fachbegriffe** aus dem Sachbereich „Literatur"/„Roman": *die Geschichte einer Lebenskrise erzählen, die Identifikation [des Autors] mit seinem Helden, eine Mischung aus Ehedrama und Campus-Story, ein Drama auslösen, der Erzähler, seine Figuren*
- **faktische Angaben** zu objektiv überprüfbaren Lebensdaten des Autors: *Gregor Hens, 38; sein erster Roman, „Himmelssturz" (2002); Germanistikprofessor in Ohio, USA*

Rezension

R
291

➤ für **subjektive** Eindrücke von dem gelesenen Buch

- **substantivische, adjektivische** oder **verbale Wendungen** für die Gefühlslage der handelnden Figuren: *Entnervt von der schleppenden Bearbeitung seiner Reiseformulare ...*

- **wertende Adjektive** für eine anschauliche räumliche Vorstellung der Romanhandlung: *in einem stickigen pakistanischen Konsulat; deftige ländliche Hochzeit*

- **Attribute in Reihung** für wesentliche Eigenschaften im Gesamtbild der Hauptfigur: *die Welt des weit gereisten Unternehmensberaters Karsten Matta, wohnhaft in ..., großes „Ausziehsofa" im ..., verheiratet mit ..., zwei kleine Kinder, verliebt in ..., eine Kunsthistorikerin, die ...*

- **Kontraste**, **bildhafte Wendungen** z. B. aus den Sachbereichen „Gewalt"/„Katastrophen", die den Leseanreiz für die Lektüre des gesamten Romans erhöhen: *Hochzeit einschließlich Feuersbrunst; ein blutiges Ende finden*

➤ für eine **persönliche** und **sachlich fundierte Beurteilung**

- **wertende Adjektive (+ Adverbien)/Substantive**, v. a. mit den **Verben *sein, wirken, bleiben*:** *Makellos ist seine Prosa nicht; Wenig plausibel ist auch, dass ...; So wunderbar suggestiv zum Beispiel ... wirken, so eigenartig blass bleibt...; X erzählt einfühlsam/temporeich/sprachlich souverän/distanziert*

- **Übertreibungen, informelle sprachliche Bilder** und **Wendungen**: *X dreht durch; der ach so mörderisch verliebte/pathetisch leidende X; seinen Figuren in die Köpfe schauen kann* (statt des Fachbegriffs: *auktoriales Erzählverhalten*)

- **Fachbegriffe** für ein glaubwürdiges Urteil: *sprachlich souverän, trotz der Identifikation mit seinem Helden*

Vgl. zu weiteren Formulierungshilfen ↗ **Kritik** (S. 225).

Sachtextanalyse

Auf einen Blick

Eine **Sachtextanalyse** gehört zu den ↗ **erklärenden Textformen**. In Sachtexten
- erklärt man Lesern die Thematik eines Textes,
- benennt man die sprachlichen und kompositorischen Mittel, die der Verfasser verwendet hat, und
- erläutert deren Bedeutung für die Aussage des Textes.

Sachtexte – auch Gebrauchstexte oder nichtliterarische Texte genannt – beziehen sich
- auf eine **tatsächliche Wirklichkeit**
  - z. B. in ↗ (Zeitungs-)**Berichten** über aktuelle wie historische Ereignisse in verschiedenen Lebensbereichen (Familie, Gesellschaft, Arbeitswelt, Kultur, Politik, Umwelt usw.)
  - z. B. in ↗ **Kommentaren** zu gesellschaftlichen oder politischen Entwicklungen, ↗ **Reportagen**, ↗ **Kritiken** oder ↗ **Rezensionen**
- auf einen **gedanklich entwickelten Sachverhalt**
  - z. B. in Texten mit sprach-, literatur-, kultur- oder naturwissenschaftlichen Abhandlungen, Untersuchungen, Theorien, Forschungsberichten (↗ **Erklärung**, ↗ **Abstract**, ↗ [Untersuchungs-] **Bericht**, ↗ **Erörterung**, ↗ **Referat**, ↗ **Facharbeit**).

Im Gegensatz zu literarischen oder **fiktionalen** Texten, die sich auf erfundene Wirklichkeiten beziehen (↗ **Interpretation – Basiskapitel**), werden Sachtexte auch als **nichtfiktionale Texte** bezeichnet.

Mit Sachtexten verfolgen Verfasser unterschiedliche **Intentionen** (Wirkungsabsichten):
- Leser zu **informieren**, wie in tatsachenbezogenen journalistischen Darstellungsformen (↗ **Bericht**) oder wissenschaftlichen Texten (↗ **Inhaltsangabe eines wissenschaftlichen Textes**, ↗ **Erklärung**),
- an Leser zu **appellieren**, d. h., sie zu bestimmten Verhaltens- oder Denkweisen aufzufordern (wie in der ↗ **Rede** oder in meinungsbetonten journalistischen Darstellungsformen, z. B. ↗ **Leitartikel**, ↗ **Kommentar** oder ↗ **Glosse**) oder sie zu veranlassen, bestimmte Regeln oder Gesetze einzuhalten (z. B. in einer **gesetzlichen** oder **persönlichen** ↗ **Anweisung**),
- sich selbst **darzustellen**, etwa durch Wünsche, Absichten, Gefühle, Beschwerden etc. (wie in privaten oder formellen Briefen, ↗ **Bewerbungsschreiben**, offiziellen Erklärungen) oder durch persönliche Meinungen zu einem Sachverhalt (wie in persönlichen ↗ **Kommentaren** oder in meinungsbetonten journalistischen Darstellungsformen, z. B. einem Leserbrief).

Sachtextanalysen werden geschrieben
- in der Schule: als **Hausaufgabe**, die eine Textbesprechung im Unterricht zusammenfasst; als **Prüfungsaufgabe** in Klassenarbeiten und Klausuren und im schriftlichen Abitur; als Teil eines ↗ **Referats** oder einer ↗ **Facharbeit**,

- in der Ausbildung/im Studium: als Teil einer **Seminarbeit** oder **Schriftlichen Hausarbeit**; als **Prüfungsaufgabe** in der Abschlussprüfung oder im Examen,
- in Veröffentlichungen: in wissenschaftlichen Aufsätzen und Fachbüchern, z. B. zum Werk eines Schriftstellers.

Sachtextanalysen werden
- generell im **Präsens** verfasst (Besprechungstempus),
- stellenweise auch im **Präteritum** formuliert, wenn man sich auf zurückliegende Ereignisse oder historische Fakten bezieht,
- aus einer weitgehend **objektiven** Perspektive geschrieben, mit Textverweisen oder Zitaten als Nachweis, die die einzelnen Erläuterungen und Deutungen am Text belegen und für Leser überprüfbar machen.

So wird's gemacht

Für eine **Sachtextanalyse** nutzt ein Verfasser seine Kenntnisse und Fähigkeiten aus drei verschiedenen Bereichen:

Textwissen

➤ Begriffe, die allgemein die sprachlich-formale Gestaltung von **TEXTEN** benennen, z. B.:
- Wortwahl
- rhetorische Figuren (vgl. Übersicht in ↗ **Interpretation – Basiskapitel,** ↗ **Rede**)
- Metaphorik (Vergleiche, Metaphern, Symbole)
- Satzbau
- Sprachebene (formeller/informeller Stil)
- Einführung/Entwicklung/Abschluss eines Themas

➤ Begriffe, die die Gestaltung von **TEXTFORMEN** benennen, z. B.:
- die Raum- und Zeitgestaltung in ↗ **Berichten**
- Definitionen, z. B. in einer ↗ **Erklärung**, speziell einem wissenschaftlichen Text
- den Gedankengang in einem ↗ **Kommentar** oder einer ↗ **Argumentation**

In einer Reihe von Sachtexten bietet die äußere Gestaltung, das **Layout**, Lesern zusätzliche Hilfen für ihr Textverständnis. Die Weiterentwicklung der Computertechnik seit den 1980er-Jahren hat wesentlich dazu beigetragen, dass der Umfang an illustrativen Formen in den Druckmedien zugenommen hat. Man spricht in diesem Zusammenhang auch von **Textbild** und **Textinhalt**. Ein besonderes **Text-**

design hat sich nicht nur in Zeitschriften und Zeitungen durchgesetzt, sondern auch in Sachbüchern und Fachzeitschriften Verwendung gefunden. Zu den Bildformen in verbalen Texten gehören etwa:

- **erzählende Infografiken**
  - Fotos, Bilder(-serien), mit Bildtext oder Bildunterschrift
  - Zeichnungen, Illustrationen, Karikaturen, die meist ohne Unter- oder Überschrift aussagekräftig sind
- **erklärende Infografiken**, die einen komplexen Sachverhalt oder eine große Informationsdichte im Überblick verständlicher darstellen, als es ein ausformulierter Text könnte:
  - Tabellen, Diagramme (z.B. Kreis-, Kurven-, Säulen-, Balkendiagramme) für statistische Angaben, mit Überschriften
  - Glossar (z.B. mit einer Definition für im Text verwendete zentrale Begriffe), mit Überschrift
  - Chronik (zu historischen Ereignissen in Stichworten), Vita (zu Lebensdaten einer öffentlichen Persönlichkeit in Kurzform), mit Überschrift

Die verschiedenen Formen der **visuellen Darstellung** können dann das Leseverstehen unterstützen, wenn sie aktuell sind und einen unmittelbaren Bezug zur Thematik des Sachtextes haben.

Ein verbaler Text mit visuellen Darstellungsformen wird in Lehrmaterialien auch **nichtkontinuierlicher** oder **diskontinuierlicher** Text genannt. Denn der grafische Anteil unterbricht mit seinen Sonderinformationen den Lesefluss des verbalen Textes. Von Lesern wird erwartet, dass sie

- Bildelemente im Text „lesen", d.h., deren Aussage in Worte fassen können, und
- einen Zusammenhang zwischen Bildformen und verbalem Text herstellen können.

Titel, **Untertitel** und **Zwischenüberschriften** in Sachtexten, ggf. auch Marginalien (Randbeschriftungen), zählen ebenfalls zu den besonderen äußeren Gestaltungsmitteln in Sachtexten, die Lesern erste Verstehenshilfen geben können. Sie machen es möglich, den Inhalt von Texten in gewisser Weise zu antizipieren (vorwegzunehmen), und steuern so die **Leseerwartungen** an den Text.

Welt- und Fachwissen

- ➤ für ein **thematisches Verständnis** der im Text (d.h. textintern) angesprochenen Sachbereiche
  - **sachlicher Zusammenhang**, z.B.:
    - Gleichberechtigung von Frauen am Arbeitsplatz (vgl. Beispieltext)
    - öffentliche Diskussion der Stammzellenforschung (vgl. Texte unter ↗ **Sinnabschnitt**, ↗ **Kommentar**)
    - Zusammenleben in multikulturellen Gesellschaften (vgl. Text unter ↗ **Leitartikel**)
  - **fachlicher Zusammenhang**: z.B. Begriffe, Definitionen und Ergebnisse der Literatur-, Sprach- oder Kommunikationswissenschaften (vgl. Texte unter ↗ **Definition**, ↗ **Erklärung**)

- ➤ für die Einordnung eines Textes in seinen (textexternen) **Kontext** (Zusammenhang)
  - **Publikationskontext**
    - Publikationsmedium (wie Zeitung, Fachzeitschrift, Sachbuch)
    - Publikationsdaten (Verlag, Ort, Jahr)

Sachtextanalyse **S**

295

- Angaben zum Verfasser
- Kontextwissen: sachlicher oder fachlicher Zusammenhang (s.o.), Entstehungszeit

Methodenwissen

➤ für **Lesestrategien und Schreibpläne**: vgl. ↗ **Interpretation – Basiskapitel** (S. 148 ff.)

Um eine **Sachtextanalyse** zu schreiben, bieten sich zwei Schritte an:

LESESTRATEGIE:
- den Ausgangstext **gliedern**
- auffällige stilistische, kompositorische und visuelle Gestaltungsmittel **markieren** und in Notizen auf einem Arbeitsblatt **deuten**

SCHREIBPLAN:
- den **Inhalt** strukturiert zusammenfassen (↗ **Inhaltsangabe**, ↗ **Zusammenfassung**)
- eine **Deutungshypothese** als **Schreibziel** aufstellen (↗ **Interpretation – Basiskapitel,** S. 148 f.)
- den eigenen **Textaufbau** für die Analyseschritte entwerfen (↗ **Gliederung**)

Lesestrategie: Schritte bei der Vorbereitung

In dem Sachtext „Ich bin eine durchsetzungsfähige Frau geworden" lässt sich die **Gliederung** erkennen, wenn man auf den Wechsel der **Themen** achtet.

In dem Beispieltext helfen die folgenden **Begriffe** (vgl. ↗ **Interpretation – Basiskapitel,** S. 137), die auffälligen Elemente **allgemeiner Textgestaltung** sowie der **Textformgestaltung** zu erkennen, zu benennen und zu deuten:

➤ typische Elemente von TEXTEN ALLGEMEIN
- **Tempus:**
  - **allgemeingültiges Präsens:** „dass wir Frauen in der Beziehung nicht so schlimm sind, wie es immer heißt. Die Männer können so aggressiv und gemein sein"
  - **ergebnisanzeigendes Perfekt**, das für die Gegenwart von Bedeutung ist: „Ich bin eine durchsetzungsfähige Frau geworden"
- **Bezeichnungen** von **Gruppen/Individuen**:
  - mit dem bestimmten Artikel: „die Männer"
  - ohne Artikel: „Männer", „Frauen"
  - nur mit dem bestimmten Artikel: „die sind nicht wirklich so clever"
  - mit dem Possessivpronomen „unser": „unsere Chefs"
  - mit dem Personalpronomen „wir": „wir Frauen"
  - mit dem Personalpronomen der 1. Person: „ich"
  - mit „als"-Anschluss: „als Frau", „als weibliche Führungskraft"

- **Sprachstil:**
  - **informelle** Wendungen/**Sprechsprache** (im Interview): „kommen … Themen … dran", „lästern", „Die Männer können so … gemein sein", „das tun nur wir Frauen", „dass wir Frauen … nicht so schlimm sind", „Ich habe heute mehr gegen Männer als früher", „mir den gleichen Mist erzählen", „aber wo ich jetzt dabei bin", „und damit ist das erledigt"
  - **Alltagsmetaphorik**: „Früher war ich ein Schaf"

➤ typische Elemente der TEXTFORM **Kommentar**
- **subjektive Meinungsäußerung**: „ich habe (aber) festgestellt, dass…", „habe ich eines gelernt"
- **übertreibender Stil**: „grundsätzlich zum Schluss", „bestimmt 20 Stunden unterhalten", „es geht immer um …", „mich als Frau wahnsinnig stört"
- **abwertender Stil** in **umgangssprachlichen** Wendungen: „Männer … mit ihren Sprüchen", „ist für mich kein Thema"
- **abwertender Vergleich**: „wie die Jungs im Sandkasten"

➤ typische Elemente der TEXTFORM **Bericht**
- **Zeitangaben** für den Rückblick auf einen Abschnitt im Berufsleben: „In den vergangenen anderthalb Jahren", „früher", „In diesen eineinhalb Jahren"
- **Tempus** im mündlichen Bericht: Perfekt („Darüber haben wir uns bestimmt 20 Stunden unterhalten")

Für die **Textmarkierung** wählt man eine überschaubare Anzahl an grafischen Mitteln nur für die wesentlichen Gestaltungsmittel und hält sie in einer **Legende** übersichtlich fest.

☐	Schlüsselwörter für Teilthemen
	handschriftlich: farbige Textmarker
▌(blau)	Männer
▌(rot)	Frauen
	handschriftlich: farbige und schwarze Unterstreichung
blaue Schrift	Verhalten von **Männern**
rote Schrift	Verhalten von Frauen
═══	Zeitangaben
────	Übertreibungen, Abwertungen
fette schwarze Schrift	sprachliche Wendungen für **argumentative** Texte
//	Gliederungsabschnitt im Text

In der Kommentarspalte werden **Gliederungsabschnitte** des Ausgangstextes aufgeführt.

Sachtextanalyse **S**

297

Ausgangstext
„Ich bin eine durchsetzungsfähige Frau geworden"

Der folgende Sachtext ist ein Auszug aus einem **Interview**, das die Kommunikationsforscherinnen Katrin Oppermann und Erika Weber in den 1990er-Jahren mit einer Abteilungsleiterin geführt und auf Tonband aufgezeichnet haben. Die Interviewte ist im Innendienst einer Versicherung beschäftigt. Gemeinsam mit fünf Außendienstmitarbeitern gehört sie der erweiterten Geschäftsführung an.

„Ich bin eine durchsetzungsfähige Frau geworden"

„In Besprechungen kommen meine Themen grundsätzlich zum Schluss dran, weil sie für Männer unwesentlich sind. Ihnen ist es wichtig, ob sie ein Autotelefon haben. Darüber haben wir uns bestimmt 20 Stunden unterhalten. Jetzt haben wir alle Autotelefon. Es geht immer um Kleinig-
5 keiten. // Ich habe festgestellt, dass die Männer sich mit ihren Sprüchen wie die Jungs im Sandkasten verhalten. Manchmal habe ich schon gesagt, ihr könnt doch über den Kollegen, der hier nicht dabei ist, nicht so lästern. Früher dachte ich immer, das tun nur wir Frauen. In den vergangenen anderthalb Jahren habe ich festgestellt, dass wir Frauen in
10 der Beziehung nicht so schlimm sind, wie es immer heißt. Die Männer können so aggressiv und gemein sein, dass es mich als Frau wahnsinnig stört, in einem Kreis zu sein. Ich habe mir auch überlegt, ob ich kündigen soll, weil die Arbeit sich negativ auf mein Privatleben auswirkt. // Ich habe heute mehr gegen Männer als früher. Ich arbeite lieber mit Frauen
15 zusammen. Ich habe festgestellt: Frauen denken ähnlicher. Frauen sind sozialer eingestellt, können sich in andere hineindenken, auch in Männer, aber besonders in Frauen. Wenn bei uns jemand einen Tag frei haben will wegen der Kinder, dann kann er ruhig frei nehmen, das ist für mich kein Thema. Männer überlegen erst, und in der Regel haben sie dafür
20 kein Verständnis. Oder jemand sagt: Ich muss einkaufen gehen, kann ich heute mal um drei gehen. Ich hab' dafür Verständnis, weil ich mir einen Tag Urlaub im Monat nehmen muss, um meine privaten Sachen zu erledigen. Männer sind da verständnislos, egoistisch. // [...] In diesen eineinhalb Jahren habe ich eines gelernt: Man hat als weibliche
25 Führungskraft im Büro keine Freunde mehr. [...] //

Unserer Firma ging es ziemlich schlecht, und die Männer haben sich über völlig banale Dinge unterhalten. Da kam ich völlig frustriert nach Hause. Das hab' ich ungefähr ein Jahr lang gemacht, bis mein Mann sagte, du musst etwas ändern. Du kannst nicht jedesmal nach Hause
30 kommen und mir den gleichen Mist erzählen. Du änderst ja nichts. Und du kannst die da nicht ändern. Also ändere dich. //

Also hab' ich angefangen, Bücher darüber zu lesen oder mich mit anderen Frauen zu unterhalten, und **hab' festgestellt**, es ist überall gleich. Ich kann es nicht ändern. **Also** versuche ich, gefühlsmäßig Abstand zu
35 gewinnen.

TEIL 1: **Genderspezifische Schwierigkeiten am Arbeitsplatz**
1 Das Kommunikationsverhalten von Männern und Frauen in Besprechungen

2 Das Sozialverhalten von Männern gegenüber Männern

3 Das Sozialverhalten von Frauen im Umgang mit Mitarbeitern und Mitarbeiterinnen

4 Ihre Isolation als weibliche Führungskraft im Büro

TEIL 2: **Lösung der Schwierigkeiten**
1 Unzufriedenheit mit den betrieblichen Verhältnissen

2 Veränderung des Sozialverhaltens und des Kommunikationsstils

S Sachtextanalyse

Am Anfang habe ich dadurch Probleme im Privatleben bekommen. Ich bin dort **genauso barsch vorgegangen wie im Büro.** So, dass Freunde mir sagten, ‚Du warst früher ganz anders, aber heute hast du manchmal einen Ton an dir …' Das wollte ich natürlich gar nicht.

40 Mittlerweile finde ich mich ganz gut dabei. Ich kann jetzt nach einem Arbeitstag nach Hause gehen und abschalten. Ich muss mir keine Gedanken mehr darüber machen, was schiefgehen könnte. //

Früher habe ich unsere Chefs, die auch in ganz Europa bekannt sind, sehr bewundert. **Ich habe aber festgestellt, dass** da gar nicht so viel
45 dahintersteckt. Gut, die sind in diese Position gekommen, aber wo ich jetzt dabei bin und mir das anschauen kann, **denke ich,** die hast du umsonst bewundert. Die sind nicht wirklich so clever, wie ich mir das vorgestellt habe. […]

3 Veränderte Sicht von männlichen Führungskräften

Ich muss alle zwei Wochen bei meinen Vorgesetzten antreten und mich
50 für irgendetwas rechtfertigen. Das tu ich nicht mehr. Ich sage, ich hab' es einfach gemacht, und damit ist das erledigt. // Ich bin eine durchsetzungsfähige Frau geworden. Früher war ich ein Schaf."

4 Ergebnis ihres veränderten Rollendenkens

In: Katrin Oppermann/Erika Weber (²1998): Frauensprache – Männersprache. Die verschiedenen Kommunikationsstile von Männern und Frauen. Orell Füssli, Zürich [1995], S. 38–41

Schreibplan: Schritte bei der Ausformulierung

Um die **Analyse** eines **Sachtextes** zu schreiben, greift man auf seine Vorarbeit zurück:

➤ die **strukturierte Wiedergabe des Inhalts** auf der Grundlage einer Gliederung (s. o.: Kommentarspalte),
➤ die **Textmarkierung** für die wesentlichen stilistischen und kompositorischen Gestaltungsmittel (s. o.: Sachtext),
➤ **Stichwortnotizen** während der Untersuchung der einzelnen Gestaltungsmittel des Sachtextes.

Als wichtige Vorbereitung für die Ausformulierung einer Sachtextanalyse stellt man einen Schreibplan auf. Hierzu gehören im Beispieltext Überlegungen

➤ zum **Thema**: Genderprobleme am Arbeitsplatz,
➤ zur **Deutungshypothese**: unterschiedliche Kommunikationsstile und unterschiedliches Sozialverhalten von Männern und Frauen als Ursachen der Probleme,
➤ zum **Untersuchungsgang**: deduktiver Untersuchungsgang, aspektorientiertes Verfahren; vgl. „Methodenwissen" in ↗ **Interpretation – Basiskapitel** (S. 148 f.)
➤ zu möglichen **Teilthemen**: Redesituation der Abteilungsleiterin, Genderprobleme im Beruf mit Männern/mit Frauen,
➤ zu **Quellen**: Forschungsberichte der Kommunikationswissenschaft zur Frauen-/Männersprache,
➤ zur **Leser-/Adressatengruppe**: Lernende in der Oberstufe oder im Studium,

Sachtextanalyse

S

299

➤ zur **Sprache**: sachliche, neutrale Sprache mit Fachbegriffen der Kommunikationswissenschaft, speziell zum Sachbereich „Männer-/Frauensprache",

➤ zum **Textaufbau**

- ■ ANFANG DER SACHTEXTANALYSE:
  - – **Überblickssatz** mit **Publikationsdaten**
  - – ggf. **strukturierte Inhaltsangabe**
  - – **Themasatz**
  - – **Deutungshypothese**
  - – Wahl des **Untersuchungsgangs**
- ◉ MITTE DER SACHTEXTANALYSE:
  - – Teilthema 1 mit Anfang, Mitte und Schluss
  - – Teilthema 2 mit Anfang, Mitte und Schluss
  - – etc.
- ▲ SCHLUSS DER SACHTEXTANALYSE:
  - – Rückkehr zum **Thema** und zur **Deutungshypothese**
  - – **Bestätigung** (Verifizierung)/**Veränderung** (Modifizierung) des ursprünglichen Textverständnisses
  - – **verallgemeinernde**/vertiefende **Deutung** als Ergebnis

Sachtextanalyse
„Ich bin eine durchsetzungsfähige Frau geworden"

Um den Zusammenhang zu verdeutlichen, wie aus den vorbereitenden Schritten eine Sachtextanalyse entstehen kann, werden in dem folgenden Beispieltext markiert:

> das Thema des Textes bzw. die beiden Teilthemen, die erklärt werden
> Hauptaspekte der beiden Teilthemen
> sprachliche Wendungen für **erklärende** Texte
> sprachliche Wendungen für argumentative Texte

In der Kommentarspalte werden **Gliederungsabschnitte** der Sachtextanalyse aufgeführt und die untersuchten sprachlichen und kompositorischen **Gestaltungsmittel** benannt.

■ Der Sachtext **ist ein Auszug aus** einem kommunikationswissenschaftlichen Fachbuch von Katrin Oppermann und Erika Weber, *Frauensprache – Männersprache. Die verschiedenen Kommunikationsstile von Männern und Frauen*, das 1995 zum ersten Mal veröffentlicht wurde. Der Text **beinhal-**
5 **tet** ein Interview mit einer Abteilungsleiterin im Innendienst einer Versicherung, das die beiden Kommunikationsforscherinnen geführt haben.

■ **ANFANG DER SACHTEXTANALYSE**
Überblickssatz:
Publikationsdaten

Der Text **ist zweigeteilt. Im ersten Teil** (vgl. Z. 1–25) ihres Interviews mit den beiden Kommunikationswissenschaftlerinnen **berichtet** die

Strukturierte Inhaltsangabe
Überblickssatz

¹⁰ Abteilungsleiterin einer Versicherung rückblickend über eineinhalb Berufsjahre und **kommentiert** die Schwierigkeiten, die sie als Frau in führender Position mit gleichgestellten Männern, aber auch mit den ihr unterstellten weiblichen Mitarbeiterinnen erlebt hat. **Im zweiten Teil** (vgl. Z. 26–52) **stellt** sie **dar, wie** sie diese Schwierigkeiten bewältigt hat.

¹⁵ Die Abteilungsleiterin **hält** die Zusammenarbeit mit gleichgestellten männlichen Kollegen in drei Bereichen **für** problematisch: in Besprechungen (**vgl.** Z. 1–5), im Sozialverhalten im Büro (**vgl.** Z. 5–13) und in betrieblichen Entscheidungen wie der Beurlaubung von Mitarbeitern für private Termine (**vgl.** Z. 13–23). In Besprechungen hat die Abteilungslei-
²⁰ terin festgestellt, dass Männer ihre Interessen egoistisch gegenüber weiblichen Teammitgliedern durchsetzen. Auch im Sozialverhalten erkennt die Abteilungsleiterin störende Unterschiede. Männer neigen dazu, sich mit anderen zu messen, ihr aggressives Konkurrenzverhalten schließt auch „Lästern" über abwesende Kollegen ein. Sie haben wenig Verständ-
²⁵ nis für Mitarbeiter, die um Beurlaubung bitten, um private Termine wahrnehmen zu können. Demgegenüber hat sie als Frau in leitender Stellung auch die privaten oder familiären Sorgen ihrer Mitarbeiter/ innen im Blick. Trotz ihrer sozialen Einstellung, **so hat** die Abteilungsleiterin **erkannt** (vgl. Z. 23 – 25) bleiben die anderen Frauen ihr gegenüber
³⁰ wegen ihrer übergeordneten Stellung auf Distanz.

Diese Schwierigkeiten am Arbeitsplatz hat die Abteilungsleiterin gelöst, indem sie ihr Sozialverhalten und ihren Sprachstil (**vgl.** Z. 32– 42) geändert und in gewisser Weise dem männlichen Vorbild angepasst hat. Sie spricht „barscher" und engagiert sich nicht mehr so stark gefühlsmäßig
³⁵ für ihre Firma. Außerdem hat sie ihre frühere Bewunderung für männliche Führungskräfte abgebaut und tritt selbstbewusst ihren Vorgesetzten gegenüber (vgl. Z. 43 – 48). **Als Ergebnis** ihres Erfahrungsberichts **nennt** sie ihre Durchsetzungsfähigkeit (**vgl.** Z. 52 f.).

Der Text **handelt von** Genderproblemen am Arbeitsplatz , **genauer: von**
⁴⁰ den Schwierigkeiten, die eine weibliche Führungskraft mit gleichgestellten Männern, aber auch mit den ihr untergeordneten Frauen am Arbeitsplatz erlebt hat. **Ihrem Bericht zufolge** scheinen die Probleme mit männlichen Kollegen **in** den unterschiedlichen Kommunikationsstilen und im unterschiedlichen Sozialverhalten von Männern und Frauen **zu**
⁴⁵ **liegen**.

Um die Spannungen am Arbeitsplatz für Frauen in Führungspositionen zu **besprechen**, bietet es sich an, zunächst die Redesituation zu **klären**, in der die Abteilungsleiterin spricht, und anschließend mithilfe von Begriffen der Kommunikationswissenschaft zu **untersuchen, inwiefern**
⁵⁰ die geschilderten Genderprobleme **auf** Kommunikationsstile und Sozialverhalten **zurückzuführen sind.**

TEIL 1

1.1, 1.2

1.3

1.4

TEIL 2, 2.1

2.2

2.3

2.4

Themasatz

Deutungshypothese

Untersuchungsgang
ASPEKTORIENTIERTE
UNTERSUCHUNG

Sachtextanalyse

⊙

■ In diesem Interview spricht die Abteilungsleiterin in einer Redesituation , in der sie sowohl über ihre Erfahrungen mit Männern und Frauen
55 am Arbeitsplatz berichtet als auch ihre Kommentare dazu abgibt. ⊙ Sie
blickt zurück auf die Arbeitsbedingungen an ihrem Arbeitsplatz „in den
vergangenen anderthalb Jahren" (Z. 8 f.). Wenn sie von konkreten Vorfällen im Büro berichtet, **spricht** sie durchgängig **im** Perfekt, dem Tempus
der Vergangenheit, **wie man es** im mündlichen Erzählen oder Berichten
60 **verwendet** (vgl. Z. 3 f.: „Darüber haben wir uns bestimmt 20 Stunden
unterhalten"). Ihr Rückblick ist jedoch mehr als eine Berichterstattung.
Sie hat in den zurückliegenden Jahren über ihre Situation als Frau in leitender Stellung nachgedacht und ist zu Erkenntnissen gekommen. **Darauf weisen** ihre wiederholten schlussfolgernden Wendungen **hin**, mit
65 denen sie ihre Erfahrungen kommentiert: „Ich habe festgestellt, dass … "
(Z. 5, 9, …). Was sie aus ihren Erfahrungen mit Männern und Frauen am
Arbeitsplatz „gelernt" (Z. 24) hat, **formuliert** die Abteilungsleiterin als
allgemeingültige Erkenntnisse **in** der Zeitform des Präsens (z. B. Z. 9 ff.:
„dass wir Frauen in der Beziehung nicht so schlimm sind, wie es immer
70 heißt. Die Männer können so aggressiv und gemein sein"; Z. 15 f.: „Frauen
sind sozialer eingestellt"; Z. 19 f.: „Männer … haben … dafür kein Verständnis"). Was ihr der Prozess ihrer Erfahrungen und Reflexionen einge-
bracht hat, nämlich eine neu erworbene Durchsetzungsfähigkeit gegenüber gleich- und höhergestellten männlichen Kollegen am Arbeitsplatz,
75 **formuliert** die Abteilungsleiterin **im** Perfekt (Z. 51 f.: „ich bin … geworden"). **Damit macht sie klar, dass** dieser Bewusstseinsprozess für sie
auch für die Gegenwart (und Zukunft) Bedeutung hat.

Ob ihr Urteil über das Verhalten von männlichen und weiblichen Mitarbeitern am Arbeitsplatz ausgewogen **ist, lässt sich feststellen, wenn**
80 **man** ihre Verwendung der Wörter „Männer" und „Frauen" **untersucht.**
Es ist auffallend, dass die Abteilungsleiterin den bestimmten Artikel
benutzt, wenn sie **vom** Sozialverhalten „der Männer" in informellen
Bürogesprächen **spricht** (vgl. Textabschnitte 1.2, 2.1), das sie als unkollegial bewertet (Z. 10 f.: „Die Männer können so aggressiv und gemein
85 sein"). **Mit** dem bestimmten Artikel **meint** sie alle Männer, ohne Ausnahme. Hier **generalisiert** sie in einer Weise, die subjektiv erscheint. **Mit**
abwertenden **Ausdrücken wie** der Wendung „mit ihren Sprüchen" (Z. 5)
und dem umgangssprachlichen Vergleich „wie die Jungs im Sandkasten"
(Z. 6) **setzt** sie Männer in ihrem Sozial- und Sprachverhalten **noch wei-
90 ter herab. Mit dem** alleinigen **Gebrauch des** bestimmten Artikels, ohne
begleitendes Substantiv (Z. 45: „die sind in diese Position gekommen",
Z. 47: „die sind nicht wirklich so clever"), **drückt** sie ihren Verlust an
Bewunderung für ihre Chefs **aus,** deren Überlegenheit sie früher ohne zu
überlegen als erwiesen angenommen hat, als wären es Vaterfiguren in
95 einer Familie (vgl. Z. 43: „unsere Chefs").

⊙ **MITTE DER
SACHTEXTANALYSE**
TEILTHEMA 1: Redesituation
■ **Anfang** des 1. Teilthemas
⊙ **Mitte** des 1. Teilthemas
Textform **Bericht**

Berichttempus

Textform **Kommentar**
schlussfolgernde Wendungen

allgemeingültiges Präsens

ergebnisanzeigendes Perfekt

Bezeichnungen für Gruppen

bestimmter Artikel

abwertende Wendungen
umgangssprachlicher Vergleich

bestimmter Artikel ohne Substantiv

Gleichzeitig **spricht** die Abteilungsleiterin **von** Frauen **als** geschlossener Gruppe, die sich ihrer Meinung nach weniger tadelnswert im persönlichen Umgang mit Arbeitskollegen verhalten, und solidarisiert sich mit ihnen, **wie die Wendung** „wir Frauen" **zu verstehen gibt** (Z. 8, 9). **Mit**
100 solchen Schwarz-Weiß-Malereien **lässt** die Abteilungsleiterin <u>also</u> wenig Objektivität in ihrem Urteil **erkennen**. Ausgewogener <u>dagegen</u> **klingen** ihre Einschätzungen, **wenn** sie **sich auf** „Männer" und „Frauen" **bezieht, ohne** den bestimmten Artikel **zu verwenden. Dies ist der Fall, wenn** sie über formelle berufliche Situationen berichtet, wie den „Besprechungen"
105 (**vgl.** Textabschnitt 1.1) oder Sachfragen wie der Beurlaubung von Mitarbeitern (**vgl.** Textabschnitt 1.3). Hier **spricht** sie **von** Frauen und Männern, die bestimmte geschlechtstypische Verhaltensmuster **zeigen**. Noch neutraler urteilt die Abteilungsleiterin, wenn sie von sich „als Frau" (Z. 11) oder „**als** weibliche[r] Führungskraft" (Z. 24 f.) spricht. <u>Denn</u> **damit**
110 **sind** Rollen **gemeint**, die sie als Individuum einnimmt. Sie **überträgt** <u>also</u> ein bestimmtes Verhalten nicht **auf** alle Frauen und ist <u>so</u> weniger angreifbar in ihrem Urteil.

> Gruppenbezeichnung „wir"

> fehlender Artikel

> „als"-Anschluss

▲ <u>Dennoch</u> <u>überwiegt der Eindruck, dass</u> diese Frau in ihrem Urteil nicht neutral, <u>sondern</u> parteiisch ist. Durch den gesamten Text **ziehen sich**
115 **Wendungen, mit denen** sie übertreibt. **So** wird sie als Frau **zum Beispiel** „grundsätzlich" (Z. 1) in Besprechungen mit ihren männlichen Kollegen benachteiligt, geht es bei deren Interessen „immer um Kleinigkeiten" (Z. 4 f.), die über die Maßen berücksichtigt werden (Z. 3: „bestimmt 20 Stunden"). Und auch ihre soziale Isolation im Büro, in dem sie „keine
120 Freunde" (Z. 25) mehr hat, **klingt** übertrieben.

> ▲ **Schluss** des 1. Teilthemas

> Übertreibungen

■ <u>Trotz</u> ihrer Neigung zu übertreiben **stellen** <u>aber</u> die <u>Genderprobleme am Arbeitsplatz</u>, die die Abteilungsleiterin schildert, ein ernsthaftes Problem **dar**, mit dem sich auch Kommunikationswissenschaftler beschäftigen. Auf der Grundlage ihrer eigenen Erfahrung behauptet die Abtei-
125 lungsleiterin, dass sich soziale Spannungen nicht nur zwischen <u>gleichgestellten Männern</u> und Frauen entwickeln, sondern auch zwischen ihr als „weibliche[r] Führungskraft" (Z. 24 f.) und den ihr zugeordneten <u>weiblichen Angestellten</u> (Z. 25: „im Büro keine Freunde mehr").

> TEILTHEMA 2: Genderprobleme am Arbeitsplatz
> ■ **Anfang** des 2. Teilthemas

⊙ Die Probleme im Umgang <u>mit männlichen Mitarbeitern</u> <u>scheinen</u> <u>auf</u>
130 die unterschiedlichen Kommunikationsstile von Männern und Frauen **zurückzuführen sein**. Wenn die Abteilungsleiterin in Besprechungen erfahren hat, dass ihre „Themen […] grundsätzlich zum Schluss dran[kommen]" (Z. 1 f.), **kann es daran liegen, dass** sie als Frau mit weniger <u>lauter Stimme</u> und <u>zügiger Sprechweise</u> als ihre Kollegen ihre
135 Interessen im Gespräch durchgesetzt hat. **Von** Männern **ist** aus der Kommunikationsforschung **bekannt, dass** sie den Gesprächsverlauf häufig mit <u>schnellen</u> und <u>häufigen Meldungen, kräftiger Stimme</u> und <u>längeren Sprechanteilen</u> bestimmen. Trotz Gleichstellung im Beruf **stellen sich**

> ⊙ **Mitte** des 2. Teilthemas
> Kommunikationsstile

> Kontextwissen:
> Ergebnisse der
> Kommunikationsforschung

immer wieder Kommunikationssituationen **ein**, in denen Männer sich
140 sachlich auch über gleichrangige Frauen stellen, also eine asymmetrische
Kommunikationsbeziehung herstellen, **wie es in der Forschung heißt**.
Eine solche Kommunikationsstörung kann etwa eintreten, wenn Männer weibliche Gesprächspartner unterbrechen, nicht auf ihre Beiträge
eingehen oder sie fachlich bzw. persönlich abqualifizieren. **Dass ein**
145 männlicher Sprachstil in gemischten Kollegenkreisen, auch vor Vorgesetzten (vgl. Abschnitt 7), erfolgreicher ist, **sieht man daran, dass** die
Abteilungsleiterin durchsetzungsfähiger wird, nachdem sie den
„barsch[en]" Ton (Z. 37) ihrer männlichen Mitarbeiter übernommen
hat. **Erstaunlich ist, dass** das dominante Kommunikationsverhalten
150 von Männern gegenüber beruflich gleichrangigen Frauen demokratisches Denken vermissen lässt. Denn immerhin sind **nach dem Grund-**
gesetz von 1949 formal „[a]lle Menschen [...] vor dem Gesetz gleich"
und „Männer und Frauen [...] gleichberechtigt" (Art. 1, Abs. 2 und 3
GG). Und **nach dem Gleichberechtigungsgesetz** vom 1. Juli 1958 sol-
155 len Frauen auch tatsächlich im Beruf und im öffentlichen wie privaten
Leben Männern gleichgestellt sein. **Demnach** darf in den 1990er-Jahren
am Arbeitsplatz keine Diskriminierung von Frauen auftreten.

Auch unterscheiden sich Männer und Frauen im Beruf in ihrem Sozialverhalten. **Die Forschung hat festgestellt, dass** Männer eher sach-
160 orientiert handeln (Z. 19 f.: „Männer überlegen erst, und in der Regel
haben sie dafür kein Verständnis"), Frauen dagegen eher beziehungs-
orientiert (Z. 15 ff.: „sind sozialer eingestellt, können sich in andere hineindenken, auch in Männer, aber besonders in Frauen"). Diese Unterschiede **erkennt man** im Interview **daran, dass** die Abteilungsleiterin
165 Verständnis hat, wenn Mitarbeiter oder Mitarbeiterinnen sie um Beurlaubung bitten, **zum Beispiel** „wegen der Kinder" (Z. 18), die männlichen Abteilungsleiter dagegen nicht. Soziale Eigenschaften, die für
Männer in Führungspositionen als selbstverständlich oder angemessen
angesehen werden, **wie etwa** Sachlichkeit in Gesprächen, Zielorientie-
170 rung in Verhandlungen, Entscheidungsfreudigkeit oder beruflicher Ehr-
geiz, **gelten nicht** automatisch auch **als** Vorteile bei leitenden weiblichen
Angestellten. Wenn eine weibliche Führungskraft in ihren Augen zu sehr
dem männlichen Sozialverhalten nacheifert, wie die Abteilungsleiterin
es in Grenzen nach ihrer Verhaltensänderung getan zu haben scheint
175 (vgl. Abschnitt 2.2), neigen Männer eher dazu, kritisch abwertend von
Kaltherzigkeit, Kompromisslosigkeit, Herrschsüchtigkeit und Karrierebe-
wusstsein zu sprechen. Vorurteile wie diese scheint die Abteilungsleiterin
erfahren zu haben, wenn sie als Ergebnis ihrer beruflichen Laufbahn
feststellt: „Ich habe heute mehr gegen Männer als früher" (Z. 13 f.).

180 Die Probleme im Umgang mit weiblichen Mitarbeiterinnen sind für eine
weibliche Führungskraft ebenso spürbar. Wegen ihrer größeren Verantwortung für den Betrieb, ihrer höheren Sachkompetenz und Entschei-

S Sachtextanalyse

dungsbefugnis meinen viele <u>Mitarbeiterinnen in untergeordneten Positionen</u>, dass ihre <u>Vorgesetzte</u> zu wenig der <u>traditionellen weiblichen</u>
185 <u>Rollenvorstellung</u> entspricht. Dieser Eindruck <u>scheint</u> noch verstärkt worden zu sein, nachdem die Abteilungsleiterin ihr Kommunikations- und Sozialverhalten dem <u>männlichen Stil</u> angenähert hat.

traditionelle Rollenvorstellung

🔺 Für <u>Frauen in leitender Stellung, so</u> **stellt** die Abteilungsleiterin **insgesamt dar**, ist es schwer, die innerbetrieblichen Hierarchien zu überbrücken
190 und mit beiden Geschlechtern gleichermaßen konfliktfrei umzugehen.

🔺 **Schluss** des 2. Teilthemas

🔺 **Die Untersuchung** der Genderprobleme am Arbeitsplatz der Abteilungsleiterin **hat gezeigt**, **dass** <u>offensichtlich</u> in betrieblichen Belegschaften noch <u>einseitige traditionelle Frauen- und Männerbilder</u> **vorherrschen**. In den 1990er-Jahren, auf die der Bericht der interviewten
195 Abteilungsleiterin sich bezieht, war es schwer, als Frau in der Betriebsführung akzeptiert zu werden. <u>Denn</u> gehobene Stellungen waren in der Vergangenheit traditionell Männern vorbehalten. Trotz ihrer <u>beruflichen Gleichstellung</u> erlebt sie noch immer eine <u>gesellschaftliche Ungleichbehandlung</u> und bleibt unter Männern wie Frauen sozial isoliert. **Zu**
200 **fragen ist, ob** die Lösung der interviewten Abteilungsleiterin, sich in gewisser Weise dem „männlichen" Führungsstil anzunähern, heute noch in einem vergleichbaren Berufsfeld angemessen ist bzw. praktiziert wird. Inzwischen hört man durchaus von Erfolgen, die Frauen mit einem sogenannten <u>„weiblichen" Führungsstil</u> haben, der von beiden Geschlech-
205 tern anerkannt wird.

🔺 **SCHLUSS DER SACHTEXTANALYSE**
Schlussbetrachtung –
- Wiederaufnahme des Themas
- Rückkehr zur Deutungshypothese
- verallgemeinernde Deutung
- Kontextwissen

- kurze persönliche Einschätzung aus heutiger Sicht

Kommentar
zur Thematik des Sachtextes

In schriftlichen Prüfungsaufgaben wird von Schülerinnen und Schülern häufig erwartet, dass sie sich nach der Textinterpretation abschließend in einem persönlichen **Kommentar** kritisch mit der Thematik auseinandersetzen. In diesem Sachtext bietet sich der Themenaspekt „Abbau von Rollenklischees von Männern und Frauen am Arbeitsplatz" an.

In einem einsträngigen Kommentar könnte man
- zunächst den Sachverhalt nennen,
- dann seine eigene Einschätzung als <mark>These</mark> äußern,
- anschließend seine Meinung begründen,
- dabei sein <u>Fachwissen</u> einbeziehen, z. B. zu Lösungsvorschlägen der Kommunikationswissenschaften, und
- sprachliche Wendungen für **kommentierende** Texte verwenden.

Sachtextanalyse

■ Ein Abbau von Rollenklischees für Frauen und Männer am Arbeitsplatz ist **aus meiner Sicht** ein langwieriger Prozess.

⊙ **Es ist** nicht **unbedingt eine Frage** des Bildungsniveaus, **ob** Männer und Frauen das jeweils andere Geschlecht als gleichberechtigte beruf-
5 liche Partner akzeptieren. **Es liegt eher am** typischen Verhalten der Geschlechter. Dies zeigt das aggressive Verhalten der Männer im Füh-rungsteam in der Versicherungsgesellschaft (vgl. Text). **Aus meiner Sicht** ist hier eine gezielte Fortbildung in den Unternehmen nötig. **Ich kann mir gut vorstellen, dass** hierzu Seminare zu Männer-/Frauensprache
10 oder zu Verhaltensmustern von Männern und Frauen in beruflichen Situationen beitragen könnten. Man liest immer häufiger in der Zeitung Annoncen, in denen Kommunikationsforscher ihre Beobachtungen und Ergebnisse für Führungskräfte und Mitarbeiter beider Geschlechter anbieten. Das Ziel solcher Seminare besteht darin, dass sich weibliche
15 und männliche Kollegen ihrer eigenen Sprachgewohnheiten und sozi-alen Verhaltensmuster bewusst werden und gleichzeitig geschlechtsspe-zifische Stereotype abbauen.

⏶ Kooperation innerhalb des Führungsteams wie auch zwischen den Hierarchiestufen eines Betriebs **kann meines Erachtens nur gelingen,**
20 **wenn** jedes Geschlecht seine Vorzüge für die gemeinsame Sache einbrin-gen kann und diese auch wechselseitig geschätzt werden. **Es liegt kein Gewinn darin, wenn** Frauen sich wie Männer verhalten oder ausdrü-cken würden oder umgekehrt. **Insofern kann** der Lösungsweg, den die interviewte Abteilungsleiterin gewählt hat, **meiner Meinung nach**
25 heute **nicht mehr empfohlen werden. Ich bin sicher, dass** Kommuni-kationsprobleme zwischen den Geschlechtern sich immer wieder neu ergeben können, wenn eine junge Generation von Frauen und Männern in Unternehmen in Teams zusammenarbeitet. Diese Kluft zwischen den Geschlechtern zu überbrücken **bleibt eine Herausforderung** im Berufs-
30 leben.

■ **Anfang des Kommentars**
SACHVERHALT und THESE

⊙ **Mitte des Kommentars**
BEGRÜNDUNG
Argumente
mit Beispielen

Lösungsansatz

Kontextwissen:
Kommunikationsseminare

⏶ **Schluss des Kommentars**
SCHLUSSFOLGERUNG mit
Handlungsempfehlung

Formulierungshilfen für Sachtextanalysen

Vgl. die in den Beispieltexten markierten sprachlichen Wendungen für erklärende und argumentative Texte und weitere Formulierungshilfen unter ↗ **Interpretation – Basiskapitel** (S. 150 f.).

Schilderung

Auf einen Blick

Eine **Schilderung** gehört zu den **beschreibenden Textformen**. Mit einer Schilderung will man Lesern Gegenstände, Personen, Szenen oder Landschaften so lebhaft und eindrucksvoll vor Augen führen, wie sie der Betrachter aus seiner **persönlichen** Perspektive wahrgenommen oder erfahren hat.

Schilderungen treten häufig als **Textbausteine** in längeren Texte auf:
- in der Schule: als **kreative Schreibform**, etwa in einer ↗ **Bildbeschreibung** (eines Gemäldes oder eines Cartoons), in einer **Landschaftsschilderung** (vgl. Beispieltext 1), in einer ↗ **Geschichte** oder in einem ↗ **Porträt** zu einer literarischen Figur,
- in der Presse: in journalistischen Darstellungsformen wie z. B. einer ↗ **Reportage** (vgl. Beispieltext 1) oder einem ↗ **Reisebericht**, wenn man Lesern seine subjektiven Eindrücke von einem Handlungsort oder einer Landschaft, einer Stadt etc. vermitteln will; in der ↗ **Rezension** eines Buches oder der ↗ **Kritik** einer Theater- oder Opernaufführung, um Lesern einen Einblick in Handlungsort, Bühnenbild, Figurenausstattung etc. zu geben; oder in einem ↗ **Porträt**, wenn man ein subjektives Bild von einer Persönlichkeit des öffentlichen Lebens entwirft,
- in der Dichtung: in **Romanen**, **Novellen** und **Erzählungen** für die Beschreibung eines Handlungsortes, z. B. eines Zimmers (vgl. Beispieltext 2), aus der Perspektive des Erzählers oder einer literarischen Figur.

Schilderungen schreibt man
- in kreativen und journalistischen Darstellungsformen im Allgemeinen im **Präsens**,
- in literarischen Gattungen meist im **Präteritum**,
- aus einer überwiegend **subjektiven Perspektive**, d. h., die persönlichen Eindrücke, Gefühle, Reaktionen und Urteile des Betrachters werden mit einbezogen,
- häufig in einer **bildlichen Sprache** mit Vergleichen und Metaphern oder mit **Stilformen der Übertreibung**, die bestimmte räumliche Eindrücke des Betrachters an Leser vermitteln können; dabei geht es weniger um die Genauigkeit des Beschreibens und auch nicht um Fachbegriffe,
- von einem bestimmten **räumlichen Standort** aus und folgt einer **Beschreibungsrichtung**; dabei versucht man, eine **dominante Linienführung** als Orientierung für den Leser einzuhalten.

Beim **Aufbau** einer Schilderung kann man
- am Anfang mit einem **Überblickssatz** zum Standort beginnen,
- im Mittelteil einer bestimmten **Beschreibungsrichtung** folgen, z. B. von außen nach innen, nah nach fern, groß zu klein usw.,
- am Schluss mit einem **letzten Beschreibungselement**, einem **Gesamteindruck** und/oder einer **subjektiven Beurteilung** des geschilderten Raums enden.

Schilderung **S**
307

So wird's gemacht

Schreibplan: Schritte bei der Vorbereitung und Ausformulierung

Als wichtige Vorbereitung für eine Schilderung stellt man einen **Schreibplan** auf. Hierzu gehören in den Beispieltexten Überlegungen

➤ zum **dominanten Eindruck** (von einem Raum, einem Ort, einer Landschaft etc.), der als **Thema** Lesern vermittelt werden soll: die „urbane Sommerfrische" als Fluchtpunkt in der Großstadt, mit ihrer kaum kontrollierbaren Fülle an Menschen, Gerüchen und Aktivitäten (Beispieltext 1), ein Zimmer als Ausdruck des materiellen Wohlstands und kulturellen Niveaus seines Bewohners (Beispieltext 2),

➤ zur **subjektiven Perspektive** des Beobachters: als nicht beteiligter Beobachter, der den Zeitvertreib der Massen distanziert beobachtet und amüsiert-kritisch kommentiert (Beispieltext 1), aus dem Blickwinkel einer literarischen Figur, die respektvoll als Besucher in das Zimmer des Ranghöheren eintritt und gesellschaftliche Unterschiede bewusst wahrnimmt (Beispieltext 2),

➤ zur **Beschreibungsrichtung** und zur **dominanten Linienführung**: von der geografischen Einbettung und Lage im Stadtteil zur Kasse des Strandbads bis zur Wiese und zum Beckenrand, dann ins Wasser und unter die Wasseroberfläche (Beispieltext 1), von den größeren Einrichtungsgegenständen an den Wänden des Zimmers zum Raummittelpunkt mit dem Hausherrn als dem Bewohner (Beispieltext 2),

➤ zum **Textaufbau**
  - ■ Anfang: **räumlicher Überblick**, vom Standort des Betrachters aus gesehen
  - ⊙ Mitte: Raumelemente **im Einzelnen**, mit **Beschreibungsrichtung**
  - ▲ Schluss: – letztes Beschreibungselement mit **Gesamteindruck** und **Kommentar** (Beispieltext 1)
    – letztes Beschreibungselement als **Höhepunkt** der geschilderten Szene (Beispieltext 2)

Beispieltexte

Um den Zusammenhang zu verdeutlichen, wie aus den vorbereitenden Schritten eine Schilderung entstehen kann, werden in den folgenden Beispieltexten markiert:

der Gesamteindruck von dem geschilderten Raum als Thema
Einzelheiten im beschriebenen Raum
Verben, die Bewegung, Zustand und Richtung im Raum anzeigen
die gewählte Beschreibungsrichtung

In der Kommentarspalte werden **Gliederungsabschnitte** der Schilderung aufgeführt und die verwendeten **Schreibstrategien** benannt.

S Schilderung

Beispieltext 1: Landschaftsschilderung
Hendrik Werner, „Lago di Wann, Costa del Müggel"

Der folgende Text ist ein Auszug aus einem längeren Zeitungsartikel, der im Kulturteil der überregionalen Tageszeitung DIE WELT erschien. Der Journalist schreibt seine Schilderung eines Berliner Stadtbads im Präsens, wie auch den restlichen Artikel.

Lago di Wann[1], Costa del Müggel[2]

Wer den Zumutungen Berlins entfliehen will, geht baden. Und erlebt dort neue Gräuel. Gut, dass es literarische Ersatzbassins gibt

Von Hendrik Werner

■ Der Sommer **duftet nach** einem Cocktail aus Bratfett, Sonnenmilch und Chlor. Jedenfalls im Prinzenbad[3], einer weitläufigen Bassinlandschaft am Landwehrkanal in Berlin-Kreuzberg, die an schwülen Tagen frequentiert wird wie der Teutonengrill an Ferragosto[4]. ◉ Wasserschlan-
5 gengleich **winden sich** die Massen vor den Kassen. Heiß **ist** es, und heiß **ist** der Preis, den die zum Ersatzstrand **strömenden** Besucher entrichten, um ihr köchelndes Mütchen zu kühlen.

Auch drinnen **herrscht** reger Verkehr. Dicht an dicht rösten Leiber, deren Großteil sich binnen kurzem schweinchenrosa verfärben wird. Johlende
10 Kinder üben sich in den Disziplinen Untergluckern, Vom-Beckenrand-Springen und Wasserrutsche-Blockieren, derweil sich Halbwüchsige Duelle mit nassen Handtüchern liefern. Und was der Sinn stiftenden Zeitvertreibe mehr sind. Das sehen die Bademeister, die von ihrem Turm aus alle Becken **überblicken**, naturgemäß nicht gern. Doch ihre Ord-
15 nungsrufe verhallen meist ungehört.

▲ So ohrenbetäubend laut nämlich **ist** es in der urbanen Sommerfrische, deren Enervierungspotenzial[5] Sven Regener in seinem Roman „Herr Lehmann" mit den Worten „unglaubliches Gewusel und fantastischer Lärm" beschreibt, dass einzig ein Tauchgang Linderung verschafft.

20 Denn unter der Oberfläche **herrscht** Stille. Uterus[6]-Frieden, ein Fruchtwasseridyll ohne Muttern [...]. An einem den Zumutungen der Großstadt enthobenen Ort, an dem man sich embryonengleich geborgen fühlen mag. [...]

In: DIE WELT, 29. Juli 2003

[1]**Lago di Wann** Wortbildung des Journalisten nach italienischem Vorbild (z. B. *Lago di Garda*) für das Strandbad Wannsee am Berliner Stadtrand – [2]**Costa del Müggel** Wortbildung des Journalisten nach italienischem Vorbild (z. B. *Costa del Sol*) für die Fluss- und Seeufer im Müggel-Spree-Park bei Berlin – [3]**Prinzenbad** Berliner Schwimmbad in der Prinzenstraße mit den höchsten Besucherzahlen – [4]**Ferragosto** 15. August, Beginn der Ferienhochsaison für Millionen von Italienern und für viele Deutsche an Italiens Stränden (vgl. „**Teutonengrill**") – [5]**Enervierung** Überbeanspruchung der Nerven – [6]**Uterus** Gebärmutter

---

Titel mit Leseanreiz

Untertitel mit räumlicher Einbettung und Situationsbeschreibung

■ **Anfang**
Überblickssatz: Gesamteindruck des geschilderten Standorts („im Prinzenbad")

◉ **Mitte**
Einzelheiten des geschilderten Raums

Beschreibungsrichtung
■ von außen nach innen
■ von oben nach unten

▲ **Schluss**
Rückkehr zum **Gesamteindruck** mit
■ zusammenfassenden **Oberbegriffen**
■ letzten Beschreibungselementen
■ einem amüsiert-kritischen **Kommentar** des Journalisten („Enervierungspotenzial", „Uterus"-Metaphorik)

Schilderung

309

Beispieltext 2: Raumschilderung
Theodor Storm, „Das Zimmer des Deichgrafen"

Der Erzähler in Theodor Storms Novelle *Der Schimmelreiter* (1888) blendet die folgende Zimmerbeschreibung innerhalb des Erzähltextes im Präteritum ein. Wie häufig in Erzähltexten kennzeichnet der Erzähler mit seiner Schilderung eines Wohnraums indirekt dessen Bewohner, hier den Deichgrafen, in seinem gesellschaftlichen Stand und seinem kulturellen Hintergrund.

Das Zimmer des Deichgrafen

■ Am anderen Tage <u>trat</u> Tede Haien mit seinem Sohne **in** das geräumige Zimmer des Deichgrafen; ☉ die Wände **waren mit** glasurten Kacheln **bekleidet**, auf denen <u>hier</u> ein Schiff mit vollen Segeln oder ein Angler an einem Uferplatz, <u>dort</u> ein Rind, das kauend vor einem Bauernhause lag,
5 den Beschauer vergnügen konnte; **unterbrochen** war diese dauerhafte Tapete **durch** ein mächtiges Wandbett mit jetzt **zugeschobenen Türen** und einen Wandschrank, der durch seine beiden Glastüren allerlei Porzellan- und Silbergeschirr **erblicken ließ**; <u>neben der Tür</u> zum **anstoßenden Pesel**[1] war **hinter einer Glasscheibe** eine holländische Schlaguhr **in**
10 **die Wand gelassen**.

▲ Der starke, etwas schlagflüssige[2] Hauswirt **saß** <u>am Ende</u> des blank gescheuerten Tisches im Lehnstuhl auf seinem bunten Wollenpolster. Er **hatte** seine Hände über dem Bauch **gefaltet** und starrte aus seinen runden Augen befriedigt auf das Gerippe einer fetten Ente; Gabel und Mes-
15 ser **ruhten vor ihm** auf dem Teller.

„Guten Tag, Deichgraf!" sagte Haien, und der Angeredete **drehte** langsam Kopf und Augen <u>zu ihm hin</u>.

In: Theodor Storm (1990): Der Schimmelreiter. Reclam, Stuttgart, S. 26 f.

---

[1]**Pesel** (niederdeutsch) bäuerlicher Wohnraum – [2]**schlagflüssig** altertümlich für „anfällig für einen Schlaganfall"

■ **Anfang**
Überblickssatz: Gesamteindruck des beschriebenen Zimmers („geräumig") und Nennung des **Standorts** („trat … in das … Zimmer")

☉ **Mitte**
Einzelheiten des Zimmers
Beschreibungsrichtung
■ von außen nach innen
■ von groß zu klein

▲ **Schluss**
letzte Einzelheiten in der gewählten Beschreibungsrichtung mit dem „Hauswirt" und der beendeten Mahlzeit als **Höhepunkt** der Schilderung

---

Formulierungshilfen für Schilderungen

➤ für eine **sachliche Beschreibung** der räumlichen Lage oder Beschaffenheit
- **Ortsadverbien** und **Ortsadverbiale**: *vor den Kassen, zum Ersatzstrand, drinnen, von ihrem Turm aus, unter der Oberfläche, neben der Tür, hinter einer Glasscheibe*
- **Attribute**, die dem Substantiv **nachgestellt** werden:
  - mit der **Präposition *mit***: *ein Schiff mit vollen Segeln*
  - als **Apposition** (Attribut im gleichen Fall/Kasus wie das Substantiv): *im Prinzenbad, einer weitläufigen Bassinlandschaft am Landwehrkanal in Berlin-Kreuzberg*
  - als **Relativsatz**: *Bassinlandschaft, die … frequentiert wird*
- sachliche **Adjektive** für **Eigenschaften** des Raums/der Raumelemente (Größe, Ausdehnung, Material, Form, Farbe, Zustand, Herkunft etc.): *eine weitläufige Bassinlandschaft, das geräumige Zimmer, eine holländische Schlaguhr, am Ende des blank gescheuerten Tisches*

- **Zustandsverben**, die den Dingen im Raum einen festen Standort zuweisen, *wie sitzen, stehen, liegen, sich befinden, sich erstrecken, hängen*
- **typische Satzmuster** für Beschreibungen mit dem **Verb *sein* + Adjektiv/+ Partizip/+ Substantiv** oder mit dem Verb ***haben* + Substantiv**: *X ist groß/dicht bebaut, X hat drei Wasserbecken*

➤ für eine **lebendige Gestaltung** der räumliche Lage, Ausdehnung oder Beschaffenheit
- anschauliche, **dynamische Verben**: *emporragen, thronen über, steil hinabfallen;* damit kann man es vermeiden, immer wieder Verben des Sehens (wie *sehen, erblicken, betrachten, wahrnehmen*) oder Zustandsverben (wie *sein, stehen, liegen, sich befinden, ausgestattet sein*) zu gebrauchen: *die Wände waren mit Kacheln bekleidet; unterbrochen war diese dauerhafte Tapete durch ein mächtiges Wandbett; war in die Wand gelassen*

➤ für eine **lebendige Darstellung** von Dingen oder Menschen im Raum
- anschauliche **Handlungs-** und **Bewegungsverben**, die den Menschen im Raum eine ungewöhnliche oder auffällige Tätigkeit zuschreiben: *sich winden, strömen, sich üben in, eintreten;* damit kann man es vermeiden, die üblichen neutralen Verben wie *(hinein-)gehen, kommen, besuchen, spielen* etc. zu gebrauchen
- anschauliche **Vorgangsverben**, die **Sinneswahrnehmungen** vermitteln und neutrale Zustandsverben ersetzen: *Der Sommer duftet nach einem Cocktail aus Bratfett, Sonnenmilch und Chlor* (statt „es gibt Bratwurst zu kaufen, die Besucher sind mit Sonnenmilch eingecremt, das Wasser ist gechlort"); *Dicht an dicht rösten Leiber* (statt „Badegäste liegen eng nebeneinander in der Sonne")
- **Metaphern**, die die **sinnliche Wahrnehmung** des Betrachters betonen: *Der Sommer duftet nach einem Cocktail aus …*
- **Adverbien zum Adjektiv** zur **Verstärkung** oder **Übertreibung** einer Eigenschaft: *ohrenbetäubend laut*
- **Voranstellung** von Satzgliedern zur Betonung von **sinnlichen Wahrnehmungen**: *Dicht an dicht rösten Leiber; Heiß ist es …; So ohrenbetäubend laut ist es nämlich …, dass …*

➤ für eine **persönliche Wahrnehmung** der Dinge oder Menschen im Raum
- **Substantive** für Belustigung, Spott, Geringschätzung oder Wertschätzung: *Ersatzstrand* (statt „Badeanstalt in der Stadt"), *Massen* (statt „eine große Anzahl von Menschen"), *Leiber* (statt „Menschen in Badekleidung"), *Halbwüchsige* (statt „männliche Jugendliche"), *diese dauerhafte Tapete* (statt „gekachelte Wand")
- **Metaphern, Vergleiche** oder **Personifikationen**: *der Teutonengrill an Ferragosto, wasserschlangengleich winden sich …, heiß ist der Preis, Uterus-Frieden, Fruchtwasseridyll ohne Müttern, mit (glasierten) Kacheln bekleidet*
- **wertende Adjektive**: *Leiber, die sich schweinchenrosa verfärben; johlende Kinder, ein mächtiges Wandbett*
- **Ironie**: *üben sich in den Disziplinen Untergluckern; sich Duelle mit nassen Handtüchern liefern*

Vgl. zu weiteren Formulierungshilfen ↗ **Beschreibung** (S. 48), ↗ **Reisebericht** (S. 280 f.), ↗ **Reportage** (S. 286).

Sinnabschnitt

Auf einen Blick

Ein **Sinnabschnitt** (im Englischunterricht und in englischsprachigen Ländern bekannt als *paragraph*) ist der wichtigste Textbaustein im Aufbau aller **Textformen**. Ein **Sinnabschnitt** wird durch eine Gruppe von thematisch zusammenhängenden Sätzen gebildet.

Im Allgemeinen wird zu Beginn das Thema durch einen **Themasatz** eingeleitet. Anschließend wird dieser Themasatz in mehreren **Folgesätzen** entfaltet und meist mit einem **Schlusssatz** abgeschlossen.

Ein einfaches **Aufbauschema** für einen abgeschlossenen Sinnabschnitt von ca. fünf bis zehn Sätzen sieht so aus:

■ Anfang	**Themasatz**
	...
⊙ Mitte	**Einzelne Folgesätze**
	...
	...
	...
▲ Schluss	**Schlusssatz**
	...

Kurze Sinnabschnitte dieser Art werden zum Beispiel geschrieben:
- in der Schule: im Deutschunterricht in ↗ **Kommentaren** zu literarischen Texten und Sachtexten, in ↗ **Bildbeschreibungen**; in vielen Fächern in ↗ **Inhaltsangaben**, ↗ **Zusammenfassungen** und ↗ **Abstracts** (z. B. zu ↗ **Facharbeiten**),
- in der Ausbildung und im Studium: in ↗ **Inhaltsangaben**, ↗ **Zusammenfassungen**, ↗ **Abstracts** im Rahmen von Seminar-, Abschluss-, Examens- oder Doktorarbeiten,
- in der Literatur: in epischen Kurzformen wie ↗ **Parabel**, ↗ **Anekdote**,
- in der Presse: in journalistischen Kurzformen wie ↗ **Glosse**, ↗ **Kommentar**.

Thematisch abgeschlossene Sinnabschnitte können in einem längeren Text wiederholt oder in Gruppen auftreten. So kann man zum Beispiel in der **Einleitung** eines Textes das Thema in einem ersten Sinnabschnitt einführen, im **Hauptteil** mehrere Sinnabschnitte zu einzelnen Teilthemen schreiben und im **Schlussteil** einen Sinnabschnitt zu den Gesamtergebnissen verfassen. Im Überblick sieht ein solcher Textaufbau so aus:

■ ANFANG	**Themasätze** ...

⊙ MITTE	**TEILTHEMA 1**
	 ■ **Anfang**
	   Themasatz
	   ...
	 ⊙ **Mitte**
	   Einzelne Folgesätze
	   ...
	   ...
	   ...
	 ▲ **Schluss**
	   Teilergebnis

	TEILTHEMA 2
	 ■ **Anfang**
	   Themasatz
	   ...
	 ⊙ **Mitte**
	   Einzelne Folgesätze
	   ...
	   ...
	   ...
	 ▲ **Schluss**
	   Teilergebnis

	TEILTHEMA 3
	 ■ **Anfang**
	   Themasatz
	   ...
	 ⊙ **Mitte**
	   Einzelne Folgesätze
	   ...
	   ...
	   ...
	 ▲ **Schluss**
	   Teilergebnis
	 etc.

▲ SCHLUSS	**Schlusssätze: Gesamtergebnis** ...

Längere Texte mit mehreren Sinnabschnitten werden geschrieben:

- in der Schule: im Deutschunterricht in ↗ **Interpretationen** von Gedichten, Dramen-/Romanszenen, in ↗ **Sachtextanalysen**; in vielen Fächern in ↗ **Protokollen**, ↗ **Referaten** und ↗ **Facharbeiten**,
- in der Ausbildung/im Studium: in (Unter-)Kapiteln einer Seminar-/Abschlussarbeit,
- in Buchveröffentlichungen: in Kapiteln und Unterkapiteln von Sachbüchern und epischen Langformen wie Novelle und Roman,
- in der Presse: in journalistischen Langformen wie ↗ **Bericht**, ↗ **Reportage**, ↗ **Reisebericht**, ↗ **Leitartikel**, ↗ **Kritik**, ↗ **Rezension**, ↗ **Porträt**.

Sinnabschnitte und **Druckabschnitte** fallen in einem Text häufig zusammen. Doch können in verschiedenen journalistischen Darstellungsformen (z. B. Nachrichtenartikeln) Druckabschnitte oft nur einen einzigen Satz enthalten, sozusagen als Lesehilfe in einem meist zwei- oder dreispaltig gesetzten Text. Diese Druckabschnitte sind jedoch nicht als abgeschlossene Sinnabschnitte im Textaufbau zu verstehen. Andererseits werden in längeren Darstellungsformen der Presse (z. B. in einem ↗ **Leitartikel**) abgeschlossene Sinnabschnitte nicht regelmäßig auch als Druckabschnitte gekennzeichnet. Und in längeren Sachtexten und Erzähltexten sowie in Romankapiteln ist es möglich, dass ein langer Druckabschnitt mehrere Sinnabschnitte umfassen kann.

Ein **Sinnabschnitt**
- wird in dem **Tempus** geschrieben, das für die jeweilige Textform typisch ist, also z. B. im **Präsens** in einem ↗ **Kommentar** oder **Präteritum** in einer ↗ **Geschichte** oder Romanszene,
- wird mit den **Strukturwörtern** verfasst, die für die jeweilige **Textform typisch** sind (z. B. mit räumlichen und zeitlichen Wendungen für Sinnabschnitte in Erzähltexten wie ↗ **Geschichten**; mit erklärenden Wendungen für Sinnabschnitte in ↗ **Interpretationen** oder ↗ **Sachtextanalysen**); mit argumentativen Wendungen für Sinnabschnitte in ↗ **Argumentationen,** ↗ **Kommentaren** oder ↗ **Leitartikeln**),
- kann im Aufbau
  - **chronologisch** sein: wie in einer ↗ **Geschichte** oder ↗ **Reportage,**
  - **klimaktisch** sein: wie in einer ↗ **Anekdote,**
  - **auflistend** sein: wie in einem ↗ **Protokoll** oder
  - **antithetisch** sein: wie in einem ↗ **Kommentar.**

So wird's gemacht

Schreibplan: Schritte bei der Vorbereitung und Ausformulierung

Als wichtige Vorbereitung für einen Sinnabschnitt stellt man einen **Schreibplan** auf. Hierzu gehören im argumentativen Beispieltext Überlegungen
➤ zum **Thema**: Klonen in der Humanmedizin,
➤ zur **Textform**, in der ein Sinnschnitt geschrieben werden soll: Kommentar,
➤ zur eigenen **Position** in dem angesprochenen Themenbereich: Ablehnung des reproduktiven Klonens, Befürwortung des therapeutischen Klonens,
➤ zur **Leser-/Adressatengruppe**: Leser mit allgemeinem Interesse an Genforschung,
➤ zur **Sprache**: sachliche Sprache mit vertretbarer Anzahl an notwendigen Fachbegriffen,
➤ zu **Quellen**: medizinische Handbücher/Fachzeitschriften zur Genforschung, Pressequellen zu kontroversen Standpunkten in der Stammzellendiskussion,
➤ zum **Textaufbau**: argumentative Sinnabschnitte:
  SINNABSCHNITTE 1 und 2
  ■ Anfang: **Themasatz** mit Teilthema 1 bzw. 2 und jeweiliger These
  ◉ Mitte: **Folgesätze** mit den Argumenten und Beispielen
  ▲ Schluss: **Schlusssatz** mit einer Schlussfolgerung als Ergebnis

S Sinnabschnitt

Beispieltext
Manfred Oeming, „Ist Genforschung ein religiöses Gebot?"

Der folgende Text ist der Schlussteil aus einem längeren Kommentar, der in einer überregionalen Sonntagszeitung erschien, als Gegner und Befürworter der Genforschung für eine rege öffentliche Diskussion sorgten. Der Verfasser ist Professor für Alttestamentarische Theologie an der Universität Heidelberg. Aus theologischer Sicht spricht er sich für das therapeutische Klonen aus.

Um den Zusammenhang zu verdeutlichen, wie aus den vorbereitenden Schritten Sinnabschnitte in einem **argumentativen** Text entstehen können, werden in dem folgenden Text markiert:

> Thema/Teilthema und These im THEMASATZ
> Argumente und **Beispiele** in den FOLGESÄTZEN
> Ergebnis im SCHLUSSSATZ
> sprachliche Wendungen für **argumentative** Texte
> Zahlwörter als Strukturwörter im Sinnabschnitt

In der Kommentarspalte werden die **Einheiten des Sinnabschnitts** aufgeführt.

Manfred Oeming, „Ist Genforschung ein religiöses Gebot?"

Freilich muss zwischen den unterschiedlichen Formen des Klonens[1] – dem reproduktiven[2] und dem therapeutischen[3] – sorgfältig unterschieden werden.

⊙

5 Beim reproduktiven Klonen muss man zwei entschiedene Einschränkungen machen. ⊙ Die Würde jedes Menschen ist unbedingt zu achten. Wenn dem geklonten Individuum nicht die gleichen Rechte auf Unversehrtheit des Körpers und Freiheit der Persönlichkeitsentfaltung zugestanden werden wie dem genetischen Spender, dann wird der 10 ganze Vorgang zum Verbrechen. Die Züchtung von Ersatzteillagern, die als Organspender ausgeschlachtet werden können, oder von willigen Soldaten in Serienproduktion darf kein Ziel und kein Nebenprodukt von Klonen sein. ▲ Auf Grund der extrem hohen Risiken von massiven Behinderungen und letalen[4] Fehlbildungen steht diese Art des 15 Klonens völlig außerhalb jeder Debatte.

Therapeutisches Klonen ist bei weitem nicht so riskant wie das reproduktive. ⊙ Die Stammzellen mit ihren ungeheuren Entwicklungsmöglichkeiten sind auf möglichst risikoarmem Weg zu gewinnen, vielleicht zukünftig nicht aus embryonalen Stammzellen, sondern aus dem 20 Fruchtwasser. Aber selbst dann, wenn man dem im Reagenzglas erzeugten Zellhaufen […] ethisch schon Personenstatus zuspricht, muss man erwägen, ob die bei der In-vitro-Fertilisation[5] immer entstehenden überzähligen Eier, die als Krankenhausabfall entsorgt werden, nicht in Analogie zu Unfalltoten als Organspender betrachtet werden

---

Kommentarspalte:

■ **ANFANG eines argumentativen Textstückes**
Themasatz mit 2 Teilthemen und These
⊙ **MITTE** mit 2 Sinnabschnitten

SINNABSCHNITT 1
■ **Anfang**
Themasatz mit Teilthema 1 und These
⊙ **Mitte**
Folgesätze mit 2 Argumenten gegen reproduktives Klonen

▲ **Schluss**
Schlusssatz mit Teilergebnis

SINNABSCHNITT 2
■ **Anfang**
Themasatz mit Teilthema 2 und These
⊙ **Mitte**
Folgesätze mit 2 Argumenten für therapeutisches Klonen

Sinnabschnitt

25 **müssen** und **daher** – wie Organtransplantate – **ethisch unbedenklich** zu Heilzwecken eingesetzt werden können.

⬥ **Auch wenn** noch **außerordentlich viel** an Forschungsarbeit und Technikentwicklung zu leisten bleibt, **so** steht über allem **doch** die Verheißung, vielfach Leiden zu mildern und zu heilen […].

▲ Schluss
Schlusssatz mit Teilergebnis

30 ⬥ Die realen Gefahren von Missbrauch und Fehlbildungen, die nicht verniedlicht werden dürfen, **sind kein ausreichender Grund**, einen weltweiten Bann über das Klonen anzustreben und die ungeheuren Heilungschancen durch religiöse Tabus zu verspielen. **Im Gegenteil**: Die intensive Erforschung der Möglichkeiten gentechnischer Therapie ist ein
35 religiöses Gebot.

▲ SCHLUSS der
Gesamtargumentation
Schlusssatz mit Teilergebnissen aus den beiden SINNABSCHNITTEN und Gesamtergebnis

In: WELT AM SONNTAG, 15. Februar 2004

---

[1]**klonen** durch künstlich herbeigeführte ungeschlechtliche Vermehrung genetisch identische Exemplare von Leben erzeugen – [2]**reproduktiv** die menschliche Fortpflanzung betreffend – [3]**therapeutisch** die Heilung von Krankheiten betreffend – [4]**letal** tödlich – [5]**In-vitro-Fertilisation** künstlich herbeigeführte Verschmelzung einer menschlichen Eizelle mit einer Samenzelle außerhalb des Körpers der Frau (in einem Reagenzglas)

Formulierungshilfen für Sinnabschnitte

Vgl. die im Beispieltext markierten sprachlichen Wendungen für argumentative Texte und weitere Formulierungshilfen unter ↗ **Argumentation** (S. 32 ff.), ↗ **Kommentar** (S. 221), ↗ **Leitartikel** (S. 239 f.).

Zusammenfassung

Auf einen Blick

Eine **Zusammenfassung** gehört zu den **erklärenden Textformen**. In einer Zusammenfassung erklärt man in knapper Form, welches die wesentlichen Inhalte eines Ausgangstextes sind. Gegenüber einer längeren ↗ **Inhaltsangabe** mit mehreren ↗ **Sinnabschnitten** fällt eine Zusammenfassung mit meist nur einem Sinnabschnitt, gelegentlich auch nur einem Satz, deutlich kürzer aus. Ähnlich knapp verfährt das ↗ **Abstract** für wissenschaftliche Beiträge in Aufsatz- oder Buchform. Ein ↗ **Exzerpt** ist eine Sonderform der Zusammenfassung, da es nur solche Informationen aus einem Textganzen aufnimmt, die einer bestimmten Fragestellung entsprechen.

Als **Resümee** oder **Fazit** verstanden, bezieht sich eine Zusammenfassung auf den **Schlussteil** einer gedanklichen Auseinandersetzung, z. B. in Form einer ↗ **Argumentation**, eines ↗ **Kommentars** oder einer ↗ **Erörterung**. In längeren Texten wie z. B. einer ↗ **Facharbeit** kann man auch Zwischenergebnisse am Ende eines Kapitels zusammenfassend festhalten.

Zusammenfassungen werden geschrieben:
- in der Schule/im Studium:
  - als **Fazit** oder **Resümee** am Ende eines ↗ **Kommentars**, einer ↗ **Argumentation** oder einer ↗ **Erörterung**,
  - als **Textbaustein** in längeren Texten wie einem ↗ **Protokoll** (z. B. als Bündelung von Redebeiträgen), einem ↗ **Referat** oder einer ↗ **Facharbeit** (z. B. als raffende Darstellung von historischen Ereignissen, Forschungsergebnissen, Handlungszusammenhängen in einem literarischen Werk),
  - als **Zwischenergebnis** in längeren Texten wie ↗ **Facharbeit**, **Seminar-** oder **Forschungsarbeit**,
- in Veröffentlichungen: z. B. als **Klappentext** zum Inhalt literarischer oder wissenschaftlicher Bücher oder als Textbaustein in einer ↗ **Rezension** mit der Kurzfassung des Buchinhalts.

Die **Art der Zusammenfassung** richtet sich nach dem Ausgangstext. Wenn es sich beispielsweise um einen Bericht über ein Ereignis, um eine Erzählung oder eine Romanszene handelt, liegt es nahe, eine **chronologische** Zusammenfassung zu schreiben. Eine Dialogszene im Drama wird so zusammengefasst, dass die **Gesprächsthemen** und die Haltung der Sprechenden zueinander deutlich werden. Ein wissenschaftlicher Text wird in seinen **Sachzusammenhängen** zusammenfassend erklärt. Und ein argumentativer Text erhält im Schlussteil eine **fazithafte** Zusammenfassung bzw. wird als Ganzes mit Begriffen wie Sachverhalt, These, Antithese etc. zusammengefasst.

Zusammenfassung

Z

317

Für **alle Arten von Zusammenfassung** gilt: Man
- geht von einer **Gliederung** des Ausgangstextes aus,
- bezieht sich auf das **Thema** und die **wesentlichen** Gliederungspunkte oder **Teilthemen**, die im Ausgangstext ausführlich dargestellt werden,
- verwendet **raffende Oberbegriffe** für detaillierte Einzelangaben,
- orientiert sich an den jeweiligen (chronologischen, kausalen, thematischen, sachlogischen, argumentativen etc.) **Strukturen des Ausgangstextes**,
- nimmt bei **literarischen Texten** kurze Angaben zur **Gattung** mit auf (wie Geschichte, Drama, Erzähler, Personen, Personenkonstellation, lyrisches Ich, Handlungsort, -zeit),
- gibt bei **Sachtexten** wichtige **Publikationsdaten** an (z. B. Verfasser, Art, Ort, Zeit der Publikation) und
- verkürzt den **Ausgangstext** knapp auf nur wenige Sätze, im Allgemeinen auf nicht mehr als die Länge eines abgeschlossenen ↗ **Sinnabschnitts**.

Eine **Zusammenfassung** wird
- im Allgemeinen im **Präsens** verfasst,
- in einem **sachlichen, neutralen** Stil geschrieben und
- **begrifflich angepasst** an die Sprache des Ausgangstextes. Man verwendet also das für die jeweilige **Textform typische Vokabular** (z. B. Wendungen für Raum und Zeit bei Erzähltexten; für Sachverhalt, Thesen, Argumente etc. bei argumentativen Texten; Fachbegriffe bei wissenschaftlichen Texten).

Der **Aufbau** einer Zusammenfassung ist im Allgemeinen **analytisch**: man folgt den Gliederungspunkten und Teilthemen, die dem Ausgangstext zugrunde liegen.

Um eine Zusammenfassung zu schreiben, bieten sich zwei **Schritte** an:
- die **Vorbereitung**: Der Ausgangstext wird unter einem bestimmten Blickwinkel gelesen und markiert, und zwar im Wissen um die erforderlichen knappen Sachinformationen für Anfang, Mitte und Schluss einer Zusammenfassung,
- die **Ausformulierung** auf dieser Grundlage.

So wird's gemacht

Im Folgenden werden die beiden **Hauptarten der Zusammenfassung**, die **chronologische** und die **fazithafte** Zusammenfassung, vorgestellt. Die Anregungen unter „Lesestrategie" und „Schreibplan" gelten mit nur leichten Änderungen für beide Arten der Zusammenfassung. Um den Zusammenhang deutlich zu machen, wie man von einem längeren Ausgangstext zu einer knappen Zusammenfassung gelangen kann, folgen jeweils Ausgangstext und Beispieltext aufeinander.

Z Zusammenfassung

Lesestrategie: Schritte bei der Vorbereitung

Als wichtige Vorbereitung für eine Zusammenfassung wird der Ausgangstext **gelesen**,

- zunächst nur mit dem Ziel, schnell ein **inhaltliches Allgemeinverständnis** zu erreichen,
- dann erneut, jetzt langsam und mit besonderer Aufmerksamkeit
  - für **thematische Schlüsselwörter**,
  - eine mögliche **Gliederung** und
  - für **besondere Strukturwörter** der jeweiligen (erzählenden, argumentativen etc.) Textform des Ausgangstextes.

Mit der **Textmarkierung** kann man diese Leseergebnisse im **Ausgangstext** sichtbar machen. Die gleichen Farben und Symbole werden auch für die Markierung des **Zieltextes**, der Zusammenfassung, verwendet. So werden die Kürzungsstrategien deutlich.

Schreibplan: Schritte bei der Ausformulierung

Als wichtige Vorbereitung für die Ausformulierung einer Zusammenfassung stellt man einen **Schreibplan** auf. Hierzu gehören in den Ausgangs- bzw. Beispieltexten Überlegungen

- ➤ zum **Thema/Sachverhalt** des Ausgangstextes: Verbrechen an der polnischen Bevölkerung (Ausgangstext 1), Gentechnologie (Ausgangstext 2),
- ➤ zur **Textform** des Ausgangstextes: Bericht, Geschichte (Ausgangstext 1), Kommentar (Ausgangstext 2),
- ➤ zur **Leser-/Adressatengruppe**: Leserschaft der Öffentlichkeit mit Interesse an geschichtlichen Zusammenhängen (Beispieltext 1), Lerngruppe der Oberstufe mit Interesse an öffentlichen Streitthemen (Beispieltext 2),
- ➤ zur **Sprache:** historische Begriffe und Fremdwörter, die Lesern mit höherer Allgemeinbildung zugemutet werden können, nur weniger geläufige Personennamen werden erläutert (Beispieltext 1), Begriffe aus der Allgemeinsprache; Fachbegriffe aus der Gentechnologie, die nicht als bekannt vorausgesetzt werden können, werden kurz definiert (Beispieltext 2),
- ➤ zum **Textaufbau**

  Beispieltext 1 (chronologische Zusammenfassung einer historischen Studie):
  - ■ Anfang: **Überblickssatz** mit Angaben zum Werk und **Zusammenfassung** der Gesamthandlung
  - ⊙ Mitte: **chronologisch raffende Darstellung** der Handlungsstränge
  - ▲ Schluss: **zusammenfassende Beurteilung** der historischen Studie

  Beispieltext 2 (fazithafte Zusammenfassung am Schluss eines Kommentars):
  - ■ Anfang: **Rückbezug** zum Sachverhalt und zur eigenen Position
  - ⊙ Mitte: **Schlussfolgerung: Zusammenfassung** der wesentlichen **Argumente** und **Beurteilung** des umstrittenen Sachverhalts
  - ▲ Schluss: **Handlungsempfehlung** oder Lösungsvorschlag

Zusammenfassung

Z

319

Ausgangstext 1: Buchbesprechung
Jacques Schuster, „Verzeiht uns, wenn ihr könnt"

Eine Studie des russischen Politikwissenschaftlers Victor Zaslavsky wurde 2007 als „Buch der Woche" in der Tageszeitung DIE WELT vorgestellt. Der folgende Text ist ein Auszug aus der längeren Buchbesprechung.

Um den Zusammenhang zu verdeutlichen, wie aus den vorbereitenden Schritten die Zusammenfassung eines **Erzähltextes** entstehen kann, werden im **Ausgangs-** wie im **Zieltext** einheitlich markiert:

> Thema
> Themawörter
> Gattung „(tatsachenorientierte) Geschichte"
> Strukturwörter für die Gattung:
> > – Zeit
> > – Raum
> > – Personengruppen / namentlich genannte Einzelpersonen
> Publikationsdaten
> **raffende** Formulierungen im Zieltext (Zusammenfassung)
> // Gliederungsabschnitte im Ausgangstext

In der Kommentarspalte werden **Gliederungsabschnitte** und **Schreibstrategien** benannt.

„Verzeiht uns, wenn ihr könnt"

Russische Mörder, russische Lügner: Der Politikwissenschaftler
Victor Zaslavsky untersucht das Massaker von Katyn

VON JACQUES SCHUSTER

■ Dies ist ein bestürzendes Werk. Auf knapp 140 Seiten berichtet es von einem Verbrechen, das im Westen nur Eingeweihte kennen, weil die Mehrheit der Bevölkerung Osteuropa noch immer gleichgültig gegenübersteht. Darüber hinaus erzählt sein Verfasser, der russische, in Italien
5 lebende Politikwissenschaftler Victor Zaslavsky, die Geschichte einer Lüge. Sie hat sich über Jahrzehnte gehalten, weil die Täter ihre Tat vertuschten, einige Zweifler an ihrer Version des Geschehens umbrachten und all diejenigen einschüchterten, welche der Wahrheit nahe kamen. Doch zunächst zur Missetat selbst. //
10 ⊙ […] **Im September 1939** überrennen **russische Soldaten** die polnische Ostgrenze. Innerhalb weniger Tage können sie 52 Prozent des polnischen Staatsgebietes besetzen. Dabei bleibt es nicht. Die **sowjetische Regierung** überzieht das eroberte Gebiet mit einem Geheimdienstnetz und nimmt **Zehntausende polnischer Offiziere** fest, um angeblich „konter-
15 revolutionäre Formationen" zu zerschlagen. Wer aus dem von **Deutschen** besetzten Teil des Landes kommt, wird ausgeliefert. Die **Politoffi-**

■ **Anfang**
Einführung in
■ Werk

■ Thema
■ Publikation

⊙ **Mitte**
Das erste Verbrechen: Mord
Merkmale der **Textform** Geschichte:
■ Zeit
■ Raum
■ Personen
■ Personenkonstellation

Entwicklung der **Handlung** in drei Schritten
1 Festnahme und Vernehmung von polnischen Offizieren, Zivilisten und deren Angehörigen durch Sowjets

ziere der „Roten Armee" kennen keine Gnade. Sie wiesen ihre Soldaten
an, den Deutschen sogar Juden und Kommunisten zu übergeben, wenn
sie aus Westpolen stammen. **43000 polnische Soldaten** werden auf
20 diese Weise überstellt. Berlin wiederum schickt 14000 auf die sowjetische
Seite. Die steckt sämtliche **Angehörige der polnischen Armee** bis hinunter zum Unteroffizier in Lager und sucht in Verhören nach Spitzeln
und Spionen.

Nur ein Teil der **Inhaftierten** sind Berufssoldaten. Die Mehrheit bilden
25 Reservisten, Ärzte, Professoren, Journalisten, Anwälte und Künstler, die
der plötzliche Zweifrontenkrieg überstürzt in die Armee gezwungen hat.
Auch Arbeiter und Bauern finden sich in ihren Reihen. Ein Lagerkom-
mandant macht Moskau darauf aufmerksam. Er bittet, die fälschlicher-
weise Verhafteten freizulassen. Die **Vorgesetzten** lehnen ab. Sein Kollege
30 aus Starobelsk fragt nach der Genfer Konvention zur Behandlung von
Kriegsgefangenen, auf die sich einige polnische Offiziere berufen hatten.
Des Kremls Antwort ist barsch: Der Genosse möge allein den Weisungen
der NKWD[1]-Führung folgen. //

Doch der **Geheimpolizei** unter ihrem **Chef Lawrenti Pawlowitsch**
35 **Berija** ist zunächst nicht klar, was geschehen soll. Täglich vernehmen
seine Mitarbeiter die **Gefangenen**. Manche von ihnen müssen mit bis zu
zehn Jahren Lagerhaft in Sibirien rechnen, drohen sie. Anderen wird die
Freilassung in Aussicht gestellt, wenn sie von der „Konterrevolution"
abließen. Jedes Wort der Sympathie für Franzosen und Briten im Kampf
40 gegen Hitler gilt als Zeichen des Widerstandes und werden notiert. //
Währenddessen reift **Berijas** Plan. Am 2. März 1940 billigt das **Politbüro**
mit der Unterschrift Stalins seinen Vorschlag. Er sieht vor, „alle **Angehö-**
rigen von Kriegsgefangenen, die sich in den Lagern für ehemalige Offiziere der polnischen Armee, Polizisten, Gefängniswachen, Gendarmen,
45 Geheimagenten, ehemalige Grundbesitzer, Unternehmer und hohe
Beamte des ehemaligen polnischen Staatsapparats befinden, für die
Dauer von zehn Jahren in das Gebiet der Kasachischen SSR[2] zu deportieren,
insgesamt **22000–25000 Familien**". Die **Offiziere** selbst sollen ermordet
werden. // Am 5. März verfügen die sieben Mitglieder des **Politbüros mit**
50 **Stalin** an der Spitze, **25700 polnische Kriegsgefangene** in einem „Son-
derverfahren ohne Vorladung der Inhaftierten und Darlegung der
Beschuldigungen, ohne Beschluss über das Ergebnis der Voruntersu-
chungen und ohne Anklageerhebung" mit der „Höchststrafe: Tod durch
Erschießen" zu bestrafen. Zwischen dem 3. April und dem 19. Mai
55 schreitet der **NKWD** im Wald von Katyn, im Bezirk Smolensk, zur Tat.
Bisher sind dort über **17000 Leichen** gefunden worden, **die vorerst letz-**
ten 3435 im Juli 2006. //

2 Deportation von Angehörigen
der Kriegsgefangenen

3 Ermordung von polnischen
Kriegsgefangenen

---

[1]**NKWD** (russ. Abk.) Volkskommissariat für innere Angelegenheiten – [2]**Kasachische**
SSR Kasachische Sozialistische Sowjetrepublik, 1936 gegründet, zweitgrößte Uni-
onsrepublik nach Russland innerhalb der ehemaligen UdSSR

Zaslavsky weist nach, dass es Stalin von Anfang an darum ging, die Intelligenz des polnischen Volkes auszulöschen. Die Polen sollten nicht mehr in der Lage sein, unabhängig einen Staat zu führen. Neue Dokumente,
60 die Zaslavsky zitiert, belegen darüber hinaus, dass der Terror auf polnischem Gebiet schlimmer war als in der Sowjetunion selbst. Innerhalb von nur 20 Monaten wurden rund vier Prozent der Bevölkerung Ostpolens, **mehr als 400 000 Menschen**, von **den Sowjets** ins Gefängnis gesteckt, deportiert oder erschossen. Ganz zu Recht spricht der Verfasser
65 von einem vorsätzlichen Verbrechen gegen eine wehrlose Bevölkerung und nennt es eine „Klassensäuberung": die „planmäßige und systematische Vernichtung einer ganzen sozialen Klasse" durch ein totalitäres Regime. [...] //
Gleich nach ihrem Angriff auf die **Sowjetunion** versuchten die **Deut-**
70 **schen** diesen Massenmord im Propagandakrieg als Waffe gegen Moskau zu nutzen. Dem **Kreml** hingegen gelang es schnell, den **Nazis** das Verbrechen in die Stiefel zu schieben. Es seien Hitlers Schergen gewesen, welche die Polen umgebracht hätten. Die **polnische Exil-Regierung** in London weiß es besser. Doch findet sie kein Gehör beim britischen Pre-
75 mierminister. „Wir müssen Hitler schlagen, dies ist nicht der Augenblick für Streitereien und Anschuldigungen", zitiert Zaslavsky **Winston Churchill** und fügt einen Satz des Premiers an, den er seinem polnischen Kollegen Sikorski mit auf den Weg gibt: „Wenn sie tot sind, kann sie nichts mehr zum Leben erwecken." //
80 Damit beginnt das zweite Verbrechen nach der eigentlichen Tat. Diesem Vergehen widmet Zaslavsky den zweiten Teil seiner Studie. Er belegt, dass zum Bolschewismus nicht nur der Terror gehört, sondern auch die Lüge. Bis zum Untergang des Sowjetimperiums halten die Kommunisten an Lug und Trug fest. [...]

In: DIE WELT, 10. November 2007

Politische Ziele der Deportation und Massenhinrichtung

Die Rolle der Deutschen

Das „zweite Verbrechen": „Lüge"

Beispieltext 1: Chronologische Zusammenfassung

Der folgende Text erschien zusammen mit der Buchbesprechung als Insert (eingeblendeter Text) auf derselben Seite in DIE WELT.

Klassensäuberung.

Das Massaker von Katyn. Von Victor Zaslavsky. Aus dem Italienischen von Rita Seuß Wagenbach. Berlin. 141 S., 10,90 €

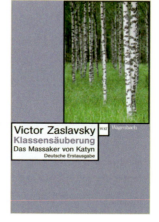

■ Es ist die Geschichte von Mord und Lüge, die der russische Politikwissenschaftler Victor Zaslavsky in seinem Essay erzählt. ⊙ Im April und Mai 1940 werden
5 in den Wäldern von Katyn wahrscheinlich mehr als 20 000 polnische Kriegsgefangene von sowjetischen Soldaten erschossen. Ziel der von Lawrenti Pawlowitsch Berija, dem Geheimpolizeichef
10 der Sowjets, initiierten Vernichtungsaktion ist die Zerschlagung der polnischen Intelligenz. Während des Krieges wird das Massaker von den Nazis instrumentalisiert. Nach dem Krieg wird es aus unterschiedlichen Gründen verschwiegen. ▲ Zaslavsky klärt alles auf, stellt alles dar. In einem so knappen wie bestürzenden Buch.

Überblick:
Publikationsdaten

■ Anfang
Überblickssatz mit Angaben zum Werk
Zusammenfassung der Handlung
⊙ Mitte

Raffende Darstellung des ersten Handlungsstranges („Mord")

Knappe Erwähnung des zweiten Handlungsstranges („Lüge")

▲ Schluss
Zusammenfassung
Knappe Beurteilung

Ausgangstext 2: Kommentar mit Anfang und Mittelteil

Vgl. den vollständigen Text unter ↗ **Kommentar** (S. 218 f.).
Um den Zusammenhang zu verdeutlichen, wie aus den vorbereitenden Schritten die Zusammenfassung eines **argumentativen Textes** entstehen kann, werden im **Ausgangs-** wie im **Zieltext** einheitlich markiert:

    Sachverhalt
    Themawörter
    Textform „Argumentation"
    Strukturwörter für die Textform:
        – These
        – Antithese
        – Argumente für die Antithese
        – Handlungsempfehlung
    Publikationsdaten
    raffende Formulierungen im Zieltext (Zusammenfassung)
        // Gliederungsabschnitte im Ausgangstext

In der Kommentarspalte werden **Gliederungsabschnitte** und **Schreibstrategien** benannt.

Zusammenfassung

Klonen – eine strittige Frage in der Humanmedizin

■ Der bahnbrechende Erfolg in der Gentechnologie begann, als es einem schottischen Forscherteam 1996 mit dem Klonschaf Dolly gelang, der Welt ein lebensfähiges geklontes Lebewesen zu präsentieren. Seitdem haben sich unterschiedliche Lager in der öffentlichen Debatte gebildet.
5 Es mehren sich die Stimmen, die fordern, dass die Stammzellenforschung uneingeschränkt auch in der Humanmedizin betrieben werden sollte, also ohne staatliche Einmischung und rechtliche Auflagen. Ich bin jedoch der Ansicht, dass auf dem gegenwärtigen Forschungsstand das Klonen von menschlichen Stammzellen aus unterschiedlichen Perspek-
10 tiven sehr kritisch beurteilt werden muss. //

⊙ Für mich ist die Stammzellenforschung noch mit viel zu vielen Risiken und Bedenken verbunden. Es ist sicher wünschenswert, wenn bislang unheilbare Krankheiten durch geklonte menschliche Zellen geheilt werden könnten. Doch das betrifft nur die therapeutische Verwendung von
15 Stammzellen. // Wenn aber die Embryonenforschung ganz freigegeben würde, dann könnte diese Liberalisierung meiner Meinung nach auch größere Freiheit für das reproduktive Klonen bedeuten. Das würde heißen, dass Klonen zu einer Alternative für die natürliche Fortpflanzung der Menschen werden könnte. Dagegen sprechen mehrere Überle-
20 gungen. //

Zunächst sollte aus unserer heutigen Sicht das Klonen von Lebewesen (wie des weltweit bekannt gewordenen Schafes Dolly) allen Genforschern zu denken geben, weil nicht abzusehen ist, unter welchen **körperlichen Schwächen** das geklonte Lebewesen zu leiden hat. Denn Dolly
25 starb nach nur fünf Jahren, unter anderem, weil lebenswichtige Organe viel schneller degenerierten, als es bei normalem Altern üblich ist. // Und müssten wir dann nicht auch bedenken, dass **geklonte Menschen – ähnlich wie Tierklone** – sicherlich nicht nur mit **körperlichen Missbildungen und organischen Schwächen** zur Welt kommen könnten, son-
30 dern auch mit **geistigen Behinderungen**? // Ich kenne **Pressefotos von Missbildungen** bei geklonten Tieren, wie sie auch beim Klonen von Menschen auftreten können. // Wie sollen die **Eltern und die Gesellschaft** mit ihnen umgehen? Brauchen verunstaltete menschliche Klone nicht eine besondere **Förderung**, um angemessen leben und sich entwi-
35 ckeln zu können, und einen besonderen **Schutz vor Diskriminierung**, um nicht wie Aussätzige behandelt zu werden? // Wenn Ergebnisse der Stammzellenforschung veröffentlicht werden, dann muss man vor allem befürchten, dass sie für die **Manipulation von Embryonen** missbraucht werden könnten. Autoritäre Regime etwa könnten Interesse an der Seri-
40 enproduktion kampffähiger oder sogar kampfwilliger Soldaten haben. Dies ist in meinen Augen eine abwegige Vorstellung. Und Eltern könnten zum Beispiel ein Designer-Baby in Auftrag geben wollen, mit wünschens-

---

■ **Anfang**
EINFÜHRUNG in den argumentativen Zusammenhang
Merkmale der Textform
Kommentar:

■ problematischer Sachverhalt
■ **These**: Befürwortung
■ Antithese: Ablehnung

⊙ **Mitte**
ARGUMENTATION für die ANTITHESE
Arg. 1: Einräumung eines logischen Arguments der gegnerischen Seite

Gegenarg. 1: logisches Argument

Gegenarg. 2: Faktenargument mit Beispiel

Gegenarg. 3: analogisierendes Argument

Gegenarg. 4: Erfahrungsargument

Gegenarg. 5: normatives Argument als rhetorische Fragenkette

Gegenarg. 6: logisches Argument
| Beispiele

werten Eigenschaften wie Intelligenz, sportliche oder geistige Talente, gutes Aussehen usw. // Und schließlich: Dürfen Stammzellen wirklich
45 ganz ohne **ethische Bedenken** aus menschlichen Embryonen gewonnen werden, denen mit diesem Eingriff die weitere Entwicklung zu Individuen verwehrt bleibt? Wird hier nicht die **Würde des Menschen** verletzt? Denn dass die Würde des Menschen unantastbar ist, ist ein **Grundrecht**, das auch für ungeborenes menschliches Leben gelten
50 sollte. **Ethisch betrachtet**, gibt es **entscheidende Bedenken**, wenn es um uneingeschränkte Embryonenforschung geht.

> **Gegenarg. 7: normatives Argument** als rhetorische Fragenkette

Beispieltext 2: Fazithafte Zusammenfassung am Schluss eines Kommentars

Der folgende Text ist der **Schlussabschnitt** zum obigen Ausgangstext „Kommentar".

■ **Diese wenigen Beispiele** können schon zeigen, dass die Stammzellenforschung in der Humanmedizin noch nicht sicher angewandt werden kann. ☉ Aus meiner Sicht ist reproduktives Klonen mit viel zu vielen und völlig inakzeptablen **körperlichen und gesellschaftlichen Risiken** und vor allem **ethischen Bedenken** verbunden. Ich bin überzeugt, dass man diese Technik nur **mit großen Einschränkungen** für die Forschung freigeben darf. ▲ Was in dieser Diskussion gefordert ist, das sind Überlegungen aller Parteien im Parlament, die politische Verantwortung tragen, die gesetzlichen Auflagen für diesen Forschungszweig weiter zu entwickeln.

> SCHLUSSFOLGERUNG
> ■ **Anfang**
> Rückbezug: SACHVERHALT, eigene Position: Antithese
> ☉ **Mitte**
> **Zusammenfassung** der wesentlichen **Gegenargumente**
> **Zusammenfassende Beurteilung**
>
> ▲ **Schluss**
> **Handlungsempfehlung**

Formulierungshilfen für Zusammenfassungen

Vgl. die Formulierungshilfen unter ↗ **Inhaltsangabe – Basiskapitel** (S. 119 f.).

Register

Fettgedruckte Stichwörter beziehen sich auf die alphabetischen Einträge im Schreiblexikon.

Abstract 5 – 9, ↗ **Exzerpt** 85, ↗ **Facharbeit** 91 f., ↗ **Inhaltsangabe – Basiskapitel** 116 f., ↗ **Zusammenfassung** 316

Analogieschluss ↗ **Interpretation von Parabeln** 184 f.

Anekdote 10 – 13
Literarische ~ 10, 94
Tatsachenorientierte ~ 10, 12 f.

Anweisung 14 – 27
Gesetzliche ~ 14 – 19
Persönliche ~ 20 – 23
Praktische ~ 24 – 25

Argumentation ↗ **Abstract** 6
Antithetische/dialektische ~ 29
Einsträngige dialektische ~ 29, 31 f.
Wissenschaftliche ~ 28 – 34

Argumenttypen ↗ **Kommentar** 217, ↗ **Leitartikel** 236 f., ↗ **Rede** 264

Bericht 35 – 41
Biografische Notiz 35, 37 f.
Hintergrund~ 35, 39 f.
Historischer~ 35, 38

Beschreibung 42 – 48, 306
~ eines geografischen Raums 46 f.
Gegenstands~ 45 f.
Raum~ 44 f.

Beschreibungsrichtung 43 f., 45 ff., 59, 61 ff., 206, 209 f., 306 – 309

Bewerbungsschreiben 49 – 58, 226

Bildbeschreibung 59 – 64, 306

Bildsyntax 59, 205

Buchbesprechung ↗ **Zusammenfassung** 319 ff., ↗ **Rezension** 287

Charakteristik ↗ **Porträt** 241

Cluster 89, 105 ff., 254

Definition 65 – 68, 69
Kurze Klasse-Merkmal-~ 67
Ausführliche Klasse-Merkmal-~ 67 f.

Deutungshypothese 148 f.

Dramenaufbau, pyramidaler 147

Erklärung 69 – 73, 65

Erlebnisbericht ↗ **Reportage** 282

Erlebniserzählung ↗ **Reisebericht** 276

Erörterung 74 – 84
Freie ~ 74, 218 – 221
Problem~ 74 f.
Sach~ 74
Textgebundene ~ 74 f., 76 – 84

Erzählspannung 95 f., 97 – 100, 277 ff., 283

Erzähltechniken 143 – 146

Erzähltempo 95 f., 98 f., 144, 176, 180 ff.

Erzählte Zeit 144

Erzählung ↗ **Anekdote** 10, ↗ **Geschichte** 94, ↗ **Schilderung** 306

Erzählverhalten 144 – 146, 10 – 13, 96, 175 f., 180 ff., 185, 189 ff., 194, 201 f.
Auktoriales ~ 145; 12 f.
Neutrales ~ 146; 12 f.
Personales ~ 145 f.

Erzählzeit 144

Exzerpt 85 – 88, ↗ **Inhaltsangabe – Basiskapitel** 116, ↗ **Zusammenfassung** 316

Facharbeit 89 – 93, ↗ **Referat** 271, 273

Fazit ↗ **Zusammenfassung** 316, 324

Flussdiagramm ↗ **Facharbeit** 92, ↗ **Gliederung** 109

Geschichte 94 – 101
Fiktionale ~ 10, 94
Nichtfiktionale ~ 10, 94

Tatsachenorientierte ~ 94 f., 97 – 100, ↗ **Anekdote** 10, ↗ **Zusammenfassung** 319 ff.

Gleichniserzählung ↗ **Interpretation von Parabeln** 184

Gliederung 102 – 110, ↗ **Inhaltsangabe – Basiskapitel** 116 – 120, Wort~/Stichwort~ 102 f., 109 f. Satz~ 103

Glosse 111 – 115

Handlung
  Chronologische ~ 95, 127, 277
  Einsträngige ~ 95
  Fallende ~ 185
  Kausale ~ 96, 127
  Klimaktische ~ 95, 185, 277
  Mehrsträngige ~ 95
  Steigende ~ 185
Handlungsgerüst 95, 277

Inhaltsangabe – Basiskapitel 116 – 120
Inhaltsangabe ↗ **Abstract** 5, ↗ **Exzerpt** 85, ↗ **Zusammenfassung** 316
  ~ eines argumentativen Textes 121 – 124
  ~ eines Erzähltextes 125 – 129
  ~ eines wissenschaftlichen Textes 130 – 133
Inhaltsverzeichnis ↗ **Abstract** 7 f., ↗ **Gliederung** 103, 110
Interpretation – Basiskapitel 134 – 151
Interpretation eines literarischen Textes 136 – 150
  – Textwissen 137 – 147
  – Welt- und Fachwissen 147 f.
  – Methodenwissen 148 ff.
Interpretationsverfahren 148 f.
  Aspektorientiertes ~ 149
  Deduktives ~ 148
  Induktives ~ 149
  Lineares ~ 149
Interpretation
  ~ von Dramenszenen 152 – 163
  ~ von Gedichten 164 – 174, ↗ (Unterrichts-) **Protokoll** 254 – 259
  ~ von Geschichten 175 – 183

  ~ von Parabeln 184 – 193
  ~ von Romanauszügen 194 – 204
  ~ von Sachtexten ↗ **Sachtextanalyse** 292 – 305
Ironie ↗ **Glosse** 111, 113 ff.

Karikatur 205 – 212
  Gemälde~ 205
  Humoristische ~ 206
  Politische ~ 205 f., 207 f., 211
Karteikarten 86 ff., 92
Kolumne ↗ **Glosse** 111, ↗ **Kommentar** 219 f.,
Kommentar 213 – 221, 74 f., ↗ **Zusammenfassung** 322 ff.
  Einsträngiger ~ 214, 218 f., 236
  Mehrsträngiger ~ 79, 81 – 84, 214 f., 219 ff., 236, 238 f.
Kritik 222 – 225

Lead 36, 39
Lebenslauf 227 – 234, 50
  Ausführlicher ~ 227
  Amerikanischer ~ 227, 230 ff.
  Tabellarischer ~ 227, ~ 228 f.
  Patchwork-~ 227, 232 f.
Leitartikel 235 – 240
Lesestrategien ↗ **Interpretation – Basiskapitel** 148

Mind Map 91, 104, 107 f., 254
Nachricht 36, 39, 42, 60, 62 f., 112, 207, 209 f., 282, 284 f.
Notiz, biografische ↗ **Bericht** 37 f.
Notizen, Arten von ↗ **Exzerpt** 86 ff.
  Bibliografische ~ 88
  Persönliche ~ 87
  Zitat~ 87 f.

Paraphrase ↗ **Exzerpt** 85 f., ↗ **Facharbeit** 92
Personenbeschreibung ↗ **Beschreibung** 42, ↗ **Porträt** 241
Pointe ↗ **Anekdote** 10 – 13, ↗ **Glosse** 111 f., 113
Porträt 241 – 246

Register

Protokoll 247 – 259
  Ergebnis~ 250
  Gedächtnis~ 249
  Stichwort~ 255 f.
  ~techniken 251 – 254
  Unterrichts~ 256 – 259
  Verlaufs~ 250
  Wort~ 249

Rede 260 – 270
  Antike ~ 260 ff.
  Gelegenheits~ 260 f.
  Gerichts~ 260 f.
  Politische ~ 260 f., 265 – 269
  Redeaufbau 262
  Redemittel 262 ff.
  Rede: Produktionsstadien 261
Referat 271 – 275, ↗ **Facharbeit** 90
  Mündlicher Vortrag 273 ff.
Reisebericht 276 – 281, 282
Reportage 282 – 286
Resümee ↗ **Zusammenfassung** 316
Rezension 287 – 291
Rhetorische Figuren ↗ **Interpretation –
  Basiskapitel** 139, 142 f., ↗ **Rede** 263 f.

Sachtextanalyse 292 – 305, ↗ **Interpreta-
  tion – Basiskapitel** 134
Schilderung 306 – 310, 42
  Landschafts~ 308
  Raum~ 309

Schreibform, kreative ↗ **Anekdote** 10,
  ↗ **Reisebericht** 276, ↗ **Schilderung** 306
Schreibplan ↗ **Gliederung** 102, 109,
  ↗ **Interpretation – Basiskapitel** 148 f.
Sinnabschnitt 311 – 315, ↗ **Abstract** 5,
  ↗ **Inhaltsangabe – Basiskapitel** 116
Spannungskurve ↗ **Geschichte** 95 ff.,
  97 – 100, ↗ **Reisebericht** 277 ff.
Stilarten ↗ **Rede** 263

Texte
  Dramatische ~ 147
  Epische ~ 143 – 146
  Fiktionale ~ 135
  Literarische ~ 134 ff.
  Lyrische ~ 137 – 143
  Nichtfiktionale ~ 134, 292
  Sach~ 134 f., 292 – 295, 297 f.

Untersuchungsverfahren ↗ Interpretationsverfahren, ↗ Schreibplan
Ursache-Wirkungskette 96, 127, 185

Witz ↗ **Glosse** 113 ff.

Zitiertechniken 149 f.
Zusammenfassung 16 – 324, ↗ **Exzerpt** 85,
  ↗ **Inhaltsangabe – Basiskapitel** 116
  Chronologische ~ 322
  Fazithafte ~ 324